U0904195

国学新读图文版03

六韬·鬼谷子

谋略全本

（西周）姜尚（春秋）鬼谷子 著 海华 编译

湖南文艺出版社
HUNAN LITERATURE AND ART PUBLISHING HOUSE
博集天卷
CS-BOOKY

前　言

说起《六韬》，读者也许并不陌生，我们平时就经常听到有人提及“韬略”二字。“韬”与“谋”相应，古时称做用兵之计谋。在中国古代众多的兵法著作中，影响最大的应属《武经七书》。这七书作为兵家必备之书，其中除了我们所熟悉的《孙子兵法》和《三十六计》外，最有价值的就属《六韬》了。

书曰：“论用兵之妙，严明之决，军可以死易生，国可以存易亡。”因此这本书能相传几千年，必有它存在的价值。从表面看，《六韬》是以排兵布阵为主，其实，“重民”“利民”和“以德治暴”才是其精髓内核。

《六韬》相传为姜太公吕望所撰，以周文王、周武王与吕望对话的形式，论述了治国、治军和指导战争的理论与原则。“韬”原意为弓套，有深藏不露之意，引申为韬略、谋略。六韬指文韬、武韬、龙韬、虎韬、豹韬、犬韬。从内容来看，书中比较详细地论述了治国用人、调兵遣将、军事部署、战术战法、排兵布阵等问题，这些都对后世产生了重大的影响。

《鬼谷子》侧重于纵横术，写的是外交家的权谋，书中充满了诈谋、阴谋、诡道。这些谋智，充分地显示出了古代政治、外交、军事中的诡秘术和投机术，展现出诡辩的逻辑思维价值，更为“阴谋术”提供了理论思维的依据。在我国春秋战国时期，纵横家用“阴谋”“诡计”认识世界，解决争端，指挥军事活动，在那个诸侯割据、群雄争霸的时代横行天下。日本大桥武夫曾写专著探讨过《鬼谷子与经营谋略》，此书在德国、美国、东南亚等国家和地区均有广泛的影响。

在谋略大众化的现代，《六韬》与《鬼谷子》更以其独特的谋略风采，格外受到人们的重视。人们不仅借鉴了其中的兵谋策略、外交策略、政治策略，还将其中的谋略思想广泛应用于经济活动中，使自己能在激烈的竞争中取胜。

本书将《六韬》与《鬼谷子》两者兼合，配合古今中外的典故，倡导辩证论或诡辩论，将书中内涵用最通俗的形式表现出来，而且还能不失其精髓。对于其中的晦涩难懂之处，均加以注解，并配有译文和前沿诠释，和其他此类书籍相比，本书应属佼佼者。

目　录

六　韬

第三卷 龙韬——效军事组织之明

第四卷 虎韬——思战备工事之虑

第五卷　豹韬——用排兵布阵之谋

第六卷　犬韬——拥治乱兴衰之能

鬼谷子

附录：《三略》智谋赏析

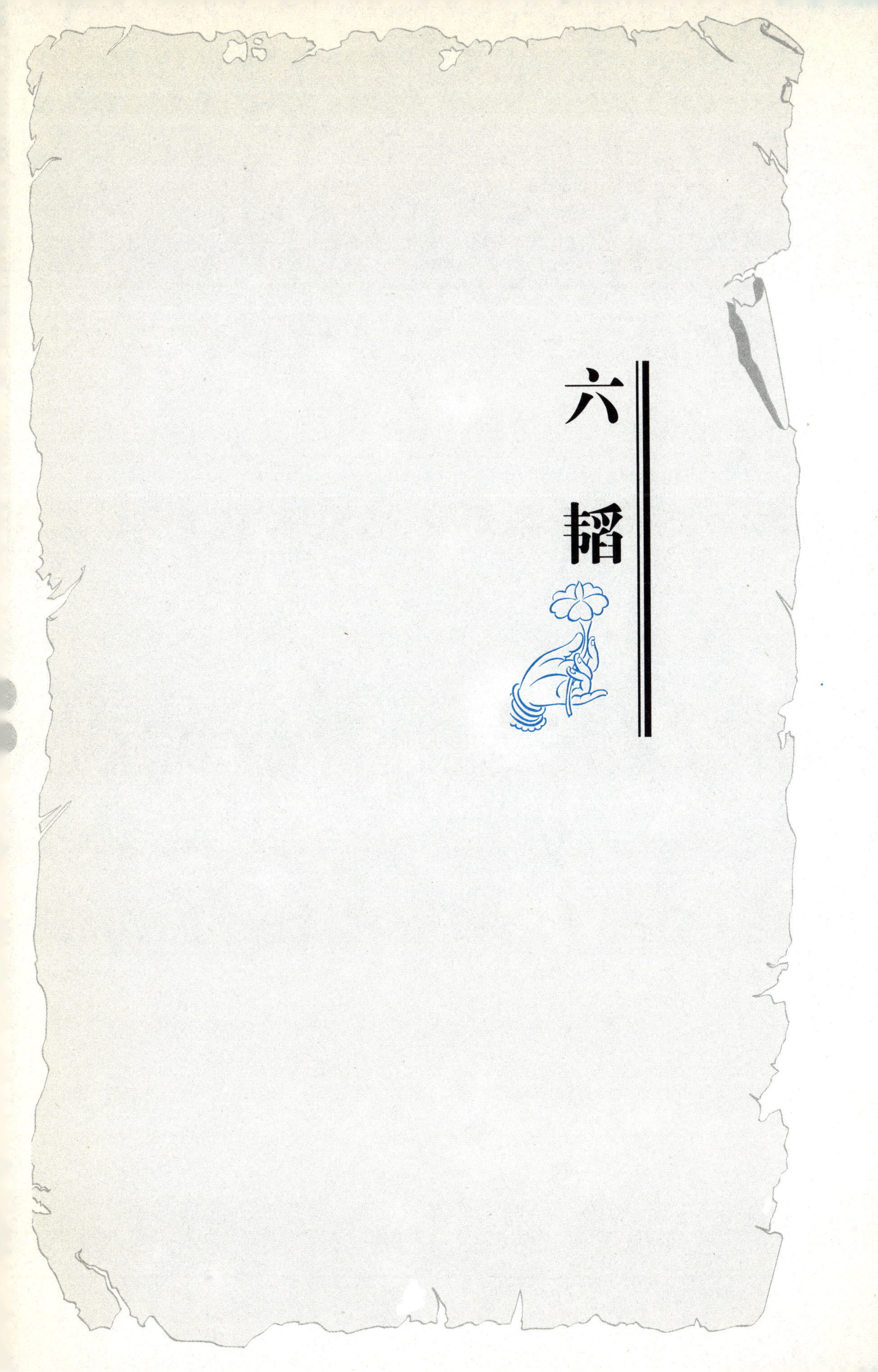

六韬

姜尚姜太公：兵家之鼻祖，军事之渊薮

姜尚（前1128—前1015），字子牙，吕氏，一名望，被后人尊称为太公望，武王尊之为“师尚父”，世称“姜太公”。

据司马迁所著《史记》记载，姜太公为炎帝神农氏的第54世孙、伯夷的第36世孙，曾做过周朝文王、武王、成王、康王四代帝王的太师，后被封为齐王。其妻名申姜，共育有13子（丁、壬、年、奇、枋、绍、骆、铭、青、易、尚、其、佐），其女被封为周武王妃、皇后。

历史上关于姜尚出生地的记载并不详，主要有“东海说”和“河内说”两个版本。据说其祖先在舜时为“四岳”之一，因曾帮助大禹治水，而被封在吕，姜为其族姓。姜子牙出生时，他的家族已经败落，所以他在年轻的时候曾做过宰牛卖肉的屠夫，也开过酒店卖过酒。但姜子牙人穷志不短，不管是在宰牛的时候，还是在做生意的时候，他始终勤奋刻苦地学习各种知识，还认真研究过治国安邦之道。

姜尚，字子牙，吕氏，一名望，被尊称为太公望、姜太公。是中国历史上最负盛名的政治家、军事家和韬略家之一。

周初分封之时，姜子牙被封为齐国的君主。而后，他治国有方，使得齐国有了巨大的发展，为后来的齐桓公“九合诸侯，一匡天下”，成为五霸之首，奠定了坚实的基础。

可以说，姜子牙是齐国的缔造者，是周灭商的首席谋士、最高军事统帅，更是西周的开国元勋。此外，他也是中国古代一位影响极为深远的、杰出的韬略家、军事家与政治家，被儒、道、法、兵、纵横诸家追为本家人物，号为“百家宗师”。

因此，姜尚的满腹韬略和非凡的政治才能，一直深受历代统治者推崇，唐宋以前，他曾被历代皇帝奉为“武圣”。这在《诗经》等唐朝以前的许多史料及文学作品中均有记载，像东晋文人干宝《搜神记》卷四就曾记载道：“（周）文王以太公望为灌坛令。期年，风不鸣条。文王梦一妇人……文王觉，召（姜）太公问之。是日果有疾雨暴风，从太公邑外而过。文王乃拜太公为大司马。”

在唐朝时，唐肃宗册封姜子牙为武成王。到了宋朝，宋真宗又封其为昭烈武成王。到了元朝，民间又给其增加了一些神话传说。到了明代万历年间，许仲琳以他为原型，创作了小说《封神演义》。从此，姜太公由人变成了神，并且被人们广为信奉。

1972年，《六韬》残简从山东临沂银雀山汉武帝初年的墓葬中被发掘出来，用它来校勘今天存世的各种《六韬》版本和本注，可以证明《六韬》一书在汉武帝以前就已经流行开了，这样就否定了《六韬》是古人伪托吕尚所著的猜疑，进一步说明姜子牙在军事理论上的著述是真实的。在军事理论方面，以及政治、经济斗争的策略思想方面，姜子牙都为子孙后代留下了宝贵的财富！

中国古代的军事理论学说，如兵法、兵书、战策、战术等，就其最早发端、形成体系、构成学说而言，都始自齐国，源于姜子牙。所以说，姜子牙是当之无愧的兵家宗师、齐国兵圣、中国武祖。没有他的理论及他所建立的齐国兵家，就不会有如此博大精深、智谋高超、理论完整、源远流长、影响巨大的中国兵学理论学说。

今天，我们在研究中国古代的治国方略、用兵之道时，就不能不重视姜子牙的杰出贡献。中国古代著名的军事家孙武、鬼谷子、黄石公、诸葛亮等，都学习了姜子牙《六韬》中的精华，他的文韬武略被当今世界上政治、经济、管理、军事、科技等各个领域的人所借鉴。

由姜太公及《六韬》的深远影响，我们也可以看出，他确实是一位“神人”，《六韬》不愧是传世经典！

第一卷

文韬——学治国用人之道

本卷从十二个方面阐述了治国用人之道，特别重视要在政治上战胜敌人，对政治与军事的相互关系也作了精辟的论述。作为君主要热爱臣子，热爱自己的人民；以礼待人，礼贤下士，随时注意提升自己的修养；以仁义治理天下，使天下有才能的人都来归附；处理政事的时候要深谋远虑，为下一步作好打算；选择人才的时候要从多方面考查，选择名副其实的人才，考查其能力强弱，给予其适当的职位；赏罚分明，做到“赏贵信，罚贵必”；最后就是要做到料敌虚实，明察战机，使自己的国家更加强盛。

文师第一：情同而亲合，亲合而事生之

源深而水流，水流而鱼生之，情也；根深而木长，木长而实生之，情也；君子情同而亲合，亲合而事生之，情也。

经典再现

文王将田，史编布卜[1]曰："田于渭阳，将大得焉。非龙非螭，非虎非罴，兆得公侯[2]，天遗汝师。以之佐昌，施及三王。"

文王曰："兆致是乎？"

史编曰："编之太祖史畴，为禹占，得皋陶[3]，兆比于此。"

文王乃斋三日，乘田车，驾田马，田于渭阳，卒见太公，坐茅以渔。

文王劳而问之曰："子乐渔邪？"

太公曰："臣闻君子乐得其志。小人乐得其事。今吾渔，甚有似也。"

文王曰："何谓其有似也？"

太公曰："钓有三权：禄等以权，死等以权，官等以权。夫钓以求得也，其情深，可以观大矣。"

文王曰："愿闻其情。"

太公曰："源深而水流，水流而鱼生之，情也；根深而木长，木长而实生之，情也；君子情同而亲合，亲合而事生之，情也。言语应对者，情之饰也；言至情者，事之极也。今臣言至情不讳，君其恶之乎？"

文王曰："惟仁人能受直谏，不恶至情。何为其然？"

太公曰："缗[4]微饵明，小鱼食之；缗调饵香，中鱼食之；缗隆饵丰，大鱼食之。夫鱼食其饵，乃牵于缗；人食其禄，乃服于君。故以饵取鱼，鱼可杀；以禄取人，人可竭；以家取国，国可拔；以国取天下，天下可毕[5]。呜呼！曼曼绵绵[6]，其聚必散；嘿嘿昧昧[7]，其光必远。微哉！圣人之德，诱乎独见。乐哉！圣人之虑，各归其次，而树敛焉。"

文王曰："树敛若何，而天下归之？"

太公曰："天下非一人之天下，乃天下之天下也。同天下之利者，则得天下；擅天下之利者，则失天下。天有时，地有财，能与人共之者，仁也；仁之所在，天

下归之。免人之死，解人之难，救人之患，济人之急者，德也；德之所在，天下归之。与人同忧同乐，同好同恶者，义也；义之所在，天下赴之。凡人恶死而乐生，好德而归利，能生利者，道也；道之所在，天下归之。”

文王再拜曰：“允⑧哉！敢不受天之诏命乎！”乃载与俱归，立为师。

迷津指点

①史编布卜：史，官职名，先秦时主要掌管记事、祭祀及占卜诸项事务。编，人名。布卜，占卜。

②兆：预兆。公侯：古代爵位的名称，五等爵位中的第一等称为公，第二等称为侯。

③皋陶（gāo yáo）：传说中东夷族的领袖，在舜时曾主管刑狱，后来又辅佐大禹。

④缗（mín）：钓丝。

⑤毕：都、全部，此处意为取得。

⑥曼曼绵绵：曼曼，通“漫漫”，指幅员辽阔。绵绵，意为持续长久。

⑦嘿嘿昧昧：嘿嘿，通“默默”，指寂然无声。昧昧，昏暗不明的样子，此处意为淳厚隐晦，不显露于外。

⑧允：诚然，信然。

古文译读

周文王要去打猎，一个名叫编的史官为他占卜后说：“您这次在渭水北边打猎，就会有重大的收获。这次收获的不是龙，不是螭，不是虎，也不是熊。卦象显示的是您会得到一位公侯。他是上天赐给您的老师，有了他的辅佐，您的大业将日益昌盛，并惠及您的子孙。”

文王说：“卦象预兆真的是这样吗？”

这个叫编的史官回答说：“我的远祖史畴曾经为大禹占卜过，结果他见到了皋陶。那次的征兆与今天的非常相似。”

于是文王斋戒三天，然后乘着猎车，驾着猎马，到渭水北岸打猎，见到了正坐在长满茅草的河岸边钓鱼的太公。

文王上前慰劳并询问：“先生，你喜欢钓鱼吗？”

太公回答说：“我听说君子都乐于实现自己的抱负，而平凡人则乐于做好自己的事情。现在我钓鱼，就与这个道理差不多，并不是真正地喜欢钓鱼。”

姜太公钓鱼盘。此盘为民国二十三年烧制，盘面的图画展示的就是当年周文王在渭水边访到姜尚时，他正在钓鱼的画面。

文王问：“这两者之间有什么相似的地方呢？”

太公回答说：“钓鱼就像人事，有三种权术。用厚禄吸引人才，如同用饵钓鱼；用重金收买死士，也如同用饵钓鱼；用官职招揽人才，还是如同用饵钓鱼。凡是垂钓，目的自然都是为了得到鱼，这其中的道理十分深奥，可以看到更大的道理。”

文王说：“我想听听这其中的精妙之理。”

太公说：“源头水深，水就流动，有了水的流动，鱼就可以在里面生存，这是自然的道理。树根扎得深，树干和枝叶就能长得旺盛，树干和枝叶长得旺盛，果实就可以长成，这是自然的道理。君子之间情投意合就可以亲密合作，亲密合作就可以共同缔造伟大的事业，这也是自然的道理。言语应对，是用来掩饰真情的。能说真情实话的，才是最好的事情。现在我说的都是真情实话，毫无隐瞒，也毫无避讳，恐怕会让您反感吧？”

文王说：“只有有仁德的人才能接受直言不讳的劝谏，才能不厌恶真情实话，我怎么会反感呢？”

太公说：“钓绳细微，鱼饵明显，小鱼就会上钩；钓绳略粗，鱼饵味香，中等大小的鱼就会上钩；钓绳粗长，鱼饵丰盛，大鱼就会上钩。鱼把鱼饵吃掉，就会被钓绳牵住；同样的，身为人臣接受君主的俸禄，就得服从君主。所以凭借鱼饵钓鱼上钩，那么上钩的鱼就可以杀掉用来烹食；凭借爵位和俸禄招揽的人才，这些人才就会尽心尽力地做事；凭借一个家族夺取的国家，这个国家就可能被该家族占有；凭借国家夺取了天下，那么天下的属臣就都会来归附。可叹啊！土地广阔，国祚绵长，它所积聚起来的东西，最终都会烟消云散；默默无闻，不动声色地暗中准备，它的光芒也会普照四方。微妙啊！圣人的德行，就在于独创地、潜移默化地招徕人心。欢乐啊！圣人所思虑的事情，就是使天下人各得其所，并确立起各种争取人心的办法。”

文王问：“那如何才能建立凝聚力使天下归心呢？”

太公回答：“天下不是一个人的天下，而是天下所有人的天下。能跟天下所有人共同享有天下的利益，就可以得到天下；独自占有天下利益的，就会失去天下。天有四时，地有财富，但能和人们共同享用的，是仁爱。仁爱在，天下人就会归

附。免除人们的死亡，解除人们的痛苦，消除人们的灾祸，解救人们的危难，这就是恩德。恩德在，天下人就会归附。和人们同悲同喜、同好同恶的，就是道义。道义在，天下人就会归附。人们无不憎恶死亡而乐于生存，喜欢恩德而追求利益，能为天下人谋求利益的，就是王道。王道在，天下人就会归附。”

文王再次拜谢说：“确实是这样啊！我怎么敢不接受天命呢？”于是，他就把太公请上了自己打猎的车，一起回去，并且尊他为自己的老师。

前沿诠释

“情同而亲合，亲合而事生之”的意思是：君子之间情投意合就能亲密合作，亲密合作就能共同缔造伟大的事业。周文王和姜尚之间可以说是情投意合，两人一起缔造了大周王朝。如果想要实现自己的理想或者抱负，就要找和自己志向相投的人合作。作为君主，要任用或者提拔跟自己思想相通的人为臣子，这样才能更加顺利地推行自己的政策。作为臣下或者普通人，如果想实现自己的政治抱负，就要找适合自己的君主，帮助他完成自己的大业，从而顺利实现自己的想法与价值。三国时期的徐庶就是投靠了志同道合的贤主刘备，两人才得以一起成就一番伟业。

徐庶年轻的时候就非常敬佩那些劫富济贫的侠士，他立志要像他们一样除暴安良，为老百姓做些事情。为了实现自己的理想，他从小就开始学习武艺，到处游历，惩恶锄奸。不久，他就成为一名远近闻名的侠士。

有一次，徐庶的朋友因为和当地的恶霸结怨，被害得家破人亡。因为这个恶霸是豪门中人，他的朋友奈何不了对方，只好找到徐庶，希望他能帮助自己报仇雪恨。徐庶接受了朋友的恳求，当晚就闯进那个恶霸的家里结果了他的性命，在要离开的时候，却不幸被闻讯而来的大批官兵包围。徐庶虽然武艺精湛，但双拳难敌四手，最终还是被抓了起来。在大牢里，官吏们为了知道事情的真相，对他使用了酷刑。为了不牵连自己的朋友和家里的老母，徐庶咬紧了牙关，一个字都没有吐露。后来，朋友上下打点，才把他营救出来。

此事过后，徐庶对这个世道有了深刻的认识，他意识到一个人的力量是微小的，光靠他一个人是不能诛灭天下坏人的。看看当前的形势，东汉王朝腐败不堪，诸侯割据，烽烟四起，老百姓深处水深火热之中。于是，他决定弃武从文，学习一身用兵的本领，来造福天下受苦的百姓。

徐庶学习的时候非常努力，再加上他天资聪颖，所以进步很快。因为徐庶为人忠厚豁达，他的同学和老师都非常喜欢他。不久，他就有了很大的名气。

徐庶客居荆州的时候，荆州牧刘表多次邀请他出仕。但是徐庶不肯，因为他知道刘表虽然礼贤下士，但是骨子里还是优柔寡断，知善不能举，知恶不能去，没有成大器的势头，所以便多次推辞不就。公元201年，刘备来投靠刘表，徐庶也听说过刘备的大名，于是留意起此人来。

通过观察，他发现刘备胸怀大志，才略过人，并且能够善待下属，还非常有名望，于是，他前往新野去拜见刘备。当时，刘备正想结交荆襄一带的有识之士，见到颇有名气的徐庶前来投靠，喜不自胜。刘备当即把他留在营中委以重任，还让他参与整顿军事，训练士卒。

徐庶，三国时期人物，字元直，本名徐福。是一代名士，先为刘备的谋士，后被迫成为曹操的谋士，却从不为曹操设谋。

刘备的眼光没有错，徐庶的眼光也没有错。公元204年，刘备乘曹操出兵河北攻邺城之机，出兵攻打许昌。留守许昌的曹魏大将夏侯惇带于禁、李典等出兵抵御。刘表因为害怕曹操，拒绝出兵相助。刘备兵弱将少难挡曹军，眼看大势已去。在危急关头，徐庶献策，建议放火烧营，并佯装退兵，然后派关羽、张飞、赵云等人领兵埋伏以待曹军的追兵。夏侯惇不知其中有诈，遂不顾李典的阻拦，与于禁率轻骑追击刘备。刘备埋伏的军队同时发起进攻，将曹军团团围困，最终，曹军伤亡惨重、惨败而回。

这一战让刘备非常高兴，他立刻大加称赞徐庶的军事才能，并对其加以封赏。在以后的军事行动上，徐庶也同样表现出出色的才能。刘备喜不自胜，对他的封赏也不薄。徐庶最后被迫救母降曹，心里也是惦记着刘备的，在曹营一直没有什么大的作为。后世都称他是“身在曹营心在汉”的智勇双全的名士。

徐庶不接受刘表出仕的邀请，就是因为他觉得刘表没有成就大业的势头，刘备才是最合适的选择。事实也证明他的选择是正确的，刘备最终成就了蜀地大业。如果徐庶没有被迫降曹，一定能成为和诸葛亮一样的人才，让刘备和蜀国变得更加强大。

“情同而亲合，亲合而事生之”这一名言不仅能用于古代成就大事，还可以用于现代企业用人方面。企业的领导者可以选择与自己志向相投的人促进事业的发展，企业的员工也可以找和自己想法一致的上司实现自己的理想。创立了两家世界五百强企业的日本著名商人稻盛和夫早年曾经在松风公司做过小员工，他工作热

情，待人诚恳，很多人都喜欢他。本来他是想在松风做出一番大事业的，但是却被一位新来的上司给气走了。那位新来的上司蔑视他的努力和学历，他怒不可遏。尽管当时很多人挽留他，但稻盛和夫还是毅然辞职。很多员工也随之辞职，跟着他走了，就连他原来的上司青山政次也提出了辞职。

青山政次是个有资历有技术的人，比稻盛和夫大30岁。有这样一个人欣赏自己，令稻盛和夫信心倍增。辞职的时候，青山政次对他说："我找朋友商量，帮你办一家公司，让你的技术发扬光大。"

虽然大家信心坚定，但是当时在日本创办一家公司不是件容易的事情，他们面临的第一个难题就是启动资金。为了筹集资金，青山政次带着稻盛和夫一次次地去拜访京都大学工学部同窗、时任宫木电机公司专务董事的西枝一江和常务董事交川有这两位先生。他们第一次拜访就碰了壁，但是毫不气馁，后来又多次去拜访，西枝和交川终于决定向宫木社长汇报。宫木社长名叫宫木男，他本身就是一个风险投资者。听到此事后，他表示愿意投资，还向自己公司的董事会筹集资金。最终稻盛和夫新创办的公司的启动资金达到300万日元，其中宫木男及其公司董事会就筹集了130万日元。

虽然有了启动资金，但公司的前期发展还需要投入大量的运营和周转资金。西枝一江就用自己的住宅为稻盛和夫向银行作担保贷了一笔钱，这让稻盛和夫非常感动。新公司成立的那一天，为了表示自己办好公司的决心和感激之情，稻盛和夫与青山政次以及其他六个年轻人签订了血誓。这些人有着强烈的创业激情和对稻盛和夫的喜爱，他们表示，就算是公司失败，出去打零工，也要支持稻盛和夫将新型陶瓷的开发研究进行下去。和这样一群肝胆相照的人一起创业，稻盛和夫感到很荣幸。事实最终证明，跟着稻盛和夫干是正确的。27岁时，他创办了京都陶瓷株式会社（现名京瓷Kyocera），52岁时，他又创办了第二电电（原名DDI，现名KDDI，目前在日本为仅次于NTT的第二大通信公司）。而曾经和他一起出来创业的青山政次也在两家公司担任要职，成为公司的精英，其他和稻盛和夫一起从松风出来的人，也为稻盛和夫的公司作出了不小的贡献。

盈虚第二：君贤圣，则国安而民治

君不肖，则国危而民乱；君贤圣，则国安而民治。祸福在君，不在天时。

经典再现

文王问太公曰："天下熙熙[1]，一盈一虚，一治一乱。所以然者，何也？其君贤不肖不等乎？其天时变化自然乎？"

太公曰："君不肖，则国危而民乱；君贤圣，则国安而民治。祸福在君，不在天时。"

文王曰："古之贤圣，可得闻乎？"

太公曰："昔者，帝尧之王天下，上世所谓贤君也。"

文王曰："其治如何？"

太公曰："帝尧王天下之时，金银珠玉不饰，锦绣文绮[2]不衣，奇怪珍异不视，玩好[3]之器不宝，淫佚之乐不听，宫垣屋室不垩[4]，甍桷椽楹[5]不斫，茅茨遍庭不剪。鹿裘御寒，布衣掩形。粝粱[6]之饭，藜藿[7]之羹。不以役作之故，害民耕绩之时，削心约志，从事乎无为。吏忠正奉法者，尊其位；廉洁爱人者，厚其禄。民有孝慈者，爱敬之；尽力农桑者，慰勉之。旌别淑[8]德，表其门闾。平心正节，以法度禁邪伪。所憎者，有功必赏；所爱者，有罪必罚。存养天下鳏寡孤独，赈赡祸亡之家。其自奉也甚薄，其赋役也甚寡，故万民富乐而无饥寒之色。百姓戴其君如日月，亲其君如父母。"

文王曰："大哉！贤君之德矣。"

迷津指点

①熙熙：纷扰杂乱的样子。

②锦绣文绮：指做工精细、华丽漂亮的丝织品。

③玩好：供欣赏玩乐的奢侈品。

④垩（è）：可供粉刷用的白土。此处意为粉刷。

⑤甍（méng）：屋脊。桷（jué），横排在屋梁上的木条，方形。椽，椽子。楹，大厅前部的大柱子。

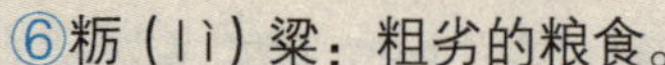

⑥粝（lì）粱：粗劣的粮食。

⑦藜藿（huò）：野生粗劣的菜蔬。

⑧淑：美好，善良。

古文译读

周文王问太公："天下纷杂熙攘，有时强大，有时弱小，有时稳定，有时混乱。之所以会这样，是什么原因呢？是由于君主贤明或不肖导致的吗？还是天命变化自然递嬗的结果呢？"

太公回答说："如果君主不贤明，那么国家危亡而民众变乱；如果君主贤明，国家就会安定，民众就会顺服。所以，国家的祸福在于君主的贤与不贤，而不在于天命的变化。"

周文王问道："古时贤君的事迹，可以讲给我听听吗？"

太公回答说："从前帝尧统治天下，上古的人都称道他为贤君。"

周文王问道："他是怎样治理国家的？"

太公回答说："帝尧统治天下的时候，不用金银珠玉做饰品，不穿锦绣华贵的衣服，不观赏珍贵奇特的物品，不珍视古玩宝器，不听荒淫的乐曲，不粉刷宫中墙垣，不雕饰甍桷椽楹，不修剪庭院中的茅草。以鹿裘御寒，以粗布蔽体。吃的是粗粮饭，喝的是野菜汤。不会因为征发劳役而耽误民众的耕织，反而会约束自己的欲望，抑制自己的贪念，以清静无为来治理国家。忠正守法的官吏，就升迁其爵位；廉洁爱民的官吏，就增加其俸禄。民众中孝敬长辈、爱护晚辈的，就给予敬重；尽力农桑的，就予以慰勉。区别善恶良莠，表扬善良的人家。提倡心志公平，端正品德节操，将邪恶诈伪用法制禁止。对自己所厌恶的人，如果建立功勋也会给予奖赏；对自己所喜爱的人，如果犯有罪行也一定会进行惩罚。赡养鳏寡孤独，赈济遭受天灾人祸的人家。至于帝尧自己的生活，十分俭朴，征用赋税劳役很少，因此，天下民众都会过上富足安乐的生活，脸上不会再有饥寒之色。百姓拥戴帝尧如同景仰日月，亲近他如同亲近自己的父母。"

周文王说："帝尧这位贤君的德行真是伟大啊！"

前沿诠释

所谓盈虚，本意为表示满缺的程度词语，"盈"即充满，"虚"即空虚，"盈虚"在这里又引申为盛衰之意。"盈虚"这一节阐明了国家的治乱兴衰，在于国君的贤明与否，而不是由天命决定的。如果国君贤明，就会“国安而民治”，反之则会“国危而民乱”。文章还以帝尧为例，论证要达到“国安而民治”的目的，身为国君必须做到轻徭薄赋、奖励农桑、赏功罚罪、生活俭朴、存养孤苦等。夏朝的灭亡和商朝的建立就是这一论断的最好例证。

夏朝是我国第一个王朝，它建于公元前2070年，消亡于公元前1600年。前期的夏朝是一片繁荣昌盛的景象，但是到了末期，夏朝的统治腐败，国家日益衰落。到了夏桀在位的时候，政治也变得十分黑暗。那个时候，各方诸侯已经不来朝贺，夏朝内忧外患不断，阶级矛盾尖锐。夏桀更是不思进取，荒淫无度，成为历史上有名的暴君。

为了满足自己的侈淫欲望，他动用了大批人力物力，不分日夜地“筑倾宫、饰瑶台、作琼室、立玉门”。不仅如此，他还从各地搜罗美女，藏于后宫之中，日夜贪欢。同时，他还任用小人，排斥忠良，这更加速了夏朝的灭亡。

此时，夏朝的附属国正在发生剧烈的变化。当时商的首领汤，是个抱负远大、精明强干的人。看见百姓处在水深火热之中，他决定推翻夏朝。他重用德才兼备的伊尹为师，暗地里与夏都中的反夏同盟祝融氏结盟，终于发动了讨伐夏桀的战争。夏桀的暴虐统治使他早已众叛亲离，夏军一击即溃。

击败夏军后，汤很快便任命奴隶出身的伊尹和仲虺成为左右相，辅佐朝政，同时对内下令减轻百姓负担，鼓励生产，发展经济，加强国力，积蓄力量，对外则逐一剪除夏朝的羽翼，削弱夏朝的力量。不久，历时四百多年的夏朝就彻底灭亡了，新的王朝商汤建立起来。

朝代的更迭是历史的必然。其实，不仅仅是一个国家的君主要懂得施行贤明的政策措施对国家兴衰的重要性，就连一个企业、一个学校，甚至一个家庭，这些任一形态的组织的领导者都需要施行贤明的政策措施。这样才能维持一个组织的正常运行，否则就会葬送组织的前途。昏庸的君主是一个朝代的终结者，兼听不明的企业管理者是一个企业的扼杀者，无策的家庭成员则是一个家庭的破坏者。

李嘉诚就是一个十分成功的企业管理者。作为一个管理者，他清楚，管理是一门高深的艺术，是一项艰巨的任务。他在公司里施行了透明公正的企业管理制度。他认为，传统的中国企业的管理模式非常单一，只是单纯的以从上到下为主。很多企业失败的原因在于决策者放不下自己的架子，听不进下属的意见。实施发展战略的时候，因为缺少沟通而导致决策缺乏理性，最终葬送了一个企业的前程。所以，对于一个企业来说，沟通和公平公正极为重要，而李嘉诚实施的措施也深刻地抓住了这两点。

贤明的管理和良好的沟通管理可以让下属和领导同心协力。李嘉诚认为，言行一致、上下一心的集体才能创造出良好的销售业绩和竞争优势。如果不能上下齐心，那么整个企业就会士气低落，员工见异思迁，进一步影响公司的整体表现和业绩。如果想留住优秀的员工，并且让公司广进贤才，就需要创造一个开放、合作、信任的工作环境。在一次行政会议上，李嘉诚两分钟之内就批准了一个下属所提出的建议。“全世界没有一个行政人员能那么快取得总裁的批准。”李嘉诚自己打趣地说。他是个开明的领导者，对待下属十分和蔼，很少用上对下那种命令的口气，对于下属的建议，他会仔细研究。如果建议有用，他会很快接纳和认可。下属在给他提出意见的时候，没有丝毫压力，大家谈得相当愉快。在这个过程中，一些正确的看法会被他采用，从而避免了许多错误的决策。

李嘉诚的管理模式是一种有效沟通、互动管理的模式，彻底改变了单向沟通的弊端，架起了富有活力的双向沟通渠道，让企业焕发出蓬勃的活力。一个企业如果缺乏沟通，也没有互动，那么，这个企业就如同人的身体各部位的零件没有相互磨合好，不能正常运转，久而久之，便会退化死亡。

在一次对中层员工进行的演讲中，李嘉诚说：“如果在一次互动中，有人提出一些与你不同的意见，你粗鲁地警告别人不要自大，甚至打断对方说话，那么几次之后，所有的人都不会再有勇气对你的意见进行反驳，连正直的人也会冷眼旁观，你就变成了孤家寡人。大家发言时都会只看你的态度，所谓的互动就变成了你的‘一言堂’。正确的做法是，他应该告诉那个提出批评的人：好，让我们仔细讨论你的意见，首先听听大家的意见，然后我们再进行选择。”

正是因为有了这种理念的指导，李嘉诚才能把自己的企业越做越大。他相信只要让员工参与进来，与员工保持良好的沟通，在企业内部形成由上而下，而不是自上而下的运行机制，就可以实现真正的管理。“君圣贤，则国安而民治。”对于一个国家而言，这句话有实际而深远的影响；对于任何一个组织而言，这句话也有着十分有益的借鉴意义。

国务第三：驭民如父母之爱子

利而勿害，成而勿败，生而勿杀，与而勿夺，乐而勿苦，喜而勿怒。故善为国者，驭民如父母之爱子，如兄之爱弟。见其饥寒则为之忧，见其劳苦则为之悲。赏罚如加于身，赋敛如取己物。此爱民之道也。

经典再现

文王问太公曰："愿闻为国之大务①。欲使主尊人安，为之奈何？"

太公曰："爱民而已。"

文王曰："爱民奈何？"

太公曰："利而勿害，成而勿败，生而勿杀，与而勿夺，乐而勿苦，喜而勿怒。"

文王曰："敢请释其故。"

太公曰："民不失务则利之，农不失时则成之，省刑罚则生之，薄赋敛则与之，俭宫室台榭②则乐之，吏清不苛扰则喜之。民失其务则害之，农失其时则败之，无罪而罚则杀之，重赋敛则夺之，多营宫室台榭以疲民力则苦之，吏浊苛扰则怒之。故善为国者，驭民如父母之爱子，如兄之爱弟。见其饥寒则为之忧，见其劳苦则为之悲。赏罚如加于身，赋敛如取己物。此爱民之道也。"

迷津指点

①大务：大事，要事。

②台榭：台，高且平的建筑。榭，建筑在台上的高大房屋。

古文译读

文王问太公说："我很想听听治理国家的关键，要想国君尊贵百姓安定，应该怎么做呢？"

太公回答说："爱护百姓就行了。"

文王问道："怎么做才算爱民呢？"

太公说："要使民众得到利益而不损害他们，使民众取得好收成而不耽搁他们的农时，让民众好好生存而不残害他们，给予民众实惠而不向他们掠夺，让民众快

乐地生活而不给他们带来苦难，让民众开心而不让他们发怒。”

文王说：“请解释一下这样做的原因。”

太公说：“民众不失去养家糊口的事务，就对他们有利；农事不失去农时，就会让他们有好的收获；减少刑罚，就能让民众好好地生活，减少赋税，就是给予民众；不建造那么多宫室楼台，就会让民众得到安乐；官吏廉洁不严苛盘剥，就会让民众高兴。反之，如果民众失去养家糊口的事务，就是损害了民众的利益；如果农事违背了气节时令，就会受到损害；惩罚没有罪的民众，就是杀害他们；加重赋税，就是抢夺他们；多造宫室楼台使民力疲惫，就会让民众痛苦；官吏贪污严苛扰乱民众，就会让民众愤怒。所以善于治理国家的人，统御民众就如同父母爱自己的孩子、兄长爱护弟妹一样。看到他们饥饿寒冷，就会为他们担忧；看到他们辛劳受苦，就会为他们感到悲伤；奖赏惩罚，就如同施加到自己的身上；缴纳赋税，就如同取走自己的财物一样。这就是爱民之道。”

前沿诠释

国务就是国家的重大事务，在这其中，爱民应该排在第一位。只有君主、官员真正做到了爱民，国家才能安定。针对如何做到爱民的问题，姜太公说：“利而勿害，成而勿败，生而勿杀，与而勿夺，乐而勿苦，喜而勿怒。”而后，他又分别从利与弊、成与败、生与杀、乐与苦、喜与怒这五对矛盾的方面阐述了这样做的原因，并将其总结成一句话，就是要做到待民如子，己所不欲勿施于民。历史上著名的清官海瑞就是一位能够爱民如子的官员。

海瑞是明朝嘉靖年间的著名清官，他敢于直言进谏，惩恶扬善，能够一心为民众谋利，从而被人们称为海青天、南包公，他的英名一直流传到了今天。

明朝隆庆三年（1569），海瑞升任右佥都御史，巡抚应天十府。在巡查的过程中，他发现当地人民在沉重的赋税和贪官污吏的压迫下生活得极为艰难。而且，这些地区的河道并不安全，非常容易发生涝灾。于是，海瑞便决定将治水和救灾联系在一起，共同解决，从而为民众谋取当下和将来的利益。而后，海瑞便召集饥民，赶在冬闲的季节带领他们疏浚吴淞江及其支流。后来海瑞又上书朝廷，允许他将应该上交的粮食留下一部分，用来解决灾民吃饭的问题。这些举措极大地调动了百姓的积极性，因而疏浚工程很快就完工了，当地的百姓都很感激他。

此外，为了维护百姓的利益，海瑞还进一步惩处当地的恶霸，要求他们将抢夺来的土地归还给农民。而且他还组织人员清查土地，简化赋税制度，减轻了人

们的赋税负担。

在历来的社会中，爱民如子的官员和君王总是会受到人们的极大欢迎。清朝的康熙皇帝在自己执政的过程中便十分注重爱民这个问题。

康熙皇帝深深地知道“国以民为本，民以食为天”的道理，于是，在执政的过程中十分重视农业发展。他曾经多次下令放宽开垦荒地的免税年限，并且进行了赋税制度的改革，使得人民的税赋负担大大减轻了。特别值得一提的是，为了保证普通民众能生活得更好，他经常会豁免本来应该征收的钱粮。根据统计，终康熙一朝，豁免的钱粮总数就超过一亿四千万两白银，这真是一个极为庞大的数字。

此外，为了保证农业生产的正常进行，康熙皇帝更是不辞辛劳，多次南巡治河，力图为百姓创造更加安稳的耕作环境。

康熙二十九年春的时候，直隶一代旱灾严重，皇帝为此忧心不已，“轸念民生，日夜焦劳”“沿途见耕种农民，即遣人访问”。后来天降大雨，康熙皇帝龙心大悦，十分高兴地对左右扈从的大臣说：“得此雨泽，既种之田，固可发生，而未种之田，亦可耕种矣。朕甚喜慰，谅尔等之心亦同也。”

在康熙四十三年正月的时候，康熙皇帝又下诏说：“朕咨访民瘼，深悉力作艰难。耕三十亩者，输租赋外，约余二十石。衣食丁徭，取给于此。幸逢廉吏，犹可有余。若诛求无艺，则民无以为生。是故察吏所以安民，要在大吏实心体恤也。”他不仅自己爱护民众，也要求封疆大吏朝着这个方向努力，做到爱民如子。

正是由于有了这样爱民如子，能够“喜民所喜，忧民所忧”的君王，当时的社会才得以繁荣发展，并成就一代盛世。

设身处地地为人民着想，以满足人民的需求为己任，这样的君主如果不能赢得人民的爱戴，那么谁还能赢得人民的爱戴呢？我国有一句名言叫做“水能载舟，亦能覆舟”，这句话就是说：水能够让船航行，也能够让船沉没。到了唐太宗时，这句话就被引申为：人民可以让君主安坐于朝堂，也可以把君主从龙椅上拉下来。当时，唐太宗李世民与魏征在谈论治国之道。李世民问道：“隋朝灭亡的原因是什么？”魏征回答说：“失去民心。”“人民和皇帝之间应当是什么关系？”李世民又问。魏征回答道：“如果把皇帝比做是一条船，那么人民就是汪洋大海，船只有在水中才能乘风前进。水能载舟，亦能覆舟。太上皇（李渊）举义旗推翻隋朝统治就说明了这一点。所以作为君主一定要时刻记住水能载舟、亦能覆舟的道理。”因此君主只要能够施行德政、顺民心、不断修德于天下，就能使国家昌盛兴隆，百姓安居乐业；反之，如果逆民心，则最终会走向毁灭。

大礼第四：君主应具备的行为规范和品德修养

为上唯临，为下唯沉。临而无远，沉而无隐。为上唯周，为下唯定。周，则天也；定，则地也。或天或地，大礼乃成。

经典再现

文王问太公曰："君臣之礼如何？"

太公曰："为上唯临[①]，为下唯沉[②]。临而无远[③]，沉而无隐[④]。为上唯周[⑤]，为下唯定[⑥]。周，则[⑦]天也；定，则地也。或天或地，大礼乃成。"

文王曰："主位如何？"

太公曰："安徐而静，柔节先定。善与而不争，虚心平志，待物以正。"

文王曰："主听如何？"

太公曰："勿妄而许，勿逆而拒。许之则失守[⑧]，拒之则闭塞。高山仰之，不可极也。深渊度之，不可测也。神明之德，正静其极。"

文王曰："主明如何？"

太公曰："目贵明，耳贵聪，心贵智。以天下之目视，则无不见也；以天下之耳听，则无不闻也；以天下之心虑，则无不知也。辐辏[⑨]并进，则明不蔽矣。"

迷津指点

①临：居高临下。这里引申为洞察下情。

②沉：深沉隐伏。这里指谦恭驯服。

③远：疏远，这里指疏远民众。

④隐：隐匿私情，不尽忠诚。

⑤周：周遍，普遍，这里指广施恩惠。

⑥定：稳定，安定，安分守己。

⑦则：效法。

⑧守：操守，这里指内心的主见。

⑨辐辏：形容如同车辐一样聚集到中心上。辐，车轮的辐条，辏，聚集，聚合。

古文译读

周文王问太公说：“君主跟臣民之间的礼法应该是怎样的？”

太公回答说：“做君主的最重要的是体察下情，做臣民的最重要的是顺服恭敬。体察下情主要在于不疏远臣民，顺服恭敬则应该不隐瞒私情。做君主的要遍施恩惠，做臣民的要安守职分。遍施恩惠，就是要像天空那样覆盖万物；安守职分，就是要像大地那样稳重厚实。君主效法上天，臣民效法大地，这样君臣之间的礼法就圆满了。”

文王说：“身居君主之位的人，应该怎样做？”

太公回答说：“身居君主之位的人，应该安详稳重而沉着冷静，柔和有节而成竹在胸，善于施惠而不与民众争利，虚心静气而大公无私，处理事务公平正直。”

文王又问：“做君主的应该如何倾听别人的意见呢？”

太公回答说：“不要轻率地接受，也不要暴躁地拒绝。轻率地接受就会容易丧失主见，暴躁地拒绝就容易使言路闭塞。君主要像高山那样，令人仰慕不已；也要像深渊那样，令人莫测高深。神圣英明的君主之德，就是清静正直，达到极致。”

文王问：“君主怎样做才能洞察一切呢？”

太公回答道：“眼睛的可贵之处在于明察事物，耳朵的可贵之处在于倾听意见，头脑的可贵之处在于思虑周详。依靠天下人的眼睛去观察事物，则会无所不见；利用天下人的耳朵去倾听意见，则会无所不闻；凭借天下人的头脑去思考，则会无所不知。这样，四面八方的情况都会汇集到君主那里，君主自然就能洞察一切而不受蒙蔽了。”

前沿诠释

大礼，指的是君臣之间的礼法。本节前半部分太公的回答很好地说明了君臣之间的行为准则。本节的论述重点是君主应遵守的行为规范和应具备的品德修养，从“主位”“主听”“主明”三方面论述，最终强调，做君主的需要做到“目贵明，耳贵聪，心贵智”。古往今来，有很多君主都非常注意自己的行为规范和品德修养，从而成就了一代霸业，开创了一朝盛世。

武则天是我国历史上唯一的女皇帝，也是一位女诗人和政治家。她为大唐盛世的出现作出了不可磨灭的贡献。在为君方面，她可以说真正做到了“目贵明，耳贵聪，心贵智”。

武则天当权的时候，非常注重运用人才，在用人制度上大胆进行改革创新。

她改革科举，提高进士科的地位；举行殿试；并且开创了武举、自举、试官等多种制度，使得大批出身寒门的学子有了一展才华的机会。但是选的人多了，难免就有人滥竽充数。官员冗杂，国家财政的压力很大，老百姓对此颇有怨言。但是没有人敢对此发表过多的意见，因为在封建时代，皇帝的权力是至高无上的，批评皇帝的话叫做“逆龙鳞”，“逆龙鳞”极有可能被杀头，所以历代很少有人敢冒犯天颜。在朝堂上正义直言的人非常少，即使想说也只是在下面偷偷地说，不敢当着皇帝的面说，怕惹来杀身之祸。

武则天（624—705），并州文水（今山西文水东）人，是中国历史上唯一的女皇帝，也是杰出的政治家和女诗人。

当时，有一首打油诗在民间广为流传。“补阙一车一车载，拾遗满斗满斗量，用耙子才能推拢的侍御史，一个模子脱出的校书郎。”这首诗生动有趣地反映了官员冗杂的现象，据说，这是一个叫张鷟（zhuó）的文人写的。当时，有个叫沈全的人也听说了这首诗。他是一个被举荐的人，为人狂傲，放荡不羁。因为没有得到重用，心中颇为不快，于是在张鷟的诗后面又加了四句诗：“大理评事不读律文，文学博士不做文章。面浆糊心的存抚使，眯着眼睛不辨是非的神圣皇上。”这补加的诗句带有人身攻击的味道，不仅骂了巡抚，也骂了皇帝武则天眯着眼睛不辨是非，滥用人，传出去以后形成了很大的影响。当朝御史纪先知知道这件事以后，立刻将沈全缉拿归案，并上书弹劾他诽谤朝政，建议对其进行审判，将他绳之以法。对于此事，纪先知觉得自己做得很正确，皇帝一定会给予他褒奖。没想到武则天看完他的上书后，当着很多被举荐官员的面说了他一通不是。纪先知一下心里也有些害怕，怕武则天会给他定个什么罪名。最终，武则天只是笑着对大家说：“只要你们自己称职，何必怕人家在外面说三道四。不用给沈全定什么罪名了，立即释放了他吧。”纪先知灰溜溜地从朝堂离开，然后释放了沈全。

不得不说，武则天的做法是十分明智的，她明察秋毫，不仅教育了当朝官员要好好为官，而且显示了自己的宽宏大量。如果因为几句诗就斩杀了沈全，那么老百姓和官员们就更不敢说真话了，大唐也不会有一朝盛世。虽然当时任用官员有些繁冗，但是经过试用不称职的官员，武则天都会随时撤换掉。那些在工作中有失职或者犯罪现象的官员，会被毫不留情地判刑甚至斩首。这种优胜劣汰、大浪淘沙的用人政策，笼络了天下很多能人志士的心，这些人都一一为她所用，比如狄仁杰、魏元忠、张柬之、姚崇、宋璟等流传后世的名臣，都是武则天亲手提拔的。她善于决断，明察事理，求贤若渴，并且对人才比较宽容，善于听取别人的意见，不愧是一位英明的君主。

君主或者领导人的行为规范跟品德修养具有非常重要的作用。一个英明的君主或者领导人必定具备良好的行为规范和品德修养，只有这样才能使自己手下的团队具有蓬勃向上的活力。现代管理中，领导人的行为规范和品德修养更是决定着一个团队的生死存亡，所以现代很多大企业对于领导者的要求不断提高。成功的领导者一定要在“主位”“主听”“主明”三方面都做得相当到位。

美国《国际投资者》杂志曾经四次把泰国曼谷东方饭店评为“最佳饭店”，这与饭店经理库特尔·瓦赫特法伊特尔的品德修养是分不开的。

库特尔经营这个大饭店就如同经营自己的家庭一样，对所有员工都很好，这就是他对饭店的管理方式。除此之外，他的人格魅力和品德修养也让人很敬佩。在东方饭店，库特尔当了数十年的总经理，属于饭店最高的领导人和负责人之一。但是他从来没有摆过领导的架子，对所有的员工都一视同仁，和蔼可亲。饭店里不论谁有了困难和疑问，都可以去找他面谈，他都会尽快给予建议或者直接把问题解决。为了和店员联络感情，库特尔经常在饭店举办各种聚会，邀请店员以及他们的家属参加。这些活动无形中缩小了上下级之间的距离，对于提高员工的积极性有很大的作用。

库特尔认为无论如何都要善待员工，多多倾听员工的意见。东方饭店的员工都有丰厚的工资，享受着众多福利待遇，比如年终红包、医疗保险、紧急贷款等。而店里的员工有了什么意见也可以直接跟他提出来，对于员工来说，这些都是激励他们为饭店积极效力的重要措施。

明传第五：认清并正确处理道义、倦怠和个人欲望的关系

见善而怠，时至而疑，知非而处，此三者，道之所止也。柔而静，恭而敬，强而弱，忍而刚，此四者，道之所起也。故义胜欲则昌，欲胜义则亡；敬胜怠则吉，怠胜敬则灭。

经典再现

文王寝疾[①]，召太公望，太子发[②]在侧。

曰："呜呼！天将弃予。周之社稷，将以属汝。今予欲师至道之言，以明传之子孙。"

太公曰："王何所问？"

文王曰："先圣之道，其所止，其所起，可得闻乎？"

太公曰："见善而怠，时至而疑，知非而处，此三者，道之所止也。柔而静，恭而敬，强而弱，忍而刚，此四者，道之所起也。故义胜欲则昌，欲胜义则亡；敬胜怠则吉，怠胜敬则灭。"

迷津指点

①寝疾：卧病。

②发：文王次子，名发。文王死后，继位为君，灭亡商朝，建立周朝，史称武王。

古文译读

文王卧病在床，召见太公，当时太子姬发守在床边。文王说："唉！上天将要收回我的性命了，以后周国的社稷大事就要靠您了。现在我想再听您讲讲至理名言，以便将它们明确地传给子孙后代。"

太公问："您想要知道什么？"

文王说："古代先贤的治国之道，应该废止的是什么，应该推行的又是哪些？您能够把其中的道理讲给我听听吗？"

太公回答道："见到善事却懈怠不做，时机来临却犹豫不决，知道错误却泰然自若，这三种情况就是古代先圣治国所应废止的。柔和而冷静，谦恭而敬谨，强大而自居弱小，外隐忍而实刚强，这四种情况是古代先圣治国之道所应推行的。因此，正义胜过私欲，国家就能昌盛；反之，私欲胜过正义，国家就会衰落；敬谨胜过懈怠，国家就能繁荣；反之，懈怠胜过敬谨，国家就会毁灭。”

前沿诠释

本节先从“先圣之道”的起至谈起，认为新任君王应该做到“柔而静，恭而敬，强而弱，忍而刚”，认清并正确处理道义和个人欲望、敬谨和怠惰之间的关系，只有这样才有资格继承王位，才能使国家昌盛祥和。

三国时期，关羽被东吴杀害于樊城后，身为兄长的刘备执意要为他报仇雪耻，不听诸葛亮的劝告，亲自率领军队出征攻打东吴，最终大败而归。老迈的刘备也病倒了，退守到白帝城。在永安宫里，刘备自知时日不久矣，于是在弥留之际派人日夜兼程赶往成都，把诸葛亮请来嘱托身后之事。

刘备让诸葛亮坐在床边，对他说：“自从有了丞相，我建立并发展了自己的事业，只是我的知识浅薄，没有听丞相的话，所以遭到今天的失败，实在是后悔万分啊。我的病是好不了了，我的儿子没有什么能耐，我要把大事托付给你。”

刘备说完，泪流满面。诸葛亮也哭着说：“希望陛下能够保重身体。”

刘备看了看左右的将官，见马谡也在，就叫他先退出去，然后对诸葛亮说：“这个人言过其实，不能重用。丞相你要慎重考察他。”

说完，刘备又召集了众将官到场，亲笔写下遗诏，交给诸葛亮，感叹地说：“我本想和你们一同消灭曹丕，不幸却要中途分手。今后就麻烦丞相把我的遗诏交给太子刘禅，以后的一切事情，都希望丞相能够指点他。”

在遗诏里，刘备告诫儿子刘禅：“惟贤惟德，能服于人。勿以善小而不为，勿以恶小而为之。”这也是刘备一生都在践行的两句话。

诸葛亮看刘备有些体力不支，忙劝慰他保重身体。刘备却拉着诸葛亮的手说：“我就要死了，有几句心里话要对先生说。”

接着，刘备费力地挣扎起来说道：“先生的才能要比曹丕高十倍，必定能够安邦定国。如果我的儿子能够在您的辅佐下成就事业，那就辅佐他；如果他没有什么才能，无法成就事业，那么您就取而代之吧。”说完，刘备又嘱咐文官武将以后一切听从丞相的命令，切不可怠慢丞相。诸葛亮为此感激涕零。

刘备死后，虽然后主刘禅愚笨无能，但诸葛亮一直竭尽所能地辅佐他，直到

自己死去，也没有取而代之，为后人留下了“鞠躬尽瘁，死而后已”的美谈，也为后世为臣者树立了忠诚、道义的榜样。

刘备（161—223），字玄德，东汉时涿郡涿县（今河北涿州）人，三国时期著名的军事家、政治家。

可见，如果君王懂得道德义理，并以此严格规范自己的行为举止，不但有利于形成良好的政局，更会影响周围的文武权臣以此作为他们自己的原则和规范，从而形成君臣一心、盛世繁荣的景象。

在现代，作为一个具有自我价值观的社会个体，如果能够像刘备一样，道义胜过私欲，敬谨胜过怠惰，推荐有才之士登上适合的位置，任人唯贤，而不是任人唯亲，就一定能使自己的事业或者企业登上一个新的高峰。通用电气公司的CEO杰克·韦尔奇就把“人”的经营放到第一位，把通用公司称为“生产人的工厂”。韦尔奇认为，在通用电气的发展中，发现合适的领导人是最重要的。他按照业绩以及潜力把人分成A、B、C三级，这三所占的比例分别为：A类20%，B类70%，C类10%。韦尔奇对A类这20%的员工采用的是“奖励奖励再奖励”的方法，提高工资，分配股票期权，并且有很大的职务晋升的机会。对于B类员工，他也会根据情况，确认其贡献，并提高其工资。但是，对于C类员工，他会将他们从企业中淘汰出去。

在1997年1月举行的高级经理参加的执行经理会议上，他向500名高级经理发出恳切的号召，要求管理者们要保持在A类，要讲求团队精神，要服从公司的价值观。同时，他决定去除那些没有融入通用电气的价值观中的、没有什么正事干的经理，把他们划分到C级范围内。至于B级领导人，他想再给他们一些时间，让他们继续前进。杰克·韦尔奇曾说过：“有能力胜任工作，却消极怠工导致工作不称职的人，我发现一个就开除一个，绝不留情。”老板们最不喜欢的就是有能力做好却不愿好好干的员工。职场中的确存在着一些“会干但不想干”的人，对他们来说，每天的工作可能只是一种负担、一种逃避，甚至是一种苦役。他们在工作中远离了“工作”，不愿意为此多付出一点点精力，更没有将工作看成是自己获得成功的机会，所以这样的人留下来也没有用，不如找合适的人来取代他。韦尔奇认为，现代企业处在一个大变革的时代，在变革中，企业领导者首先要了解员工是否胜任他的岗位。韦尔奇经营人才的这种方法给通用公司培养了不少人才，很多人坐上了他们该坐的位置，并且在这些位置上创造出了不凡的业绩。

六守第六：知人善任，用其所长

大农、大工、大商，谓之三宝。农一其乡，则谷足；工一其乡，则器足；商一其乡，则货足。三宝各安其处，民乃不虑。无乱其乡，无乱其族。臣无富于君，都无大于国。六守长，则君昌。三宝全，则国安。

经典再现

文王问太公曰："君国主民者，其所以失之者，何也？"

太公曰："不慎所与①也。人君有六守、三宝②。"

文王曰："六守者何也？"

太公曰："一曰仁，二曰义，三曰忠，四曰信，五曰勇，六曰谋，是谓六守。"

文王曰："慎择六守者何？"

太公曰："富之而观其无犯；贵之而观其无骄；付之而观其无转；使之而观其无隐；危之而观其无恐；事之而观其无穷。富之而不犯者，仁也；贵之而不骄者，义也；付之而不转者，忠也；使之而不隐者，信也；危之而不恐者，勇也；事之而不穷者，谋也。人君无以三宝借人，借人则君失其威。"

文王曰："敢问三宝？"

太公曰："大③农、大工、大商，谓之三宝。农一其乡④，则谷足；工一其乡，则器足；商一其乡，则货足。三宝各安其处，民乃不虑。无乱其乡，无乱其族。臣无富于君，都无大于国⑤。六守长，则君昌。三宝全，则国安。"

迷津指点

①与：给予，托付，引申为任用人才。

②六守：守，遵守，奉行，此处指挑选任用臣僚的标准。六守，指的就是用人的六项标准。三宝：宝，宝贵，此处指国家的经济命脉。三宝，指的就是关系国家经济命脉的三件大事。

③大：重视、发展的意思。

④乡：行政区划单位。泛指城市以外的地方。

⑤都：大城邑。国：国都，首都。

古文译读

文王问太公道："君主就是统治国家、管理民众的人，那他失去国家和民众的原因会是什么？"

太公答道："是用人不慎造成的。君主应该做到'六守'和'三宝'。"

文王问："什么是'六守'？"

太公回答说："仁爱、正义、忠诚、信用、勇敢、智谋，这些就是所谓的'六守'。"

文王问："如何审慎地选择符合六守标准的人才呢？"

太公说："使他富有，以考查他是否会逾越礼法；使他尊贵，以考查他是否会骄纵不驯；委以重任，以考查他是否会坚定不移地去执行；命令他处理问题，以考查他是否会欺瞒；让他身临危难，以考查他是否会临危不惧；让他处理突发事件，以考查他是否会应付自如。富裕而不逾礼法的，就是仁爱之人；尊贵而不骄横的，就是正义之人；身负重任而能坚定不移去执行的，就是忠诚之人；处理问题而不欺瞒的，就是信用之人；身处危难而无所畏惧的，就是勇敢之人；面对突发事变而应付自如的，就是有智谋的人。但是君主不能把'三宝'交给别人，如果交给了别人，那君主就会丧失自己的权威。"

文王问："您所指的'三宝'究竟是什么？"

太公答道："大农、大工、大商，这三件事叫做'三宝'。把农民组织起来聚居在一起进行生产，就会获得充足的粮食；把工匠组织起来聚居在一起进行生产，就会得到充足的器具；把商贾组织起来聚居在一起进行贸易，就会得到充足的财货。让这三大行业各安其业，民众就不会焦虑不安。不要打乱这种区域结构，也不要拆散居民的家族组织。使臣民不得富于君主，城邑不得大于国都。具备'六守'标准的人得到重用，君主的事业就能昌盛发达；'三宝'发展完善，国家就能长治久安。"

前沿诠释

本节首先论述了国君失去天下的原因在于用人不当，接着又论述了选拔人才的六条标准，也就是"六守"，即仁、义、忠、信、勇、谋，并进一步论述运用"富之、贵之、付之、使之、危之、事之"等六种手段来考查，就能知道其是否符合"六守"的标准。然后指出，国君必须控制和掌握"三宝"，也就是关系到国家经济命脉的农、工、商三大支柱。最后归结出"六守长，则君昌；三宝全，则国安。”

春秋时期，社会动荡，各诸侯国之间争战不断。齐桓公为了争夺霸权，任用管仲进行改革。在内政上，管仲施行了“叁其国而伍其鄙”的政策。“国”，指的就是国都及其郊区。“叁其国”就是把“国”划分成二十一个乡，也就是六个工商乡和十五个士（农）乡。“鄙”，指的就是乡村。“伍其鄙”就是规定三十家为一邑，设一个司官；十邑为一卒，设一个卒帅；十卒为一乡，设一个乡帅；三乡为一县，设一个县帅；十县为一属，设一个大夫。全国乡村共分为五属，分别由五个大夫管理。“叁其国而伍其鄙”这一政策就是为了“定民之居，成民之事”，也就是使民众各有其居，各守其业，不要杂处或者任意迁移。

接着，管仲又进行了军制改革，施行“作内政而寄军令”的政策，也就是把军令寓于内政之中，即寓兵于农，兵民合一，把军事组织和行政组织有机结合起来，人民平时生产，战时出征。十五个士乡的行政组织是：五家为一轨，设一个轨长；十轨为一里，设一个有司；四里为一连，设一个连长；十连为一乡，设一个良人。与此相应的军事组织是：每家出一个人，一轨组成一伍，由轨长率领；一里出五十人，组成一个小戎，由有司率领；一连出两百人，组成一个卒，由连长率领；一乡出两千人，组成一个旅，由良人率领；五乡出一万人，组成一个军，立一元帅。这样十五个士乡就可以组成三个军，从而扩大了兵源，补充了军力。

管仲纪念馆：位于淄博市临淄区，于2004年建成并对外开放，主要展示管仲的生平事迹、《管子》思想以及历代宰相文化。

管仲非常重视经济的发展，他打破了井田制的限制，采取了“相地而衰征”的政策，将土地分成不同的等级，按照好坏程度来征税。他还规定国家专营盐铁事业，并设立盐官掌管煮盐，设立铁官掌管制造农具，同时还鼓励人们进行鱼盐贸易等。

在选拔人才方面，管仲创设了“三选”制。他规定各乡把本乡中有才德武功的人推选给国家，此为第一选。有关部门对这些人进行试用考核，将其中优秀的人推荐给君主，此为第二选。君主再亲自考核，任命合格者为上卿的助手，此为第三选。为了加强君主的权力，管仲要求桓公掌握生、杀、富、贵、贫、贱“六柄”，采取“劝之以赏赐，纠之以刑罚”的措施。

经过上述改革，齐国的实力迅速增强，为后来齐桓公成为春秋时期的第一位霸主奠定了坚实的基础。

“兵随将转，无不可用之才。作为一个领导，你可以不知道下属的短处，却不能不知道下属的长处。要能够容人之短，用人之长。能翻多大的跟头，就给多大的舞台。”在用人方面，海尔集团董事局主席张瑞敏如是说。

海尔曾经是一个亏空达147万元的集体小厂。在张瑞敏的带领下，它迅速成长为拥有白色家电、黑色家电和米色家电的中国家电第一品牌，产品包括58大门类9200多个品牌，企业销售收入以平均每年81.6%的速度高速、持续、稳定增长。2009年，海尔集团全球营业额达1243亿元（182亿美元），品牌价值达到812亿元。海尔一步步地走向了全世界。

海尔之所以能发展这么迅速，其中一个重要原因就是张瑞敏积极开发、利用人才。海尔集团有5万员工，文化层次有很大的不同，但是在张瑞敏眼里，他们个个都是人才。公司文化倡导要挖掘和调动每个员工的积极性、创造性，形成合力。海尔刚刚提出“人人都是人才”这一口号的时候，大家都没有什么反应。很多普通员工认为自己学历不高，“人才”二字跟自己根本不靠边，所以没有放在心上。对于这一点，张瑞敏早有预料。为了调动所有员工的积极性，他便把一个工人发明的一项技术革新成果用这位工人的名字命名。这件事在员工中产生了很大反响，很快地，员工中间形成了技术革新的风气。“人人都是人才”这句话说得没错，作为领导，最重要的就是要把下属的潜能开发出来，为企业所用。

海尔创新的第一个原则就是海尔人人有份。在海尔，人人平等，凡是在海尔工作过的职工，都应当承认他的老板身份，即便已经过世，他应当享有的那部分权益还可以由其子女继承。

在海尔，没有身份贵贱、年龄大小、资历长短之分，衡量人才的标准就是技能、活力、创造精神和奉献精神。有能力的普通员工可以升迁为管理人员，平凡而有才华的工人也可以走上领导岗位。任全晓就曾是一名农民临时工，因为他勤劳肯干，勤于钻研技术，最终晋升为车间主任。他说，“是海尔的用人机制给了我实现自己价值的上升空间。”

正如张瑞敏所说：成功的企业离不开资金、技术和设备等生产要素，但不等于说拥有了这一切的企业就是成功的企业。为什么？这里还有一个不可缺少的要素——人，充满活力和追求卓越的人。在他看来，企业不缺人才，人人都是人才，关键是我们能不能创造一种机制，能不能营造一种氛围，将每一个人所具备的最优秀的品质和潜能充分发挥出来。

守土第七：凡事皆有法可循，仁义为先

敬其众，合其亲。敬其众则和，合其亲则喜，是谓仁义之纪。无使人夺汝威，因其明，顺其常。顺者，任之以德；逆者，绝之以力。敬之勿疑，天下和服。

经典再现

文王问太公曰："守土奈何？"

太公曰："无疏其亲，无怠其众，抚其左右，御其四旁。无借人国柄；借人国柄，则失其权。无掘壑而附丘①，无舍本而治末。日中必彗②，操刀必割，执斧必伐。日中不彗，是谓失时；操刀不割，失利之期；执斧不伐，贼人将来。涓涓不塞，将为江河！荧荧③不救，炎炎奈何！两叶④不去，将用斧柯。是故，人君必从事于富。不富无以为仁，不施无以合亲。疏其亲则害，失其众则败。无借人利器⑤；借人利器，则为人所害而不终其世也。"

文王曰："何谓仁义？"

太公曰："敬其众，合其亲。敬其众则和，合其亲则喜，是谓仁义之纪⑥。无使人夺汝威，因其明，顺其常。顺者，任之以德；逆者，绝之以力。敬之勿疑，天下和服。"

迷津指点

①无掘壑而附丘：不要挖掘深谷之土而增附于土山之上，引申为不要损下而益上。

②彗：曝晒。

③荧荧：极其微弱的火光。

④两叶：草木萌芽时的两片嫩叶。

⑤利器：这里引申为国家权力。

⑥纪：纲纪，基本原则、准则。

古文译读

文王问太公说："怎样才能守卫国土呢？"

太公答道："不能疏远宗族，不能怠慢民众，要安抚左右近邻，并控制天下四

方。不要把治国大权交给别人，如果把治国大权交给别人，君主就会失去自己的威信。不要挖掘沟壑去堆积土丘，更不要舍本逐末。太阳正午时，要抓紧时机曝晒；拿起了刀子，就要抓紧时间宰割；手执斧钺，则要抓紧时机征伐。如果在正午阳光充足的时候不曝晒，就会丧失这个时机；如果拿起刀子却不宰割，就会丧失最佳时机；手执斧钺却不杀敌，敌人就会乘虚而入。不堵塞涓涓细流，它们就会汇成滔滔江河。不扑灭微弱的火星，它们就会酿成熊熊烈火，让人无可奈何。不采摘刚萌芽的两片嫩叶，就会使得最终必须用斧钺去砍伐它。所以，君主必须努力使国家变得富足，因为如果国家不富足就不能够实行仁政，不实行仁政就不能够团结宗亲。而疏远了自己的宗亲，君主就会受害，失去了自己的民众，君主就会失败。不要把统御国家的权力交给别人，因为如果把统治权交给别人，君主就会被人所害而不得善终。"

文王问道："那什么是仁义呢？"

太公回答说："尊重自己的民众，团结自己的宗亲。尊重民众，国家就会和睦，团结宗亲，大家就会欢喜。这就是行仁义的准则。不要让人篡夺了你的权力，要根据自己的体察顺应常理地去处理事务。对于顺应自己的人，要施予恩惠并对其加以任用；对于反对自己的人，就可以动用武力给予消灭。遵循上述原则而毫不迟疑，天下就会和睦而顺服了。"

前沿诠释

本节论述的是保守政权的策略。具体来说，有以下几点：一，对内"无疏其亲，无怠其众"；二，对外"抚其左右，御其四旁"；三，在政治上"无借人国柄"，防微杜渐；四，在经济上富国殷民。接着进一步说明了疏亲、失众以及"借人利器"的危害。最后指出，应该仁义、敬众、合亲，这样才能达到"天下和服"的目的。

"借人国柄，则失其权""借人利器，则为人所害"，这个观点是本节反复强调的。历史上因外戚宦官专权从而导致朝代衰亡的事例，就充分证明了这一点。

在东汉初期，为了防止外戚、宦官专权，皇帝对他们的控制是比较严格的。但是到了东汉中叶的时候，皇帝即位时大多年幼，只有依靠母后临朝辅政。而皇太后又大多依靠自己的家族，这样皇帝的权力就落到了外戚的手里。等小皇帝长大了，懂得了权力的重要性，就开始和外戚争抢本该属于自己的权力。为了摆脱外戚势力的控制，他们只有依靠身边的宦官，铲除异己。于是又出现了大权落入宦官手里的现象。其实不管是外戚专权，还是宦官专权，真正的实权都没有落到皇帝手里。而拥有大权的外戚和宦官则是飞扬跋扈，任人唯亲，卖官鬻爵，打击忠良之士，由此就使得东汉朝廷极其腐败。

在东汉顺帝到桓帝的二十余年间，梁商、梁冀父子相继掌权，外戚势力达到顶峰。梁冀是个凶狠残暴的人，有一次，九岁的小质帝和他开玩笑，说他是“跋扈将军”，他一生气就将质帝毒死，然后立他的妹夫刘志为桓帝，那时刘志年仅十五岁。桓帝即位以后，朝廷大权都由梁冀掌握着，桓帝根本不能干预，百官更是惧怕梁冀，不敢违背他的意志。梁冀之所以这么有恃无恐，是因为他的两个妹妹分别做了皇太后和皇后。后来，他的两个妹妹相继死去，他失去了靠山。这时，对他心怀不满的桓帝也长大了，就与身边的几个宦官合谋，消灭了梁氏势力。

梁氏势力消灭后，东汉依旧不太平，皇帝也依旧没有掌权，权力又落入了宦官的手里。帮助桓帝诛灭梁氏的宦官单超、左悺、徐璜、具瑗、唐衡五人便在同日被封侯，另外还有一些小宦官也被加官晋爵。这些人比梁冀好不到哪里去，他们公开贪污受贿，搜刮财富，敲诈勒索，广求珍宝，穷奢极欲。他们竞相修建华丽的宅第，任意搜刮民财。单超等五个宦官和他们的亲属“虐遍天下”，使得民不堪命。人们痛恨地称呼他们为“左回天”“徐卧虎”“具独坐”“唐两堕”等。东汉朝廷在他们的掌控下，变得更加乌烟瘴气，黑暗混乱。

就这样，国家权力在外戚和宦官的手中不停轮转，这种恶性循环最终葬送了东汉王朝。

守国第八：发之以其阴，会之以其阳

圣人之在天地间也，其宝固大矣。因其常而视之，则民安。夫民动而为机，机动而得失争矣。故发之以其阴，会之以其阳；为之先唱，天下和之。极反其常，莫进而争，莫退而让。守国如此，与天地同光。

经典再现

文王问太公曰："守国奈何？"

太公曰："斋，将语君天地之经[①]，四时所生，仁圣之道，民机之情。"

王斋七日，北面再拜而问之。太公曰："天生四时，地生万物。天下有民，仁圣牧[②]之。故春道生，万物荣；夏道长，万物成；秋道敛，万物盈；冬道藏，万物寻[③]。盈则藏，藏则复起；莫知所终，莫知所始。圣人配[④]之，以为天地经纪。故天下治，仁圣藏；天下乱，仁圣昌。至道其然也。

"圣人之在天地间也，其宝[⑤]固大矣。因其常而视之，则民安。夫民动而为机，机动而得失争矣。故发之以其阴，会之以其阳[⑥]；为之先唱，天下和之。极反其常，莫进而争，莫退而让。守国如此，与天地同光。"

迷津指点

①经：常道，通理，一般规律。

②牧：治理，管理。

③寻：《武经七书直解》作"静"，隐藏不动的意思。

④配：相配，引申为参照仿效。

⑤宝：指圣人的地位和作用。

⑥发之以其阴，会之以其阳：发，孕育，发展。阴，暗中，秘密。会，际会、时机。阳，正大光明。隐蔽秘密地发展力量，抓住时机，正大光明地进行讨伐。

古文译读

文王问太公说："如何才能保卫国家呢？"

太公说："请您先行斋戒，然后我再告诉您关于天地之间的运行规律、四季万物生长的缘由、圣贤治国的道理，以及民心转变的根源。"

于是文王斋戒七天，并以弟子礼再度拜问太公。太公说：“天有四时，地生万物。天下有民众，而民众则由圣贤治理。春天的规律是孕育，万物都欣欣向荣；夏天的规律是生长，万物都繁荣茂盛；秋天的规律是收获，万物都饱满成熟；冬天的规律是储藏，万物都潜伏不动。万物成熟就应收获，收获之后则又会重新孕育。如此周而复始、循环往复；既无起点，也无终点。圣人效法这一自然规律，并以其作为治理天下的普遍原则。所以天下大治时，仁人圣君就隐而不露；而天下动乱时，仁人圣君就会奋起，拨乱反正，建功立业。这是必然的规律。

“圣人处于天地之间，他的地位作用非常重大。他依照常理治理天下，使民众安定。一旦民心不定，就是动乱发生的契机。如果出现这种契机，天下的权力之争夺得失必然会随之而起。这时圣人就暗中发展自己的力量，待到时机成熟时，便公开进行讨伐。圣人倡导除暴安民，天下必然群起响应。当变乱平息，一切恢复正常时，圣人既不会进而争功，也无须退而让位。这样守国，就可以与天地共存，与日月同光。”

前沿诠释

在这一节中，周文王和姜太公讨论的问题是怎样做才能治理和保卫好国家。文中总结了保家卫国的方法，甚至把这些方法提升到“道”的境界和高度，依靠天时、地利和人和，效法自然，契合天命，在天下动乱之时懂得“发之以其阴，会之以其阳”的道理，那么身为治政者，不用整日“案牍之劳形”就可以使“天下和之”，从而守卫和拓展自己的疆土了。

西汉宣帝在位时，他有一名贤相叫做丙吉，非常关心民间疾苦。暮春的一天，丙吉带着几个随从，坐着马车外出办事。路上，他看见几个人在打架，打得血流不止，惨不忍睹。对此，丙吉并没有理会，而是继续向前走。走了一会儿，他看见一个农民赶着一头牛走路，那头牛步履蹒跚，不停地喘着气，好像非常累的样子。丙吉马上下车，走到农夫面前，问道：“这头牛走了几里路了？”农夫回答：“根本没走多远，这畜生就成这样了，我看它是偷懒。”说着在牛的背上抽了一鞭子。

丙吉身旁一个下属官吏对他的做法非常不理解，他问道：“下官斗胆问大人一句，刚才您看见有人打得头破血流，都快死人了，您却不在意。现在看见一头牛，您却表示奇怪。该问的不问，不该问的反而去问，这样做真的让人非常费解。”

丙吉笑着回答：“你有所不知。百姓打架斗殴，是长安令、京兆尹的责任，我只需要到时候考查他们的政绩，有功就赏、有罪就罚就可以了，这些事情不

需要我亲自去过问。我作为丞相，关心的应该是国家大事，街头斗殴的小事情不是我该管的，这些事情都应该由地方官吏去管理。可是牛的事情就不同了，现在是暮春，天气不会很热，牛还没走多久就喘气，可能是节气失调的征兆。三公的职位是调和阴阳，我因为职权所在，所以很担忧，必须问个清楚。”下属听了他的话以后，对他的做法十分佩服。

俗话说“在其位，谋其政”，顺应规律做好自己的工作，其他的顺其自然即可。做事情是有规律的，只要顺应规律，自然会水到渠成。如果做事不遵循“道”，必然会被历史淘汰，元朝统治的结束就证明了这一点。

丙吉（？—前55），字少卿，鲁国（今山东）人，西汉时期的一位贤能的丞相。

元末，黄河经常泛滥成灾，殃及冀、鲁、豫广大地区。那时，“里人乏食，草木为粮”，人民生活在水深火热之中，流离失所，饿殍遍野。朝廷上下一团混乱，政治黑暗。统治者为了维护统治，借机施行压迫和民族歧视政策，使得土地高度集中在政府手中，人民根本没有土地。然而，他们还对这些没有土地的人民横征暴敛。这样就激化了阶级矛盾，各地反对朝廷的起义不断爆发。

公元1351年，元朝征发了十五万民工去修治黄河。这些民工在修治过程中遭受到非人的待遇。白莲教领袖韩山童、刘福通等人觉得这是一个绝好的起义机会，于是就在民工中上下活动，四处散播谣言说要天下大乱，号召大家起义。他们还暗地里做了一个独眼石人，悄悄埋在即将动工的河道上。同时，派出亲信四处散播早已编好的歌谣：“石人一只眼，挑动黄河天下反。”在开凿河道的时候，民工挖出了这一只眼的石人，便信以为真。他们群情激奋，随时准备起义。这时，韩山童觉得时机已到，就在河北永年杀黑牛白马，举起了反元大旗，各地的义军也纷纷响应。为了分辨敌我，他们头上都裹着红巾，因此被称为红巾军。

红巾军所到之处，杀掉所有昏庸无能的元朝官吏，开仓放粮，对人民“不杀不淫”，得到民众的热烈拥护，因此起义迅速发展，队伍也很快壮大。元朝的统治在农民起义的冲击下土崩瓦解。

元朝之所以会灭亡，就是因为违背了“道”，没有顺应潮流，使得阶级矛盾激化，最终葬送了自己。

上贤第九：高居而远望，深视而审听

夫王者之道，如龙首，高居而远望，深视而审听；示其形，隐其情。若天之高，不可极也；若渊之深，不可测也。故可怒而不怒，奸臣乃作；可杀而不杀，大贼乃发；兵势不行，敌国乃强。

经典再现

文王问太公曰：“王人者，何上何下？何取何去？何禁何止？”

太公曰：“王人者上贤，下不肖；取诚信，去诈伪；禁暴乱，止奢侈。故王人者，有六贼、七害。”

文王曰：“愿闻其道。”

太公曰：“夫六贼者：一曰：臣有大作宫室池榭，游观倡乐者，伤王之德。二曰：民有不事农桑，任气游侠[①]，犯历法禁[②]，不从吏教者，伤王之化。三曰：臣有结朋党，蔽贤智，障主明者，伤王之权。四曰：士有抗志高节[③]，以为气势，外交诸侯，不重其主者，伤王之威。五曰：臣有轻爵位，贱有司，羞为上犯难者，伤功臣之劳。六曰：强宗侵夺，凌侮贫弱者，伤庶人之业。

“七害者：一曰：无智略权谋，而以重赏尊爵之故，强勇轻战，侥幸于外，王者谨勿使为将。二曰：有名无实，出入异言，掩善扬恶，进退为巧，王者谨勿与谋。三曰：朴其身躬，恶其衣服，语无为以求名，言无欲以求利，此伪人也，王者慎勿近。四曰：奇其冠带[④]，伟其衣服，博闻辩辞，虚论高议，以为容美；穷居静处，而诽时俗，此奸人也，王者慎勿宠。五曰：谗佞苟得，以求官爵；果敢轻死，以贪禄秩；不图大事，得利而动；以高谈虚论，说于人主，王者谨勿使。六曰：为雕文刻镂，技巧华饰，而伤农事，王者必禁之。七曰：伪方异伎[⑤]，巫蛊左道，不祥之言，幻惑良民，王者必止之。

“故民不尽力，非吾民也；士不诚信，非吾士也；臣不忠谏，非吾臣也；吏不平洁爱人，非吾吏也；相不能富国强兵，调和阴阳，以安万乘之主，正群臣，定名实，明赏罚，乐万民，非吾相也。

“夫王者之道，如龙首[⑥]，高居而远望，深视而审听；示其形，隐其情。若天之高，不可极也；若渊之深，不可测也。故可怒而不怒，奸臣乃作；可杀而不杀，大贼乃发；兵势不行，敌国乃强。”

文王曰："善哉！"

迷津指点

①任气：负气，任性，意气用事。游侠：指古代爱好交游，能够勇于急人之难的侠士。这些人虽然轻生重义，但往往无视法律，会以武犯禁。

②犯历法禁：违反法令。

③抗志高节：高傲心志，标榜节操。

④冠带：穿着打扮。

⑤伪方异伎：用来骗人的没有实效的方术。方，指方士。伎，通"技"，指医卜星相与养生炼丹之类的技法。

⑥王者之道，如龙首：龙首，龙头。做君主的，要像龙头一样，高居于九天之上，隐约现于云雾之中，使人可望而不可测，可仰而不可即。

古文译读

文王问太公说："作为君主，应当尊崇什么样的人，抑制什么样的人？任用什么样的人，除去什么样的人？又应该严禁什么事，制止什么事？"

太公回答说："作为君主，应该尊崇德才兼备的人，抑制无德无才的人；任用忠诚信实的人，除去奸诈虚伪的人；严禁暴乱行为，制止奢侈风气。所以君主应当警惕'六贼''七害'。"

文王说："我想听听你说的这些道理。"

太公说："所谓'六贼'就是：一、臣属中有人大兴土木，修建宫室亭榭，以供君主游乐观赏的，就会败坏君主的德行。二、民众中有不从事农桑，任意妄为，爱好游侠，违犯法令，不服从官吏管教的，就会败坏君主的教化。三、臣属中有结党营私，排挤贤智，混淆君主视听的，就会损害君主的权势。四、士人中有心高气傲，标榜节操，气焰嚣张，却又结交诸侯，不尊重君主的，就会损害君主的威严。五、臣属中有轻视爵位，藐视上级，不愿为君主冒险犯难的，就会打击功臣的积极性。六、强宗大族中有竞相掠夺，欺压贫弱的，就会损害民众的生业。

"所谓'七害'是：一、没有智略权谋，却为了获得重赏高官而恃勇强干，轻率赴战，企图获得侥幸之功的，君主切勿让这种人担任将帅。二、只有虚名而无实才，言行不一，掩人之善，扬人之恶，到处钻营取巧的，君主必须慎重对待，切勿同这种人共谋大事。三、穿着粗劣，外表朴实，自称无为，实则是沽名钓誉，自称无欲，却是贪图利益的，这种是虚伪之人，君主切勿与他亲近。四、以冠带奇特、衣着华丽、博闻善辩、高谈阔论为自己装点门面，身居偏僻简陋之处，又专门诽谤时俗，这种是奸诈之人，君主切勿宠信。五、为求官爵，巧言谄媚，不择手段，为贪图俸禄，鲁莽轻率不惜性命；不顾大局，见利妄动；却又高谈阔论以取悦君主的，这种人君主切勿任用。六、从事雕文刻镂、技巧华饰一类的奢侈工艺，因此妨害农业生产的，君主必须加以禁止。七、用骗人的方术、奇特的技法、巫蛊左道、符咒妖言等迷惑欺骗善良民众的，君主必须加以制止。

“由此可知，不尽力从事耕作的民众，就不是好民众；不忠诚守信的士人，就不是好士人；不敢直言进谏的大臣，就不是好大臣；不公平廉洁爱护民众的官吏，就不是好官吏；不能富国强兵，调解各种矛盾，处理各类问题，确保君主地位稳固，整饬纲纪，核查名实，赏罚严明，使民众安居乐业的宰相，就不是好宰相。

“做君主的如同龙头，必须高瞻远瞩，洞察一切，深刻理解问题，审慎听取意见；表情庄严肃穆，隐藏内心的真情。使人感觉君主像天那样高而不可穷极，像渊那样深而不可测量。所以，君主当怒而不怒，奸臣就会兴风作浪；当杀而不杀，大乱就会随之爆发；当兴兵讨伐而不讨伐，敌国就会强盛起来。”

文王说：“你说得对啊！”

前沿诠释

上贤，指的就是尊重德才兼备的人。本节首先论述了君主应上贤，下不肖，取诚信，去诈伪，禁暴乱，止奢侈。接着又论述了君主应防止“伤王之德”“伤王之化”“伤王之权”“伤王之威”“伤功臣之劳”“伤庶人之业”等“六贼”。之后则阐明君主对“七害”的做法，即这七种人应“勿使为将”“勿与谋”“勿近”“勿宠”“勿使”“禁之”“止之”。其实，不管是治理国家，还是管理人事，我们只要懂得高居而远望，深视而审听，就可以轻松地完成手中的工作。只要我们能够把握住大方向，就可以带领成员向正确的方向前行，最终一定能够到达胜利的终点。

公元588年，隋朝为了统一整个中国，实施了兵分八路南下攻陈的军事战略。第二年，隋军攻入南陈都城建康，南陈就此灭亡。

当然，这与隋军的神勇不无关系，但是最关键的因素还是南陈后主陈叔宝不能“上贤，下不肖，取诚信，去诈伪，禁暴乱，止奢侈”。

这个南陈后主自幼生长在深宫中，每天过着锦衣玉食的生活，对“稼穑艰

难”“民生疾苦”这些词语全然不知其意，更没有见过那样的场面。故此，他继位后，整天只知道纵情享乐，寄意诗酒，沉溺女色。更为可气的是，他甚至都懒得自己上朝听政，干脆把政事悉数委派给自己当太子时的旧臣孔范、施文庆等一批华而不实的人处理。

陈叔宝（553—604），字元秀，南朝陈国末代皇帝，公元582—589年在位。

于是，这些人便大肆“结党营私”“卖官鬻爵”，对横征暴敛、榨取钱财的官员不加惩治，反而与其狼狈为奸，弄得南陈民不聊生，怨声载道。

当隋军积极准备举兵南下时，南陈还在大兴土木，修筑殿阁佛寺。忠直的大臣章华上书劝谏道：“陛下即位，于今五年，不思先帝之艰难，不知天命之可畏。溺于嬖宠，惑于酒色。……老臣宿将，弃之草莽，谄佞谗邪，升之朝廷。今疆场日蹙，隋军压境，陛下如不改弦易张，臣见麋鹿复游于姑苏矣！”

南陈后主不但没有翻然醒悟，反而恼羞成怒，当即把他处死。当隋军发起进攻后，沿江布防的陈军相继急报于朝廷，却都被施文庆等人扣住了。孔范更是对陈叔宝说：“长江天堑，古以为限隔南北，今日虏军岂能飞渡邪！边将欲作功劳，妄言事急。”陈叔宝听后，也觉得隋军不会这么轻易就渡过长江，于是继续过着自己奢靡的生活。

后来，这个昏庸的陈叔宝竟不辨贤庸，滥施军职，致使优秀的将领无用武之地。施文庆、孔范都是只会诗词歌赋而无韬略的文弱书生，对打仗一窍不通，却凭着三寸不烂之舌取悦南陈后主，在战争的关键时刻取得了军事要职。孔范甚至还恬不知耻地扬言说，在外带兵的将领都是起自行伍，不过匹夫之勇，自己却是深谋远虑，他人岂能比得上？将领们稍有过失，孔范就夺其兵权。陈叔宝更是谨小慎微、鼠目寸光之徒，对起自行伍的将帅心存疑虑，总怕他们起兵谋反，因此经常无故削夺他们的职务。

陈叔宝这种轻贤将重小人的做法引起了众位将领的不满，他们与陈叔宝貌合神离，在战场上不是消极应付，就是临阵脱逃。就这样，亲奸佞、疏贤将的南陈后主最终自食恶果，丢掉了大好河山，成了亡国之君。

一个人要成就一番事业，仅仅靠个人的能力是不够的，还需要别人的提携和帮助。而这个“别人”必须是正直且有实力的人，只有这样的人才能很好地辅佐你迈向成功，相反，如果是虚伪而无才之人，只能让你更平庸，更不要说什么事业了。

政治如此，商场亦如此，新东方的成功就有力地证明了这一点。新东方的创始人俞敏洪多次强调，新东方的成功不仅仅属于自己，更是大家一起努力的结果。

俞敏洪刚刚创办新东方的时候，缺乏资金，可以说新公司就是一个没钱、没人、没设施的“三无”企业。俞敏洪一度陷入困境，每天思考着如何摆脱这种困境。后来，他决定没有硬件，可以先储备软件；没有优越的办学条件，就用教育质量让人们认可。功夫不负有心人，在俞敏洪和妻子的努力下，新东方渐渐有了起色，也有了小小的名气。

俞敏洪对此并不满足，他想走在企业发展的最前方。他意识到，在教育界，有一批优良的教师资源是至关重要的，教学质量关乎着一个企业的生存发展。

俞敏洪是一个喜欢结交各地有才之士，并能收到自己的麾下，使他们效力的领袖人物。于是，在企业慢慢走上正轨后，俞敏洪拿着一大笔钱出国旅行去了。那次旅行的重点并不在游玩，而可以说是一次“寻才之旅”。面对当时的形势，俞敏洪清楚地认识到，新东方要想有更长足的发展，光靠他和妻子两人是办不到的。要想发展就要请人，而且还得是值得信任的有才之人，没有几个得力的助手帮助，公司的规模也就仅限于此了。这时候，俞敏洪想到了自己在北大的那些同事和哥们儿，俞敏洪知道，他们的能力毫不逊色于自己。如果他们能够加入这个团队的话，将给企业带来跳跃性的、前所未有的发展。但是，许多优秀的朋友早就出国“淘金”去了。所以，俞敏洪才有了这次出国寻才之行。

俞敏洪的这次出国之旅招揽到了不少人才。许多朋友接受了他的真诚邀请，决定回国与他共同创业。有了这些人才的加盟，新东方不但在业务上实现了多元化，而且为这些人才提供了实现自身价值的大舞台。这下子，新东方的知名度大大提高了。

俞敏洪认为，新东方的崛起归结于他与朋友们同心协力，为了企业美好前景不遗余力的奋斗。直到今天，新东方里无论中层管理人员还是基层教职工都叫俞敏洪为“俞老师”，没有一个人喊他“老板”。接受记者采访时，被问到他是否会介意这一问题时，俞敏洪这样回答：“新东方大量的人才在不同领域中的思想要比我先进，像向东老师是经济学毕业的，所以在经济领域、宏观领域中我根本就没法跟他比；徐小平、王强他们在国外待过好多年，所以在中西文化的理解方面，尤其是西方文化的理解方面，我永远都没法跟他们比。我唯一能做到的是，不管会议上大家讨论得多么激烈，不管意见多么不一致，最后我都能够把大家的意见综合起来，采纳其中最好的东西，再重新整合成新东方的战略、文化和发展设计，继续带着大家往前走。”

在俞敏洪这种理念的带领下，新东方的团队很快扩展到为几十、上百人的规模，这些管理精英遍布全中国的各个新东方分校和加拿大的多伦多学校，使得新东方的企业实力不断加强。

作为一个有理想、有涵养、有想法的个体，要想创立一番事业的话，就要做到胸襟宽广，能够高居而远望，深视而审听。不要凡事都亲力亲为，要为成员搭建施展才华的舞台，然后自己只要做到高屋建瓴，让整体方向不偏离就可以了。这样，我们就离成功不远矣！

举贤第十：选才考能，实与名要相当

将相分职，而各以官名举人。按名督实，选才考能，令实当其能，名当其实，则得举贤之道也。

经典再现

文王问太公曰："君务举贤，而不能获其功，世乱愈甚，以致危亡者，何也？"

太公曰："举贤而不用，是有举贤之名，而无用贤之实也。"

文王曰："其失安在？"

太公曰："其失在君。好用世俗[①]之所誉，而不得其真贤也。"

文王曰："何如？"

太公曰："君以世俗之所誉者为贤，以世俗之所毁者为不肖；则多党[②]者进，少党者退。若是则群邪比周[③]而蔽贤，忠臣死于无罪，奸臣以虚誉取爵位。是以世乱愈甚，则国不免于危亡。"

文王曰："举贤奈何？"

太公曰："将相分职，而各以官名举人。按名督实，选才考能，令实当其能，名当其实，则得举贤之道也。"

迷津指点

①世俗：指一般平常、凡庸的人。

②党：党羽。

③比周：串通勾结，结党营私。

古文译读

文王问太公说："虽然君主致力于举用贤能，却不能收到实效，而社会越来越动乱，以致国家陷于危亡，这又是什么道理呢？"

太公答道："选拔出了贤能却不加以任用，这就是只有举贤的虚名，而没有用贤的实质。"

文王问道："导致这种过失的原因是什么呢？"

太公答说："导致这一过失的原因在于君主喜欢任用的往往是世俗所称赞的人，因而就得不到真正的贤人了。"

文王问道："为什么要这样说呢？"

太公说："君主以世俗所称赞的人为贤能，以世俗所诋毁的人为不肖，那么党羽多的人就会得到重用，党羽少的人就会遭受排斥。这样邪恶之人就会结党营私，并因此而埋没贤能，忠臣无罪却被置于死地，奸臣却凭借虚名骗取了爵位，所以社会就越来越混乱，国家也就不可避免地走向危亡了。"

文王问道："那应该怎么举贤呢？"

太公答道："将相分工，根据各级官吏应具备的条件选拔贤能，再根据官吏的职责考核他们的工作业绩。选拔各类人才，应考查其能力强弱，使其德才与官位相称。这样才是掌握了举贤的原则和方法。"

前沿诠释

君子致力于举贤选能，却不能收到实效的原因是因为用世俗之誉取人，这样最终得不到实用的人才。要想让选用的人才名副其实，最好的办法就是"按名督实，选才考能，令实当其能，名当其实"。

东汉王朝在起义军的打击下土崩瓦解后，人民迎来的并不是太平盛世，而是诸侯割据，群雄混战。在北方地区，曹操仅仅用了十几年的时间，就扫平了大小诸侯的割据势力，最终统一了北方。曹操能够统一北方的原因有很多，其中，他不拘一格地招揽和任用人才，无疑是最重要的一个因素。

在曹操的众多谋士中，很多人第一个想到的便是荀彧，说他是曹操的第一谋士。事实上，这一称呼他当之无愧，他为曹操制定了许多攸关成败的重大决策和计谋，为魏国的建立作出了巨大的贡献。

荀彧（163—212），字文若，颍川颍阴（今河南许昌）人。东汉末年曹操帐下首席谋臣，杰出的战略家。

在曹操和荀彧之间，还有一个小故事。当年曹操带领三十万青州兵，想进军中原，一统天下。虽有兵有将却少了谋士，想了半天也找不到一个合适的人。于是他就去泰山请教一位高僧。高僧最后给了他一个锦囊，并且嘱咐他："进兵中原的时候，如果有人骂你，你就拆开这个锦囊，那时候自有良将辅助你。"

曹操刚进兵中原，他的士兵就开始鱼肉百姓，老百姓苦不堪言。他进兵许昌的第二天早上，许昌城的四个城门上就都贴了一张纸，上书：曹操掠又抢，百姓苦难当，治军若不严，必然难久长。落款是：许昌荀彧。

一看到这张帖子，曹操大怒，没想到居然有人敢指名道姓地骂他，应该把这个人抓起来，让他看看自己的军威。就在这时，他突然想起高僧给他的那个锦囊，于是急忙拆开，里面是一张小纸条，上面写着：晌午才说话，日月叠相加，十天头长草，两撇把或拉，喜遇贝又臣，才过姜子牙。

这一看就是个字谜，曹操一边看，一边思考着这几句话说的是谁。突然，他灵光一闪：这首诗说的不就是荀彧嘛，原来这还是个才过姜子牙的人。

得知谜底后，曹操非常高兴，认为如果能够得到荀彧这个人才，成就统一大业便指日可待了。于是他立刻写了帖子派曹仁去请荀彧，但是却没有请来。荀彧看到曹操的帖子的时候，直接就放在了一边，心里嘀咕着：曹操啊曹操，我荀彧好歹也是个学富五车、才高八斗的人，怎么能被你轻易请了去。曹仁没有请到人，回去禀报曹操，然后想要派人把荀彧抓来。曹操立刻阻止了这种鲁莽的行为，亲自骑马去请，依旧是无功而返。曹操求贤若渴，于是又请了荀彧几次，结果还是徒劳无功。

日子一天一天过去了，曹操对荀彧朝思暮想，都快想出病来了。也许是他的真心感动了上天，老天决定给他一个机会。这天，曹操听说荀彧要去祭祖，立刻放下手头的事务，备了厚礼，骑着快马去了荀彧祭祖的家庙。曹操进入家庙的时候，荀彧正在读书，但是他故意对曹操视而不见，曹操也不好意思打扰，就在一旁等着。忽然，荀彧手里的书掉在了地上。曹操立刻上前捡起来，双手奉上，然后说："久闻先生大名，我乃谯郡曹操，特来拜请，共扶汉室。"荀彧看了曹操一眼，然后傲慢地说："你找错人了，我是个山野村民，哪懂得治国之道？你还是另请高明吧。"曹操听后，更加诚恳地说："久闻先生有经天纬地之才、治国安邦之策，如今先生不愿与我共事，是怪我治军扰民，还在生我的气吗？"荀彧问道："你不怕我骂你吗？"曹操又诚恳地说："先生你骂得对，骂得好，让我知道了自己的愚钝之处，以后要多骂才是。"荀彧又推说有腿疾，走路不方便。曹操立刻牵来自己的坐骑，恭恭敬敬地让荀彧骑上，并且自己来牵马。这样，曹操终于把荀彧请到了自己的府中。

有了荀彧，曹操如虎添翼，力量更加强大起来。后来，荀彧又向他推荐了郭嘉、荀攸。这两人也都非常有谋略，他们都成为了曹操的智囊。曹操没有亏待他们，任荀攸为军师，让郭嘉参与机要。后来，曹操每占领一处地方就遍访贤才，将有用的人收归到自己的旗下，壮大自己的队伍。曹操用人不拘一格，只要有才，他

便任用，哪怕是曾经的敌人，如张辽、徐晃、张郃等人，后来也都成为了曹操军中佐命立功的名将。他认为，国家战乱频繁，急需人才，如果过分拘泥于“世俗所誉”的品行，就会使“有治国用兵之术”的奇才异士埋没民间。他多次颁布求贤令，要求破除世俗，“明扬仄陋，唯才是举”。

曹操既有举贤之名，又有举贤之实，他能让这些人才的才华充分发挥出来。对于他们的建议，他会认真思考，即使最后没有采纳，也会给予鼓励。这样，曹操就能不闭目塞听，终于成就了一代霸业。

选才考能是关系到国计民生的大事，是国富民强的关键，不能等闲视之。名副其实的人才是团队的中流砥柱，所以选用人才的时候要特别慎重。三流的人才只能拥有三流的团队，一流的人才才能缔造一流的团队。萨耶·卢贝克公司在美国很出名，但是很少有人知道它的创始人理查德·萨耶是靠做小生意起家的。公司之所以后来发展得那么大，跟他善于发现和启用人才是分不开的。当然，这些人才都是名副其实的。

萨耶最开始的时候是在一条铁路上当运货代理商。那时的代理商有个共同的烦恼，就是你大老远把货物带过去，如果客户嫌货物不好，拒收，代理商就需要再把货物带回来。这样一来，代理商等于赔了笔运费。对此，萨耶很苦恼。一天，他灵机一动，想出了一个办法，就是用邮寄的方法将货物送给买主。这样，买卖双方都会很方便。

这种方式给萨耶带来了意外的成功，他的生意需要扩大规模。为了寻找到合适的人才，他用了五年的时间。“生意好做，伙计难找”，这句话不是没有道理的，激烈的商战中，好的人才就如同大海捞针一般难找。

终于苍天不负有心人，他遇到了一个叫卢贝克的人。刚开始的时候，两人聊了一会儿，就大有相见恨晚的感觉。

卢贝克热情地说：“我觉得你的想法非常好，坚持下去一定会前程远大。”

萨耶听到这个话很高兴，他感到眼前的这个人就是他日夜苦苦寻找的合作伙伴。于是他直接说道：“我有句话不知道该不该说，既然你觉得这一行很有前途，何不加入进来，我们一起干。”卢贝克看着热情的萨耶，两人隔着桌子拥抱在一起。这天开始，以两人姓氏为名的世界性的大企业“萨耶·卢贝克公司”就在拥抱中诞生了。

有了卢贝克的帮助，萨耶真是如虎添翼。二人紧密合作，公司第一年的营业额就比萨耶独自一人做的时候增加了将近10倍，达到了40万美元。第二年公司的发展更快，这是二人始料未及的。面对这一切，他们感到有点力不从心了。经过商议，他们决定为自己的生意找个经理人。

这时，萨耶·卢贝克公司的销售额已经达到了百万，为这样一个百万的生意找个经理人，比找好伙计难多了，因为这样的人必须是将相之才，即使有，也已经被其他人挖掘得差不多了。经过几番思虑，两人决定开阔视野，到一般的小商人行列中去找。

一次偶然的机会，萨耶发现了一个叫路华德的小布贩子，他的推销手段极为高明，于是，萨耶立刻和卢贝克一起去找他。见到路华德，萨耶开门见山地说："我们想请你加入我们的生意，坦白地说，就是想请你去当总经理。"路华德要求给他三天的时间考虑一下。"可以是可以，但你要保证，在这个时间内不能接受其他公司的邀请。"萨耶严肃地说。事实证明萨耶的眼光非常不错，第二天就有两家化妆品公司请路华德去主持推销方面的业务，若不是有言在先，估计路华德就可能会成为其他公司的人了。

当上总经理的路华德为报答知遇之恩，天天废寝忘食地工作，作出了惊人的成绩。萨耶·卢贝克公司的生意越来越兴隆，在十年时间里，营业额就增加了600多倍。现在，该公司每年的售货额将近70亿美元，拥有30万员工。在零售业界，这简直是不可思议的天文数字。

其实，我们在选拔人才时只要能够做到识人公平、用人公正、惜才如命、爱才如子，彻底排除干扰、抛弃偏见、量才录用、知人善用，就能使我们的人才队伍"海纳百川有容乃大"，真正实现英才辈出的目标。

赏罚十一：用赏者贵信，用罚者贵必

凡用赏者贵信，用罚者贵必。赏信罚必于耳目之所闻见，则所不闻见者，莫不阴化矣。夫诚，畅于天地，通于神明，而况于人乎？

经典再现

文王问太公曰："赏所以存劝，罚所以示惩。吾欲赏一以劝百，罚一以惩众，为之奈何？"

太公曰："凡用赏者贵信，用罚者贵必。赏信罚必于耳目之所闻见，则所不闻见者，莫不阴化[1]矣。夫诚，畅于天地，通于神明，而况于人乎？"

迷津指点

①阴化：暗中变化，潜移默化。

古文译读

文王问太公说："奖赏是用来鼓舞人的，惩罚是用来警示人的，我想用奖赏一人来鼓舞百人，惩罚一人以警示大众，那我应该怎么做呢？"

太公回答道："奖赏贵在守信，惩罚贵在必行。奖赏守信，惩罚必行，这些都是人们耳朵能听到、眼睛能看见的。即使没有听到和看见，也会因此而潜移默化地接受到。诚信于天地之间都能够畅行，还能上通于神明，何况只是对人呢？"

前沿诠释

本节在一开始就写出了奖惩的目的是"存劝"和"示惩"。如果想达到这一目的，就务必要坚持赏罚的原则：赏贵信、罚贵必。

古人有云：无规矩不成方圆，就是说制度存在的必要性就是能够通过赏功罚过的规矩来制约和束缚组织成员错误的行为。赏罚是治理国家、管理人事最有效的措施。一方面，奖赏、褒扬可以起到很好的激励和嘉勉的效果，正如文中提到的"赏所以存劝"，可以"赏一以劝百"；另一方面，惩罚、制约则可以起到警戒的效用，只有"罚所以示惩"，才可以做到"罚一以惩众"。至于具体到惩罚的措施，姜太公则认为应该做到"用赏者贵信，用罚者贵必"，才能达到更好的实施效果。

齐威王是战国时期一位杰出的君主，他赏罚分明的故事，一直被人们传为美谈。

齐威王（前378—前320），妫姓，田氏，齐桓公田午之子，战国时期齐国国君。公元前356年继位，在位36年。

有段时间，齐威王总是听到他身边的人在议论两个人，一个是即墨大夫，一个是阿城大夫。他们总是赞扬阿城大夫如何好，而痛斥即墨大夫如何不好。他开始对这两个人感兴趣，于是偷偷派人去阿城大夫和即墨大夫那里进行了调查。结果和他听到的恰恰相反——“誉言日至”的阿城大夫原来是个贪官，而“毁言日至”的即墨大夫是个清正廉洁的好官。可是为什么人们要颠倒黑白呢？于是，他又让人作了进一步调查，结果却发现，说阿城大夫好的人都接受过他的贿赂。齐威王大怒，为了惩罚阿城大夫和这些人，就召集即墨大夫和阿城大夫到临淄城来。收到过阿城大夫好处的人都暗自高兴，觉得自己也一定会得到什么奖励。

即墨大夫和阿城大夫到来的那天，朝廷上百官齐聚。齐威王先召见了即墨大夫，然后当众说：“自从爱卿到即墨任职，我天天都听到有人毁谤你。为此，我派人去调查，发现事实并不是他们说的那样。你所管理的地方，没有荒芜的农田，人民生活幸福富足，一片盛世。我还知道，你的名声之所以不好，是因为你没有奉承我身边的这些人，所以没人说你的好话，反而一直诋毁你。爱卿，我要好好奖赏你。”说完，当即宣布重赏即墨大夫一万户封邑。然后，齐威王又召见阿城大夫，脸色不悦地对他说：“你在阿城任职期间，我几乎每天都能听见人们对你的赞扬。可是我派人秘密去调查，发现根本不是那么回事。你管理的地方人民贫困，土地荒芜。前些天赵国攻击鄄城，你不领军救援；卫国占领薛城，你又假装不知道。可见，我听到的那些赞美你的话都是你拿钱买来的。”说完后，就处置了阿城大夫以及那些收了他贿赂的人。这件事让朝廷上下大为震惊，尤其是贪官污吏，各个惊恐不安，生怕齐威王下一个处置的就是自己，而清廉的官吏都拍手称快。齐国的风气随即开始转变，能人云集，清廉正直之士增多，齐国渐渐变得更加强大。

齐威王在核准事实的基础上，对为官清廉、政绩突出者重奖，对不干正事、投机钻空者重罚。由于赏罚严明，因而收拢了民心，弘扬了正气，打击了歪风，换得了齐国的强大局面。一个身居九五之尊、一言九鼎的君主，在两千多年前就这样重事实、重调查、重赏罚，而且还能把三者的关系处理得如此纯熟、精到，是非常难能可贵的。

“赏贵信，罚贵行”不仅对于古代君主治理天下非常重要，对于现代的企业来说也是不可或缺的。只有这样才能让企业的员工对领导信服，尽心竭力为企业工作。

日本食品界有个著名的伊藤洋货行，最开始，这家洋货行是买卖衣料的。后来，它的生意做大了，又开始打入食品界。因为是刚刚进入，对食品行业不熟悉，公司内部也没有食品行业的管理人才，业绩便开始下滑。公司的创始人伊藤雅俊对此非常着急，他希望尽快改变这种情况，于是便费尽力气把东食品公司的岸信一雄挖了过来。岸信一雄确实非常有本事，来到伊藤食品行后，他重整了公司的食品部门，十年间使公司的业绩提高了数十倍，可谓是功勋卓著。

随着业绩和时间的增长，岸信一雄开始居功自傲，认为自己是公司的元老级人物，可以不必遵守公司的规章制度，这些制度都是制定给下级员工的。于是，他不仅对公司的规章制度不再遵循，而且对公司的改革也持敌对态度，公司的改革决策一到他那里就止步不前。后期的时候，他不仅自己不提高业绩，还对那些勤奋敬业的下属冷眼相对，嘲笑他们即使再干十年也休想获得成功。在他的影响下，很多下属对待工作没有了积极的心态，整个部门的工作效率直线下降，往日的生机勃勃变成了死气沉沉。

身为董事长的伊藤雅俊多次对他进行了批评，但是岸信一雄拒不接受。他觉得自己在公司里劳苦功高，别人没有资格批评他，就连董事长也是如此。最终伊藤雅俊忍无可忍，把他辞退了。

伊藤雅俊的做法在日本商业界引起了轰动，虽然很多人都知道岸信一雄在公司里飞扬跋扈，但还是觉得这位老臣为公司作出了巨大的贡献，就这么辞退他是不公平的。面对外界尖锐的质问，伊藤雅俊理直气壮地说：“秩序和纪律是我们企业的生命，我们不能因为他一个人而影响整个企业的战斗力！”这句话让很多人惊醒了，他们开始佩服伊藤雅俊的做法。作为企业的领导人，对于无组织、无纪律的人绝对不能姑息，不论他是谁，也不论他曾经作了多少贡献，必须赏罚分明。否则开了赏罚不公的先例，以后在很多地方就难以服众。若想让一个企业上下一心，就需要做到公平，该赏的赏，该罚的罚，不仅对下属有威慑力，而且也有很好的激励作用，这也是现代企业管理下属的一个原则。

兵道十二：兵胜之术，密察敌人之机

故圣王号兵为凶器，不得已而用之。今商王知存而不知亡，知乐而不知殃。夫存者非存，在于虑亡；乐者非乐，在于虑殃。

经典再现

武王问太公曰："兵道何如？"

太公曰："凡兵之道，莫过于一①。一者，能独往独来②。黄帝曰：'一者，阶于道③，几于神④。'用之在于机，显之在于势，成之在于君。故圣王号兵为凶器，不得已而用之。今商王知存而不知亡，知乐而不知殃。夫存者非存，在于虑亡；乐者非乐，在于虑殃。今王已虑其源，岂忧其流乎？"

武王曰："两军相遇，彼不可来，此不可往，各设固备，未敢先发。我欲袭之，不得其利，为之奈何？"

太公曰："外乱而内整，示饥而实饱，外钝⑤而内精。一合一离，一聚一散。阴其谋，密其机，高其垒，伏其锐，士寂若无声，敌不知我所备。欲其西，袭其东。"

武王曰："敌知我情，通我谋，为之奈何？"

太公曰："兵胜之术，密察敌人之机而速乘其利，复疾击其不意。"

迷津指点

①一：事权专一，指挥统一的意思。

②独往独来：自由行动，不受牵制。

③阶于道：阶，阶梯，指逐步通向。道，规律，道理。

④几于神：几，接近。神，神妙莫测。

⑤钝：不锋利。引申为疲软、衰弱。

古文译读

周武王问太公说："用兵的原则是什么？"

姜太公回答道："一般用兵的原则，最重要的就是指挥上的高度统一。指挥统一，军队就能独往独来，所向披靡。黄帝说：'统一指挥符合用兵的规律，几乎可以达到神妙莫测的用兵境界。’运用统一指挥这一原则的关键在于把握时机，显示这一原则的关键在于利用态势，成功地利用这一原则的关键则在于君主。所以古代圣王称战争为凶器，只有在不得已时才会使用它。现在的商王只知道他的国家存在着，而不知道他的国家已面临危亡；只知道纵情享乐，而不知道他已大祸临头。国家能否长存，不在于目前是否存在，而在于能否做到居安思危；君主能否享乐，不在于眼下是否享乐，而在于能否做到乐不忘忧。现在您已考虑到安危存亡的根本问题了，那么其他小的细节问题还有什么好忧虑的呢？”

周武王接着又问道：“两军相遇，敌人不来进攻我，我也不去攻打敌人。双方都修建坚固的守备，谁都不敢贸然发起攻击。我想袭击他，但是没有有利的条件，这时候应该怎么办呢？”

姜太公回答说：“要假装外表混乱，而实际内部严整；假装外表缺粮，而实际储备充足；假装战斗力衰弱，而实际战斗力强大；使军队装作没有节制纪律，或合或离，或聚或散，以迷惑敌人。隐匿自己的计谋，掩饰自己的意图，加高巩固壁垒。埋伏精锐，隐蔽肃静，无形无声，使敌人无法知道我方的兵力部署。想要从西边发起攻击，则应先从东边进行佯攻。”

周武王再问道：“假若敌人已经知道我军的情况，了解我方的计谋，又该如何应对呢？”

姜太公回答说：“作战取胜的方法，在于周密地察明敌情，抓住有利的战机，在出其不意的情况下，给敌方以迅猛的打击。”

前沿诠释

本节论述了用兵的基本原则和方法，阐述了四点内容。分别是：集中兵力，集中指挥，行动一致；存时虑亡，乐时虑殃，灵活用兵，促使形势向有利于自己的方面转化；与势均力敌的敌人相遇，要懂得声东击西；兵贵神速，出其不意，即“兵胜之术，密察敌人之机”。

其中，“兵胜之术，密察敌人之机”是本节提出的一个重要命题。这句话的核心意思就是料敌虚实，明察战机，“而速乘其利，复疾击其不意”。历史上的石勒伏击姬澹一役就是正确运用这一原则的结果。

公元316年十一月，司空刘琨发兵十万进攻山西沽县。当时，将军石勒正驻守在那里。得知情况之后，石勒立刻派兵抵抗。这时，他身边有个人对他说：“姬澹人多势众，兵强马壮，士气锐不可当。三军奋勇向前，所过之处，无不所向披靡。

所以我们应该挖深沟，建高垒，用来挫败敌人的锐气，从而促使双方的攻守形势发生转变，这样我们一定能够打个大胜仗。”

石勒仔细想了想，然后说：“姬澹的部队远道而来，劳累不堪，现在已经是精疲力竭，看着人多，但大多是乌合之众，一战就会被打得落花流水，抱头鼠窜，根本就不是什么兵强马壮的精锐之师。现在，他们既然来到我们的面前了，我们就不能放弃这个打击敌人的绝好机会。何况我方的大军已经行动了，半途退回来算是怎么回事，会挫伤我军的锐气。如果姬澹此刻返回来袭击我们，我们就会陷入自顾不暇的困难境地。哪有时间修筑深沟高垒对付敌人呢？你说的话会让我军不战自乱。”说完，就下令杀了这个提建议的人，然后命令全军出击，下令凡是逃跑的人一律格杀。

石勒先派人抢先到山上布置疑兵迷惑姬澹的军队，又在侧翼埋伏了两支军队。然后他亲自率领骑兵正面迎战姬澹的大军。

两军刚刚交战，石勒就假装兵败后退。姬澹命令大军趁机追击，跑了一段路以后，石勒布置的伏兵前后夹击，姬澹的军队猝不及防，只好落荒而逃。

在此战中，石勒便是明察了姬澹大军的内部情况，对自己的军队作出相应的调整，最后取得了战争的胜利。

古今中外，很多人都是明察了敌人的内部情况之后取得胜利的，用兵要注意兵道，运用兵道就要想办法让自己的军队取得胜利，想让自己的军队取得胜利，“密察敌人之机”是一个重要的方法。其实“密察敌人之机”这一方法在现在的商战中也有颇多体现。具体地说，就是要明察竞争对手的弱点，快速作出应对之策，最终取得竞争中的胜利。

一提到可口可乐，大家立刻就会想到它的老竞争对手百事可乐。在20世纪的商战史上，没有比这两家可乐公司竞争得更激烈的了。最早，可口可乐以其独特的味道在饮料市场独树一帜，而百事可乐则如同一匹黑马一样突然杀了出来。百事可乐曾经以凌厉的价格攻势和广告宣传，让可口可乐一度失去部分市场。

二战以后，美国国内的变化很大。尤其是政治气候的变化引起了人民的心理变化，二战后成长起来的新一代青少年，萌生了强烈的叛逆思想。

对这种状况，百事可乐公司有所察觉，但是可口可乐忽视了，还是将自己的定位停留在欢乐、愉快、健康等老路子上，没有丝毫更新的想法。百事可乐此刻却在进行严密的市场调查，经过认真调查后，公司决定调整广告方向，不走原来的路子，而是向新的方向发展。因为许多迹象已经表明：谁能赢得青年一代，谁

就会取得成功。对此，百事可乐确定了“百事可乐，新一代的选择”这一广告主题。

为了把新一代培养成百事可乐的忠实群体，百事可乐公司在大量的广告中重复着大批热血沸腾的年轻人形象，其中有一则广告最为典型：数百名大学生在大海中的皮筏上跳舞，一架直升机上的摄影机调焦放大镜头，发现这些大学生每个人手上都拿着一瓶百事可乐。他们对着太阳热情奔放地唱歌跳舞。然后，旁白出现：百事可乐是给那些“认为自己是年轻人”的人喝的。接着，大学生的歌声又清晰起来：今天生龙活虎的人们一致同意，认为自己年轻人是“百事可乐”，他们选用正确的、现代的、轻快的可乐，认为自己是年轻的人现在就喝百事。这则广告在电台、电视台反复播放着，这一做法迅速扩大了百事可乐的知名度。因此到了二战后中期，美国平均年龄25岁以下的年轻人大部分迷上了百事可乐。

此后，百事可乐又进一步推出了“现在，百事可乐是年轻人的饮料”的广告口号，以及更富有诱惑力和鼓动性的“起来吧，你们是百事可乐年轻的一代”的震撼人心的口号，并耗费巨资请风靡全球的流行歌星迈克尔·杰克逊拍了两则广告片。随着广告片的播放，百事可乐的销量直线上升，取得了空前的佳绩，大批年轻消费者纷纷购买百事可乐，可口可乐被抢走了不小的市场份额。

竞争是残酷的，在竞争中取得胜利是困难的。要想取得竞争中的胜利，就要“密察敌人之机”，把握住机会。

第二卷

武韬——仿遣将用兵之术

本卷主要论述取得政权及对敌斗争的策略，强调在作战前必须先对敌我双方的情况了如指掌，进行比较，以己之长克敌之短，才能制胜，也就是所谓的知己知彼、百战不殆。本卷内容比较少，共分为《发启》《文启》《文伐》《顺启》《三疑》五章。认为："天下者，非一人之天下，乃天下人之天下也""天下者，非一人之天下，惟有道者处之"，旗帜鲜明地提出了争夺天下的战略目标，并指出战略的最高境界在于不战而屈人之兵，即"全胜不斗，大兵无创""善胜敌者，胜于无形，上战，无与战"。

发启第一：全胜不斗，大兵无创

无取民者，民利之；无取国者，国利之；无取天下者，天下利之。故道在不可见，事在不可闻，胜在不可知。

经典再现

文王在丰[①]，召太公曰："呜呼！商王虐极，罪杀不辜，公尚助予忧民，如何？"

太公曰："王其修德，以下贤惠民，以观天道[②]。天道无殃，不可先倡；人道[③]无灾，不可先谋。必见天殃，又见人灾，乃可以谋。必见其阳，又见其阴，乃知其心。必见其外，又见其内，乃知其意。必见其疏，又见其亲，乃知其情。

"行其道，道可致也；从其门，门可入也；立其礼，礼可成也；争其强，强可胜也。全胜不斗[④]，大兵无创[⑤]，与鬼神通，微哉！微哉！与人同病相救，同情相成，同恶相助，同好相趋，故无甲兵而胜，无冲机而攻，无沟堑而守。

"大智不智，大谋不谋，大勇不勇，大利不利。利天下者，天下启之；害天下者，天下闭之。天下者，非一人之天下，乃天下人之天下也。取天下者，若逐野鹿，而天下皆有分肉之心；若同舟而济，济则皆同其利，败则皆同其害。然则皆有以启之，无有闭之也。无取于民者，取民者也；无取于国者，取国者也；无取于天下者，取天下者也。无取民者，民利之；无取国者，国利之；无取天下者，天下利之。故道在不可见，事在不可闻，胜在不可知，微哉！微哉！鸷鸟[⑥]将击，卑飞敛翼；猛兽将搏，弭耳[⑦]俯伏；圣人将动，必有愚色。

"今彼殷商，众口相惑，纷纷渺渺[⑧]，好色无极。此亡国之征也。吾观其野，草菅[⑨]胜谷；吾观其众，邪曲胜直；吾观其吏，暴虐残贼。败法乱刑，上下不觉。此亡国之时也。大明[⑩]发而万物皆照，大义发而万物皆利，大兵发而万物皆服。大哉！圣人之德，独闻独见。乐哉！"

迷津指点

①丰：亦作酆，古都邑名，周文王曾建都于此。

②天道：自然规律，此处指天命。

③人道：此处指人事好坏。

④全胜不斗：意指不经过战斗而取得全胜。

⑤大兵无创：全军临敌而不受损伤。

⑥鸷鸟：鹰、雕之类凶猛的飞禽。

⑦弭耳：把翘起的耳朵平贴起来，以示温驯，欺骗对手。

⑧纷纷渺渺：纷纷，纷杂混乱的样子。渺渺，无穷无际，没有止境。

⑨菅（jiān）：一种多年生的草。

⑩大明：阳光。

古文译读

周文王在丰都召见姜尚，对他说："唉！商纣王暴虐到了极点，任意杀戮无辜百姓，请您辅助我拯救万民，您看我应当怎么做？"

太公答道："君主应修养德行，礼贤下士，施恩惠于民众，以观察天道的吉凶。当天道尚未出现灾害的征兆时，不可以先倡导征讨。当人道尚未出现祸乱时，不可以先谋划起兵。必须看到既出现天灾，又发生人祸的情况，这时候才可以谋划兴师伐罪；既看到他的公开言行，又了解他私下的秘密活动，才能知道一个人的真实想法；既看到他的外在表现，又了解他的内在，才能知道一个人的真实意图；既看到他疏远的是哪种人，又了解他亲近的是哪种人，才能知道一个人的真实情感。

"实行吊民伐罪之道，就可以实现政治理想；遵循正确的路线，可以达到统一天下的目的；建立适当的制度，就能够获得成功；确立强大的优势地位，就可以战胜强敌。取得全胜却不是经过战斗，以大军临敌却没有伤亡，（能够达到这样的地步）真可谓是用兵如神了。微妙啊！微妙啊！和别人同疾苦而相互救援，同情感而相互保全，同憎恶而相互帮助，同爱好而追求共同的事物。这样就算没有军队也能取胜，没有冲车机弩也能向前进攻，没有沟堑也能防守阵地。

"真正的智慧却显得仿佛没有智慧，真正的谋略却显得仿佛没有谋略，真正的勇敢却显得仿佛不勇敢，真正的利益却显得无利可图。为天下人谋福利的人，天下人都欢迎他；损害天下人的人，天下人都反对他。天下不是一个人的天下，而是所有人的天下。夺取天下，就像追逐野兽一样，天下所有人都有分割一份肉的欲望；这就好像是同坐一条船渡河一样，渡过河之后大家就都获得利益，失败了大家就都遭受灾难。这样做，天下人就会都支持他，而不会反对他了：不从民众那里掠取利益，实际上却能真正地从民众那里得到利益；不从别国那里掠夺利益，实际上却能从别国那里获得利益；不掠夺天下利益，实际上却能够从天下获取利益。不掠取民众的利益，民众的拥护就会成为他得到的利益；不掠取别国利益，别国的归附就是给予他的利益；不掠夺天下利益，天下就都拥护他，这是天下给予他的利益。所以，道的真正含义在于人看不见的地方，办事情重在人听不到的地方，胜利要发生在别人不可知的情况下。真是微妙啊！微妙啊！鸷鸟将要发动袭击时，会先收敛羽翼低飞；猛兽将要搏斗时，会先贴耳伏地；圣贤将要有所行动时，必定会先向人显示自己的愚笨。

“现在的殷商，民众之中谣言四起，社会动荡不安，而纣王依然荒淫无度，这是国家要灭亡的征兆啊。我观察商朝的田地，野草盖过了禾苗；我观察商朝的大臣，奸邪之徒超过了忠直之士；我观察商朝的官吏，一个个都暴虐残酷，违法乱纪。这种危局出现，他们朝廷上下却依然没有察觉。这是到了该灭亡的时候了。旭日当空则天下万物都能普照阳光，正义所至则天下万物都能获得利益，大军兴起则天下万物都会归附。伟大啊！圣人的德行，独到的见地，这才是最大的欢乐啊！”

前沿诠释

本节论述了讨伐商朝的韬略，供统治者吊民伐罪、夺取天下。全篇可分为六个要点：一是对内“修德，以下贤惠民，以观天道”。二是正确认识战略形势，把握战略时机是否成熟。三是强调“全胜不斗，大兵无创”，即不通过战争就能屈人之兵。四是统治者要想夺取天下，就必须重视收揽民心，与民同利。五是有所图谋时要隐藏自己的战略企图，“大智不智，大谋不谋”“圣人将动，必有愚色”等等。六是指出殷商已经出现了亡国之征兆，此时出兵就会达到“大明发而万物皆照，大义发而万物皆利，大兵发而万物皆服”的效果，进而夺取天下。

在策略和基调都规划完善的基础上，姜太公又颇有见地地提出了“全胜不斗，大兵无创”的作战战略，立意高远，与当时的战略形势十分契合。这种作战用兵的战略和后面的“无甲兵而胜，无冲机而攻，无沟堑而守”的提法是相通的。这里所强调的“全胜不斗”是说完全的胜利不需要通过战斗来实现，它与孙子的著名观点“不战而屈人之兵”是一样的，意思是以实力件为后盾，不通过直接交战就使敌人臣服。

武臣是秦末起义军领袖陈胜的部将，他在作战中曾经“传檄而定千里”，成为古代战争史上“全胜不斗”的典型事例。

陈胜起义大军攻下陈县（今河南淮阳）后，派武臣等将领率领三千多人北上攻占赵国土地。武臣等人所率领的军队所过之处所向披靡，攻城杀吏，势如破竹，接连攻下了十多座城池，队伍迅速地由三千多人壮大到十万人左右。因此，众人推举

武臣为武信君，并且贴出告示，招降周围的其他郡县。虽然有些郡县投降了，但还是有些郡县誓死抵抗。范阳县令徐公缮甲厉兵，拒绝投降。

武臣等将领正为此头疼，这个时候，范阳人蒯通来到大营中，对武臣说他有办法让徐公投降。武臣请他快说办法，蒯通缓缓地说："将军作战，一般都是先打胜了然后占领土地，这不是上策。我有个办法，可以不用发动战争，只要一纸檄文就能得到一座城池。如今将军你要攻城的消息传到了范阳县令的耳朵里，他本来是个胆小如鼠、贪生怕死的人，而且城里也没有多少士兵。他们之所以继续坚持守城，是因为知道降也是死，战也是死，所以不肯投降。他们都知道，将军攻打前面十余座城池的时候，看见官吏就杀，看见士兵也杀。城里的百姓本来平时恨透了为非作歹的范阳县令，但是更害怕将军你攻占城池后会屠城，所以就跟士兵们一起血战到底。"

武臣听后，点点头说："那请问先生我该如何做呢？"

"其实将军可以不费一兵一卒就将范阳县拿下。请将军下令赦免范阳县令，而且赐予他爵位，他一定会高兴地打开城门相迎，然后将城池交到您的手中。此后，将军你可以让范阳县令到周围的地区去游说，那么周围的郡县肯定会争先恐后地前来归降。这样将军便可不攻而取城，不战而服人，这就是所谓的传檄而定千里之计。如果将军依旧采取攻取前十座城池那样的做法，那么不但范阳，还有其他地方也都会变成金城汤池，将军即使能够攻取，恐怕也要付出很大的代价。"

武臣觉得有理，决定依计而行。这一做法果然立竿见影，范阳县令立即开城迎接武臣的大军。武臣让他去招降其余地区，沿途诸城望风而降。不到十天时间，就平定了三十余城。

蒯通这一妙计果真让武臣的军队不费吹灰之力就收降了数十座城池，可见这"全胜不斗"之机的确高明。而若要实施这一妙计，前提是需要指挥者在战事开始之前对敌方有比较客观而全面深入的了解和分析。战争的胜败与否，根本并不在于兵将的多寡和工事的强弱，而在于战略和战机的把握。充分了解和掌握敌方的优劣方面后，再权衡应该力战还是智取，最后再把握有利时机，坚定必胜的信念，做到"大智不智，大谋不谋，大勇不勇"，以达到"全胜不斗，大兵无创"的目的，这才是兵家用谋的至高境界。

诸葛亮也是一位善于用谋的韬略家，正是由于他总是善于运用"全胜不斗"的策略，才使得蜀国从一个兵少将寡的地方政权变成可以与魏、吴抗衡的三国之一，并威胁魏国达数十年之久。

公元219年，曹操统率大军兵临汉水，准备进攻驻扎在此处的刘备大军。刘备手下战将赵云领兵退守汉水西岸，与曹操大军隔水对峙。

诸葛亮（181—234），字孔明，琅琊阳都人，三国时期杰出的政治家、战略家、发明家、军事家。

当时，曹刘两军相距很近，蜀国军师诸葛亮观察汉水地形时，发现上游有一片土山，可以埋伏千余人，便令赵云带兵到那里去埋伏，嘱托他一旦听到擂鼓放炮的声音，就率领士兵喊杀，但只是喊战而不许出战。

当晚，诸葛亮等待曹营的灯火全部熄灭后，就给埋伏在山里的赵云燃放信号炮，要他做出夜袭曹营的样子。赵云得令后，立刻遵照诸葛亮先前指示的去做。刹那间，鼓声、炮声、喊杀声充斥了整个山谷水岸。此时，曹军大营的将士们刚刚休息，听到外面喊杀声震天，以为刘备的军队来夜袭了，马上起来准备迎战。但是起来之后却不见刘备大军迎上来，惊慌过后的曹军又回营休息。过了一会儿，外面又开始杀声震天，曹军又开始备战，却又不见风吹草动。就这样，赵云的伏兵一晚上折腾了好几次，把曹军个个都折腾得疲惫不堪。

一连三夜如此，曹操惊疑不定，只好拔寨退兵三十里。就这样，刘备大军除了一些信号炮等“道具”以外，没有损伤人马就逼退了曹操几十万大军，为后来智取汉中奠定了坚实的战略基础。

诸葛亮在大敌当前的情况下，没有派遣一兵一卒出战，仅仅采取了扰敌、惑敌、疲敌之计，就让曹操退兵三十里，果然是善于谋算。其实这只是诸葛亮运用此计的战事之一，在后来的骂死王朗以及与司马懿的几次对决中，诸葛亮也都运用了这一计谋。

文启第二：效法自然，清静无为

何忧何啬，万物皆得；何啬何忧，万物皆遒。政之所施，莫知其化；时之所在，莫知其移。圣人守此而万物化，何穷之有？终而复始。优之游之，展转求之。求而得之，不可不藏；既以藏之，不可不行；既以行之，勿复明之。夫天地不自明，故能长生；圣人不自明，故能明彰。

经典再现

文王问太公曰："圣人何守？"

太公曰："何忧何啬[①]，万物皆得；何啬何忧，万物皆遒[②]。政之所施，莫知其化；时之所在，莫知其移。圣人守此而万物化，何穷之有？终而复始。优之游之，展转求之。求而得之，不可不藏，既以藏之；不可不行；既以行之，勿复明[③]之。夫天地不自明，故能长生；圣人不自明，故能明彰。

"古之圣人，聚人而为家，聚家而为国，聚国而为天下。分封贤人，以为万国，命之曰大纪。陈其政教，顺其民俗，群曲化直，变于形容。万国不通，各乐其所，人爱其上，命之曰大定。呜呼！圣人务静之，贤人务正之；愚人不能正，故与人争。上劳则刑繁，刑繁则民忧，民忧则流亡。上下不安其生，累世不休，命之曰大失。

"天下之人如流水，障之则止，启之则行；动之则浊，静之则清。呜呼！神哉！圣人见其所始，则知其所终。"

文王曰："静[④]之奈何？"

太公曰："天有常形，民有常生。与天下共其生，而天下静矣。太上因之，其次化之。夫民化而从政，是以天无为而成事，民无与而自富。此圣人之德也。"

文王曰："公言乃协予怀[⑤]，夙夜念之不忘，以用为常。"

迷津指点

①啬：通"塞"，阻塞，阻止。

②遒：强劲，引申为繁荣茂盛。

③明：宣扬。

④静：清静，太平。

⑤予怀：合……的意。

古文译读

文王问太公："圣人是如何治理天下的？"

太公回答说："无须忧虑什么，也无须阻止什么，天下万物就能各得其所；不去制止什么，也不去忧虑什么，天下万物就会繁荣滋长。政令的推行，要使民众在不知不觉中受到感化，就像时间在不知不觉中自然推移那样。圣人就是遵循这一原则治理天下的，所以在这种原则的施行下，天下万物被潜移默化，然后周而复始，永无穷尽。这种从容悠闲无为而治的政治，君主必须反复探求。如果已经探求到了，就不可不藏于心中；如果已经藏于心中，就不可不贯彻执行；如果已经贯彻执行，就不必将其中的奥秘明告世人。天地不宣告自己的规律，但是万物还是按其规律生长着；圣人不炫耀自己的英明，终究还是可以成就辉煌的功业，说的就是这个道理。

"古代的圣人，把人们聚集起来组成家族，聚集的家族多了然后组成国家，聚集成国家而后又组成了天下。把诸侯国分封给有贤能的人，上面的一切可以称为治理天下的纲纪。宣扬他的教化，顺应民俗，把邪曲的转化为正直的，改变他的形象。各国的习俗虽然不同，但能使民众安居乐业，人人尊敬爱戴君主，这就叫做天下大定。唉！圣人致力于清静无为，贤君致力于端正身心，愚昧的君主不能端正身心，所以会与民众抗争。君主政令繁多，就会导致刑罚严酷、繁杂，刑罚严酷、繁杂就会造成民众忧惧，民众忧惧就会流散逃亡。上下不安生业，社会长期动乱不休，这就叫做政治大失。

"天下人心的向背如同流水，阻塞它就停止，开放它就流动，搅动它就混浊，安静它就清澈。唉！真是神妙啊！只有圣人才能看到它的萌芽，并进而推断出它的结果。"

文王问："怎样能让天下清静呢？"

太公回答："天有固定的运行规律，民众也有一定的生活方式。君主能和天下民众共安生计，那么天下就自然清静无事。最高明的就是顺应民意，其次是教化民众。民众被教化就服从政令。所以天道无为而生化万物，民众没有多余的负担就可让自己变得富有，这就是圣人施行的德政。"

文王说："您说的正合我意，我一定要日夜铭记，把它当做治理天下的根本原则。"

前沿诠释

这节体现了道家清静无为的思想。文王问太公圣人是如何治理天下的，太公借机启发文王推行效法自然、无为而治的政策。“政之所施，莫知其化；时之所在，莫知其移”。只要顺乎自然，合乎民心，就可以长治久安。无为而治是道家的主张，所以在下面的谈话中，太公还提到了“静”的学问，也就是道家清静无为的治国思想。

本篇中提到的治理天下除了顺应民意外，还需要教化民众，民众被教化就会服从政令。他把“天无为而成事，民无与而自富”看做圣人的德行，勉励文王像圣人一样治理国家。汉朝的“光武中兴”就是采用了清静无为的治国思想。

刘秀（前6—57），南阳蔡阳（今湖北枣阳）人，东汉王朝开国皇帝。

公元25年夏，刘秀称帝。第二年定都洛阳，建立东汉政权。刘秀在位期间，以“柔道”治理天下，采取一系列改革措施，恢复发展社会生产，缓和西汉末年的政治危机。

公元26年至38年，刘秀颁布六道释放奴婢的诏令，规定战争期间被卖为奴隶者免为庶人，未释放的官私奴婢必须有基本的人身保障。建武十一年，他连下三次诏令，规定杀奴婢者不得减罪，炙灼奴婢者依法治罪，免被炙灼的奴婢为庶人，废除奴婢射伤人处极刑的法律。奴婢的地位较之从前有了很大的提高。同时，他还多次释放刑徒。

另外，刘秀还注意施行与民生息的政策，首先是薄敛赋。恢复西汉较轻的田税制，实行三十税一。然后是抑武修文，不尚边功，开始重文轻武，尽量避免战争。建武二十一年，西域鄯善、车师等十六国“皆遣子入侍奉献，愿请都护。帝以中国初定，为遑外事。乃还其侍子，厚加赏赐”。建武二十七年，功臣朗陵侯臧宫、扬虚侯马武上书：请乘匈奴分裂、北匈奴衰弱之际发兵击灭之，立“万世刻石之功”。光武帝下诏说：“今国无善政，灾变不息，人不自保，而复欲远事边外乎！……不如息民。”

与此同时，他为了抑制豪强势力，还实施了度田政策。因为东汉是在豪强势力的帮助下建立起来的，豪强势力非常庞大，他们拥有大量的土地，不仅影响百姓的生活，还影响皇权。为了加强朝廷对全国垦田和劳动力的控制，减轻赋税徭役负担，光武帝命令郡县丈量土地，核实户口，作为纠正垦田、人口和赋税的标准。诏令下发之后，遇到豪强势力的强烈抵制，最终还引发了暴乱，度田政策失败，但是却给予了豪强势力沉重的打击。

光武帝刘秀所实行的各项政策措施，既维护了东汉封建统治，也维护了国家统一，他兢兢业业，勤于政事，使东汉初年国家出现了社会安定、经济恢复、人口增长的局面。《后汉书》作者范晔这样评价道："虽身济大业，竞竞如不及。"

无为而治就是让事物按照自身的必然性自由发展，使其处于符合道的自然状态，不对它横加干涉，不以有为去影响事物的自然进程。光武帝的一系列措施便是抓住了事物的自身规律任其发展，最终出现了"光武中兴"的繁荣局面。

无为而治对于现在的企业来说也是有一定的作用的，"无为"并非什么都不做，而是要遵循大千世界的规律，尊重人的个性，有所为有所不为，这是一种独特的思维方式。

西安杨森是我国著名的一家制药公司，公司里面有众多的人才。优厚的待遇是西安杨森吸引和招聘人才的重要手段，而不断丰富的工作意义、增加工作的挑战性和成功的机会，则是公司善于使用人才的关键所在。

公司创建初期，主要依靠的是销售代表的个人能力，他们四处撒网，孤军奋战，对员工则是采用个人激励的机制。经过研究，公司决定从"人员一职位一组织"匹配的原则出发，选用那些具有冒险精神、勇于探索、争强好胜，又认同企业哲学、对企业负责的人作为企业的销售代表。这些人主要是医药大学应届毕业生和已有若干年工作经验的医药代表，他们跑业务非常合适，而且会给公司作很好的宣传。让他们跑业务是利用了他们的长处，也符合他们自身的优势。

此时，为了鼓舞士气，西安杨森开始大力宣传以"鹰"为代表形象的企业文化，"鹰是强壮的，鹰是果敢的，鹰是敢于向山巅和天空挑战的，他们总是敢于伸出自己的颈项独立作战。在我们的队伍中，鼓励出头鸟，并且不仅要做出头鸟，还要做搏击长空的雄鹰。作为企业，我们要成为全世界优秀公司中的雄鹰。"这样宣传下来，公司所有的人精神振奋，努力工作，为西安杨森作出了不小的贡献。

企业管理上，"无为"的思想就是说领导者的行为要顺应人、自然、社会发展的规律，并按照规律去制定相应的法律、制度，不轻易变更；人们在这样的法律、制度下，尽情发挥自己的聪明才干，努力去做，这就是"无为"。

文伐第三：不战而屈人之兵

十二节备，乃成武事。所谓上察天，下察地，征已见，乃伐之。

经典再现

文王问太公曰："文伐[1]之法奈何？"

太公曰："凡文伐有十二节：

"一曰：因其所喜，以顺其志。彼将生骄，必有奸事。苟能因之，必能去之。

"二曰：亲其所爱，以分其威。一人两心[2]，其中必衰；廷无忠臣，社稷必危。

"三曰：阴[3]赂左右，得情甚深。身内情外，国将生害。

"四曰：辅其淫乐，以广其志，厚赂珠玉，娱以美人；卑辞委听，顺命而合，彼将不争，奸节[4]乃定。

"五曰：严其忠臣，而薄其赂，稽留其使，勿听其事。亟[5]为置代[6]，遗以诚事，亲而信之，其君将复合之。苟能严之，国乃可谋。

"六曰：收其内，间其外。才臣外相，敌国内侵，国鲜不亡。

"七曰：欲锢其心，必厚赂之。收其左右忠爱，阴示以利，令之轻业，而蓄积空虚。

"八曰：赂以重宝，因与之谋。谋而利之，利之必信，是谓重亲[7]。重亲之积，必为我用。有国而外，其地大败。

"九曰：尊之以名，无难其身，示以大势，从之必信。致其大尊，先为之荣，微饰圣人，国乃大偷。

"十曰：下之必信，以得其情。承意应事，如与同生。既以得之，乃微收之。时乃将至，若天丧之。

"十一曰：塞之以道；人臣无不重贵与富，恶死与咎。阴示大尊，而微输重宝，收其豪杰。内积甚厚，而外为乏。阴纳智士，使图其计；纳勇士，使高其气。富贵甚足，而常有繁滋。徒党已具，是谓塞之。有国而塞，安能有国。

"十二曰：养其乱臣以迷之，进美女淫声以惑之，遗良犬马以劳之，时与大势以诱之，上察而与天下图之。

"十二节备，乃成武事。所谓上察天，下察地，征已见，乃伐之。"

迷津指点

①文伐：不使用武力打击敌人。

②两心：两种心思。

③阴：私自，暗地。

④奸节：奸邪的行为。

⑤亟：尽快。

⑥置代：替代，替换。

⑦重亲：亲上加亲。

古文译读

文王问太公说："不用武力打击敌人的方法都有哪些？"

太公答道："文伐的方法有十二种：

"一是依照敌人君主的喜好，顺从他的志愿。这样，他就会滋长骄傲情绪，而肯定去做邪恶的事情。如果我再因势利导，就必定能把他除掉。

"二是亲近拉拢敌君的近臣，以分化敌国的力量。敌国近臣如怀有二心，必然降低忠诚程度。敌国朝中没有忠臣，他的国家必定面临危亡。

"三是暗中贿赂敌国国君身边的臣子，加深与他们的友情。他们身在朝廷心却在其他国家，那么敌国必将发生祸患。

"四是助长敌国国君荒淫享乐，扩张他极端的欲望，用丰厚的珠宝贿赂他，用美女取悦他。对他说话的时候言辞谦卑，假意逢迎。这样他就不会再跟我国斗争，而会纵容、发展自己的奸邪行为。

"五是尊敬敌国的忠臣，送给他们微薄的礼物用来贿赂，他出任使者前来交涉时，故意加以拖延，而对所交涉的问题不予答复，极力促使敌国国君改派使者，然后再诚心解决所交涉的问题，向他表示亲近以取得他的信任，从而使敌国国君弥合与我国的关系。这样用不同的态度对待敌国的忠臣和奸佞，就能够离间敌国君臣之间的关系，从而可以谋取敌国了。

"六是收买敌国内部的大臣，离间敌君与统兵在外的大臣的关系，使其有才干的大臣里通外国，造成敌国内部自相混乱的状况，这样敌国就很少有不灭亡的。

"七是要使敌国国君对我深信不疑，就必须赠送大量礼物加以贿赂，同时收买他左右的亲近大臣，暗中给他们好处，使其君臣忽视生产，财粮匮乏，国库空虚。

“八是用贵重的财物来贿赂敌国国君，并跟他一起谋划事情。谋划的事情对他有好处，他知道事情对他有好处，就必然会相信我们，这就叫做更加亲近友好。更加亲近友好累积多了，敌国自然会被我国所用，他拥有国家却被外国利用，他的国土必定会受到侵占。

“九是用煊赫的名号尊崇他，不让他身临危难，给他以势倾天下的感觉，顺从他的意志以博取他的信任，使他居于至高无上的地位；先夸耀他的功绩，再恭维他德比圣人，这样他必然会狂妄自大而荒废政事了。

“十是对敌君要假意卑微屈从，这样必然获得他的信任从而获得他的情谊。秉承他的意志顺从他的要求，就像兄弟一般亲密。获得他的信任之后，就可以微妙地加以控制利用。一旦时机成熟，就可以像得到神助似的轻而易举把它消灭。

“十一是使用各种方法闭塞敌国国君的视听。做臣子的，没有人不看重地位的尊贵和物质的富有，他们都是厌恶灾祸和死亡的。所以暗中许诺高贵的地位，并且秘密给他们贵重的宝物，拉拢敌国的英雄豪杰。虽然国内积蓄非常丰厚，但是要对敌国装出贫乏的样子。暗中将敌国的贤能之士拉拢过来，让他们为我图谋大业。暗中拉拢敌国的勇士，用来提高我军的军威，让他们足够富贵，并经常给他们增加财富。敌国的贤士勇士都被我国拉拢过来，这就叫做闭塞敌国国君的耳目。虽然他还统治着国家，但是视听已经被闭塞，这种统治如何能够维持下去呢?

“十二是扶植敌国的奸臣，让他们来惑乱敌国国君；进献美女和淫乐，来迷惑敌国国君的意志；赠送良犬骏马，让敌国国君沉迷其中身心疲惫；经常给他讲形势大好的空话，来诱使他忘记忧患。这样，我看到时机成熟了，就可以号召天下来夺取敌国。

“十二种方法使用之后，就能发动军队了。这就是所谓的观察天时、地利和人和等各种要素后，（确切判断出）各种征兆已经显现表明万事俱备了，就可以发动军队征讨了。”

前沿诠释

文伐——以文事伐人，不用交兵接刃而伐之也。用政治、外交手段让敌人屈服，而不是靠军事手段。本篇列举了十二种进行“文伐”的方法，阐述了如何不战而屈人之兵的道理。这十二种方法包括古代国家外交、政治斗争的各种权谋诡诈手段，可以说是无所不用其极，用这些方法扩大敌人内部矛盾，分化、瓦解和削弱敌人。这些都是春秋战国时期斗争经验的教训和总结，也是国与国之间争斗诡计权谋的总结。这些计谋运用之后，最终就可以“十二节备，乃成武事”了。

文伐起到的作用实际上是为最终用军事手段消灭敌人创造条件。敌力强大之时不能直接进攻，而要争取机会，采用能够瓦解他们斗志、制造他们分裂的方法，而能够达到这个目的的最好方法就是“美人计”。“王允计杀董卓”的故事就是“美人计”的经典运用案例。

公元189年，董卓率兵占领了洛阳，废掉了当时的皇帝汉少帝，把一个九岁的孩子推上了皇帝的位置，这就是汉献帝。汉献帝还小，根本不懂朝廷权术，朝中的一切大权都由董卓一人独揽。董卓阴狠狡诈，滥杀无辜，而且野心勃勃。满朝文武都很担心，朝政由董卓这个奸臣把持，最终江山可能就要姓董了。但是董卓的势力庞大，身边还有个骁勇无比的义子吕布，正面攻击的话，恐怕朝廷上下无人能敌。

当时，有一位官员叫做王允，他家世代在朝为官，对大汉朝一片赤诚。他在朝廷中的威望很高，任职大司徒。他表面对董卓言听计从，实际上却对其恨之入骨，时刻想着如何才能将其除掉。

这天，王允正在为除掉董卓的事情发愁，突然看见了自己府里的歌姬貂蝉。貂蝉从小就被他买回来，因为聪明伶俐、姿色出众，被王允当做义女养着。如今，貂蝉已经出落得亭亭玉立，倾国倾城，王允见此情形突然心生一计。

一次，王允举行私人宴会，专门让吕布来参加，然后在宴会上提出要把自己的女儿貂蝉许配给吕布。吕布一见有倾城之貌的貂蝉，立刻同意了，并确定了择日成婚。第二天，王允又把董卓请到家里来，然后故意让貂蝉在董卓面前献舞。董卓一看这位绝色佳人，马上就心动了。王允借机说：“如果董太师喜欢，我就把貂蝉送给你了。”董卓非常高兴地接受了，并且很快把貂蝉带进了自己的府中。吕布听闻此事后，向王允要人。王允说是董卓看上了貂蝉，强行带回了自己府中。吕布一听，立刻对董卓有了怨恨，心里大骂董卓夺人所爱。最终，在王允的挑拨之下，吕布杀了董卓。

貂蝉离间了董卓跟吕布的关系，最终使二人反目成仇，借吕布的手杀了董卓，也就是文中所说的“进美女淫声以惑之”。事实上，文中的十二种计谋都能暗中瓦解敌国的势力，最终为本国军队奠定取得决战胜利的基础。

方天画戟，又叫月牙戟，是吕布最擅长的兵器，其特点是迅捷灵活。

顺启第四：天下者非一人之天下，惟有道者处之

大盖天下，然后能容天下；信盖天下，然后能约天下；仁盖天下，然后能怀天下；恩盖天下，然后能保天下；权盖天下，然后能不失天下；事而不疑，则天运不能移，时变不能迁。此六者备，然后可以为天下政。

经典再现

文王问太公曰："何如而可为天下？"

太公曰："大盖天下[1]，然后能容天下；信盖天下，然后能约[2]天下；仁盖天下，然后能怀[3]天下；恩盖天下，然后能保天下；权盖天下，然后能不失天下；事而不疑，则天运不能移，时变不能迁。此六者备，然后可以为天下政。

"故利天下者，天下启之；害天下者，天下闭之。生天下者，天下德之；杀天下者，天下贼[4]之。彻[5]天下者，天下通之；穷天下者，天下仇之。安天下者，天下恃之；危天下者，天下灾之[6]。天下者，非一人之天下，惟有道者处之。"

迷津指点

①大盖天下：指器量包容天下。

②约：约束、控制。

③怀：使……归附自己。

④贼：毁坏、杀害。

⑤彻：通达，贯通。

⑥灾之：意为视之如灾星，避之唯恐不及。

古文译读

文王问太公说："怎样才能把天下治理好呢？"

太公说："器量盖过天下，然后才能包容天下；信守遍及天下，然后才能约束天下；仁爱施行天下，然后才能怀柔天下；恩惠遍及天下，然后才能保有天下；权威覆盖天下，然后才能不失去天下；遇到事情不犹豫不决，那么天道运行和时势变化就不会改变天下。这六个条件都具备了，然后就可以治理天下。

“所以，为天下人谋利益的，天下人就欢迎他；使天下人受祸害的，天下人就反对他；使天下人遭到杀戮的，天下人就仇视他的残暴；顺应天下人意愿的，天下人就归附他；造成天下人贫困的，天下人就憎恶他；使天下人安居乐业的，天下人就把他当做依靠；给天下人带来危难的，天下人就把他看成灾星。所以说，天下不是哪一个人的天下，只有道德高尚的人，才能拥有治理天下的权利。”

前沿诠释

本节中，太公认为国君应具备“大、信、仁、恩、权、事”这六个方面的素质与能力，这六个方面是取天下而“为天下政”的六个条件，为治理国家提供了全方位的参考和依据。然后，太公又从利与害、生与杀、彻与穷、安与威四个方面对比，最终得出“天下者，非一人之天下，惟有道者处之”的结论。

罗马帝国克劳狄乌斯王朝最后一位皇帝尼禄·克劳狄乌斯·恺撒就是罗马史上出名的暴君，曾有人称他是“和血的泥巴”。

尼禄自继位以来，就奉行“君主所为，尽皆合法”的原则，给自己荒淫无度的生活找了一个很好的理由。宫廷甚至罗马的街道都是他寻欢作乐的地方。他长大后，为了夺回权力，居然狠心地谋杀了自己的母亲。

罗马在公元64年发生了一场空前的火灾，大火吞噬了罗马十个区（当时罗马只有十四个区），有三个区变成了焦土。大火持续了九天，哀鸿遍地，尸横遍野。但是尼禄没有对他的人民表现出关心，而是借此大发国难财。他命令人民为他修建新的宫殿，并且用了大量的珠宝装饰宫殿的内部，其中，餐厅的天花板居然是用象牙镶边的，而且可以转动，这样就可以从宫殿的上方撒花。宫殿的浴室也大兴土木地修葺了一番，里面有河水也有海水。当宫殿完成的时候，他满意地欣赏着这座宫殿，然后说：“这才像个人住的地方。”可见他的生活是多么奢侈。

尼禄的奢侈让人难以承受，他的荒淫无度更是罗马前所未有的。

尼禄自己荒淫无度，而对他的臣民却异常残酷。公元65年，罗马贵族阶层组成了以富有声望的盖乌斯·卡尔普尔尼乌斯·皮索为首的刺杀尼禄的集团。最终刺杀失败了，尼禄没有思考为何别人要刺杀他，而是对这个集团的人残酷地追杀，甚至几位元老院的元老也被他下令自尽。

在敛财上，尼禄更是一把好手。国库没钱了，他就扣发士兵的粮饷，后来又以种种理由没收人民的财产。另外，为了更快地敛财，他还增加了很多种税收科目。

尼禄的种种行为引起了人民的频频暴乱，尼禄对此却毫不在意。这种昏庸无

能的皇帝必然会众叛亲离。尼禄怎么也没有想到，一向被他视为心腹的近卫军居然也背叛了他。近卫军的长官看见他已经大势已去，干脆投靠到反对的阵营中。一向唯元首之命是从的元老院，面对既成事实，也宣告尼禄为人民公敌，要对他处以死刑。

这时，尼禄已经无路可走了，他从罗马逃出来以后，在自己城郊的住宅自杀了，在自杀之前他还没有悔悟，而是叹息一个伟大的艺术家要死了。

尼禄到死都不知道悔改，他如同一个跳梁小丑一般结束了他“伟大的艺术家”的一生。天下不是君主一个人的天下，而是所有人的天下。“水能载舟，亦可覆舟”，百姓的力量是伟大的，不可以忽视。君主治理国家千万不可荒淫无度、暴虐不堪，而是要以“礼”教化天下，以保境安民为己任。

在现代，这一内涵的意义可以引申到一个公司，或者一个集体。如果这个公司或者集体的领导者有“道”，那么就一定会发展壮大，否则，就会灭亡。

美国德州仪器公司，是全球第一的数字信号处理（DSP）和混合模拟技术的供应商。该公司的董事长兼首席执行官安吉伯谈到管理经验的时候说过：“作为一个非常好的领导者，首先，要有清楚的战略，让每个人都知道你要去哪里，知道你的目标是什么，当然你要很好地与别人进行沟通；其次，要让别人追随你，相信你的策略，做一个有自信的领导人；第三，要建立你的执行能力。作为首席执行官，面临的一个挑战就是继续发展自己组织的领导阶层，要注意给他们一些不同的经验，来驱动员工做一些事情。一个首席执行官最重要的任务之一，就是要让每一个人都成为领导者。”

安吉伯认为，对于自己的员工，一定要诚实，与员工心心相印，你掏心掏肺地对待别人，别人才能跟你走。领导者和员工说话，也不要用命令的方式，那样的话，员工的心里就很不愉快，要让员工主动为你效劳，觉得为你效劳是他的荣幸。对此，安吉伯解释说：“你必须要让你的员工在工作的时候感觉很愉快，不然他们不会让你的客户感觉愉快。因此，你要知道照顾你的员工。告诉他们你将带领这家公司朝一个什么方向去走。”而且安吉伯认为，一个公司不能有官僚倾向是一件很重要的事情，这样才能取得一定的效果。

“善待员工”是安吉伯的管理思想，他将这个思想贯穿企业管理的始终，让一个别人认为是垃圾的公司又焕发出了勃勃生机。

三疑第五：因势利导，慎用计谋，巧用钱财

太公曰："因之，慎谋，用财。夫攻强，必养之使强，益之使张。太强必折，太张必缺。攻强以强，离亲以亲，散众以众。"

经典再现

武王问太公曰："予欲立功，有三疑：恐力不能攻强、离[①]亲、散[②]众。为之奈何？"

太公曰："因[③]之，慎谋，用财。夫攻强，必养之使强，益之使张。太强必折，太张必缺。攻强以强，离亲以亲，散众以众。

"凡谋之道，周密为宝。设之以事，玩[④]之以利，争心必起。欲离其亲，因其所爱，与其宠人，与之所欲，示之所利，因以疏之，无使得志。彼贪利甚喜，遗疑乃止。

"凡攻之道，必先塞其明，而后攻其强，毁其大，除民之害。淫之以色，啖[⑤]之以利，养之以味，娱之以乐。既离其亲，必使远民，勿使知谋。扶[⑥]而纳之，莫觉其意，然后可成。

"惠施于民，必无忧财。民如牛马，数馁食之，从而爱之。

"心以启智，智以启财，财以启众，众以启贤。贤之有启，以王天下。"

迷津指点

①离：离间，使不和。

②散：瓦解、分散。

③因：顺着，顺应。

④玩：引诱。

⑤啖：利诱，引诱。

⑥扶：诱导。

古文译读

武王问太公说："我想要建立功业，但是有三个疑虑：害怕自己的力量不足以攻击强大的敌人、不足以离间敌国的君臣、不足以离间敌国的民众，我该怎么办呢？"

太公说："首先是因势利导，其次是慎用计谋，最后是使用钱财。进攻强大的敌人，一定要怂恿他，使其恃强骄横；放任他，使其猖狂自大。敌人过于强横，必定会遭到折损；过于狂妄，必定会导致失误。要进攻强大的敌人，必先助长它的强暴；要离间敌人的亲信，必先收买敌人的心腹；要瓦解敌人的军队，必先争取敌国的民心。

"凡是谋划的计谋，考虑周全而思维缜密是最重要的。承诺给敌人官位和权力，给他钱财和利益，他们之间一定会为了争夺这些利益起内讧。打算离间敌人君臣之间的关系，就投其所好，给他想要的东西，给君主宠爱的人好处，给他喜欢的东西，给他有利益的东西。这样他们就疏远君主，不能有所作为。他们因为得到我们给予的好处而非常高兴，就不会对我们的图谋产生疑虑了。

"大凡进攻敌人的方法，一定先要蒙蔽其君主的耳目。然后再进攻他强大的军队，摧毁他庞大的国家，以解除民众的痛苦。蒙蔽敌国君主的做法是：用女色腐蚀他，用丰厚的利益引诱他，用珍馐美味让他娇养，用淫乐迷乱他。这样做已经离间了他的亲信臣子，还需要进一步使他疏远自己的民众，不让他知道我们的计谋，把他推入我们的圈套，而没有觉察到我们的意图。这样我们就算是大功告成了。

"给予民众恩惠，一定不能吝啬。民众就如同牛马一样，常常喂养他们，他们就会爱戴拥护你。

"心灵可以产生智慧，智慧可以产生财富，财富可以养育民众，民众中可以涌现贤才。大批贤才涌现，就可以辅佐君主统治天下。"

前沿诠释

本节论述的是"攻强、离亲、散众"三个方面的策略，解决方法也就是文中说的："攻强以强，离亲以亲，散众以众"，再简练些就是"因之，慎谋，用财"。"因之"就是因势利导，对待敌人"必养之使强，益之使张。太强必折，太张必缺"。要先助长敌人的气焰，让敌人骄傲自大，被自满迷惑了双眼，这样一来，敌人必将走向灭亡。这里运用了古代朴素的辩证方法，看到了事物本身所包含的"物极必反，相反相成"的规律。"慎谋"就是慎重周密地谋略，使用离间的计谋让君臣上下不一心，逐步瓦解他们。最后是“用财”，要用钱财分化敌国的民众，也就是“散众以众”，财政的支出还是要用于本国的百姓，对百姓不要吝啬，尽量多给予钱财，这样才能得到百姓的支持和拥护。

在战争方面，多用到“因之”二字，因势利导，“攻强以强”，让敌人“养之使强，益之使张”，最后让敌人“太强必折，太张必缺”。战国时期的冒顿就是运用这一策略消灭强敌东胡的。

战国时期，匈奴十分强悍，他们经常派兵骚扰中原地区，掠夺中原人民的财物。秦始皇统一六国后，派大将蒙恬北击匈奴，匈奴被打得大败而归，势力遭到严重的削弱，于是只能继续往北方迁徙。秦始皇去世以后不久，朝廷开始不稳定，中原混乱，统治者为了争权夺利，根本不关心外敌。所以经过多年的休养生息，匈奴又逐渐变得强大起来。当时匈奴的头目叫做头曼，他非常偏爱后妻阏氏所生的儿子，而对自己其他的儿子不是很喜欢，所以打算废掉当时的太子冒顿，再改立后妻之子，但是一直没有一个合适的理由。太子冒顿颇有谋略胆识，早就知道父王的心思，于是在一次打猎途中，借机射杀父亲头曼，然后率众把后母和少弟以及不服从他的大臣统统杀光，自立为单于。

虽然匈奴强大起来了，但是一山更比一山高，在它的东边有一个更加强大的少数民族叫做东胡。东胡一听说匈奴的首领死了，自恃强大，就派人来向冒顿索要头曼的千里马。匈奴群臣知道此事后，都反对将千里马交出，因为这是头曼最喜爱的宝马。冒顿对此不大在意，他说：“我怎么会为了一匹马就破坏了跟强邻的关系呢？”于是就将千里马送给了东胡。后来过了不久，东胡又来人了，说是东胡的首领看上了冒顿的妻子，冒顿询问群臣该怎么做，群臣十分气愤，纷纷说：“居然让大王您的女人去伺候他，他太不把您放在眼里了。大王应该调集军队灭了东胡。”冒顿笑笑：“我怎么能为了一个女人去破坏和东胡的友谊呢？”于是让东胡的使者领走了自己的妻子。

冒顿单于（？—前174），冒顿是人名，姓挛鞮（luān dī），单于是匈奴部落联盟的首领称号。

东胡首领的两次无理索取都成功了，便骄傲自大起来，觉得一定是冒顿害怕自己，自然就不把匈奴放在眼里了。

当时东胡与匈奴之间，有一块方圆千里的土地无人居住。东胡又借机挑衅，派人前来告诉冒顿说：

“我们东胡想独占这块土地，请您命您的臣民退出这块区域。”冒顿依旧询问众臣，一些人因有前例在，认为冒顿这次还会答应，于是也就不再反对，支持将土地交给东胡。哪知冒顿闻言勃然大怒：“土地是国家的根本，怎能轻易送人？”立即将那些人同来使一起推出处死。然后立刻集合兵马，突袭东胡。

这时，东胡首领因为前两次去匈奴无理索要都成功了，因而对匈奴不加重视，再加上自视甚高，所以每天都不理朝政。于是当冒顿的军队打来的时候，东胡就措手不及，最终惨败。

冒顿之所以能取得胜利，就是纵容了敌人，让敌人骄傲自满，对匈奴不加防备。而东胡恰好中了冒顿的阴谋，被前两次的胜利冲昏了头脑而太过骄傲自满，最终落得惨败的下场。

所以说，在战争中，除了要因势利导，还要会使用离间计，也就是文中所说的“慎谋”和“离亲以亲”，让敌人不知道自己真正的意图，暗中渐渐瓦解对方的势力，让对方分崩离析，最后乘胜攻击，拿下对方。

三国时期，北方的霸主袁绍死了以后，把自己的地位传给了小儿子袁尚。袁尚的哥哥袁谭因此非常不服气，因为一般来说都是长子继承父亲的位置，现在居然让自己的弟弟继承，于是他打算集结自己手里的军队讨伐袁尚。那个时候，曹操正在攻打冀州，攻打了好几天，一直没有效果。袁尚身边的谋士郭图劝袁谭不要在此时讨伐袁尚，因为曹操大兵压境，应该先兄弟俩联合起来，共同打败曹操。袁谭觉得有理，于是就决定暂时跟自己的弟弟和平相处。

曹操这时也在头疼冀州总是攻打不下来的问题。曹操身边的谋士郭嘉看到他这样，就分析说：“袁尚兄弟必定因为废长立幼的事情不和。他们现在联合是因为我们攻打他们，他们为了抵御外敌，才会站在同一战线。我们先不要去攻打冀州，转去攻打蓟州。等到他们兄弟自相残杀的时候再回来，那时不就可以……”曹操明白了郭嘉的意思，于是就派兵先去攻打蓟州了。

曹操大军刚刚走，袁尚兄弟的矛盾就浮出了水面，两人兵戈相见，结果袁谭战败了。这时，郭图对袁谭建议说：“袁尚的军队打了胜仗，军威不减，我们粮草不多，肯定难以抵挡他的军队。不如我们先派人去曹操那里，假意说我们投降，请他来派兵攻打袁尚。袁尚知道了以后，一定会带兵回去保卫冀州。那时，我们再配合曹操军队前后夹击，打败袁尚。而袁尚一败，我们就不用担心曹操了。因为曹兵远道而来，久战不宜，时间一长，就无法支持了。那个时候，我们再一举攻下冀州。”

袁谭觉得有理，就派人去联络曹操。

曹操觉得袁谭的归降有蹊跷，于是就找来群臣讨论此事。有人认为应该趁此灭了袁尚，然后再灭袁谭。因为袁氏兄弟占地颇广，人马也很多，两兄弟联合起来的话，有成为霸主的可能。

曹操觉得这个人分析得很对，于是就带领自己的军队去攻打冀州。

袁谭也借机攻打袁尚，袁尚大败，并且被袁谭俘虏了很多士兵。袁谭就把俘虏的人和自己的军队重新整编，然后带着浩浩荡荡的人马去攻打曹操刚刚得到的冀州。曹操一听说这件事情，立刻气不打一处来，马上率兵攻打袁谭。经过几场战斗，袁谭知道自己不是曹操的对手，于是就向荆州牧刘表求救。但刘表是个懦弱之辈，根本不敢插手这件事。袁谭逃到哪里，曹操就追到哪里，袁谭被逼得没有办法，只好去向曹操请降。但是这次曹操没有同意，还是诛杀了袁谭。

此战中，曹操、袁谭两人相互使用离间计，但还是曹操最终取得了胜利。

由此看来，要想建功立业，就需要重视“因之，慎谋，用财”这三方面。它们相辅相成，才能营造出一个良好的攻打敌人的氛围，才能真正战而必胜。

第三卷

龙韬——效军事组织之明

第三卷的重点是论述军事指挥和兵力部署的艺术，指出在战争中需要调动对方，如何选择将帅，如何做到纪律严明。然后确定如何发号施令，最后还指出了其他需要注意的问题，比如武器装备、物质装备，等等。本卷共分为十三篇，在军队建设方面，首先用大量篇幅论述了将帅问题，强调将帅的重要作用；其次，论述了军队的编制和训练问题；最后，提到了战场的纪律问题，即“无燔人积聚，无坏人宫室，冢树社丛勿伐，降者勿杀，得而勿戮”，这样才能使“天下和服”。

王翼第一：结构完整的团队容易成功

凡举兵帅师，以将为命。命在通达，不守一术。因能受职，各取所长，随时变化，以为纲纪。故将有股肱羽翼七十二人，以应天道。备数如法，审知命理，殊能异技，万事毕矣。

经典再现

武王问太公曰："王者帅师，必有股肱羽翼①，以成威神，为之奈何？"

太公曰："凡举兵帅师，以将为命。命在通达，不守一术。因能受职，各取所长，随时变化，以为纲纪。故将有股肱羽翼七十二人，以应天道。备数如法，审知命理，殊能异技，万事毕矣。"

武王曰："请问其目？"

太公曰："腹心一人，主赞谋应卒，揆②天消变，总揽计谋，保全民命。谋士五人，主图安危，虑未萌，论行能，明赏罚，授官位，决嫌疑，定可否。天文三人，主司星历③，候风气④，推时日，考符验，校灾异，知天心去就之机。地利三人，主三军行止形势，利害消息，远近险易，水涸山阻，不失地利。兵法九人，主讲论异同，行事成败，简练兵器，刺举非法。通粮四人，主度饮食，备蓄积，通粮道，致五谷，令三军不困乏。奋威四人，主择材力，论兵革，风驰电掣，不知所由。伏鼓旗三人，主伏鼓旗，明耳目，诡符节⑤，谬号令，阇忽⑥往来，出入若神。股肱四人，主任重持难，修沟堑，治壁垒，以备守御。通材三人，主拾遗补过，应偶宾客，论议谈语，消患解结。权士三人，主行奇谲⑦，设殊异，非人所识，行无穷之变。耳目七人，主往来，听言视变，览四方之事，军中之情。爪牙五人，主扬威武，激励三军，使冒难攻锐，无所疑虑。羽翼四人，主扬名誉，震远方，摇动四境，以弱敌心。游士八人，主伺奸候变，开阖⑧人情，观敌之意，以为间谍。术士二人，主为谲诈，依托鬼神，以惑众心。方士二人，主百药，以治金疮，以痊万病。法算二人，主计会三军营壁、粮食、财用出入。"

迷津指点

①股肱（gōng）羽翼：比喻帝王左右得力的辅佐大臣。股，大腿。肱，手臂从肩到肘的部分。羽翼，翅膀。

②揆：度量，考察。

③星历：星象历数。历法与天文有关，所以星历并称。

④候风气：观测风向和时气的变化。

⑤符节：古代传达命令或征用军队的凭证。

⑥阖忽：忽来忽往，模糊不清。

⑦奇谲（jué）：诡诈的权谋。

⑧开阖（hé）：打开关闭，引申为操纵控制。

古文译读

武王问太公："君主统帅军队，一定要有左右得力的辅佐大臣，来壮大军队的士气，这该怎么做呢？"

太公说："凡是举兵兴师，都以将帅掌握全军的命运。要掌握好全军的命运，最重要的是通晓和了解全面的情况，而无须专精某项技术。因此，应该量才授职，用其所长，灵活掌握，并使其成为一项制度。所以将帅需要辅佐人员七十二人，以便顺应天道，应付各种情况。按照这种方法设置助手，就是掌握了做将帅的道理。发挥各种特殊人才的奇异才能，就可以圆满完成各项任务。"

武王问："那么这七十二个人的具体情况是什么？"

太公说："心腹是一个人，主要负责暗中谋划，应对各种突发情况，观测天象，消除隐患，总揽军政大计，保全人民性命。谋士是五个人，主管筹划安危大事，考虑形势的发展变化，鉴别将士的品德才能，申明军纪，授予官职，决断疑难问题，裁定事情可否。天文是三个人，主管观察日月星辰的运行，测度风向气候，推算时日吉凶，考察吉凶征兆，核查灾异现象，观察人心的向背。地利是三个人，负责三军行进和驻扎形势，权衡厉害情况，路线的远近和危险情况，水路和山地的情况，不失去地理上的优势。兵法是九个人，负责研究不同的意见和作战的胜败把握，精选兵器和指导士兵操练兵器，监督和发现不法行为。通粮是四个人，主管筹划给养，筹备储存，保证粮道畅通，征集军需粮秣，确保军队供给不发生困难。奋威是四个人，主管选拔有才能的勇士，配发优良的武器装备，组织突击部队风驰电掣般行动，迅猛快速地打击敌人。伏鼓旗是三个人，主管军队的旗鼓，明确视听信号，制造假符节，发布假命令以迷惑敌人，忽来忽往，神出鬼没。股肱是四个人，主管担负重要使命，从事艰巨任务，挖掘沟堑，构筑壁垒，以备守御。通材是三个人，负责给将帅拾遗补过，接待宾客，讨论问题，消除祸患，解除纠纷。权士是三个人，负责实施奇谋诡计，设置诡异的计策，不是一般人可以识破的，实行无穷的变化。耳目是七个人，主管通过与外界交往，听风声，观动静，查明天下形势，了解敌军情况。爪牙是五个人，负责扬我军威，激励军队的斗志，使他们敢于冒险犯难，冲锋陷阵没有害怕的。羽翼是四个人，负责宣传将帅的威名声誉，使其威震四方，动摇敌国的斗志，削弱敌军的锐气。游士是八个人，负责侦察敌人的叛徒及其动向变化，观察敌人的意图，承担间谍的重任。术士是两个人，负责使用诡诈之术，借助鬼神等迷信，来迷惑敌人的军心。方士是两个人，负责准备各种药物，治疗创伤，治愈兵士的疾病。会计是两个人，负责核算军队的营垒、粮食和钱财的收支情况。”

前沿诠释

一个军队由很多人组成，最简单地可以分为领导者和被领导者。其中的领导者就是君主的“股肱羽翼”。本节讨论了“股肱羽翼”的构成、编制以及职能。作为一个完整的战斗系统，军队的各个部分是不可或缺的，每个部分必须发挥应有的价值，这样与敌军作战才能成功。作为军队统帅级别的任务，就是要处理好整体与部分的关系，部分的功能发挥了，整体的功能才会发挥。

随后，太公又强调了“股肱羽翼”的组成及其作用，这些人一共有七十二个，分别是心腹、谋士、天文、地利、兵法、通粮、奋威、伏股旗、股肱、通材、权士、耳目、爪牙、羽翼、游士、术士、方士、法算。他们负责军队行军作战过程中各个方面的工作，尽量确保军队作战的胜利。

军队是一个整体，整体的作用需要各个部分协作共同发挥。一个人的能力有限，但大众的智慧是无穷的，所以想要胜利就要发挥大众的智慧。明末最伟大的军事战略家孙承宪在抗击清兵的时候，就重用袁崇焕等一大批忠直的文武将吏，取得了战争的胜利。

明末，努尔哈赤攻占了沈阳、辽阳，明军此时面临着一个棘手的战略问题，就是要积极防御清兵，还是固守边关，消极防御，只要清兵打不进来就可以。关于这个问题，明朝前线的军事将领意见不一。辽西经略王在晋提出了“拒奴抚虏，堵隘守关”的主张，意思就是要用金钱收买蒙古对付后金，然后在山海关外再修一座关城用来抵御金兵。这样做无疑是置辽西走廊这一地带不管不顾，是消极的。王在晋的部下宁前兵备佥事袁崇焕、孙元化等人坚决反对这一做法。他们极力劝阻王在晋修建关城，并且主张攻打清兵，并且一定要守住宁远（今辽宁兴城）。宁远“内拱

岩关，南临大海，居表里之间，屹为形胜”，它位于辽西走廊中部，守住这里就等于守住了辽西走廊的咽喉，至少可以确保两百里外的山海关的安全。

爱新觉罗·努尔哈赤（1559—1626），后金政权的建立者，其子爱新觉罗·皇太极称清帝后追尊努尔哈赤为太祖高皇帝。

因为意见不一，当时的兵部尚书孙承宪便召集了很多的将士讨论如何防守，监司邢慎言、张应吾等附和王在晋的意见。袁崇焕主守宁远卫，王在晋则主张守中前所（今辽宁绥中县前所），监军阎鸣泰主张守觉华岛（辽宁兴城东三十里海中，今称菊花岛）。综合考虑了所有的意见，孙承宪权衡利弊得失，最终表示支持袁崇焕的意见。

孙承宪带着袁崇焕的意见回到了北京，然后向明熹宗阐述了其坚守宁远，以与觉华岛守军互为犄角、遥相呼应的战略计划，正式提出了“以辽人守辽土，以辽土养辽人”的战略方针。此外，他还建议熹宗解除王在晋兵部尚书以及辽西经略之职。熹宗接受了他的建议，将王在晋调职南京任兵部尚书。

王在晋调走之后，孙承宪和袁崇焕贯彻并施行了主守关外的战略。他们经过多年艰辛的努力，布置一条坚固的防线，金兵多次都没有逾越这条防线，屡次碰壁以后，只能望宁远而却步。

这道防线不仅确保了山海关免受攻击，而且在此后的二十余年间，基本上稳定了辽西走廊的战局。这一切就是因为孙承宪听取各方面意见，让众人各司其职，将王在晋调任，正确使用“以辽人守辽土，以辽土养辽人”的战略方针所造成的。

俗话说“众人拾柴火焰高”，众人的力量是巨大的，让众人各司其职，运用好众人的力量必定会在很多方面遥遥领先。不光在古代，现代也是如此，结构完整的团队才容易取得成功。亚洲有家颇具规模的制造公司——申鑫公司，它有三个大的事业部门，分别是：蔗糖部、建筑与建筑材料部和矿业与化学品部，每个事业部下面又分成若干分公司。在这三个事业部里，要数艾达领导的矿业与化学品部的计划工作最为成功。

为了使各个分公司的步调一致，艾达会及时把总公司对各种经济因素的看法告诉各个分公司的经理，让他们把这些因素作为制订计划时的参考资料。各个分公司从每年的4月份开始就要制订自己的战略计划，大约用四个月的时间将计划制定完毕。8月份，将制订好的计划交给大部门的经理。公司规定，战略计划需要使公司在五年之内都可以使用，内容包括投资计划、生产目标等重要内容。大部门的经理收到各个子公司的战略计划后，先要进行一轮挑选，将切实可行的留下来，然后按照送来计划的时间先后排好次序，最后是在这些计划的基础上制定出部一级的战略计划。部一级的计划更加详细和具体，包括对各分公司未来五年的展望，主要的问题，所采用的战略，以及各种投资计划等内容。该计划还对投资报酬率和现值报酬率进行调整和修正。计划的说明书要简明扼要，让人一目了然。

然后，事业部要把自己的计划书送到总公司的财务部进行分析。财务部经过分析研究，一个月后，再将部一级的计划送到公司总经理办公室。下面一个月的时间里，总管理处跟各部门经理会仔细研讨和讨论送上来的计划。对有些单位的扩建计划，总公司可能予以批准，对另一些单位的扩建计划，总公司可能不予以批准，而是让他们先集中力量去降低产品的成本。总公司也可能让某个分公司推行增产某种产品的计划。

每年的11月以前，总公司将会把指导文件分给三个大部门，这些文件中会详细说明哪些计划通过考核，总公司对各个部门都有什么希望。最后，各部门根据这些指导文件，重新制订自己的战略计划。最终，总公司再根据这些计划制定出整个公司发展的总计划。

这一道道繁复的程序为总的战略计划把好了关卡。为了确保该计划能正常实施，该公司还专门设置了一套“追踪审核”制度。该制度规定，在每一个会计年度结束之前，各分公司都应指派专门的稽核人员，对计划执行的情况进行检查，并写出“追踪审核”报告，从而做到能使一年的预测更为准确。正是由于有了这样一个严密的计划制定过程和监督执行过程，众人各司其职又紧密联系，保证了申鑫公司在经营中很少发生失误，从而保持了公司蒸蒸日上的发展势头。

整体和局部密不可分，局部的每个效用发挥到了，整体才会更加协调向上发展。一个结构完整的团队，需要团队中的每个人共同努力来维持，这样才能一起走向成功。

论将第二：存亡之道，命在于将

故兵者，国之大事，存亡之道，命在于将。将者，国之辅，先王之所重也。

经典再现

武王问太公曰："论①将之道奈何？"

太公曰："将有五材②十过③。"

武王曰："敢问其目？"

太公曰："所谓五材者：勇、智、仁、信、忠也。勇则不可犯，智则不可乱，仁则爱人，信则不欺，忠则无二心。

"所谓十过者：有勇而轻死者，有急而心速者，有贪而好利者，有仁而不忍人者，有智而心怯者，有信而喜信人者，有廉洁而不爱人④者，有智而心缓者，有刚毅而自用者，有懦而喜任人者。勇而轻死者，可暴⑤也。急而心速者，可久也。贪而好利者，可遗也。仁而不忍人者，可劳也。智而心怯者，可窘也。信而喜信人者，可诳也。廉洁而不爱人者，可侮也。智而心缓者，可袭也。刚毅而自用者，可事也。懦而喜任人者，可欺也。

"故兵者，国之大事，存亡之道，命在于将。将者，国之辅，先王之所重也。故置将不可不察也。故曰，兵不两胜⑥，亦不两败。兵出逾境，期不十日，不有亡国，必有破军杀将。"

武王曰："善哉。"

迷津指点

①论：评论、评价。

②材：资质、素质。

③过：错误、过失。

④不爱人：指将帅为保持自身廉洁，对部属过于苛求，不能给予士兵物质上的优厚待遇。

⑤暴：使他暴怒。

⑥两胜：交战双方都取得胜利。

古文译读

武王问太公说：“评价将帅的标准是什么？”

太公说：“做将帅的应该具有五种美德，避免十种过失。”

武王说：“请您说说这其中详细的内容是什么？”

太公说：“所谓将帅的五种美德就是：勇敢、明智、仁慈、诚信和忠贞。勇敢就不会被侵犯，明智就不会被扰乱，仁慈就会爱护士卒，诚信就不会欺骗别人，忠贞就不会怀有二心。

“所谓十种缺点就是：勇敢而轻于赴死，急躁而急于求成，贪婪而好利，仁慈而流于姑息，聪明而胆小怕事，诚信而轻信别人，廉洁而刻薄部下，多谋而优柔寡断，坚强而刚愎自用，懦弱而依赖别人。勇敢而轻死的，可以激怒他；急躁而急于求成的，可以持久而拖垮他；贪婪而好利的，可以贿赂他；仁慈而流于姑息的，可以骚扰他，使他疲惫；聪明而胆小怕事的，可以胁迫他；诚信而轻信别人的，可以欺骗他；廉洁而刻薄的，可以侮辱他；多谋而寡断的，可以突袭他；坚强而刚愎自用的，可以算计他，懦弱而依赖别人的，可以愚弄他。

“所以战争是国家的大事，决定着国家的存亡，国家的命运由将帅掌握着。将帅，是国家的辅佐，为历代君王所重视。因此任命将帅不可不认真审查。所以说：战争中决战的双方不会全部胜利，也不会全部吃败仗。军队出了国境，不超过十天，不是一方国家灭亡，就必定有一方军队溃败，将领被杀。”

武王说：“您说得太对了！”

前沿诠释

将帅是一个军队的统领，也是一个军队的核心，所以要具备五种素质，即：勇、志、仁、信、忠。但是还要杜绝十个方面的过失，即：勇而轻死，急而心速，贪而好利，仁而不忍人，智而心怯，信而喜信人，廉洁而不爱人，智而心缓，刚毅而自用，懦而喜任人。对于这十个弱点，太公一一给出了针对解决的方法，这为考查将帅提供了详细的判断标准。

将帅是国家的重要人物，对国家的存亡有着非常重要的作用。任命将帅的时候一定要小心谨慎地考查，文中最后说：“故兵者，国之大事，存亡之道，命在于将。将者，国之辅，先王之所重也。故置将不可不察也。”就体现了将帅举足轻重的作用。将帅的品德直接影响战争的结果，所以存亡之道，命在于将。明末抗清英雄李定国就是一个德才兼备的将领。

李定国是明末杰出的军事家和民族英雄，他出身贫寒，十岁时投靠了张献忠，转战湖北、四川。在很多人眼中，李定国可以说是一个传奇人物，他智勇双全，文武兼备，在战场上屡建奇功。他二十一岁的时候，就单枪匹马射杀了明上将张令，而张令有个外号叫做“神弩王”，由此可见李定国的骑射之术多么精湛；同年，他带着二十六个骑兵袭击襄阳，擒获了明朝亲藩襄王；二十四岁的时候，他被称帝的张献忠封为安西将军。此外，因为他英俊神武，有人送他外号“小柴王”；因为他爱读书，战斗骁勇，又有人送他外号“小尉迟”“万人敌”。

明末，清军大肆进攻中原，南明抗清军节节败退，岌岌可危。平东将军孙可望从全国大局着眼，为了打退清军，作出了联合南明的决定，然后领兵出滇，赴前线抗清。为了顺利联合南明，孙可望向南明朝廷上表请臣。李定国知道这件事的时候，非常不高兴地说：“我自为王，安用请？”经过这样几次反复，他最终获得了南明的封爵，又说：“若是，则为朝廷官，不再作贼，勿反复也！”

顺治九年，李定国等人进军湘桂。李定国很清楚战争给人民带来的灾难，所以在进军前，他就对将士们约法五条：不杀、不烧、不抢、不奸、不宰耕牛。当时，湘桂的统治者是清定南王孔有德，他凭借着湘桂有利的地势，骄傲轻敌。李定国抓住了他轻敌的心理，奇兵下贵。孔有德的军队被打得乱花流水，而李定国的军队势如破竹，收复了大片州县。六月份的时候，李定国夺取湘桂全州。孔有德听到这个消息后非常吃惊，立刻率领自己的军队前往兴安县严关，企图扼险拒守，但是最终被李定国击败了，孔有德自杀。

八月，李定国挥军攻打梧州，用了半个月的时间平定了广西全省。十月份的时候，李定国攻打湖南衡阳，遇到了清将领尼堪的军队。李定国派部将领兵佯攻，随即后撤。尼堪刚愎自用，觉得明军不堪一击，便率兵急速追击李定国的军队，第二天黎明的时候追到了衡阳，与李定国的大军相遇。

事实上，这只是一个假象，在之前，李定国就看到尼堪非常轻敌，于是事先埋伏好重兵，决定来个突袭。他命令前线的将士，只要一和尼堪的军队接触就假装打不过，纷纷后撤，撤到自己的埋伏圈里。尼堪一看李定国的军队节节败退，就“乘胜”追击，追了二十多里，陷入了李定国事先设好的埋伏圈。

这时，李定国一声令下，杀声震天。尼堪才意识到自己中了埋伏，但是为时已晚。清军仓皇失措，迅速被打败，尼堪也在混战中丧命。军士割下其首级向李定国献功，全军欢声雷动，时人有诗曰“东珠璀璨嵌兜鍪，千金竟购大王头”。李定国勇败八旗，斩下敌人首级，军威名扬天下。

做将领，就要有好的带头作用和高尚的品德，这一点不论是古代还是现代都是通用的。在古代，“将”分为武将和文臣，武将用来平定天下之乱，文臣用来治理天下，宣传道德思想。而在现代来说，“将”大多是指企业各个阶层的领导者，一个领导的好坏，直接影响到企业的生存发展。这就是为什么有些企业越做越大，而有些企业则在某一天悄然陨落的原因。

IBM是计算机行业的长期领导者，在大型/小型机和便携机（ThinkPad）方面的成就最为瞩目。但是从20世纪90年代初，IBM陷入了有史以来最严重的危机之中。多年的成功使得IBM内部人员的骄傲和自满情绪无限扩大，开始不思进取。1991年，IBM的市场份额从六年前的30%急剧降到19%，市值下滑到只有180亿美元。虽然公司有647亿美元的收入，但还是亏损了将近6亿美元。1992年亏损更甚，居然达到68亿美元。从1990年到1993年，公司累积亏损168亿美元，股票狂跌至每股40美元。

这时的IBM面临着生死存亡的危机，IBM董事会经过系统的分析和衡量，决定由郭士纳来替代IBM的现任总裁埃克斯。郭士纳的到来，标志着IBM第一次选择了一个外来人领导这一公司，此时，他可以说是临危受命。

为了迅速扭转IBM亏损的局面，郭士纳上任伊始就开始了大刀阔斧的改革。

他的改革大致分为四个步骤，分别是：舍弃不良业务，削减业务成本，大幅度裁员，削减红利。经过以上四步改革措施，1994年1月，IBM财务报表显示1993年第四季度公司实现盈利，这是IBM六个季度以来的首次盈利。三个月后，当IBM在年度股民大会上宣布第一季度纯利实现3.92亿美元的消息时，整个华尔街为之震惊，这远远超出了某些分析家的意料。短短八个月的时间，郭士纳就使这个重病缠身的蓝色巨人起死回生，这在IBM的历史上是前所未有的，在国际企业的发展史上也是一个奇迹。

后来的事实又证明，IBM选择郭士纳成为CEO是多么正确的选择。郭士纳接手IBM八年之后，公司年收入就达到870亿美元。2001年对于计算机行业来说可能是个灾年，数据库巨头Oracle股价跌了60%，服务器之王Sun跌了77%，存储设备的领头羊EMC跌了81%，而IBM却独步天下，傲视群雄，股价仍然高达每股121美元。这与郭士纳的正确领导和他采取的一系列措施是分不开的。正是因为有了郭士纳，IBM在曾经的生死线上转危为安；也正是因为有了郭士纳，IBM才能在众多公司黯然神伤的时候独步天下。可见，存亡之道，命在于将。

选将第三：慧眼独具，选择人才要慎重

天下所贱，圣人所贵。凡人莫知，非有大明，不见其际。此士之外貌不与中情相应者也。

经典再现

武王问太公曰："王者举兵，欲简练[1]英雄，知士之高下，为之奈何？"

太公曰："夫士外貌不与中情[2]相应者十五：有贤而不肖者，有温良而为盗者，有貌恭敬而心慢者，有外廉谨而内无至诚者，有精精[3]而无情者，有湛湛[4]而无诚者，有发好谋而不决者，有如果敢而不能者，有悾悾[5]而不信者，有恍恍惚惚而反忠实者，有诡激而有功效者，有外勇而内怯者，有肃肃而反易人者，有嗃嗃[6]而反静悫[7]者，有势虚形劣而外出无所不至、无所不遂者。天下所贱，圣人所贵。凡人莫知，非有大明，不见其际。此士之外貌不与中情相应者也。"

武王曰："何以知之？"

太公曰："知之有八征：一曰问之以言，以观其辞。二曰穷之以辞，以观其变。三曰与之间谍，以观其诚。四曰明白显问，以观其德。五曰使之以财，以观其廉。六曰试之以色，以观其贞。七曰告之以难，以观其勇。八曰醉之以酒，以观其态。八征皆备，则贤、不肖别矣。"

迷津指点

①简练：精选并训练。

②中情：内情，实际的情况。中：内，里。

③精精：精干的样子。

④湛湛：忠厚诚实的样子。

⑤悾悾：诚恳守信的样子。

⑥嗃（hè）嗃：严酷的样子。

⑦静悫（què）：温厚谨敬。

古文译读

武王问太公说："君王发动战争，要选拔智勇兼备的人充任将帅，想知道他德才的高低，应该怎么办？”

太公说：“士的外表跟他的实际情况不一致的有十五种情况：有外表看起来贤能实际上不贤能的，有外表看起来温顺善良而实际上是盗贼的，有外表看起来恭敬有礼而实际上内心骄傲的，有外表看起来廉洁谨慎而实际上内心不忠诚的，有外表看起来精干而实际上没有什么才能的，有外表看起来忠厚而实际上不诚实的，有外表看起来善于谋划而实际上犹豫不决的，有外表看起来勇敢果断而实际上无能的，有外表看起来可信而实际上不守信的，有外表看起来不可揣度而实际上忠厚老实的，有言辞激烈而实际上办事奏效的，有外表勇敢而实际上胆怯的，有外表严肃而实际上平易近人的，有外表严厉而实际上内心温和厚道的，有外表虚弱、形体丑陋而实际上能受命出使无所不至、办事无所不成的。被普通人瞧不起的，却往往被圣人所器重。一般人不能了解，没有高明的见识，是不能看清其中奥秘的。这就是士的外表和他的内情不相一致的种种情况。”

武王问：“那怎么才可以了解他呢？”

太公说：“了解他们，有八种方法：一是问他问题，看他是否解释得清楚；二是详细盘问他，考验他的应变能力；三是通过间谍考查他，看他是否忠诚；四是明知故问，看他有无隐瞒，借以考查他的品德；五是让他管理财物，考验他是否廉洁；六是用女色进行试探，看他的操守高下；七是处理危难，看他是否勇敢；八是使他醉酒，看他是否保持常态。这八种方法运用之后，一个人是贤还是不肖，就可以区别清楚了。”

前沿诠释

本节和上节联系紧密，进一步提出了选拔将领的方法，提出了十五种内心和外貌不一致的情况。接下来又提到了八种考查人的方法，即分别从言、辞、间谍、显问、财、色、难、酒八个方面来考察选拔对象的辞、变、诚、德、廉、贞、勇、态八个方面的特征，最终“八征皆备，则贤、不肖别矣。”

选择将帅要谨慎，不能单靠外貌及其外在表现，这样选拔出来的将帅往往不靠谱，表里如一的人毕竟不多，要通过多个方面进行考查，看他能不能胜任将领大任。铁木真手下的大将哲别便是铁木真慧眼识英雄“选”出来的。

哲别原名只儿豁阿歹，他是蒙古别速惕部人。别速惕部曾经与泰赤乌等部在一起对抗铁木真，哲别当时还是泰赤乌部一个首领秃答的部属。

公元1201年，铁木真与札木合所率十一部联军会战于阔亦田。战争中，哲别

射伤了铁木真的坐骑——白嘴黄马。这次战争，铁木真成为最终的赢家，这对泰赤乌部的打击是非常沉重的。泰赤乌部由此转衰，毫无前途可言。哲别看到了这一点，便转投靠了铁木真。铁木真询问是谁射伤了自己的宝马，哲别立刻站出来承认，而且对铁木真说："如果你饶了我，我为你赴汤蹈火，在所不辞。"通过这件事，铁木真觉得他是个很坦诚的人，也算是一条好汉，可以交朋友。然后将他改名为哲别（意为箭镞），要他"就像我身上的箭镞似的保护我"。从此，哲别成为铁木真麾下的一员大将。

哲别（？—约1224），蒙古大将，别速惕部人。其人骁勇善战，率军入关，又奉成吉思汗命讨伐屈出律，灭西辽。

公元1203年，仅仅两年的时间，哲别已经成为铁木真身边一名重要的官员。1204年，铁木真进军乃蛮，哲别已经成为军中的前锋。当时，哲别被形容为具有"铜的额颅、凿子似的嘴、铁的心、锥子似的舌"的勇猛战将。这一仗，铁木真大胜，当然，哲别也在战斗中立下了不少功劳。1206年，铁木真统一蒙古，接受了成吉思汗的称号。编组千户时，哲别便是他委任的95个千户长之一。

1211年以后，成吉思汗开始征伐全国。而这一时期，哲别表现出了出色的军事才干，在征伐全国的战事中屡建奇功。1213年7月，成吉思汗兵分三路大举伐金，哲别又创造出不凡的战绩。1218年，哲别奉成吉思汗的命令，进击据有西辽国土的乃蛮部的屈出律。在当地民众的支持和帮助下，哲别将屈出律大军追击到撒里桓（色勒库勒湖附近某地），并将其歼灭。而后可失哈耳、押儿牵（今新疆莎车）、斡端（今新疆和田）诸城遂望风归附。

征服诸城后，哲别将掳获的一千匹白嘴黄马献给成吉思汗。他说，当年他射伤了成吉思汗的宝马，将这些作为赔偿。听了这话，成吉思汗很开心，觉得自己当初选择留下哲别是对的，他真是个言出必行的汉子。

当然，选择良将需要进行多方面的考查，需要谨慎行事，因为选对了将是自己的助力，选错了则是自己以后的阻力。古代对于选择大将是十分重视的，因为将才的选择关系着国家的安危。在现代社会，则衍化成了选择人才。对企业和国家而言，选择人才都需要进行严格的考核，这样才能知道被选之人能否适合他的位置。所以选拔人才的时候要独具慧眼，发掘人才的潜力，千万不要让好的人才白白流失了。

在人才的选择方面，中兴通讯公司是非常严格的，这充分体现在中兴的每一次招聘中。中兴通讯公司目前有1万多名员工，面试的人员超过10万人，搜索的简历则有大约50万份。

中兴通讯人力资源中心主任陈健洲先生很肯定地认为，花费如此大的精力挑选员工是非常值得的。高能力和低能力的员工之间的生产率之差估计高达3：1，员工的招聘就是要从一大堆求职者中选出最适合岗位要求的人。如果符合岗位要求条件的人不是很多，那么公司就挑选不出职位理想的人选。如果招聘来这样的人，公司就不得不进行培训，这就等于加强了隐性投入。所以，选择一流的人才等于给公司节省了一笔隐性资金。

通讯的特点就是高速发展，这就决定了通讯公司的共同点也是高速发展。公司的快速发展往往要求人力资源的迅速扩展，人力资源的优劣往往决定着一个公司的基础如何。所以，在招聘中，中兴公司非常注意人才的质量。公司对于人才的背景是严格把关的，所招聘的人选在学历方面一般都锁定在重点本科院校。

此外，在专业方面，中兴公司把关也是比较严的，公司需要的是有良好技术背景的人，对于高校和专业都有明确的要求。公司甚至在招聘人员的体魄方面，都有明确的标准。如果一个人没有健康的身体，是会被中兴通讯公司淘汰的。中兴通讯的面试非常严格，分别从技术能力和素质两个方面进行考核，面试者须通过6~7关，而且实行一票否决制。就是说面试的时候，如果考官中有一位对考生不满意，那么这个考生就会和他的工作失之交臂。中兴公司认为，招聘人才就要招聘一流的人才。对于这个“一流人才”，中兴公司的定义是：在某一个专业领域里的国内前5%，这样的人才就是一流的人才。其实，看似复杂的招聘要求实质上很简单，就是招聘到的人才既要是优秀的人才，也要是符合公司文化原则的人才。这么复杂的招聘程序显示了中兴通讯对于人才选择的慎重性，正是由于这种慎重性，中兴通讯公司才会飞速发展，并在通讯业立于不败之地。

立将第四：善于放权，发挥人才的最大潜能

臣闻国不可从外治，军不可从中御。二心不可以事君，疑志不可以应敌。臣既受命，专斧钺之威，臣不敢生还，愿君亦垂一言之命于臣。君不许臣，臣不敢将；君许之，乃辞而行。

经典再现

武王问太公曰：“立将之道奈何？”

太公曰：“凡国有难，君避正殿，召将而诏之曰：‘社稷安危，一在将军。今某国不臣①，愿将军帅师应之。’

“将既受命，乃命太史卜。斋三日，之太庙，钻灵龟，卜吉日。以授斧钺②。

“君入庙门，西面而立；将入庙门，北面而立。君亲操钺，持首，授将其柄，曰：‘从此上至天者，将军制之。’复操斧，持柄，授将其刃，曰：‘从此下至渊者，将军制之。见其虚则进，见其实则止。勿以三军为众而轻敌，勿以受命为重而必死，勿以身贵而贱人，勿以独见而违众，勿以辩说为必然。士未坐勿坐，士未食勿食，寒暑必同。如此，则士众必尽死力。’

“将已受命，拜而报君曰：‘臣闻国不可从外治，军不可从中御。二心不可以事君，疑志不可以应敌。臣既受命，专斧钺之威，臣不敢生还，愿君亦垂③一言之命于臣。君不许臣，臣不敢将；君许之，乃辞而行。’

“军中之事，不闻君命，皆由将出。临敌决战，无有二心。若此，则无天于上，无地于下；无敌于前，无君于后。是故，智者为之谋，勇者为之斗；气厉青云，疾若驰骛④；兵不接刃，而敌降服。战胜于外，功立于内。吏迁士赏，百姓欢悦，将无咎殃。是故，风雨时节，五谷丰熟，社稷安宁。”

武王曰：“善哉。”

迷津指点

①不臣：不忠于国君。

②斧钺（yuè）：本为古代军中的两种行刑兵器，后成为指挥军队的权力象征。

③垂：降，此指颁布诏命。

④驰骛（wù）：快速地奔跑。

古文译读

武王问太公："任命将帅的礼仪是怎样的？"

太公说："凡国家遭遇危难，国君就避开正殿，在偏殿上召见主将，向他下达诏令说：'国家的安危，全系于将军身上。现在某国反叛，请将军统率大军前去征讨。'

"等将帅接受了命令，君主就命令太史占卜，然后斋戒三天，前往太庙，钻烧龟甲，卜问吉日，在这一天要向将帅授予斧钺。

"到了吉日那天，君主走进太庙门，面向西站立着；将帅随后走进太庙门，面向北站立。君主亲自拿着钺的头部，授予将帅钺柄，并说：'从今天开始，军队里上到我的一切事务都交由将军处理。'然后拿着斧柄，授予将帅斧刃，并说：'从今天开始，军队里下至最小的事务都交由将军处理。看见敌人虚弱就去攻打，看见敌人强大就停止攻打。不要自恃军队的人数多就轻视敌人，不要因为任务重大就以死相拼，不要认为自己身份高贵就看不起别人，不要以为自己见解独到就违背众人的意愿，不要以为自己能言善辩就认为自己说的一定是正确的。士兵还没有坐下，你就不要坐下；士兵还没有吃饭，你就不要吃饭；冷热都要和士兵一样。这样做，士兵就会拼尽全力跟敌人作战。'

"将军接受命令以后，拜而回答说：'我听说国事不可受外部的干预，作战不能由君主在朝廷遥控指挥。臣子怀有二心就不能忠心侍奉君主，将帅受君主牵制而疑虑重重就不能专心致志去对付敌人。我既已奉命执掌军事大权，不获胜利不敢生还。请您允许我按照上面的话全权处置一切，若不允许，我不敢担此重任。如果国君答应臣，那么臣将立刻辞君出征。'

"军队里的俗务，不是由国君而是由将帅来处理。这样对敌作战就不会有掣肘之患。如果这样，将帅就上不受君主的限制，下不受士卒的限制，前面没有敌人抵抗，后面没有君主掣肘。这样，智慧高深的人为他出谋划策，勇敢的人为他冲锋陷阵，士气高昂直冲九天，行动迅速就如同奔驰的快马。战争还没有开始，敌人就已经被降服。战争取胜于国外，建功立业在朝廷。将领升迁，手下的士兵也受到封赏，百姓欢欣鼓舞，将帅也没有什么过失。因此风调雨顺，五谷丰登，国家安宁。"

武王说："您说得好啊！"

前沿诠释

本篇讨论的是发动战争以前，君主任命将帅的仪式和方法，强调了将帅作为军队的核心，在战争中的重要作用。文中说："社稷安危，一在将军"，可见将帅的重要性。作为将帅，要做到"见其虚则进，见其实则止。勿以三军为众而轻敌，勿以受命为重而必死，勿以身贵而贱人，勿以独见而违众，勿以辩说为必然。士未坐勿坐，士未食勿食，寒暑必同"。这样才能让手下的士兵为自己拼死效力。另外，文中还提到了一个关键的问题，就是放权，通俗地说就是"将在外，君命有所不受"。君主要充分相信在外出征的将帅，把权力授予他，让他充分行使自己的权力，正所谓"军中之事，不闻君命，皆由将出"。只有做到这两点，才能"无敌于前，无君于后""战胜于外，功立于内"。

给予将士充分的权力，是作战的一条重要原则。否则君主总是控制将士在外面的行动，将士的行动受到掣肘，必然会干扰前线将帅的决心和计划，贻误良好的战机，从而导致战争的失败。南宋君主赵构就是因为听信小人谗言，用十二道金牌召回了岳飞，才导致了抗金斗争的失败。

北宋末年，金军大肆入侵各地，采取残酷的压迫手段，人民纷纷自动组织起来抗金，可谓是"仇怨金国，深入骨髓"。

但是北宋统治集团腐败不堪，根本没有把心思放在抗金上，而是一味地妥协、投降。北宋灭亡后，公元1127年，宋高宗赵构在临安（今杭州）重建宋朝，史称南宋。赵构是个懦弱无能之辈，根本没有想过组织军队攻打金兵，而是偏安于江南一带，成天沉溺于莺歌燕舞之中。那时，南宋朝廷分为两派，一派主和（实质上是投降），一派主战。投降派以秦桧为代表，主战派以岳飞、韩世忠为代表。赵构为了保住自己的皇位，一方面通过秦桧等投降派向金国做出一系列的求和活动，一方面又利用岳飞、韩世忠等将领全力抗金。

岳王庙里秦桧夫妇的跪像。宪宗成化十一年，周木任浙江布政使，为表达百姓对岳飞的敬仰及对秦桧的憎恨，首次用铁铸成秦桧夫妇跪像。

对于赵构进行的求和活动，岳飞坚决反对，要求南宋将士上下齐心，抗击到底。公元1139年，宋金和议达成。岳飞知道后，立刻上书申明，说"金人不可信，和好不可恃"，直接抨击了秦桧出谋划策、用心不良的投降活动，秦桧因此恨上了岳飞。

和议刚达成，赵构就得意忘形，颁布大赦诏书，对文臣武将大肆奖赏。岳飞得到的奖赏也不薄，他得到开府仪同三司(一品官衔)的爵赏和三千五百户食邑的封赐。对此，岳飞加以拒绝，他上书赵构说：“今日之事，可危而不可安，可忧而不可贺。愿定谋于全胜，期收地于两河，唾手燕云，终欲复仇而报国。”岳飞的拒绝与坚持抗金的行为让赵构觉得自己很没面子，于是心里多了一份记恨。

岳飞心里时刻记着要收复中原，他带领自己的属下，又联络北方的军队，向金军出击。金军的“铁浮屠”和“拐子马”都被打得落花流水，慌乱而逃。岳家军节节胜利，消灭了金军的有生力量，因此金军对岳飞很害怕，哀叹“撼山易，撼岳家军难”。事实也是如此，岳家军一口气接连收复了颍昌、蔡州、陈州、郑州、郾城、朱仙镇，所有人都觉得中原这次将有望收复。而岳飞也斗志昂扬地对手下的将士们说：“直抵黄龙府，与诸君痛饮尔！”

就在收复中原有望的时候，秦桧因为记恨岳飞，就向赵构进谗言，说了议和的事情以及金国退军后岳飞“功高盖主”的事情。赵构懦弱无能，相信了秦桧的话，于是连下十二道金牌让岳飞“班师”。对此，岳飞心知肚明，知道是奸臣胡言，蒙蔽了皇帝。但是为了保存抗金实力，岳飞不得不忍痛班师回朝。岳飞愤慨地说：“十年之功，废于一旦！所得诸郡，一朝全休！社稷江山，难以中兴！乾坤世界，无由再复！”岳飞回朝的消息很快在民间传开了，渴望早日收复中原的老百姓看着回朝的岳家军都恸哭不已。轰轰烈烈的抗金战争就此结束。后来，赵构以莫须有的罪名赐死岳飞，他的儿子岳云、部将张宪也被赐腰斩。

作为领导者，一定要注意善于放权，发挥人才的最大潜能，这是古代军事作战中应该遵循的原则，也是现代很多企业领导所追求的最高经营管理境界。

河岛是本田公司的第二任社长，当年本田决定在国外办厂的时候，他经过一番调查，决定进入美国办厂。为此，本田公司内部设立了筹备委员会，委员会里聚集了来自生产、人事、资本三个领域中最有才干的人，他们都是精英中的精英，能力很强。虽然总的决策人是河岛，但具体方案的制定是由下属组织完成的，河岛并没有参加。他觉得这些事情不需要他参与，他的下属会比他做得更好，而且这些下属都非常优秀。

类似的事情还有很多，比如设在俄亥俄州的厂房基地，他一次都没有去看过，这足可以证明他对下属的信任。有人问他为什么不去美国考察一下，他笑着回答：“我对美国不是很熟悉，既然熟悉那里的人觉得那块地好，就该相信他们的眼光。我不是房地产商，也不是账房先生，对于这些是不需要硬性管理的。”

在放权方面，本田的第三任社长久米在“城市”车系开发过程中也做得很好。这个车系的开发人员大都是20多岁的年轻人，思维很活跃。公司的一些老董事对此表示担心，几次对久米说：“都交给这些年轻人，没问题吧！”“他们会不会弄出稀奇古怪的车型来呢？”对于这些疑问，久米不予理会，他相信这些年轻人的实力，相信他们会把汽车设计得非常合适。老董事们的话并没有使他阻止这些年轻人停止设计“城市”车系。年轻的技术人员平静地对公司的老董事说：“开车的是我们新一代人，不是你们。我们很了解顾客对车子的需要，也会把一切考虑到位。你们尽管放心，我们一定会把车设计得最好的。”

就这样，这些年轻的技术人员开发出了新车“城市”。这辆车的车型高挑，打破了汽车呈流线型的常规，是一种前所未有的创新。这时，某些故步自封的老董事又开始发话：“这样的车型太丑了，这样的车销售得出去吗？真让人担心。”但是年轻人相信，这种车型正是如今大家喜欢的，这种车的销量一定会很好。他们说的果然没错，新车一上市，就在客户中风靡一时。这出乎了很多人的预料，但是却在久米的预料之中。

作为领导，要懂得放权，把权力下放到个人手中，将个人责任落实。最成功的上司就是不对下属指手画脚的上司，而最成功的下属也恰恰是不想要指挥的下属。这样上司省心省力，下属提高效率。很多时候，我们要相信，别人会把某些事情做得更好。

将威第五：刑上极，赏下通，是将威之所行也

将以诛大为威，以赏小为明，以罚审为禁止而令行。刑上极，赏下通，是将威之所行也。

经典再现

武王问太公曰："将何以为威？何以为明？何以为禁止而令行？"

太公曰："将以诛大[①]为威，以赏小[②]为明，以罚审[③]为禁止而令行。故杀一人而三军震者，杀之；赏一人而万人悦者，赏之。杀贵大，赏贵小。杀及当路[④]贵重之臣，是刑上极也；赏及牛竖、马洗、厩养之徒，是赏下通也。刑上极，赏下通，是将威之所行也。"

迷津指点

①诛大：诛杀地位尊贵的人。

②赏小：奖赏地位低微的人。

③审：审慎。此处意为适当。

④当路：指执掌大权、身居要职。

古文译读

周武王姬发询问姜太公说："将帅要用什么办法才能树立起自身的威信呢？怎样才能体现圣明、做到明察？又如何做到有禁必止，有令必行？"

姜太公回答道："将帅通过诛杀地位高贵的人来树立威信，通过奖赏地位低下的人来体现圣明，做到明察，通过审慎而严明的赏罚做到有禁必止，有令必行。因此，倘若是杀掉一个人可以使全军震骇的，那么就杀掉他；倘若是奖赏一个人而能使全军振奋的，那么就奖赏他。诛杀贵在诛杀地位高贵的人，奖赏重在奖赏地位低下的人。能诛杀那些官高位显担当重要职务的人，使刑罚能触及最上层；能奖赏牛童、马夫、饲养人员等这些地位低下的人，使奖赏能达到最下层。刑罚及于最上层，奖赏达到最下层，这就是将帅的威信得以树立，

命令能够执行的原因所在。"

前沿诠释

从上面的一番研习中，我们不难看出"将威"这一节主要是周武王和姜尚两人就将军的威信问题展开的讨论。的确，将军的威信在行军打仗的过程中起着至关重要的作用，因为它凝聚着全军将士的斗志和战斗力。针对武王"将何以为威？何以为明？何以为禁止而令行？"这个疑问，姜尚提出了"以诛大为威，以赏小为明，以罚审为禁止而令行"。

一言以蔽之，军队要令行禁止，离不开严明的军纪，而严明的军纪需要依靠赏与罚这两种手段来保障。不过，值得注意的是，赏与罚的原则是公正严明，罚不避亲，赏不避过，"刑上极，赏下通"，否则还是流于形式，难以服众。

身为一个组织的领导者，要做到令出必行、指挥若定，必须保持一定的威严。道理很简单，在领导与经营上，没有让对方和下属感到畏惧的威慑力，是不容易尽责称职的。仅仅依靠一张和蔼的脸、一番美丽动听的言辞所起的推动作用，可以说是非常有限的。所以说，"杀鸡给猴看"的警示效能对树立领导者的威信很有帮助。

三国时期的一代枭雄曹操，就十分懂得领导艺术。典故"割发代首"讲的就是曹操赏罚严明、以身作则，带头执行军纪的一件事。

公元198年的夏天，曹操率领大军又一次去征伐袁绍的部将张绣。当时正是麦子成熟的季节，曹操领兵从许昌出发，进入张绣的驻地穰城(今河南邓县)。沿途的很多地方都能看见大片黄澄澄的麦子，一片丰收的景象。曹操当时就下了一道军令："在行军中，军队中的所有人，都不可以践踏农田，违令者斩头。"军令一下，将士们谁都不敢大意。经过麦田时，骑兵也会从马上下来，牵着缰绳走过。有一天，曹操经过一片麦田，一只受惊的斑鸠突然飞出，曹操的战马被这突如其来的情况惊到了，一下子蹿进了麦田，开始乱跑，踩倒了一大片麦子。

事发之后，曹操叫来了军队的主簿，问他自己该定什么罪。主簿说："您的战马之所以踩踏稻田，是因为受惊了，不是人为的。而且您是一军之主，我看就不要……"曹操的脸立马拉了下来，严肃地说："纪律不严，怎么统率三军？我下的军令我自己先犯了，如果不治罪，如何让别人信服？我虽然是一军之主，但是天子犯法，与庶民同罪。虽然不能杀头，但也要受到惩罚。"于是，他命令自己的军队停下，言明情况，然后拔出随身佩戴的宝剑，把自己头顶的头发割去一绺，用来表示自己已经受过处罚了。全军将士对于曹操的做法都十分敬佩，曹操用这种"割发

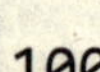

代首”的变通办法，既严肃了军纪，又教育了全体将士。

但是，并不是只做到“刑上极”就可以高枕无忧地让下属们为你打天下了，还要做到“赏下通”，也就是前面所说的“赏小”，才能够树立将帅体恤将士的作风，使全军将士乐于为将帅冲锋陷阵，效死立功。这一方法在现代管理实践中运用得很普遍。身为领导，如果想要树立自身的“将威”，唯有“将以诛大为威，以赏小为明，以罚审为禁止而令行”。说得更加透彻一些，就是要求在管理中要恩威并施，西方世界在比喻恩威并施的管理方式时，经常使用“胡萝卜与棍棒”（形容软硬兼施的手段）的意象来传达。

美国奇异（GE）前任执行长杰克·威尔许曾被誉为“全美最严厉的老板”。事实上，对于管理人才，他独有一套“胡萝卜”的哲学。他认为，懂得激励的经理人，将会引导出人们最好的一面，为员工注入信心，鼓舞他们持续地迎接挑战。威尔许曾经用了三年的时间和五千名员工共同拟出奇异公司的价值观。不过他认为，光揭示价值观还不够，必须确立信赏必罚的原则。也就是说，符合价值的员工，公司一定要奖励；与价值不符的人，就要受惩罚，甚至走人。在一次对奇异主管的发言中，威尔许说：“看看你们的周围：这里比去年少了五名成员，一位因为特立独行而被开除，另外四位则是因为（缺乏）价值观被解雇。”这一席话引起了众主管深深的思考。

平常，威尔许很注重挖掘人才，他曾有言道：“我的全部工作就是选择适当的人。”他和手下两名高阶人资主管，每天都会去各部门查访，仔细评估每个部门二十到五十名最出色的员工，并且给予他们相应的职位或者待遇，用来留住这些人才，让这些人才不致被埋没。

威尔许虽然爱才如命，但他砍人不手软也是出了名的：威尔许接任GE执行长的前五年，全公司就被他减少了大约四分之一人力，合计减少了将近十二万个职位。1982年，美国《新闻周刊》（*Newsweek*）因此送给威尔许一个外号：“中子弹杰克”（Neutron Jack，中子弹是一种只杀害人命而不损及建筑物的武器，隐喻威尔许无须拆办公大楼就能让员工消失）。

威尔许这种“爱惜人才”却又“六亲不认”的极端个性，在中国历史上有个类似的例子，那就是上面所说的曹操。

曹操和威尔许都是万中难求一的领导，他们一面讲工作绩效，一面努力维系和部属间的感情，也就是“工作导向”和“关系导向”两者兼具。两人的共同点便是恩威并施，赏罚分明，所以在下属中才有了很好的威信和执行力度。

励军第六：以身作则、体恤下属的才是好领导

将与士卒共寒暑、劳苦、饥饱，故三军之众，闻鼓声则喜，闻金声则怒；高城深池，矢石繁下，士争先登；白刃始合，士争先赴。士非好死而乐伤也，为其将知寒暑、饥饱之审，而见劳苦之明也。

经典再现

武王问太公曰："吾欲令三军之众，攻城争先登，野战争先赴，闻金①声而怒，闻鼓声而喜，为之奈何？"

太公曰："将有三。"

武王曰："敢闻其目？"

太公曰："将冬不服裘，夏不操扇，雨不张盖，名曰礼将；将不身服礼，无以知士卒之寒暑。出隘塞，犯泥涂，将必先下步，名曰力将；将不身服力，无以知士卒之劳苦。军皆定次，将乃就舍；炊者皆熟，将乃就食；军不举火，将亦不举，名曰止欲将；将不身服止欲，无以知士卒之饥饱。将与士卒共寒暑、劳苦、饥饱，故三军之众，闻鼓声则喜，闻金声则怒；高城深池，矢石繁下，士争先登；白刃始合，士争先赴。士非好死而乐伤也，为其将知寒暑、饥饱之审，而见劳苦之明也。"

迷津指点

①金：古代金属乐器。军中用其做指挥工具，击之以发出停止进攻的命令。

古文译读

武王问太公说："我想让全军将士攻城时争先恐后，野战时争先出击，听到停止的号令就愤怒，听到前进的号令就欢喜，我该怎么做呢？"

太公回答说："将领有三种制胜之道。"

武王说："请您详细说说它们的内容好吗？"

太公说："身为将帅，能冬天不穿皮衣，夏天不用扇子，雨天不张伞篷，这样的将帅叫做礼将；将帅不能以身作则，就不会体会到士卒的冷暖。翻越险阻关隘，通过泥泞道路，将帅必先下车马步行，这样的将帅叫做力将；将帅不身体力行，就不会体会到士卒的劳苦。军队宿营就绪，将帅才进入自己的军帐，军队的饭菜做好，将帅才开始就餐。军队没有举火照明，将帅也不举火照明，这样的将帅叫做止欲将；将帅不能克制自己，就不能体会士卒的饥饱。将帅能同士卒同寒暑，共劳苦，同饥饱，那么全军官兵听到前进的号令就欢喜，听到停止的号令就愤怒。攻打高深的城池时，乱箭和石头纷纷落下，但是士兵仍然会争先恐后地攀登。进行野战时，兵器一交锋，士兵就争先恐后地冲上去。士兵不是喜欢受死和重伤，而是他们的将领很清楚他们的冷暖和饥饱，了解他们的劳苦，因此深受感动而愿意尽力报效国家。”

前沿诠释

想要带兵打仗的时候鼓舞士兵的士气，将帅在平时就要以身作则。本篇提出了“将有三胜”的方法，即将领要做“礼将”“力将”“止欲将”。其实这“三将”就是强调作为将领要以身作则，与下级士兵同甘苦，共患难，这样士兵就会心甘情愿地为将帅抛头颅，洒热血，做到“闻鼓声而喜，闻金声而怒”“士争先登”“士争先赴”，自觉地为国效命。

榜样的力量是无穷的，将帅只要能够身体力行，以身作则，就能够激发起高涨的士气，毕竟很多人还是愿意为一个体恤自己、关心自己的人去做事情的。南宋将领李庭芝就非常体恤自己的士兵，因而他的士兵都十分爱戴他。

李庭芝自幼耳濡目染其祖辈的忠义之举，当国家面临危难之际，便毅然投笔从戎，转战南北。公元1259年，李庭芝奉命管理扬州。他初到扬州的时候，那里刚刚遭遇了战火之灾，再加上连年不断的战争，城中到处是断壁残垣，十分凄凉。人们根本无法安定，面对这种情形，为了尽快恢复经济，李庭芝下令免除扬州百姓所欠的全部赋税，同时借钱给当地老百姓重建家园，待百姓居舍建成后，又免除其贷款。这样，只用了一年左右的时间，当地百姓与官兵就都有了居室。

李庭芝（1219—1276），祖籍汴州（今河南开封），南宋抗元将领。李家十二世同居一堂，忠信节义，代代善武，人称“义门李氏”。

治理扬州期间，遇到辖区内有水旱之灾时，李庭芝就命令发放库存的官粟，如果不足，就拿出自己的积蓄赈济

灾民。扬州百姓感激至极，交口称赞，奉他如父母。刘粲从淮南入朝，理宗（当时的皇帝）向他询问淮南之事。他回答说："李庭芝老成持重，军民安定。如今边尘不惊，百事俱兴，全是陛下用人得当的结果。"

公元1267年，忽必烈决定进攻襄阳和樊城，命令征南都元帅阿术与刘整共同负责指挥。忽必烈的军队来势汹汹，一路上攻占了许多城镇。而南宋统治集团的一些官员却闭目塞听，对皇帝也封锁了消息。公元1268年，南宋朝廷得知事情的严重性，不断派兵支援襄阳、樊城二城，但总是不得力。当时蒙军主攻的城市是襄阳，他们认为襄阳破，则与其唇齿相依的樊城就会不攻自破。听到这个消息，李庭芝就去支援襄阳，颇为尽力。咸淳八年，襄阳已被围困了五年，但援兵还迟迟不至，而离其比较近的官员又竭力拒守，城中物资供给已经十分困难。就这样，外无援军，内无粮草，元军很快便攻破了襄阳。

攻破襄阳以后，元军乘胜追击，大举进攻两淮和四川。不久，元军包围了扬州，两淮安抚制置使印应雷暴死，朝廷立即起用李庭芝制置两淮。为了能够集中力量应付淮东局势，李庭芝请求分配夏贵负责淮西。咸淳十年十二月，元军攻破鄂州，度宗诏令天下勤王。李庭芝首先响应，遣兵入卫京师，以激励各地军帅。公元1275年春，贾似道在芜湖兵败，沿江诸将有的逃跑，有的投降，没有一个人坚守阵地。而与之形成鲜明对比的是，李庭芝所辖郡县的大多数将领都能坚守城垣。元军来势汹汹，形势已经越来越不利于扬州。为了激励士气，李庭芝时常发放奖赏给他手下的将士，将士受恩，人人为他拼命搏杀。十月，元帅阿术率军驻扎镇江，攻打扬州。阿术久攻扬州不下，就在城外筑起了长围。不久，扬州城中粮食已尽，死者满道。

公元1276年，有人对李庭芝劝降。李庭芝把使者放了进来，杀死了他，并且在城上烧掉了诏书，表示誓死不从。不久，淮安知州许文德、盱眙知军张思聪、泗州知州刘兴祖都因粮尽而降。但李庭芝仍在征收民间积粟供给士兵，民间的粮食吃完了，他就命令扬州的官员出粮，官员家的粮食也吃光了，就令军中将校出粮，掺杂上牛皮、麸曲供应士兵，他不希望有一个士兵饿肚子。士兵们感激李庭芝的体恤，表示会誓死效命，所以他们仍然天天坚持苦战。

虽然最后元军还是占领了襄阳，李庭芝被元军抓获并惨遭杀害，但正因为有李庭芝这样的忠良始终坚持抗元，才使得偏安一隅的南宋政府得以苟延残喘。公元1279年，腐朽没落的南宋王朝终于抵挡不住元军南下的攻势，灭亡了。

虽然南宋灭亡了，但是李庭芝的名字刻在了大家的心里。他体恤士兵，与广大将士同甘共苦，受到广大将士的爱戴。作为一个好的将帅，一定是一个以身作则、关爱手下的人。现代企业越来越讲究人性化管理，不光要关爱职工，领导的以身作则也显得日益重要。只有一个以身作则的领导，才能带领团队取得成功。

日本前经联会会长土光敏夫是一位地位崇高、受人尊敬的企业家。土光敏夫在1965年曾出任东芝电器社长。当时东芝公司的效率低下，不是因为没有人才，而是因为公司的组织庞大，部门众多，再加上管理不善，员工工作松散，导致了东芝效益的下降。土光敏夫接任东芝电器社长后，提出一条口号，要重建东芝，这条口号现在很多东芝的老员工还记忆犹新，“一般员工要比以前多用三倍的脑，董事则要多用十倍，我本人则有过之而无不及。”

他每天比其他人早到半小时，并且空出上午七点半到八点半的一小时时间，让员工跟他一起动脑，研究讨论关于公司的问题。他的口头禅是：“以身作则最具有说服力。”他是这样说的，也是这样做的。

有一次，为了杜绝公司的浪费现象，借着参观的机会，他给公司的董事好好上了一课。

一天，东芝的一位董事很想参观一艘名叫“出光丸”的巨型游轮。因为土光敏夫已经看过多次了，所以他事先和这位董事说好由他来带路。

他们约好在樱木町车站的门口会合，他在约定的时间准时到达。随后，那名董事乘坐公司的车赶到。

董事不好意思地说：“社长先生，抱歉让您久等了。我看我们就搭乘您的车前去参观吧！”他以为土光敏夫也是乘坐公司的专车来的。

土光敏夫平静地吐出一句：“我并没有乘坐公司的轿车，咱们去搭电车吧。”

这位董事当时就愣在那里，羞愧得无地自容。

原来土光敏夫是故意这么说的，他为了杜绝浪费，让公司合理化，以身作则不乘坐公司的车，对那位董事进行了“深刻的教育”。

这件事很快传遍了整个公司，所有员工立刻心生警惕，不敢再随意浪费公司的物品，怕被土光敏夫抓到。由于他以身作则，东芝的情况逐渐好转起来。

领导者的工作习惯和自我约束力，对员工有着十分重要的影响。如果领导者都能够按时上班，工作时间尽量不涉及私人事务，对工作尽职尽责，那么在管理员工的过程中自然就会事半功倍，使整个团队重新焕发精神。

阴符第七：重要的保密、调兵工具——阴符

八符者，主将秘闻，所以阴通言语，不泄中外相知之术。敌虽圣智，莫之能识。

经典再现

武王问太公曰："引兵深入诸侯之地，三军卒有缓急[①]，或利或害。吾将以近通远，从中应外，以给三军之用，为之奈何？"

太公曰："主与将，有阴符[②]。凡八等：有大胜克敌之符，长一尺；破军擒将之符，长九寸；降城得邑之符，长八寸；却敌报远之符，长七寸；誓众坚守之符，长六寸；请粮益兵之符，长五寸；败军亡将之符，长四寸；失利亡士之符，长三寸。诸奉使行符，稽留[③]，若符事闻，泄者告者皆诛之。八符者，主将秘闻，所以阴通言语，不泄中外相知之术。敌虽圣智，莫之能识。"

武王曰："善哉。"

迷津指点

①缓急：情势缓急、军情安危。

②阴符：古代军中的一种秘密通信方法。符以铜版或竹木制成，面刻花纹，一分为二，以花纹或尺寸长短作为秘密通信的符号。

③稽留：停留，耽误。

古文译读

武王问太公说："率领军队深入敌国境内，全军突然遭遇紧急情况，或者对我有利，或者对我有害。我想从近处通知远方，从国内策应国外，以适应三军的需要，应当怎么办？"

太公回答说："国君和将领之间可以使用秘密的兵符，一共分为八种：有我军大获全胜、全歼敌军的阴符，长度为一尺；有击破敌军、擒获敌将的阴符，长度为九寸；有迫使敌军投降、占领敌人城邑的阴符，长度为八寸；有击退敌人、通报战况的阴符，长度为七寸；有激励军民坚强守御的阴符，长度为六寸；有请求补给粮草、增加兵力的阴符，长度为五寸；有报告军队失败、将领阵亡的阴符，长度为四寸；有报告战斗失利、士卒伤亡的阴符，长度为三寸。凡是奉命传递阴符的，如果延误时限、泄露机密，听到的和随便传告机密的，都一律处死。这八种阴符，由君主和将帅秘密掌握，是一种用来暗中传递消息，而不泄露朝廷和战场机密的通讯手段。这样，即使敌人有十分高深的智慧，也无法识破它的奥秘。”

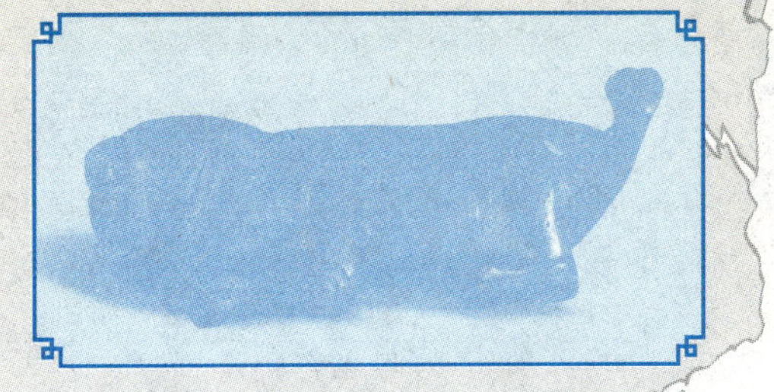

古代铜虎符：黄铜质，右部错银嵌“与北平太守”五字，左部错银嵌“为虎符第一”五字，左部另嵌“北平左一”四字，应为调兵遣将之兵符。

武王说：“您说得太高明了！”

前沿诠释

在古代，生产力和技术水平有限，所以在战争中，通信手段比较简单，能选择的方法屈指可数。为了通信保密，我们的先人创造了一套行之有效的方法，阴符就是其中的一种。本篇首先阐明了阴符的作用：“引兵深入诸侯之地，三军卒有缓急，或利或害。吾将以近通远，从中应外，以给三军之用。”接着详细说明八种阴符的不同形制和内容。最后强调在使用阴符时应注意的事项：“诸奉使行符，稽留，若符事闻，泄者告者皆诛之。”可见古代行军打仗中阴符的重要性，毕竟阴符承载着重要的信息，甚至关系着国家的存亡。

兵符就是阴符中的一种，是我国古代帝王授予臣属兵权和调动军队所用的凭证，可以作为兵权的象征，有一个小小的兵符就可以调动千军万马。因为阴符非常重要，所以统治者会对其采取一些有效的措施。一符从中间分为两半，让相关的双方各拿一半，想要使用的时候，两半兵符必须扣合在一起才可以起作用。战国、秦汉时期，遇到战事，需要调兵遣将的时候，都要使用兵符。一般这样的兵符上面会画一只老虎，所以那时又称兵符为虎符。

虎符分为左右两半，一般右半边存于朝廷，左半边发给地方长官或者统兵的将帅。而且为了保险起见，都是专符专用，一个虎符只能用于一个方面或者一个地方。一个虎符绝对调动不了两个地方的军队。调兵遣将的时候，需要两半虎符合在一起才能生效。战国时期的虎节，可以说是虎符的前身。

为了维护统治，一般君主会掌握军队的征调大权，施行凭“虎符”发兵的制度，而且管理制度十分严密。调动的军队达到50人，就需要有君王的符命，可见兵符在战争中的确起着很大作用。

三国时期，曹操在赤壁之战中遭到惨败，无奈向北方逃去，这样南郡就变得空虚。诸葛亮趁这个时机，派兵勇夺南郡。诸葛亮的军队俘虏了南郡的守将陈矫，取得了南郡军队的虎符。然后诸葛亮拿着这个虎符，诈调荆州守军，让他们去救援南郡，而后趁势派张飞袭击了荆州。之后再用相同的方法调动襄阳的军队，让他们去救援荆州，随后派关羽袭击了空虚的襄阳。

就这样，凭借一枚小小的虎符，诸葛亮调动曹兵，兵不血刃地占有了三座城池。

小小的兵符有调动三军的作用，因其承载着重要的信息和使命，所以在古代，不论是统治者还是将领都非常重视兵符。

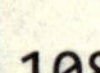

阴书第八：承载重要信息的阴书

诸有阴事大虑，当用书，不用符。主以书遗将，将以书问主。书皆一合而再离，三发而一知。再离者，分书为三部；三发而一知者，言三人，人操一分，相参而不相知情也，此谓阴书。敌虽圣智，莫之能识。

经典再现

武王问太公曰："引兵深入诸侯之地，主将欲合兵①，行无穷之变，图不测之利。其事繁多，符不能明；相去辽远，言语不通。为之奈何？"

太公曰："诸有阴事大虑，当用书②，不用符。主以书遗将，将以书问主。书皆一合而再离，三发而一知。再离者，分书为三部；三发而一知者，言三人，人操一分，相参而不相知情也。此谓阴书。敌虽圣智，莫之能识。"

武王曰："善哉！"

迷津指点

①合兵：集结兵力。

②书：阴书，古代秘密通信的一种方法，比阴符能传递更具体的消息。

古文译读

武王问太公说："率领部队深入敌国之内，国君想要集结兵力，根据敌情进行灵活的变通，谋求出其不意的胜利。但事情繁杂，用阴符难以说明问题，彼此相距又十分遥远，言语难通。在这种情况下应该怎么办？"

太公说："所有秘密的事情和重大的计策，都应当用阴书来传达而不是用阴符。国君送阴书给将领传达意图，主将送阴书给君主请示问题，这种阴书都是一合而再离、三发而一知。所谓一合而再离，就是把一封书信分为三个部分；所谓三发而一知，就是派三个人送信，每人送的只是其中的一部分，相互参差，即使送信的人也不知道书信的内容，这就叫阴书。这样，无论敌人怎样聪明，也不能识破我的秘密。"

武王说："您说得太高明了！"

前沿诠释

本篇首先阐明了阴书的作用，接着具体介绍了阴书的使用方法，从而达到“敌虽圣智，莫之能识”的效果。

公元219年，刘备手下大将关羽北进到荆、襄地区作战。而当年的七月，孙权大军打算攻打合肥，这样一来就严重威胁到了曹操的统治。于是曹操调集大部分淮南军队防备孙权的军队。镇守在荆州的蜀将关羽抓住这个机会，率领主力攻打荆、襄地区。

当时，魏征南将军曹仁驻守樊城（今湖北襄樊），将军吕常驻守襄阳，右将军于禁及立义将军庞德屯樊城北，平寇将军徐晃屯宛（今河南南阳）。八月的时候，樊城北下了一场大雨，于禁七军皆被水淹，关羽趁机围攻樊城，并以一部分兵力包围襄阳。

樊城的守军仅仅有几千人，城墙因为大雨多处崩塌，守将曹仁考虑放弃樊城。汝南太守满宠极力阻止他这么做，他说：“虽然这场大雨来得迅疾，但并不会持久。关羽不敢攻打襄阳，就是因为樊城要点还没有被攻下，他怕我军攻打他的侧面和后面，断了他的退路。如果我们这个时候走了，黄河以南的地区就被关羽他们占有了。我们该坚守待援才是。”后来，曹仁听取满宠的建议，激励将士奋勇抵抗，说关羽一时也拿不下樊城。

这时，樊城附近的太守们协助关羽，杀了很多曹仁的官兵，关羽的军队声势浩大。曹操感到了危机，有了迁都的打算，但是立刻被司马懿等人制止。他们认为：刘备跟孙权虽然是亲家，但是外亲内疏，如果关羽夺得的地方多了，孙权一定会不乐意。所以建议曹操劝说孙权袭击关羽后方，以江南之地作为交换，这样樊城的危机就解除了。

曹操采纳了这个建议，派使者去劝说孙权。不久，曹操的使者带回了孙权的密信，说是会派兵袭击关羽，但希望曹操保密，防止关羽采取防备措施。这时，曹操身边的谋士董昭认为应该把秘密外泄。因为如果关羽知道孙权的意图，撤兵回防，樊城的危机自然而然就解除了；如果关羽回头跟孙权作战，就会两败俱伤，曹军可以坐收渔利。如果曹军方面保密，孙权就得势了，对曹军也不利。而且，被围的将士很久不见援兵到来，担心城内粮草短缺，如果大批人产生恐慌，局面就会不好收拾，所以还是泄密要好一些。

于是，曹操派人往围城的军队和樊城的守军里分别射了几支带有密信的箭。樊城守军拾到后，士气倍增，防守更加严密；而关羽知道孙权的打算后，既担心腹背受敌，又不愿意前功尽弃，因此处于徘徊两难的境地。最终，曹操的主力军到达，迫使关羽从樊城退走。

曹操仅仅利用一封密信就挫败了关羽强大的攻势，破坏了孙、刘联盟，掌握了主动权。小小的阴书居然有如此大的作用，因而很多人都非常关注敌方的阴书，希望通过截获对方传递的消息，取得战争的胜利。

张献忠是明末农民起义的领袖，明朝崇祯三年（1630），他在家乡积极响应王嘉胤的反明号召，在米脂起义。后来，他在南阳等地与明军交战失利，为了保存起义军的实力，他假意接受明朝的招降，驻守谷城，实际上暗中搜罗旧部，积蓄力量。崇祯十二年（1639）五月，他重举反明大旗，出兵攻占谷城周围各县，取得了胜利。

再度起义的张献忠使明朝廷开始惊慌，立刻改派大学士、兵部尚书杨嗣昌督师，再次展开对农民军的大规模围剿。杨嗣昌一到，就对起义军展开了残酷的围剿，并且传檄河南、四川、陕西、郧阳诸抚镇将领，命他们分扼冲要。就这样两军在四川、湖广一代对峙近一年。第二年七月，张献忠的部队突破防线，进入四川，杨嗣昌率十万大军随后追击。见有强敌在后，张献忠便进入了湖北兴山、当阳。名将袁继咸得知此消息后，就率兵前去湖北堵截张献忠的军队。张献忠命令将领罗汝才率军抵抗袁继咸，自己则是继续东进。

起义军在东进的过程中阴差阳错地活捉了杨嗣昌的军使。张献忠从其口中得到了襄阳城防空虚的情报，于是打算奔袭襄阳。他杀掉使者，搜出其身上的兵符，然后在将士们中间挑出二十八人，让他们换上明军的服装，拿着兵符先走。张献忠则带着两千多人在后面跟着。张献忠知道襄阳是明朝的重镇，内部储存了大量的财物。一旦攻占襄阳，会给明朝造成很大的打击，所以占领襄阳的意义是巨大的。

张献忠（1606—1647），字秉忠，号敬轩，明末农民起义领袖。与李自成齐名，曾建立大西政权。

这二十八个人到达襄阳的时候正是晚上，他们对襄阳守军说自己是督师派来调运军械的，而且出示了兵符。守城的明军验明了兵符的真假，然后开门放人。城门一开，二十八个人迅速进入城内，砍杀守门的明军，占领城门。其他明军正要冲上来消灭他们，张献忠的后续部队便到了，顺利进入了城内。明军惊慌不已，被迫投降。起义军很快占领了襄阳，杨嗣昌闻讯呕血而死。

军势第九：攻伐之道，作战的一般原则

势因敌家之动，变生于两阵之间，奇正发于无穷之源。

经典再现

武王问太公曰："攻伐之道奈何？"

太公曰："势[①]因敌家之动，变生于两阵之间，奇正发于无穷之源。故至事不语，用兵不言。且事之至者，其言不足听也；兵之用者，其状不足见也。倏[②]而往，忽而来，能独专而不制者，兵也。

"夫兵，闻则议，见则图，知则困，辨则危。故善战者，不待张军[③]；善除患者，理于未生[④]；善胜敌者，胜于无形。上战无与战。故争胜于白刃之前者，非良将也；设备于已失之后者，非上圣也。智与众同，非国师也；技与众同，非国工[⑤]也。

"事莫大于必克，用莫大于玄默[⑥]，动莫神于不意，谋莫善于不识。夫先胜者，先见弱于敌而后战者也，故事半而功倍焉。

"圣人征于天地之动，孰知其纪？循阴阳之道，而从其候；当天地盈缩[⑦]，因以为常。物有死生，因天地之形。故曰：未见形而战，虽众必败。

"善战者，居之不挠，见胜则起，不胜则止。故曰：无恐惧，无犹豫。用兵之害，犹豫最大；三军之灾，莫过狐疑。善战者，见利不失，遇时不疑。失利后时，反受其殃。故智者，从之而不释；巧者，一决而不犹豫。是以疾雷不及掩耳，迅电不及瞑目。赴之若惊，用之若狂；当之者破，近之者亡。孰能御之？

"夫将：有所不言而守者，神也；有所不见而视者，明也。故知神明之道者，野无横敌，对无立国。"

武王曰："善哉。"

迷津指点

①势：底本作"资"，疑误，据《武经七书汇解》校改。

②倏（shū）：忽然。

③张军：展开军队。张，伸展、展开。

④理于未生：意思是防患于未然。理，治理，处理。

⑤国工：一国的能工巧匠。

⑥玄默：缄默不言，即保守秘密，不暴露自己的企图。

⑦天地盈缩：指自然界的盛衰变化，如四季的更迭、日月的盈亏等。

古文译读

武王问太公说："进攻作战的原则是什么？"

太公说："要根据敌人的行动决定作战的态势，战术的变化产生在敌我双方的临阵对垒之间，出奇制胜和正规战术的运用源于将帅无穷的智慧和思考。所以最高的机密不能泄露，用兵的方法不可以外传。而且机密极为重要，只能在心中领会但不能用语言表达出来。军队的作战部署，只能隐秘莫测而不能对外界暴露。倏忽而往，忽然而来，能够独断专行而不受制于人，这就是用兵的原则。

"听说我军兴兵，敌人就会商议应对的策略；发现我军行动，敌人就会设计对我军算计图谋；敌人知道了我军的企图，我军就会陷入困境；敌人摸清了我军的规律，我军就会遭遇危险。所以善于用兵的，不等到军队开战就取得了胜利；善于消除祸患的，不等到祸患发生就把它消除了；善于战胜敌人的，在无形中就战胜了。最高明的战术，就是造成无人敢与我为敌的局面。因此，经过冲锋陷阵白刃相交而取胜的，不能称为良将；在失败之后再来制订措施守备的，不能称为智士；智慧与普通人相同的，不能称为国师；技艺与大众相同的，不能称为国工。

"战争最重要的莫过于所攻必克，作战最重要的莫过于保守机密，不露声色，行动最重要的莫过于出其不意，谋略最重要的莫过于神妙难测。凡是未战而先胜的，都是先向敌人示弱，然后才与敌人交战的，因此可以事半而功倍。

"圣人观察天地的变化，探求天地变化的规律，根据日月运行考察四季变化，推断事物变化的一般规律。万物的生死，都是天地变化的一般规律。所以说没有弄清战争的形势就贸然战斗，即便兵力众多，也必定失败。

"善于作战的，静待时机不受干扰，看见可以胜利就打，无法取得胜利就停下来不打。所以说作战的时候不要恐惧，不要犹豫。用兵作战的隐患，最大的就是犹豫。军队的灾难，最大的就是狐疑。善于打仗的人，见到有利的情况绝不放过，遇到可行动的战机绝不犹疑。否则，失掉有利条件错过可行动的战机，自己反而会遭受其带来的祸殃。所以，明智的指挥者抓住战机绝不放过，机智的指挥者毅然决定绝不犹豫。这样，投入战斗才能像迅雷使人来不及掩住双耳，像闪电使人来不及闭

上双眼一样，前进就像惊马奔腾，作战就像狂风迅猛。阻挡它的就被击破，靠近它的就被消灭，这样的军队谁还能抵抗呢?

“将领用兵，能不动神色就坚守用兵之道的就叫做神，能不用眼睛看就可以洞察事物发展趋势的就叫做明。因而能够掌握这种不说话就知道、不看见就清楚的神明道理的，作战没有人是他的对手，天下也没有敢跟他为敌的国家。”

武王说：“您说得好啊！”

前沿诠释

本篇讨论的是作战的一般原则，也称为攻伐之道。作战指挥的一般原则有以下几个要点：一是用兵要根据敌人的行动而决定，灵活用兵，不拘一格；二是要不战而屈人之兵，即“故善战者，不待张军；善除患者，理于未生；善胜敌者，胜于无形。上战无与战”；三是讨论了用兵打仗要注意四个方面，即“事莫大于必克，用莫大于玄默，动莫神于不意，谋莫善于不识”；四是用兵要深信不疑，疑惑是用兵最大的祸害，强调要抓住有利战机；最后就是行军打仗要注意速度，俗话说兵贵神速，要“疾雷不及掩耳，迅电不及瞑目”，这样就会“赴之若惊，用之若狂；当之者破，近之者亡。孰能御之”。

灵活用兵指的是根据敌人的具体情况作出相应的决定。后周与南唐的六合之战中，赵匡胤就是利用这一原则取得了胜利。

公元956年正月，后周攻打南唐的正阳之战获胜后，周世宗柴荣趁势追击，一直追击到安徽寿县，在寿县北淝河安营扎寨，然后征召附近几个州的丁夫十万人，配合追击的军队攻打安徽寿县。柴荣急着攻下寿县，便指挥大军昼夜不停地攻城。南唐军队坚守抗击，后周久攻不下。柴荣很着急，下令把寿县围起来，任命李重进为淮南道行营都招讨使，李谷为判寿州行府事，继续围城；又遣赵匡胤、韩令坤等将分路出击，想要尽快拿下安徽寿县。

赵匡胤（927—976），宋太祖，涿州（今河北）人。

四天后，赵匡胤于涡口（今安徽怀远东北）首战告捷，缴获了50余艘战舰，并且斩杀了南唐军都监何延锡。然后，他带领数千兵马兼程而行，到达了清流关（今安徽滁州西北）。后来，赵匡胤的数千人马与南唐万余人的军队遭遇。因为实力悬殊，赵匡胤不敢轻举妄动。经过思考，他决定把南唐大军从山下引出来，然后在路上出兵截击。这一下子，南唐大军慌了神，便且战且退，一直退到了滁州城。毕竟这里是南唐的地盘，赵匡胤不熟悉，于是找了当地的村民作为向导给他们带路。夜间，他们在村民的带领下，走山间小路，直接到了滁州城下，出其不意地攻破城门，攻克了滁州。

这时，后周的军队各处告捷，南唐君主李璟没有办法，于是派使者去请和，但是遭到了拒绝，只得被迫反攻。三月，李璟命令齐王李景达、监军使陈觉率兵两万渡江，从瓜步（今江苏六合南）北上。柴荣看到这个情况，重新调整了部署，命赵匡胤率兵两千屯六合，迎击南唐军队的反攻。四月，李景达率两万大军在距六合三十里处安营扎寨。赵匡胤知道这次战争两方实力悬殊，不能硬拼。他观察地形，发现六合这个地方易守难攻，于是决定以逸待劳。为了防止南唐军队出击，赵匡胤的大军在六合虚张声势，使他们在虚实难辨的情况下，不敢轻易出动。过了几天，南唐大军终于没有耐心继续耗下去了，决定出战。赵匡胤带众人奋力拼杀，终于杀出一条血路，以少胜多。南唐军大败，剩下的一万五千人乘舟逃离，慌乱中又掉在水中淹死很多。南唐精兵在此战中损失了一半。

赵匡胤之所以能够以少胜多，取得胜利，就是因为他根据敌人的情况采取了相应对策。作为将帅，除了要辨别敌人情况，还要能根据敌我双方的情况沉着、冷静、果断正确地下定决心。文中说："用兵之害，犹豫最大；三军之灾，莫过狐疑。"如果将领优柔寡断，当断不断，必然坐失良机。因此，刚毅果断是夺取胜利的重要保证，而犹豫不决则是作战指挥的大忌。所以，只有抓住稍纵即逝的战机才能取得战争的胜利。

在对刘武周的一战中，李世民取得胜利就是因为他及时抓住了有利战机。

公元617年二月，刘武周依靠突厥的力量起兵，杀掉了马邑太守王仁恭，被突厥封为"定杨可汗"。刘武周在马邑自称皇帝，改元天兴。

两年后，刘武周在突厥的支持下，南侵并州（今晋阳）。随后，他的大将宋金刚向他建议："入图晋阳，南向以争天下。"刘武周采纳了他的建议，相继攻陷了并州、介州、浍州、晋州等地，这些地方是大唐的河东之地。因为当时形势险恶，李渊打算放弃这些地方。这个提议遭到了李世民的反对，他认为河东是块宝地，物资殷实，绝对不能放弃，并且主动请缨，率兵三万前去讨伐。

十一月，李世民率军在柏壁（绛州西南）扎营，跟刘武周的军队对垒。因为柏壁"悬军千里，深入吾地，精兵骁将，皆在于此"，所以李世民为了避其锋锐，采取了坚守不战的方针，仅让偏师乘间抄掠敌军。五个月过去了，刘武周的军队因为供应困难，士气衰微，很快就面临人困马乏的局面。因为不能对峙太久，第二年二月，刘武周的军队开始后撤。李世民率兵急追，不肯放过刘武周的大军，一昼夜行军二百里，跟刘武周的大军激战了十多次。追到高壁岭的时候，士兵由于长期奔波，已经疲惫不堪，肚子也非常饿。李世民身边的人建议说：“众将士连续兼程作战，又累又饿，希望可以停下来，吃顿饱饭休息一下，再继续作战。”李世民断然回绝，他说：“功者，难成易败；机者，难得易失。刘武周的军队走到汾州，他们的军心已经开始动摇。我们应该继续追下去，就能势如破竹。要是现在停下的话，贼兵一定会有办法，我们就错过了诛灭他们的好时机。”于是李世民“策马而去，诸军乃进”，最后取得了战斗的胜利。

在这次战斗中，李世民坚守待机，当战机出现时，又坚决果断地抓住，终于取得了最后的胜利。

奇兵第十：变化神妙的军势

古之善战者，非能战于天上，非能战于地下；其成与败，皆由神势：得之者昌，失之者亡。

经典再现

武王问太公曰："凡用兵之法，大要何如？"

太公曰："古之善战者，非能战于天上，非能战于地下；其成与败，皆由神势[①]：得之者昌，失之者亡。

"夫两阵之间：出甲陈兵，纵卒乱行者，所以为变也。深草蓊翳[②]者，所以逃遁也。谿谷险阻者，所以止车御骑也。隘塞山林者，所以以少击众也。坳泽[③]窈冥[④]者，所以匿其形也。清明无隐者，所以战勇力也。疾如流矢，如发机者，所以破精微也。诡伏设奇，远张诳诱者，所以破军擒将也。四分五裂者，所以击圆破方也。因其惊骇者，所以一击十也。因其劳倦暮舍者，所以十击百也。奇伎者，所以越深水、渡江河也。强弩长兵者，所以逾水战也。长关远候[⑤]，暴疾谬遁[⑥]者，所以降城服邑也。鼓行喧嚣者，所以行奇谋也。大风甚雨者，所以搏前擒后也。伪称敌使者，所以绝粮道也。谬号令，与敌同服者，所以备走北也。战必以义者，所以励众胜敌也。尊爵重赏者，所以劝用命也。严刑重罚者，所以进罢怠也。一喜一怒，一予一夺，一文一武，一徐一疾者，所以调和三军，制一臣下也。处高敞者，所以警守也。保阻险者，所以为固也。山林茂秽者，所以默往来也。深沟高垒，积粮多者，所以持久也。

"故曰：不知战攻之策，不可以语敌；不能分移[⑦]，不可以语奇；不通治乱，不可以语变。故曰：将不仁，则三军不亲；将不勇，则三军不锐；将不智，则三军大疑；将不明，则三军大倾；将不精微，则三军失其机；将不常戒，则三军失其备；将不强力，则三军失其职。故将者，人之司命。三军与之俱治，与之俱乱。得贤将者，兵强国昌；不得贤将者，兵弱国亡。"

武王曰："善哉。"

迷津指点

①神势：神妙的态势。

②蓊（wěng）翳（yì）：草木茂盛。

③坳（ào）泽：低洼潮湿的地方。

④窈（yǎo）冥：幽暗。

⑤长关远候：在远方设立关卡，派出侦察。

⑥暴疾谬遁：行动迅速、进退诡诈。

⑦分移：灵活机动地使用兵力。分，分开。移，挪动。

古文译读

武王问太公：“用兵的法则、要领是什么？”

太公说：“古代善于作战的将领，并不是能战于天上，也不是能战于地下，他的失败跟胜利，都取决于能不能创造神妙的态势。能创造这种态势的就胜利，不能创造这种态势的就失败。

“当两军对阵交锋，出动甲士列兵阵之时，卸下铠甲，放下武器，放纵士卒，行列混乱，是为了诱惑敌人；占领草木茂密的地区，是为了便于隐蔽撤退；占领溪谷险阻的地方，是为了阻止敌军的战车和骑兵；占领险隘关塞的山林地形，是为了借此优势以少击多；占领低谷、水泽等低湿幽暗的地区，是为了隐蔽军队的行动；占领平坦开阔的地区，是为了同敌人比勇斗力一决雌雄。行动迅速如同射出去的箭一样，猛如发机，是为了以迅雷不及掩耳之势打破敌人的深谋妙计；用诡诈的埋伏巧设奇兵，虚张声势，诱骗敌人，是为了击破敌军，擒获敌将；把军队分编成不同的阵形，是为了把攻破敌人的圆阵和方阵；围攻惊慌失措的敌人，是为了可以以一敌十；围攻困乏疲劳的敌人，是为了以十击百；利用奇妙的技术制造器械，是为了越过深水，渡过大河；使用强弩和长兵器，是为了越水作战；于边境处设置关卡，派出侦察人员，行动迅疾，不拘常法，是为了降敌之城，服敌之邑；故意大张旗鼓地喧嚣行军，是为了乱敌耳目，施行奇计妙策；在大风暴雨天气展开行动，是为了攻前袭后多方进击；冒称敌人使者潜入敌后，是为了切断敌人粮道；冒用敌人号令，穿着敌军服装，是为了准备撤退；作战时对官兵晓以大义，是为了鼓舞士气战胜敌人；加封官爵，加重奖赏，是为了劝勉官兵奋勇效命；严刑重罚部属，是为了督促疲惫的官兵坚持战斗；或喜或怒，或赏或罚，或礼或威，或缓或疾，是为了协调全军意志，统一部属行动；占领高大而又开阔的地形，是为了警戒和守备；守卫险隘要地，是为了稳固自己的防御；占领山深林密的地形，是为了暗中行动；深挖壕沟，高筑壁垒，多储粮秣，是为了持久作战。

“所以，不懂得进攻和作战的策略，就不要谈论和敌人交战；不能分兵移动，就不要谈出奇制胜；不知道军队治乱的道理，就不要谈应对的变化。所以说，做将帅的不仁慈关爱，军队就不会团结和睦；做将帅的不勇敢，军队的战斗力就不强；做将帅的不机智，军队就会迟疑；做将帅的不精明，军队就会遭到重大失败；做将帅的不精细，军队就会失去战机；做将帅的不时刻保持警惕，军队就会失去戒备；做将帅的不坚强有力，军队就会玩忽职守。所以将帅主宰着士兵的性命，军队会因为他而整饬，也会因为他而混乱。有了贤能的将帅，那么军队就会强大，国家就会昌盛；没有贤能的将帅，军队就会衰弱，国家就会灭亡。”

武王说：“您说得对啊！”

前沿诠释

“奇兵”二字就是指奇妙变化的军势，与文中的“神势”相同，古代善于作战的将领都会创造神妙变化的军势。本篇列举了二十六种制造神势的方法，并指出能制造这些态势就会成功，不能制造这种态势就会失败，可见奇妙的军势在行军打仗中的重要性，文中还指出：“不知战攻之策，不可以语敌；不能分移，不可以语奇；不通治乱，不可以语变。”最后还论述了将帅应该具备的几种素质，即仁、勇、智、明、精微、常戒、强力，以及将帅对军队对国家的作用，即“得贤将者，兵强国昌；不得贤将者，兵弱国亡”。

对于将帅来说，制造神妙变化的军势很重要，因为这关乎着一场战争的胜败。古今中外的很多战争中，名将就是利用神妙变化的军势取得胜利的，如取得了奥斯特里茨战役胜利的拿破仑。

1805年12月2日，一个非常平常的日子，但是这一天，世界战争史记载了拿破仑一生中最光辉的一页。上午七时，著名的奥斯特里茨战役开始了。

战斗一开始，俄罗斯跟奥地利联军便对拿破仑的军队展开了猛烈的攻击。看到这种情况，拿破仑没有硬拼，而是先让部队主动放弃普拉岑高地向后退，将联军吸引到高地的南边。达到目的后，他命令部队顽强抵抗，迫使俄国沙皇亚历山大将布置在普拉岑高地的俄军预备队全部用来攻击两翼的法军，使普拉岑高地的防守出现薄弱环节。拿破仑抓住这个有利时机，抽调一支精锐部队，很快占领了普拉岑高地。

这个消息传到了亚历山大的耳朵里，亚历山大立刻觉得自己犯了一个错误，高地的丢失会给联军带来可怕的后果，所以绝对不能丢失。于是他赶紧抽调兵力，打

算把高地夺回来。法俄两军在普拉岑高地上展开空前激烈的搏斗，两方都是抱着必死的决心，没有一方愿意作出让步，很快，高地上便横尸遍野，血流成河。俄军付出了惨痛的代价，还是没有把高地夺回来。这时，联军的主力全部集中在高地的南部，暴露在法军的炮口之下。

这正是个好时机，拿破仑当机立断，让部队把大炮迅速拉上高地。在一阵猛烈的炮火掩护下，法军的总攻开始了。在惊天动地的喊杀声中，几万名法军官兵以排山倒海之势，向山下的联军冲杀过去。联军立即大乱，争先恐后地沿着那条唯一的通道退到了沼泽地里的湖边。那时湖面虽然结冰，但是还不够结实，绝对承受不住人的重量。联军停住了脚步，不敢走向冰面，怕掉进沼泽地里。

正在他们恐慌之际，一颗炮弹呼啸着从天上飞来，在密集的联军中炸开，一位将军立马跌倒在血泊中。这时，联军中有人喊："快跑呀，从冰上过去，不然我们就没命了。"这时，又一发炮弹打来，人们一齐拥到了冰面上。冰在人们的脚下咔咔作响，随时都会断裂。

这时，空中又打来几发炮弹，正好打在冰面上。冰面立刻四分五裂。几千名哭喊和挣扎着的联军官兵，很快就沉入了湖底。留在岸上不敢上冰面的士兵也不时被法军炮弹击中，血肉横飞。

战斗结束了。联军被俘两万多人，死伤一万五千多人，其余的四散溃逃。

四面八方的战士向拿破仑拥来，嘴里高喊着："皇帝陛下万岁！""法兰西万岁！"欢呼声在战场上久久回荡。

在奥斯特里茨战役结束的第二天，奥地利皇帝要求休战。他被迫将大片领土割让给法国，并且每年还要向法国支付四千万法郎的战争赔款。

这一战成就了拿破仑，很多人都说这是拿破仑一生中最光辉的战役，恩格斯在《奥斯特里茨》一文中曾评价过奥斯特里茨会战和拿破仑的才能。他写道："奥斯特里茨被公正地认为是拿破仑最伟大的胜利之一，它最为有力地证明了拿破仑的无与伦比的军事天才。因为，尽管指挥失误无疑是同盟国失败的首要原因，但是他用以发现同盟国过失的洞察力、等待过失形成的忍耐力、实施歼灭性打击的决断能力和迅速摆脱失败困境的应变能力——这一切是用任何赞美之词来形容都不为过的。奥斯特里茨是战略上的奇迹，只要还存在战争，它就不会被忘记。"这些话赞美了拿破仑的军事才能，也从侧面说明了统帅制造并运用"神势"的重要性。

五音十一：如何把音律运用到军事作战中

夫律管十二，其要有五音：宫、商、角、徵、羽，此其正声也，万代不易。五行之神，道之常也，可以知敌。金、木、水、火、土，各以其胜攻也。

经典再现

武王问太公曰："律音之声，可以知三军之消息，胜负之决乎？"

太公曰："深哉！王之问也。夫律管[1]十二，其要有五音：宫、商、角、徵、羽[2]，此其正声也，万代不易。五行之神，道之常也，可以知敌。金、木、水、火、土，各以其胜攻也。古者，三皇之世，虚无之情，以制刚强。无有文字，皆由五行。五行之道，天地自然。六甲[3]之分，微妙之神。

"其法以天清净，无阴云风雨，夜半遣轻骑，往至敌人之垒，去九百步外，偏持律管当耳，大呼惊之。有声应管，其来甚微；角声应管，当以白虎[4]；徵声应管，当以玄武[5]；商声应管，当以朱雀[6]；羽声应管，当以勾陈[7]；五管声尽不应者，宫也，当以青龙[8]。此五行之符，佐胜之征，成败之机也。"

武王曰："善哉。"

太公曰："微妙之音，皆有外候。"

武王曰："何以知之？"

太公曰："敌人惊动则听之。闻枹鼓之音者，角也。见火光者，徵也。闻金铁矛戟之音者，商也。闻人啸呼之音者，羽也。寂寞无闻者，宫也。此五者，声色之符也。"

迷津指点

①律管：古代正音的乐器，用竹、铜或玉制成，共十二管。各管按音阶由低到高依次为黄钟、大吕、太簇、夹钟、姑洗、中吕、蕤宾、林钟、夷则、南吕、无射、应钟。

②宫、商、角、徵、羽：古代的五个音阶。阴阳五行家以五音配五行，宫属土，商属金，角属木，徵属火，羽属水。

③六甲：古代用天干与地支相配计算时日。其中甲子、甲寅、甲辰、甲午、甲申、甲戌六个以甲为首的干支称六甲。

④白虎：古代天文学把黄道上的恒星分为二十八个星座，即二十八宿。白虎本是西方七宿的合称，又用来代指西方。因西方属金，五行家又将白虎称作为金之神。

⑤玄武：本是北方七宿的合称，又用来代指北方。因北方属水，五行家又将玄武称做水之神。

⑥朱雀：本是南方七宿的合称，又用来代指南方。因南方属火，五行家又将朱雀称做火之神。

⑦勾陈：古代天文学所定的一个星座，包括六颗恒星，勾陈即北极星。五行家又将勾陈称做土之神。

⑧青龙：本是东方七宿的合称，又用来代指东方。因东方属木，五行家又将青龙称做木之神。

古文译读

武王问太公说："从律管中发出的声音，可以知道军队的消长、预知战争的胜负吗？"

太公说："大王您问的这个问题真是深奥啊！律管有十二个音阶，其中有五个是最重要的，分别是：宫、商、角、徵、羽，这五个音阶是最基本的，千秋万代都不会改变。五行相生相克，神妙无比，乃是宇宙间的永恒规律，借此可以预测敌情的变化。金、木、水、火、土五行，各以自己的优势相互克制。古代三皇的时候，崇尚无为而治，以便克制刚强暴虐。那个时候没有文字，一切都是按照五行相互生克的道理行事。五行相生相克，就是天地演变的自然规律。六甲分合是十分微妙的。

"运用五音五行来探测敌情的方法是：当天气清明晴朗，没有阴云风雨，就在半夜派遣轻骑前往敌人营垒，在距离敌营九百步开外的地方，遍持律管对着耳朵，然后向敌方大声疾呼以惊扰他们。这时，就会有来自敌方的声音反应于律管中，这声音十分微弱。如果反应于律管中的是角声，就应当根据与白虎相应的方位从西方攻打敌人；如果反应于律管中的是徵声，就应当根据与玄武相应的方位从北边攻打敌人；如果反应于律管中的是商声，就应当根据与朱雀相应的方位从南边攻打敌人；如果反应于律管中的是羽声，就应当根据与勾陈相应的方位从中央攻打敌人；

所有律管都没有声音就是宫声的反应，应当根据与青龙相应的方位从东边攻打敌人。这就是五行生克的应验，是帮助制胜的征兆，是征战胜败的关键。”

武王说：“这真是太妙了！”

太公说：“微妙的音律，都有外在的征兆。”

武王说：“那我们从何得知呢？”

太公说：“当敌人受到惊动时就要仔细辨听他们的动静，听到击鼓的声音是角声的反应，见到火光是徵声的反应，听到金铁矛戟等各种兵器声是商声的反应，听到敌人的呼喊叫嚣声是羽声的反应，寂静默然什么都听不到是宫声的反应。这五种音律与外界的动静是各有对称，互相符合的。”

前沿诠释

本篇把五音与五行结合起来观测和判断敌情，以便判断形势，采取相应的军事行动。这章是非常高深玄妙的，根据五音和五行采取军事行动，很多人是很难理解的。其实本篇想突出的意思是利用各种手段来查探敌情，通过各种蛛丝马迹判断敌情，进而作出相应决策。清朝将领年羹尧闻雁即警，就是通过天空的大雁捕获了有利的消息，歼灭了叛军。

年羹尧是清代康熙、雍正年间人，进士出身，因为立下赫赫战功而集高官显爵于一身。

年羹尧一生南征北战，驰骋疆场，运筹帷幄，立下不少功勋。雍正元年秋，年羹尧率领清军去平定青海罗布藏丹津的叛乱。军队行至西宁附近的时候，天色已晚，于是年羹尧下令就地安营扎寨，生火做饭。

年羹尧（1679—1726），清代康熙、雍正年间人，进士出身，官至四川总督、川陕总督、抚远大将军，还被加封太保、一等公。

晚上三更时分，一群大雁从营帐上飞过，发出嘶哑的鸣叫，惊醒了睡梦中的年羹尧。他披衣而起，暗自思忖：夜晚天黑无光，大雁应该静静地停在水边休息才是，如果没有人惊动它们，它们是不可能半夜起飞的。而且这群大雁飞行的速度非常快，声音也非常嘶哑凄凉，一定是受到了惊吓。白天哨探报告说，前面不远处有群山水泊，那是叛军经常出入的地方。现在看来，肯定是叛军乘我军远道而来，人困马乏，夜间前来袭营，以致惊动

了雁群。于是，他当即想出了设伏以待、消灭袭营敌人的计策。

他把手下的将士召集过来，告诉他们：四更的时候，叛军会来偷袭军营，要作好埋伏，叛军来后要沉着应战。然后，他指挥士兵在叛军的必经之路上设下埋伏，等待叛军的到来。

四更天左右的时候，叛军果然来了。等叛军进了伏击圈后，清军突然发起攻击，将前来袭营的叛军全歼。

年羹尧打了胜仗，便下令全军休整三天，犒赏三军。觥筹交错间，大家纷纷询问他是怎么知道昨天叛军会来偷袭的事情的。年羹尧就把大雁飞过的事情讲了出来。众人感叹道："大将军真乃神将也！"

年羹尧笑笑，对在座众人说道："带兵打仗光有匹夫之勇是不行的，还需要时刻戒备。如何戒备，没有固定的规则。做将领的该上知天文，下知地理，通达敌我长短，对于动物的习性也要熟悉。各类禽兽都有自己奇特的预警灵性和防卫本领，狡兔三窟就是藏身避祸的例子。常言说，打草会让蛇受到惊吓，老鹰来袭击兔子了，兔子会变得很警惕，马儿不停地嘶叫说明老虎在不远处，这就是见微知著。我昨天听到大雁的声音，因而警惕敌方，所以对敌军设下埋伏取得了胜利，这是前后联系、再三琢磨才定下的计策。只要诸位处处留意，长此以往就可以料敌如神。"诸将听完，无不点头称是。

兵征十二：士兵的表现、战争胜负的讯号

胜负之征，精神先见。明将察之，其败在人。谨候敌人出入进退，察其动静，言语妖祥，士卒所告。

经典再现

武王问太公曰："吾欲未战先知敌人之强弱，豫见胜负之征，为之奈何？"

太公曰："胜负之征，精神先见。明将察之，其败在人。谨候敌人出入进退，察其动静，言语妖祥①，士卒所告。

"凡三军说怿，士卒畏法，敬其将命；相喜以破敌，相陈以勇猛，相贤以威武。此强征也。三军数惊，士卒不齐；相恐以敌强，相语以不利。耳目相属，妖言不止，众口相惑；不畏法令，不重其将。此弱征也。

"三军齐整，陈势以固，深沟高垒，又有大风甚雨之利；三军无故，旌旗前指；金铎②之声扬以清，鼙鼓③之声宛以鸣。此得神明之助，大胜之征也。行阵不固，旌旗乱而相绕，逆大风甚雨之利，士卒恐惧，气绝而不属④；戎马惊奔，兵车折轴；金铎之声下以浊，鼙鼓之声湿如沐。此大败之征也。

"凡攻城围邑，城之气色如死灰，城可屠；城之气出而北，城可克；城之气出而西，城可降；城之气出而南，城不可拔；城之气出而东，城不可攻。城之气出而复入，城主⑤逃北。城之气出而覆我军之上，军必病。城之气出高而无所止，用兵长久。凡攻城围邑，过旬不雷不雨，必亟去之，城必有大辅。此所以知可攻而攻，不可攻而止。"

武王曰："善哉。"

迷津指点

①妖祥：凶兆跟吉兆。

②铎（duó）：大铃，形如铙、钲而有舌，古代宣布政教法令用的，亦为古代乐器。盛行于春秋时期至汉代。

③鼙（pí）鼓：古代军中的一种小鼓。

④属：连接。

⑤城主：守城的主将。

古文译读

武王问太公说："我想在没有交战时预先知道敌人的强弱，看见战争胜败的征兆，该怎么办呢？"

太公说："战争胜败的征兆，首先表现在敌人的精神上。精明的将帅能够察觉到，但能不能利用征兆打败敌人，则在于人的主观努力。严密地侦察敌人出入进退的情况，观察其动静，言语中谈到的吉凶预兆，以及士卒们相互议论的事情。

"凡是全军上下心情愉悦，士卒畏惧法令，尊重并服从将帅命令，相互以打败敌军为喜，相互以勇猛为荣，相互以威武为誉的，这些都是军队战斗力强大的征兆；反之，军队里很多人惊慌，兵士凌乱不堪，害怕敌人强大，谈论的是不吉利的话，相互议论纷纷，军中谣言四起却无法制止，士兵之间相互说疑惑之言，不害怕法令，不尊重带领他们的将领，这是军队力量衰弱的表现。

"全军步调一致，阵势坚固，沟深垒高，又有大风暴雨的有利气候条件，三军不待命令而旌旗飘扬直指前方，金铎的声音昂扬而清晰，鼙鼓之声婉转而嘹亮，这是军队得到了神明的帮助，必将取得大胜的征兆。军队不牢固，旌旗凌乱地缠绕在一起，遇到大风大雨等不利的条件，士兵恐慌，士气衰竭涣散，战马受惊狂奔，战车的车轴折断，金铎的声音沉闷，鼙鼓的声音因为被雨淋湿而低沉，这是将要大败的征兆。

"凡是攻打包围城池，城墙上的气的颜色是死灰一样的颜色，城市就可以占领；城墙上的气流向北流动，城池就可以被攻破；城墙上的气流向西流动，城池就必定会投降；城墙上的气流向南流动，城池就不能攻占下来；城墙上的气流向东流动，城池就不容易攻破；城墙上的气流出来又回去，守城的主将必定准备逃跑；城墙上的气流出来覆盖在我军的上方，我军必然会失利；城墙上的气流出来向上流动很高而且不停止，围攻的时间就会非常长久。凡是围攻城池，过了十天仍然不打雷不下雨，一定要快速离去，因为这样的城池一定有贤能的大臣辅佐。这样就可以知道能攻打就攻打，不能攻打就停止的道理了。"

武王说："您说得好啊！"

前沿诠释

本篇讨论的是如何通过士兵的表现判断战争的胜负。行军打仗中，精明的将领可以通过敌人的士气盛衰、阵势治乱、军纪严弛来判断其强弱胜败。最后论述了通过观察城墙上的气判断攻打城池的结果这一问题。

“胜负之征，精神先见”，胜败的征兆，首先在敌人精神上表现出来，所以在打仗时，要注意观察敌人的士气、阵势、军纪，判断敌人的强弱，然后作出最有利于自己的决断。

公元前262年，秦赵发生了长平之战，以赵国的失败告终。长平之战后，赵国的国力大大削弱，秦国军队更加肆无忌惮，屡次进犯赵国，其他诸侯国也想趁火打劫，从赵国攫取利益。赵孝成王十五年，燕国丞相栗腹以给赵王祝寿为名去到赵国，刺探赵国虚实。回国后，他向燕王建议趁机攻打赵国。因为赵国经过长平之战，青壮年皆被秦将白起坑杀，国内都是老弱妇孺，这个时候攻打赵国一定会取得胜利。这时，燕国名将乐毅之子乐间却持相反的意见。他认为赵国连年征战，百姓对军事非常熟悉，所以攻打赵国，燕国一定会失败。这两个人谁也说不服谁，最后，好大喜功的燕王觉得这是个攻打赵国的绝佳机会，于是派栗腹为将，率领六十万士兵、两千乘战车，兵分两路大举进攻赵国。栗腹命令部将庆秦率部攻代（今河北蔚县东北），自己率领主力攻鄗（hào，今河北高邑东）。燕军到达宋子（今河北晋县南）后，赵孝成王命上卿廉颇、乐乘统兵二十五万前去抗击。

开战前，廉颇仔细分析了燕军的来势，认为燕军虽然人多势众，但骄傲轻敌，加上长途跋涉，人马困乏，决定采取各个击破的战略。他让乐乘率军五万在代坚守，吸引攻代的燕军，使其不能南下援助，自己则率军二十万在鄗迎击燕军主力。赵国的士兵知道燕国是趁火打劫，于是同仇敌忾，团结一心，决心誓死保卫国土。他们个个奋勇冲杀，大败燕军，斩杀其主将栗腹。攻代的燕军听闻攻鄗的军队大败，主帅被杀，也就军心涣散，失去了战斗力。乐乘率赵军趁机发起攻击，迅速取得了胜利，俘虏庆秦。两路燕军败退，廉颇率军追击五百里，进入燕境，包围燕的都城蓟（今北京城西南）。燕王害怕，被迫割让五座城邑给赵求和，赵军才退兵。

廉颇（前327—前243），战国时期赵国杰出的军事家，与白起、王翦、李牧并称“战国四大名将”。

赵国在鄗代之战中能够取得胜利，跟廉颇对燕国军

队的分析是分不开的。廉颇通过对燕军的分析，得知对方人困马乏，骄傲轻敌，因此决定采用个个击破的战略大败燕军，还得到了燕国的五座城邑，给了燕国惨痛的教训。所以，在战争中一定要注意观察，敌人的表现有时候也是一种胜败的信号，会透露出许多有用的信息，抓住了就能扭转战争的局面。这一观点放到现在便是要求人们注意观察，善于捕捉信息，最终利用这些捕捉到的信息成就事业。

20世纪20年代初期，美国企业家哈默打算结束在苏联的全部业务回美国。但是一次偶然的机会，他改变了回国的主意，并且在苏联一待就是二十年。

一天，他在莫斯科想买一支铅笔，问了下价格，发现贵得惊人，一支铅笔居然可以卖到26美分，价格远远高于铅笔的制造成本。他觉得很奇怪，于是开始分析铅笔这么贵的原因。

原来苏联一贯重视重工业的发展，比较忽视轻工业，所以文具基本靠进口，所以价格就很贵。这件小事给了哈默一个启发，如果在苏联本土开办一家铅笔厂，会有很大的优势，于是他决定暂不回国。

他没有做过铅笔生意，也不知道生产铅笔的技术。为了在苏联办厂，他跑到德国找了一位名叫乔治·拜尔的铅笔技师，高薪聘请他到苏联工作，并且答应分给这名技师部分红利。乔治认为有利可图，立刻答应愿意为其效劳。此后，乔治开始筹备开办铅笔厂的事宜，并且把制造铅笔的器材和原料运到了苏联。

哈默很快从苏联政府那里取得了生产铅笔的许可证，并且利用苏联廉价的劳动力和德国先进的生产技术，降低了铅笔的生产成本，使铅笔厂迅速运作发展起来。1926年底，这家铅笔厂的产量已经达到了1亿支，不但满足了苏联的需要，还能对外出口。小小的铅笔为哈默带来了400万美元的赢利。

一次偶然的买铅笔经历，哈默经过认真研究，竟然发现了其背后隐藏的巨大商机。由此可见，只要认真观察，就会有成功的机会。

农器十三：居安思危，和平时期也要备战

善为国者，取于人事，故必使遂其六畜，辟其田野，安其处所。丈夫治田有亩数，妇人织纴有尺度，此富国强兵之道也。

经典再现

武王问太公曰："天下安定，国家无事。战攻之具，可无修乎？守御之备，可无设乎？"

太公曰："战攻守御之具，尽在于人事：耒耜[①]者，其行马蒺藜[②]也。马牛车舆者，其营垒蔽橹也。锄耰[③]之具，其矛戟也。蓑薜簦笠，其甲胄干楯也。镢[④]锸斧锯杵臼，其攻城器也。牛马，所以转输粮用也。鸡犬，其伺候也。妇人织纴，其旌旗也。丈夫平壤，其攻城也。春钹[⑤]草棘，其战车骑也。夏耨[⑥]田畴，其战步兵也。秋刈[⑦]禾薪，其粮食储备也。冬实仓廪，其坚守也。田里相伍，其约束符信也。里有吏，官有长，其将帅也。里有周垣，不得相过，其队分也。输粟收刍[⑧]，其廪库也。春秋治城郭，修沟渠，其堑垒也。

"故用兵之具，尽在于人事也。善为国者，取于人事，故必使遂其六畜，辟其田野，安其处所。丈夫治田有亩数，妇人织纴有尺度，此富国强兵之道也。"

武王曰："善哉。"

迷津指点

①耒（lěi）耜（sì）：古代的一种翻土农具，形如木叉，上有曲柄，下面是犁头，用以松土，可看做犁的前身。

②行马蒺（jí）藜（lí）：古代一种碎土平田的农具。行马即拒马，用以堵塞道路的障碍器材。蒺藜，一种带有尖刺的障碍物。

③耰（yōu）：古代的一种农具，用来弄碎土块，平整土地。

④镢（jué）：一种形似镐的刨土农具。

⑤钹（pō）：两边有刃的割草工具。

⑥耨（nòu）：除草，平整土地。

⑦刈（yì）：割草。

⑧刍（chú）：喂饲牛马的草料。

古文译读

武王问太公："天下安定，国家平安无事，作战的兵器可以不用制造吗？防御的装备可以不设置吗？"

太公说："作战的兵器和防御装备实际上都是百姓日常的生产生活工具。翻土用的耒耜，可作为行马、蒺藜等障碍物；马车和牛车，可以作为营垒和蔽橹等屏障器材；耕作用的锄耰等农具，可作为战斗的矛戟；蓑衣、雨伞和斗笠，可作为战斗的甲胄和盾牌；镢锸斧锯杵臼，可作为攻城器械；牛马可用来转运粮食物资；鸡狗可用来报时和警戒；妇女纺织的布帛，可用来制作战旗；男子平整土地的技术，可用于攻城；春季割草除棘的方法，可以用来同敌人的战车骑兵作战；夏季耘田锄草的方法，可以用来同敌人的步兵作战；秋天收割庄稼柴草，可用作备战的粮秣；冬天粮食堆满仓廪，就是为战时的长期坚守作准备；田里劳作的农民，平时可以编为伍，作战时就作为军队的编制；里设置的官吏，官府设置的长官，作战的时候可以作为将帅；里之间建造的围墙，不可逾越，作战的时候作为驻军划分；运输粮食，储藏粮食，作为作战时的储备；春秋时节修筑城郭，修挖沟渠，作战的时候可以当做营垒壕沟。

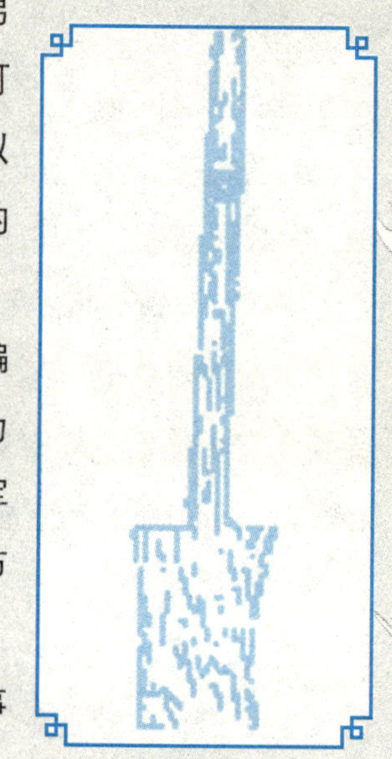

来耜是一种像犁的农具，木把叫来，犁头叫耜。

"所以综上所述，作战的武器，都是来自平常的农事生活中。善于治理国家的人，所用的资源都取自农事。所以一定要饲养六畜，开垦农田，安定人民的住所，让男子种田有规定的亩数，妇女纺织有规定的长度。这就是富国强兵的方法。"

武王说："您说得好啊！"

前沿诠释

本篇讨论的就是和平时期如何备战的问题。"天下安定，国家无事"时，不可掉以轻心，必须修"战攻之具"，设"守御之备"。和平时期，要寓兵于农、兵农合一，如果发生暴乱，劳作在土地上的农民可以拿起农具充当作战的士兵，农具也可以变成杀敌的武器。

最后，本篇说：“善为国者，取于人事，故必使遂其六畜，辟其田野，安其处所。丈夫治田有亩数，妇人织纴有尺度。”这就是富国强兵的方法。

春秋时期的晋大夫魏绛（jiàng），就是一个居安思危的人。当时诸侯国之间相互攻击、战争频繁。晋、楚两个大国为争夺中原地区的霸权，更是经常发生冲突。

晋厉王在位的时候，沉迷酒色，信任奸臣，残害忠臣，导致晋国内乱频频，开始走下坡路。就这样，楚国慢慢占了上风。晋厉王的腐败统治引起很多人的不满。公元前573年，晋国发生政变，晋厉公被杀死。公子姬周即位为晋国国君，也就是晋悼公。悼公和厉王不同，他即位的时候就决心要把晋国变强大。晋国日后渐渐强大，确实和他的年轻有为是分不开的。

晋国的北方有许多游牧民族，统称戎狄。公元前569年，戎狄某一个部落派使者来找晋大夫魏绛，要求请和，并请求晋国与诸戎结盟。魏绛向秦悼公说了此事，悼公不同意，认为晋国力量强大，这些小游牧民族根本就不是威胁，可以直接出兵攻打。听悼公这么说，魏绛立刻劝谏道：“我们虽然国富民强，人民生活安稳，可是现在中原地区的其他国家经常遭受楚国的欺凌，日夜期盼着我国去援助。如果我们现在派兵剿灭戎狄，一旦中原出了事情，我们哪还有力量去对付楚国呢？”悼公觉得魏绛说得有理，就采纳了他的意见，并且派他主管“和戎”事务。魏绛带着诚意去了北方戎狄各部，与他们结盟。此后，晋国的边境安宁了，国家变得更加安定了。魏绛常常劝悼公要记得练兵，发展农业，及时帮助中原的兄弟国。

当时，郑国和晋国相邻。与晋国相比，郑国还是比较弱小的。楚国看郑国弱小，就一再出兵侵犯。郑国无力抵抗，就投靠了楚国。悼公知道后，非常生气，决定联合魏、曹等十二国攻打郑国，表示对其“投敌”的惩罚。这些国家很快响应了悼公，联军不久就攻到了郑国的首都。郑简公很惶恐，马上派人去请罪求和。悼公看来者态度诚恳，就表示同意求和。郑简公为了感激悼公的大度，送来了很多礼物。悼公觉得很高兴，想起了魏绛立过很多功劳，决定把郑国送的礼物分出一半来给他。魏绛却说：“这完全是您和诸位大臣的功劳，古书上说：‘居安思危’。能思就会有备，有备可以无患。您要永远记住这些，就可以永享这样的安乐了。”悼公表示同意，在魏绛的帮助下，晋国变得更加强大起来。

居安思危的理念，不光可以用于古代治理国家、管理军事，在现在企业中也得到了广泛应用。作为企业管理者，绝不能为暂时的繁荣所迷惑，许多我们不曾注意到的问题也许被繁荣的表面掩盖了。居安思危能让我们更冷静、清醒地面对现状，

制订出下一步计划。同时，面对现实社会激烈的竞争现状，一旦懈怠就意味着退步。面对同类竞争与社会发展，企业只有整体保持高度敏感性，才不会降低效率，拥有旺盛的生命力，一直高效地运转。

深圳航空公司的老板曾经说过这样一番话："深圳航空的规模不是很大，生存条件相对恶劣，一路走到现在，我每天都在担心两个字，就是'失败'。世界上百年老店不多，企业界也遵守"森林法则"（即：1.耐心等待时机出现；2.专挑弱者攻击；3.进攻时须狠，而且须全力而为；4.若事情不如意料，保命是第一考虑），我们必须天天为生存而奋斗，稍有不慎就可能垮掉。'深航'努力使每个员工都具有危机感，意识到饭碗和乌纱帽都是捧在手上，而没有锁在保险柜里，然后通过管理把这种危机感所产生的紧张转化成生产力，只有这样我们才能活下去。"这番话含义深刻，引起所有工作人员的深深思考。于是，"天天都有危机感"成为深圳航空公司工作人员始终挂在嘴边、放在心里的一句话。所有员工都有危机意识，即使后来深航发展很好，也没有人敢掉以轻心。

深航的员工都明白，昨天的辉煌既不是今天的辉煌，也不是明天的辉煌。不管是今天的辉煌还是明天的辉煌，都只是一时的，始终都会过去，一旦忘记了危险的存在，就很有可能乐极生悲。

这家看似不大的国内航空公司，只拥有全国民航五十分之一的飞机，却取得了民航市场五分之一的利润。

第四卷

虎韬——思战备工事之虑

本卷主要论述在宽阔地区作战时的战术及其他应注意的问题，并广泛列举了各种类型的作战形式，如突围战、伏击战、运动战、防御战、遭遇战、攻坚战、突击战、夜战以及防止火攻的战法等。其要突出的中心是战前的准备工作要做好，作战之前把该考虑的考虑好，在战争过程中就会万无一失。对于敌人，要测敌虚实，察敌活动。根据敌人的动向作出相应的调整，确保战争胜利。

军用第一：兵器的数量、种类、用途

夫攻守之具，各有科品，此兵之大威也。

经典再现

武王问太公曰："王者举兵，三军器用，攻守之具，科品众寡，岂有法乎？"

太公曰："大哉！王之问也。夫攻守之具，各有科品[①]，此兵之大威也。"

武王曰："愿闻之。"

太公曰："凡用兵之大数，将甲士万人。法用：武冲大扶胥[②]三十六乘，材士强弩矛戟为翼，一车二十四人推之，以八尺车轮，车上立旗鼓，兵法谓之震骇；陷坚阵，败强敌。武翼大橹矛戟扶胥[③]七十二具，材士强弩矛戟为翼，以五尺车轮，绞车连弩[④]自副；陷坚阵，败强敌。提翼小橹扶胥[⑤]一百四十具，绞车、连弩自副，以鹿车轮；陷坚阵，败强敌。大黄参连弩大扶胥[⑥]三十六乘，材士强弩矛戟为翼，飞凫、电影[⑦]自副；飞凫赤茎白羽，以铜为首；电影，青茎赤羽，以铁为首。昼则以绛缟[⑧]，长六尺，广六寸，为光耀；夜则以白缟，长六尺，广六寸，为流星；陷坚阵，败步骑。大扶胥冲车三十六乘，螳螂武士[⑨]共载，可以击纵横，可以败敌。辎车骑寇[⑩]，一名电车，兵法谓之电击；陷坚阵，败步骑。寇夜来前。矛戟扶胥轻车一百六千乘，螳螂武士三人共载，兵法谓之霆击；陷坚阵，败步骑。

"方首铁棓维胁[⑪]，重十二斤，柄长五尺以上，千二百枚，一名天棓；大柯斧[⑫]，刃长八寸，重八斤，柄长五尺以上，千二百枚，一名天钺；方首铁锤，重八斤，柄长五尺以上，千二百枚，一名天锤；败步骑群寇。飞钩[⑬]，长八寸，钩芒长四寸，柄长六尺以上，千二百枚，以投其众。

"三军拒守，木螳螂剑刃扶胥[⑭]，广二丈，百二十具，一名行马；平易地，以步兵败车骑。木蒺藜[⑮]，去地二尺五寸，百二十具。败步骑，要穷寇，遮走北。轴旋短冲矛戟扶胥[⑯]，百二十具，黄帝所以败蚩尤氏，败步骑，要穷寇，遮走北。狭路微径，张铁蒺藜，芒高四寸，广八寸，长六尺以上，千二百具，败步骑。突暝[⑰]来前促战，白刃接，张地罗，铺两镞蒺藜，参连织女[⑱]，芒间相去二寸，万二千具。旷野草中，方胸铤矛[⑲]，千二百具；张铤矛法，高一尺五寸；败步骑，要穷寇，遮走北。狭路、微径、地陷，铁械锁，参连百二十具；败步骑，要

穷寇，遮走北。

“垒门拒守：矛戟小橹十二具，绞车、连弩自副。三军拒守：天罗虎落[20]锁连一部，广一丈五尺，高八尺，百二十具。虎落剑刃扶胥，广一丈五尺，高八尺，五百二十具。渡沟堑：飞桥[21]一间，广一丈五尺，长二丈以上，着转关辘轳八具，以环利通索张之。渡大水：飞江[22]，广一丈五尺，长二丈以上，八具，以环利通索张之。天浮[23]铁螳螂，矩内圆外，径四尺以上，环络自副，三十二具。以天浮张飞江，济大海，谓之天潢，一名天舡[24]。

“山林野居，结虎落柴营：环利铁锁，长二丈以上，千二百枚。环利大通索，大四寸，长四丈以上，六百枚。环利中通索，大二寸，长四丈以上，二百枚。环利小微缧，长二丈以上，万二千枚。天雨，盖重车上板，结枲钼铻[25]，广四尺，长四丈以上，车一具，以铁杙[26]张之。

“伐木大斧，重八斤，柄长三尺以上，三百枚。棨钁[27]，刃广六寸，柄长五尺以上，二百枚。铜筑固为垂，长五尺以上，三百枚。鹰爪方胸铁耙，柄长七尺以上，三百枚。方胸铁叉，柄长七尺以上，三百枚。方胸两枝铁叉，柄长七尺以上，三百枚。芟[28]草木大镰，柄长七尺以上，三百枚。大橹刀，重八斤，柄长六尺，三百枚。委环铁杙，长三尺以上，三百枚。椓杙大锤，重五斤，柄长二尺以上，百二十具。

“甲士万人，强弩六千，戟楯二千，矛楯二千，修治攻具，砥砺兵器，巧手三百人。此举兵军用之大数也。”

武王曰：“允哉！”

迷津指点

①科品：种类。

②武冲大扶胥：古代一种装有大盾牌的战车。扶胥是战车的另一种名称。

③武翼大橹矛戟扶胥：一种装备有大盾牌和矛戟的战车。

④绞车连弩：一种用绞车张弓，能连续发射箭矢的强弩。

⑤提翼小橹扶胥：装备有小盾牌的小型战车。

⑥大黄参连弩大扶胥：装备有大黄连弩的大型战车。大黄，一种强弩的名称。参连弩，能连续击发的强弩。

⑦飞凫、电影：两种旗帜的名称。

⑧绛缟：大红色的丝绢。

⑨螳螂武士：像螳螂一样手持双刀的武士。

⑩辎车骑寇：轻快迅捷的战车。

⑪方首铁棓（bàng）维朌（fén）：一种大方头的铁棒。棓，通“棒”。朌：通“颁”，大头。

⑫大柯斧：长柄斧头。柯，斧柄。

⑬飞钩：古代兵器，似剑而曲，可用来钩取敌人。

⑭木螳螂剑刃扶胥：一种用以拒守的木制战车，形似螳螂，有尖刃向外。

⑮木蒺藜：用木料制成的形如蒺藜的有刺障碍物。

⑯轴旋短冲矛戟扶胥：一种配备有冲角矛戟可以旋转的战车。

⑰突暝：在天色黑暗时。

⑱参连织女：将蒺藜连缀在一起的障碍物。织女，本是一种类似蒺藜的草，此处指一种带有尖刺的障碍物。

⑲方胸铤矛：齐胸高的小矛。铤（chán），短柄小矛。

⑳天罗虎落：一种障碍物。天罗，缀有蒺藜的网。虎落，竹篱。

㉑飞桥：一种可折叠的桥或壕桥。

㉒飞江：一种可渡江河的浮桥。

㉓天浮：大船。

㉔天舡（xiāng）：大船。

㉕结枲（xǐ）鉏（jǔ）铻（yǔ）：指在木板上契刻齿槽，使与战车吻合。枲：麻。鉏铻：排列成锯齿状。

㉖铁杙（yì）：铁桩或钉子一类的东西。杙，橛，桩子。

㉗棨（qǐ）䦆（jué）：一种大锄头。

㉘芟（shān）：铲除杂草。

古文译读

武王问太公说：“君王兴兵作战，军队的武器和进攻防御装备的种类及数量，难道有一定的标准吗？”

太公说：“大王您问的是一个大问题啊！攻守的装备各不相同，这是关系到部队威力大小的问题。”

武王说：“我想听您说说。”

太公说：“凡是用兵作战，所需武器装备都有个大概的标准。统率甲士万人，

所需武器装备的标准是：武冲大扶胥三十六辆，由有技能而勇猛的武士使用强弩、矛、戟在两翼护卫，每车由二十四人推动。车轮高八尺，车上竖旗立鼓。兵法上把这种战车叫做震骇，可用来攻破坚阵，击败强敌。武翼大橹矛戟扶胥七十二辆，由有技能而勇猛的武士使用强弩、矛、戟为两翼护卫。其车轮的高度为五尺，车上附设绞车连弩，可用它来攻破坚阵，击败强敌。提翼小橹扶胥一百四十辆，附设绞车连弩。这种车装有独轮，可用来攻破坚阵，击败强敌。大黄参连弩大扶胥三十六辆，由有技能而勇猛的武士使用强弩、矛、戟在两翼护卫，车上附设飞凫和电影两种旗帜。飞凫红杆白羽，旗杆头是用铜做的；电影是青竿红羽，旗杆头是用铁做的。白天用大红色的丝绢做旗子，长六尺，宽六寸，名叫光耀；夜晚用白色的丝绢做旗子，长六尺，宽六寸，名叫流星。这种战车可用来攻破坚阵，击败敌人的步骑。大扶胥冲车三十六辆，车上载乘骁勇善战的螳螂武士，可以用来纵横冲击，击败敌人。辎车骑寇，也叫电车，兵法上称为电击。可以用来攻破坚阵，击败敌人的步骑。敌人乘黑夜前来突袭，宜用矛戟扶胥轻车一百六十辆，每车上载乘三个螳螂武士。兵法上称为霆击，可用来攻破坚阵，击败敌人的步骑。

“方首铁棓维朌重十二斤，柄长五尺以上，共置一千二百把，这种武器又名天棓。大柯斧，刃长八寸，重八斤，柄长五尺以上，共置一千二百把，这种武器又名天钺。方首铁锤，重八斤，柄长五尺以上，共置一千二百把，这种武器又名天锤。这些武器都可以用来击败敌人的步骑。飞钩，长八寸，钩尖长四寸，钩柄长六尺以上，共一千二百枚，可以用来投掷钩伤敌众。

“军队拒敌防守时，应使用木螳螂剑刃扶胥，每具宽两丈，共一百二十辆，又名行马。在平坦开阔之地，步兵可以用它来击败敌军的步兵和骑兵。木蒺藜，安放时要高于地面二尺五寸，共一百二十具，可以用来击败敌军的步兵和骑兵，拦截势穷力竭的敌人，截堵溃败逃跑的敌人。轴旋短冲矛戟扶胥一百二十辆，黄帝曾用此战车打败蚩尤，可以用它来击败敌人的步兵和骑兵，拦截势穷力竭的敌人，截堵溃败逃跑的敌人。在狭路、小道上，可以布设铁蒺藜。铁蒺藜刺长四寸，宽八寸，每具长六尺以上，共一千二百具，可用来击败敌人的步骑。敌人乘着黑夜突袭，前来逼战，白刃相接，这时应张设地罗，布置两镞蒺藜，与称为‘织女’的蒺藜搭配在一起，每具芒尖相距二寸，共一万二千具。在旷野深草地区作战，应设置方胸铤矛，共一千二百具。放置铤矛的方法，是使它高出地面一尺五寸。以上这些器具，可以用来击败敌人的步兵骑兵，拦截势穷力竭的敌人，截堵溃败逃跑的敌人。在狭窄小路、小道和低洼的地形上，可以张设铁制械锁，共一百二十具。可以用来击败敌人的步骑，阻截势穷力竭的敌人，截堵溃败逃跑的敌人。

“高垒营门拒敌防守，用矛、戟、小橹十二具，并附设绞车连弩。军队进行守御时，应设置天罗虎落锁连，每部宽一丈五尺，高八尺，共一百二十具。并设置虎落剑刃扶胥，每辆宽一丈五尺，高八尺，共五百二十具。渡越沟堑，要使用飞桥，每间宽一丈五尺，长两丈以上，飞桥上装备转关辘轳，共八具，用铁环和长绳来架设。横渡江河，要使用飞江，宽一丈五尺，长两丈以上，共八具，用铁环和长绳连接。天浮上有叫做铁螳螂的铁锚，内方外圆，直径四尺以上，并用铁环和绳索联结，共三十二具。用天浮铁螳螂架设飞江，可以横渡大河。称这种渡河工具为天潢，又名天舡。

“军队在山林野外扎营，应编排竹篱作为营寨的防御。用铁环绳索锁连，每条长两丈以上，共一千二百条。带铁环的大通索，铁环大四寸，绳长四丈以上，共六百条。带铁环的中通索，铁环大两寸，绳长四丈以上，共二百条；带铁环的小号绳索，每条长两丈以上，共一万二千条。天雨盖，即辎重车上的车顶板，板上契刻齿槽，使它与车子吻合，每副木板宽四尺，长四丈以上，每辆车配置一副，并用铁杙加以固定。

“伐木用大斧，重八斤，柄长三尺以上，共三百把；棨镢，刃宽六寸，柄长五尺以上，共三百把；铜筑固的大锤，长五尺以上，共三百把；鹰爪方胸的铁耙，柄长七尺以上，共三百把；方胸铁叉，柄长七尺以上，共三百把；方胸两枝铁叉，柄长七尺以上，共三百把。剪除草木用的大镰，柄长七尺以上，共三百把；大橹刀，重八斤，柄长六尺，共三百把；带环的铁橛，长三尺以上，共三百把；钉橛用的大锤，重五斤，柄长二尺以上，共一百二十把。

“甲士万人，需要装备强弩六千张、戟和大盾两千套、矛和盾两千套。还要装备修理作战器具和制造兵器的巧手工兵共三百人。上述就是兴兵作战按一万人计算所需要的装备器材的大致数目。”

武王说：“您说得真是太好了！”

前沿诠释

武器，对于军队而言是非常重要的组成部分，很多战役的胜利取决于武器的数量和先进水平。本篇详细阐述了古代战斗中所需的各种兵器的数量和用途。兵器是战争中最基本的物质基础，其数量和先进水平制约着一个军队的成长和发展，并且也决定着战争的结果。文中以出兵一万人为例，详细介绍了攻陷坚阵、打败强敌需要的兵器的种类、数量、编配和运用；败步骑、要穷寇、

遮走北所需要的兵器的种类、数量、编配和运用；军队拒守、越堑、渡河、结营等需要的器材的种类、数量、编配和运用。最后指出甲士万人，需用“强弩六千，戟楯二千，矛楯二千”，同时还需配备“修治攻具，砥砺兵器，巧手三百人。此举兵军用之大数也”。

宋朝的时候，有一本书叫《武经总要》，里面详细记载了许多当时新发明的武器。其中，有一种武器叫做“辟历火球”，用火点燃后会爆炸，然后发出像打雷一样的声响。这也许是最早的可以爆炸的武器了。宋朝时对付金兵的入侵，就是用最新的武器——爆炸性火药取得胜利的，采石之战就是其中一个很典型的案例。当时的文学家杨万里记载，采石之战中宋军所使用的辟历炮，就是把硫磺和石灰用纸包上，然后内部分为两节，一节装石灰，另一节装火药。爆炸后石灰四处飞散，可以迷住对方的眼睛。

公元1161年，金国来势汹汹，金国的皇帝完颜亮企图一举灭亡南宋。南宋的形势非常危急，建康府（今江苏南京）都统制王权因无能被罢官，他所率领的一万八千人退至采石，接替王权的将领李显忠尚未到任，军无主将，士气低落，没有人有心情去应战。这时，宋朝统治者派出一个人去慰问那里的官兵，这个人就是中书舍人虞允文。虞允文到达采石后，先重整了军队，鼓舞军心。他对着众多的将士说：“国家遭难，我们的亲人同胞生活在水深火热之中，我们饱受金兵的欺凌，难道还要任由他们欺侮吗？”官兵们一听，都打起了精神，迅速作好了应战准备。完颜亮指挥大军强渡长江，虞允文则命令宋军的战船出击。那时，宋军驾驶的是一种海鳅船，这种海鳅船上面装有踏车，由人用脚踩踏，激水前进。因为金军的船面积比较小，在水里极不稳定，所以宋船乘势冲击，撞翻了很多敌船。同时，为了增加战斗的胜算，宋军燃放了辟历炮。辟历炮点燃后，立即升入空中，然后落入水中浮上来，在敌人面前炸开，发出巨大的声响，跟打雷一样。炮中还混合着大量石灰，如同烟雾一般遮挡了敌人的视线，阻止了金兵的长驱直入。

关于辟历炮的使用在宋朝还有一些记载。公元1207年，金兵攻打襄阳，襄阳守将赵淳命令放辟历炮，声音震耳欲聋，把金兵吓得抱头鼠窜。一次夜间，赵淳让一千名将士带着火箭、辟历炮等武器去偷袭金兵，这一千人到达金兵驻地附近后，就把火箭、辟历炮投入金兵大营，好好折腾了金兵一番。

在南宋的抗金战争中，辟历炮曾经起过很重要的作用。正是因为辟历炮的使用，南宋才一次又一次地挡住了金兵的入侵。在冷兵器时代，辟历炮已经算是很先进的武器了。

三阵第二：天、地、人三阵

日月星辰斗杓，一左一右，一向一背，此谓天阵。丘陵水泉，亦有前后左右之利，此谓地阵。用车用马，用文用武，此谓人阵。

经典再现

武王问太公曰："凡用兵为天阵①、地阵②、人阵③，奈何？"

太公曰："日月星辰斗杓④，一左一右，一向一背，此谓天阵。丘陵水泉，亦有前后左右之利，此谓地阵。用车用马，用文用武，此谓人阵。"

武王曰："善哉。"

迷津指点

①天阵：依照天象布列阵势。

②地阵：按照地面形状布列阵势。

③人阵：根据人事情况布列阵势。

④斗杓：北斗七星的第五、六、七颗星。

古文译读

武王问太公："用兵作战时布下的天阵、地阵、人阵，到底是怎么回事？"

太公说："根据太阳月亮星辰的位置变换，以及北斗七星的斗柄指向，来判断该在前后左右的什么位置布阵，这是天阵；在丘陵和水泽地带，利用前后左右的方位之分和便利的地形条件来布阵，这是地阵；运用车兵还是骑兵，运用文人智谋还是武将能力，这都要因敌方的状况而采取策略，这是人阵。"

武王说："您说得对啊！"

前沿诠释

天、地、人三阵都是古代打仗的阵法，古代打仗有很多种阵形，本篇说的是最基本的阵形，都是依据身边最常见的事物布阵。首先介绍的天阵，要根据太阳、月亮、星辰及北斗七星的斗柄指向前后左右位置布阵；然后介绍地阵，要根据丘陵和水泽等地形条件来布阵；最后介绍人阵，根据战车和人马、政治外交和武力进攻等

不同的战法来布阵。阵法的布置非常玄妙，在一定的程度上会左右战争的结果。

明末，倭寇在我国沿海地区四处横行，烧杀抢掠，十分嚣张。对此，朝廷给予了高度的重视，派戚继光去沿海地区剿灭倭寇。戚继光刚来的时候，发现明军被有组织的倭寇屡屡击败。他很奇怪，按说明军是不差的，战斗力不弱，但为什么会战败呢？经过几次思考，戚继光终于‘发现’战斗的成败并不是取决于个人武艺，而是众人的配合。

戚继光（1528—1588），字元敬，号南塘，晚号孟诸，山东登州人，明代著名抗倭将领、军事家。

于是戚继光在训练军队的时候，不仅要求士兵的战斗技术要娴熟，还多次强调每个小队要懂得协同配合。戚继光手下的步兵班都配置有长武器和短武器。长武器中，长枪是最具有代表性的。它长十二尺，要求必须和敌人保持一定的距离。否则，不但没有刺中敌人，反而还会让敌人进入长枪的范围内，武器就发挥不了作用了。于是，戚继光根据一个步兵班的人数和武器作了如下安排：队长一名，战士十名，火夫一名。这十名战士作为主要的攻击人，挑出其中四名作为攻击的主力，前面再放置四名战士。最前面的两名战士，左边的战士持小的圆形藤牌，右边的持五角星藤牌，之后则有手执“狼筅”的两名士兵，“狼筅”即连枝带叶的大毛竹，长一丈三尺左右。长枪手的后面还有两名士兵，他们带着的武器是“镋钯”。“镋钯”呈山字形，用铁制成，七八尺长，顶端的凹下处放入火箭，即系有炮仗的箭，点燃后可以直冲敌阵。

这种配置左右对称，大家称其为“鸳鸯阵”。队伍最前面左边持小型圆形盾牌的人，要慢速前进，并且手持标枪，主要目的就是引敌人离开最有利的防御位置。如果引诱成功，身后的士兵就用手里的“狼筅”把对方扫倒，然后手持长枪的士兵立刻上前把其刺死。而右面拿五角形藤牌的士兵则是保持阵脚的关键人物。队伍最后面的两个拿“镋钯”的士兵负责阵脚的最后方，并且警戒侧面，必要时支援前面的伙伴，成为第二攻击力量。这十二个人是一个有机的整体，想要取得成功，就必须默契配合。所以戚继光不断和大家强调合作的重要性，并且以一体赏罚来作纪律上的保证。这种战术可以根据情况把队伍一分为二，成为横队跟敌人拼杀；也可以照旧在后面配置两个镋钯手，八个士兵在前面排成横列，长枪手则在藤牌手与狼筅手之间分列。

戚继光手下的士兵大都是朴实的青壮年农民，他们热血澎湃地来到抗倭战场。“鸳鸯阵”便是根据其特点设计的。一般这些人力气都比较大，所以持长枪的人不需要什么技术，只要臂力过人就可以。“狼筅”除了能扫倒敌人，隐蔽性也比较好。沿海地区多丘陵沟壑，道路狭小。“鸳鸯阵”以小股步兵为主出击，受到地形的限制较小，甚至可以充分利用便利的地形，所以也可以称为地阵。

历史上，很多战役都是用阵法取得胜利的，比如岳飞的撒星阵，就破了金兵的“拐子马”。撒星阵的队形布列如撒星，当“拐子马”连成一排冲过来时，士兵就散而不聚，使敌人扑空。散开的士兵在敌人后撤时又聚拢起来，猛力扑击敌人，并用刀专砍马腿，以破“拐子马”。

疾战第三：四面受敌，如何突围

左军疾左，右军疾右，无与敌人争道，中军迭前迭后。敌人虽众，其将可走。

经典再现

武王问太公曰："敌人围我，断我前后，绝我粮道，为之奈何？"

太公曰："此天下之困兵①也。暴用②之则胜，徐用③之则败。如此者，为四武冲阵④，以武车骁骑惊乱其军而疾击之，可以横行。"

武王曰："若已出围地，欲因以为胜，为之奈何？"

太公曰："左军疾左，右军疾右，无与敌人争道，中军迭⑤前迭后。敌人虽众，其将可走。"

迷津指点

①困兵：被围困的军队。

②暴用：突然用。

③徐用：慢慢用。

④四武冲阵：四面都用战车部队进行警戒的阵形。

⑤迭：通"轶"，袭击。

古文译读

武王问太公："敌人包围我们，断绝我军的前后联系，切断我们运输粮食的道路，该怎么办呢？"

太公说："这是天下处于困境的军队。在这样的情况下，迅速地突围就会取胜，行动缓慢就会失败。被包围的军队突围时，把部队布成'四武冲阵'的战斗队形，使用强大的战车和骁勇的骑兵，冲击震骇敌军，使其陷入惊乱，然后迅速突击，这样就可以横行无阻地突破重围了。"

武王问："我军如果已经成功地突围出去了，还想乘势击败敌军，又该怎么办呢？"

太公答道："我左军应该迅速向敌军左翼发起攻击，我右军应该迅速向敌军右翼发起攻击，为免分散兵力不要和敌人争夺土地，我中军同时向敌轮番进攻，或击其前，或抄其后。这样，即使敌军人数众多，也能将其打败。”

前沿诠释

行军打仗的过程中，难免会遇到被敌人围困的情况，这个时候就需要突围。本篇介绍了突围的方法，就是“四武冲阵，以武车骁骑惊乱其军而疾击之”。然后又讨论了突围后如何在逆境中转败为胜的方法，即“左军疾左，右军疾右，无与敌人争道，中军迭前迭后”。

首先，实行突围的战术必须有组织有纪律；其次，要想突围成功就必须选择敌人力量薄弱的地方，选择有利时机，出其不意地袭击敌人，迅速地突围，保存有生力量。如果有机会就反击敌人，扭转战局。突围过程中，军队的士气是非常重要的，一定要给予士兵必要的鼓舞，才有机会突围成功，否则就很可能失败。项羽垓下之围虽然成功，但是最终乌江自刎的惨痛教训是值得我们吸取的。

项羽与刘邦是反秦斗争中的主力。从公元前205年5月开始，西楚霸王项羽与汉王刘邦围绕战略要地成皋（今河南荥阳汜水镇）展开了一场持久的争夺战，经过几次交锋，最终刘邦占领了这个地方。项羽听说成皋失守，就调集了大批军队去和刘邦争夺。刘邦占据险要的地形，坚守不战，持久战让项羽越来越觉得力不从心。与此同时，韩信在黄河北岸连连大捷，攻占了那里的很多地区，对楚军形成了迂回包围的态势。这下，楚军陷入了进退两难的境地，因为久战，其粮草等的补给也出现了问题。于是项羽派人与刘邦讲和，刘邦表示同意。

讲和后，项羽东归，刘邦的大将建议刘邦趁此机会追击项羽的军队。公元前202年，刘邦率领大军在垓下追上了东归的项羽，并将其四面围住。项羽的军队在垓下驻扎，士兵逃亡得越来越多，粮食也快吃完了。夜晚的时候，项羽听到包围他们的汉军全部唱着楚地的歌谣，大惊道：“难道楚地都被汉军占领了吗，为什么他们都唱楚地的歌谣呢？”于是，他起身到帐中喝酒，昔日的金戈铁马、美酒佳人历历在目，今日的狼狈让他无法面对。他自己作诗道：“力拔山兮气盖世，时不利兮骓不逝。骓不逝兮可奈何，虞兮虞兮奈若何？”他唱了一遍又一遍，虞姬也同他一起唱。项羽哭了，虞姬哭了，身

项羽（前232—前202），芈姓，项氏，名籍，字羽，中国古代杰出军事家及著名政治人物，秦下相（今江苏宿迁）人。

边侍卫也都哭了。

项羽不想被困死在这里，于是骑上自己的战马，率领手下将士八百多人，从垓下南面突围。因为突围得比较隐秘，天亮的时候，汉军才有所察觉，于是灌婴率领五千骑兵追击项羽。项羽渡过淮河时，跟随他的只有一百多人了。到达东城的时候，跟随他的只有二十八人了。后面追击的汉军则有几千人。项羽估计这次自己是难以逃脱了，于是就对剩余的二十八人说："我从起兵打仗到现在，已经过了八个年头，打了七十多次仗，还没有失败过，所以才能称霸天下。今天却被困在这里，看来是老天要亡我，并不是我打仗的错误。今天，我要在此决一死战，定要打胜三次，助各位突出重围。"于是就把他的随从分为四队，朝着四个方向突围。虽然暂时拖延了汉军的速度，但是已经无力回天。

一路苦战，项羽跑到了乌江边。乌江的亭长撑船靠岸等待项羽，他对项羽说："江东虽然不大，但是也有方圆千里的土地，民众众多，还可以称王。请您快过江，这里只有我这一条船，汉军就是追到了，也无法渡江。"项羽笑道："天要亡我，渡江做什么。当初我领兵八千，现在却只有我一人生还，即使回去了，大家怜惜我，拥立我为江东的王，我也无颜面对他们。"接着，他又对亭长说："我知道您为人忠厚，没有什么可以感激您的。这匹马跟了我五年，日行千里，我不想它和我一起陪葬，请您带走它吧。"于是项羽转身带领所剩无几的人开始和追来的汉军交战，仅他一人就杀了几百人。最终，项羽精疲力竭，前有追兵，后无退路，长叹一声，拔剑自刎，一代枭雄就这样结束了自己的一生。

必出第四：突围有术，渡河有方

若此者，以飞江转关与天潢以济吾军。勇力材士，从我所指，冲敌绝阵，皆致其死。先燔吾辎重，烧吾粮食，明告吏士：勇斗则生，不勇则死。已出者，令我踵军设云火远候，必依草木、丘墓、险阻。敌人车骑，必不敢远追长驱。因以火为记，先出者，令至火而止，为四武冲阵。如此，则吾三军皆精锐勇斗，莫我能止。

经典再现

武王问太公曰："引兵深入诸侯之地，敌人四合而围我，断我归道，绝我粮食。敌人既众，粮食甚多，险阻又固。我欲必出，为之奈何？"

太公曰："必出之道，器械为宝，勇斗为首。审知敌人空虚之地，无人之处，可以必出。将士人持玄旗[①]，操器械，设衔枚，夜出。勇力、飞足、冒将之士，居前，平垒[②]为军开道；材士强弩为伏兵，居后；弱卒车骑，居中。阵毕徐行，慎无惊骇。以武冲扶胥，前后拒守，武翼大橹，以备左右。敌人若惊，勇力冒将之士疾击而前。弱卒车骑，以属其后；材士强弩，隐伏而处。审候敌人追我，伏兵疾击其后，多其火鼓，若从地出，若从天下。三军勇斗，莫我能御。"

武王曰："前有大水、广堑、深坑，我欲逾渡，无舟楫之备。敌人屯垒，限我军前，塞我归道，斥堠[③]常戒，险塞尽守，车骑要我前，勇士击我后，为之奈何？"

太公曰："大水、广堑、深坑，敌人所不守；或能守之，其卒必寡。若此者，以飞江转关与天潢以济吾军。勇力材士，从我所指，冲敌绝阵，皆致其死。先燔吾辎重，烧吾粮食，明告吏士：勇斗则生，不勇则死。已出者，令我踵军[④]设云火远候，必依草木、丘墓、险阻。敌人车骑，必不敢远追长驱。因以火为记，先出者，令至火而止，为四武冲阵。如此，则吾三军皆精锐勇斗，莫我能止。"

武王曰："善哉。"

迷津指点

①玄旗：黑色的旗子。

②平垒：攻破敌人的垒营。

③斥堠：侦察放哨的士兵。

④踵（zhǒng）军：后续部队。

古文译读

武王问太公："率领军队深入敌国境内，敌人从四面包围我军，截断我军的退路，切断我军运输粮食的道路。敌军人数多，粮食也囤积不少，并且占据着险要的地形，防守牢固。我军打算突围出去，该怎么办呢？"

太公说："要想冲出敌人的包围，武器装备是至关重要的东西，勇敢的决斗更加重要。要先侦察出敌人力量薄弱的地方，哪些地方没有人防守，就从这些地方突围。突围时将士们全都手持黑旗，拿着器械，口中衔枚，趁着黑夜行动。派遣勇猛有力、行动敏捷、敢于冒险犯难的将士担任先锋，攻破敌人的营垒，为我大军打开通道；派遣有技能而勇敢的武士作为伏兵，隐匿在大部队后面；让老弱士卒和车骑在中间行进。部署完毕后，沉着慢行，谨慎从事，不要惊慌。使用武冲扶胥在前后守御，用武翼大橹在左右掩护。如果敌军发觉我军的行动，我勇猛有力、敢于冒险犯难的先锋部队迅速发起冲击，老弱士卒和车骑紧随其后，有技能而带有强弩的武士则隐蔽地埋伏起来。等到敌人前来追击我军时，埋伏的精兵迅速地攻击它的后方，并大量使用火光、鼓声乱敌耳目，使敌军觉得我军仿佛是从地下冒出，从天上降下的。全军奋勇战斗，敌人就不能抵御我军的突围了。"

武王问："如果前面是大河、宽堑、深坑，我军想要通过，但是没有船只等渡江器械。敌人又屯兵筑垒，阻挡我军前行，堵截我军退路，其斥堠又戒备森严，险要地形尽被敌人占据，敌人的车骑在我军前面阻截，勇士在后面攻击。在这种情况下，应该怎么办？"

太公说："敌人一般不会在大河、宽堑、深坑地段派兵防守，就是防守，也不会有很多的兵力。如果是这样，我军就可以利用飞江、转关和天潢越过去。让勇敢有力的士兵按照指定的方向，冲破敌人的战阵，殊死搏斗。摆渡的时候，先把我军携带的东西焚烧，烧毁我军的粮草，明确告诉全军上下，只有勇敢地战斗才有生还的机会，否则就要丧命在敌人的兵器下。突围之后，让前面的队伍点火作为信号，让远方的侦察兵警戒，同时必须占据草丛树林、丘墓等险要的地形。这样，敌人的战车和骑兵就必定不敢长驱远追了。我军以火为信号，指示先行突围的部队到有火的地方集结，并布成'四武冲阵'战斗队形。这样，我全军将士个个精锐且战斗勇猛，敌人就无法阻挡我军了。"

武王说："您说得对啊！"

前沿诠释

夜间突围跟渡河作战是本篇所讨论的重点。军队在夜间被敌人围攻，要想突围成功，必须满足以下几个条件：有充足的器械，有勇猛的战斗精神；了解敌情，将敌人力量最为薄弱的地方作为突破口；突围做到出其不意；突围时让勇敢善战的将士作为前锋在前面打开通路，大部队紧随其后，并设置埋伏，阻敌追兵。如果遇到的是“大水、广堑、深坑”等地形，又没有渡河的船只，敌人还“限我军前，塞我归道，斥堠常戒，险塞尽守。车骑要我前，勇士击我后”，就需要破釜沉舟，“以飞江、转关与天潢以济吾军，勇力材士，从我所指，冲敌绝阵”，最终取得突围的成功。

渡江作战是非常危险的，要想获得成功，首先需要做的就是振奋军心，让全军有视死如归的勇气，其次是边渡河边袭击敌人，不让敌人有松懈的机会。红军强渡大渡河就是渡河作战的一个经典事例。

1935年5月24日晚，中央红军第一师第一团战士疾行八十余里到达大渡河右岸的安顺场。这里有两个连的敌人驻守，渡口还有川军第二十四军第五旅第七团的一个营筑堡防守。红一团团长杨得志率众人兵分三路，隐蔽地接近安顺场。为了分散敌军注意力，红一团政委黎林率第二营到渡口下游佯攻。杨得志到达安顺场后，发起突袭，仅仅用了二十分钟就击溃了川军两个连，占领了安顺场。安顺场对面高山耸立，川军第五旅第七团的一个营在红军到达之前就抢占了这个地区。而安顺场这一带的大渡河，水流湍急，宽一百多米，情况对红军很不利。

5月25日早晨，红一团开始强渡大渡河。刘伯承、聂荣臻亲临指挥。红一团第一营的营长孙继先从队伍中挑选了十七名精明干练的勇士组成了突击队，并且告诉他们这次渡河无论如何都要成功，因为这关系到全局的成败，完成了任务就是为红军打开了一条胜利的通道。早上七点，红军开始强渡大渡河。对岸的敌人也开始疯狂地扫射，枪弹和炮火交织成一张密集的网。但是红军战士毫不退缩，也向对岸发起了攻击，轻重武器同时开火，掩护突击队过河。突击队冒着重重困难，在激流中前进。在他们快要接近对岸的时候，红军再发两炮，再次打中了对岸的敌人。这十七名勇士在掩护之下，终于穿过枪林弹雨，冲到了对岸。敌人看见红军战士冲上了岸，就开始扔手榴弹。聪明的红军战士利用高且陡的台阶死角作掩护，向上冲杀。很快，后续部队赶来增援，终于拿下了渡口，一举击溃了川军的一个营。红一军团第一师和干部团随后渡过了大渡河。

军略第五：渡水的装备和工具

济大水，则有天潢、飞江。逆波上流，则有浮海、绝江。三军用备，主将何忧。

经典再现

武王问太公曰："引兵深入诸侯之地，遇深溪大谷险阻之水。吾三军未得毕济，而天暴雨，流水大至。后不得属于前，无舟梁[①]之备，又无水草之资。吾欲毕济，使三军不稽留，为之奈何？"

太公曰："凡帅师将众：虑不先设，器械不备；教不素信，士卒不习。若此，不可以为王者之兵也。凡三军有大事，莫不习用器械。若攻城围邑，则有轒辒[②]、临冲；视城中，则有云梯、飞楼。三军行止，则有武冲、大橹前后拒守；绝道遮街，则有材士强弩，冲其两旁。设营垒，则有天罗、武落、行马、蒺藜。昼则登云梯远望，立五色旌旗；夜则设云火万炬，击雷鼓，振鼙铎，吹鸣笳。越沟堑，则有飞桥、转关辘轳、鉏铻。济大水，则有天潢、飞江。逆波上流，则有浮海、绝江。三军用备，主将何忧。"

迷津指点

①梁：桥、桥梁。

②轒辒（fén yūn）：古代的战车，用于攻城。

古文译读

武王问太公："领兵深入敌国境内，遇到深的溪水和大的峡谷以及难以通过的河流，我军还没有完全渡过，天上就下起了暴雨，水位一下子涨得非常高。后面的军队被阻隔，跟不上前面的军队，我军既没有船只、桥梁，又没有堵水用的草料物资。在这种情况下，我想让全军渡过，不让军队在那里长久停留，该怎么办？"

太公说："大凡统率军队作战，如果事先对可能出现的困难不作周密谋划，不事先准备器械，平时训练没有落实，士卒不能熟练掌握应该具备的技能，就不能算是王者的军队。凡是军队准备采取重大的军事行动，没有不训练士兵熟练使用各种器械的。如攻城围邑，要用轒辒、临车、冲车这样的攻城战车；观察城内的情况，要用云梯和飞楼；全军前进和驻扎，就用武冲、大橹等战车在前后护卫；

断绝交通，阻隔街道，就用有勇敢的士卒手持强弩护卫两侧；设置营垒，就用天罗、武落、行马、蒺藜等防御设施；白天就登上云梯瞭望，并设置五色旌旗报告敌情；夜间就点燃众多火炬，并击雷鼓、敲鼙鼓、摇大铎、吹鸣笳，作为指挥信号；跨越沟堑，就用飞桥、转关辘轳、钼铻等器械；横渡大河，就用天潢、飞江等船只；逆流而行，就用浮海、绝江等器械。三军所需的这些器械用具如果都已装备齐全，主将还有什么可忧虑的呢？”

前沿诠释

要想军队获胜，战前的充分准备是必不可少的。要想胜利，就需要先拟订好计划，准备好武器，落实每一次训练，士卒的技术要非常熟练，这在很大程度上决定了战争会胜利还是失败。文中接着又论述了攻城围邑、行军宿营、越过沟堑所应准备的各种装备器材。最后点明：“三军用备，主将何忧。”

北宋初期，各地割据势力并起。在消灭割据势力，尤其是南方和沿海的割据势力的过程中，赵匡胤就认识到了渡水作战的重要性。因为北方的军队都不大适应渡水作战，所以需要提前训练。于是他打算制造战船，训练水军，并把自己的想法付诸实践。公元929年，他接受江南人樊作冰的建议，在荆湖造巨型战船数千艘，以备渡江时架设浮桥，用于水战。当年九月，宋军各路人马十万人在荆南集结待命。

当时，赵匡胤训练水军已有一段时间，而且巨型战船也造了很多艘。一切准备就绪，赵匡胤就要率军攻打南唐了。十月，赵匡胤带领训练好的水军向江南进发，大军带着欲做浮桥用的船舰沿长江靠北岸一侧顺江东下。南唐军队对此没怎么在意，以为是宋军例行巡江，所以并没有加以阻止。赵匡胤的军队很顺利地就渡过了南唐屯兵十万的要地湖口。

宋军突然渡过长江，然后袭击峡口寨（今安徽贵池西），水陆并进，直取池州。到达石碑口（今安徽安庆西）的时候，他们把巨舰连接起来，按照采石矶一带江面的宽度，成功地搭设成了浮桥，然后顺江继续东下，攻取长江下游的重要渡口采石矶（今安徽马鞍山市长江东岸）。当宋军在采石矶架设浮桥时，南唐军队高傲轻敌，觉得长江是天堑，自古以来从没听说过靠浮桥通过的事情。所以只派了区区两万人去迎敌，没想到被宋军击败了。宋军大部队渡过长江后，立刻向南唐发起猛烈的进攻。公元230年八月，宋军在金陵城西南击败了南唐十万大军，并且打败了溯江而上企图夺取采石矶浮桥的江南水军。十一月，宋军发起总攻，大举攻破了金陵城，南唐灭亡。

临境第六：双方对阵，如何对敌

吾往者不止，或袭其内，或击其外，三军疾战，敌人必败。

经典再现

武王问太公曰："吾与敌人临境相拒[1]，彼可以来，我可以往，阵皆坚固，莫敢先举。我欲往而袭之，彼亦可来。为之奈何？"

太公曰："分兵三处。令我前军，深沟增垒而无出，列旌旗，击鼙鼓，完为守备。令我后军，多积粮食，无使敌人知我意。发我锐士，潜袭其中，击其不意，攻其无备。敌人不知我情，则止不来矣。"

武王曰："敌人知我之情，通我之谋，动而得我事。其锐士伏于深草，要隘路，击我便处，为之奈何？"

太公曰："令我前军，日出挑战，以劳其意。令我老弱，曳柴扬尘[2]，鼓呼而往来。或出其左，或出其右，去敌无过百步。其将必劳，其卒必骇。如此，则敌人不敢来。吾往者不止，或袭其内，或击其外，三军疾战，敌人必败。"

迷津指点

①拒：抵御、抵抗。

②曳柴扬尘：拖着树枝跑，用来扬起尘土。

古文译读

武王问太公："我军跟敌人在国境上对峙，敌人可以进来攻打我军，我军也可以过去攻打敌人，两军都阵势牢固，谁也不敢率先进攻。我打算先去袭击敌人，但是担心敌人会来袭击我，该如何是好呢？"

太公说："遇到这种情况，就把我军分为前军、中军、后军三个部分。命令前军深挖沟堑，高筑壁垒，但不出战。布列旌旗，敲击鼙鼓，作好充分的守卫准备；命令后军多积粮食，别让敌人侦知我军的意图。然后，派遣中军精锐部队偷袭敌军要害部分，击其不意，攻其不备。敌人不知道我军的情况，就会停止行动，不敢前来进攻了。"

武王说："如果敌军已经侦察到我军的情况，掌握了我军所用过的计谋和我军所采取的行动，知道了我军的意图，派他们的精锐部队埋伏在深草中，在我军必经的狭窄的道路上阻击，攻击我军防守松懈的地方，这又该怎么办呢？”

太公说：“命令前军，每天都前去挑战，以使敌人的斗志疲惫懈怠；命令我军的老弱士卒，拖动树枝，扬起尘土，击鼓呐喊，往来不停，或在敌人左边出现，或在敌人右边出现，距离敌人不超过百步。敌军不断受到骚扰迷惑，其将领必定疲于应付，其士卒必定震骇恐慌。这样，敌人就不敢前来进攻我军了。而我军则照样不停地袭扰敌军，或袭击其内部，或攻击其外部，然后，全军迅速地投入战斗，敌人一定会被打败。”

前沿诠释

战斗中，如果敌我力量相当，就会出现对阵的情况。不论交战的哪一方都不敢率先出兵。这个时候，就需要把军队分成前、中、后三部分：前军深挖沟堑，高筑壁垒，布列旌旗，敲击鼙鼓，作好守卫准备；后军多积粮食，不要让敌人侦知意图；中军精锐部队偷袭敌军中央，击其不意，攻其不备。

如果在对阵的时候，军队已经被敌人摸清了情况，就需要使用虚实的谋略。先让前军每天向敌人挑战，让敌人的感觉疲劳；然后让老弱的士兵拖动树枝扬起地上的尘土，击鼓呐喊，来回奔跑，以壮声势；最后打仗的时候在敌人的左右来回袭击，让敌人摸不清虚实，敌人就会大败。

本篇的中心意思是打持久战或者游击战，在两军对垒中，要想打败对方，就要创造条件，捕捉战机，出其不意，敌进我退，敌疲我打，捕捉胜利的先机。毛泽东创造的“打圈子”就是一种很好的战术。

井冈山，中国名山之一，是一块红色的土地。有人形容它“四面重峦嶂，五溪曲水潆。红根已深植，今日正繁荣”。它地处湘赣两省交界，高山密林，地势险要。1927年10月下旬，毛泽东率领秋收起义剩余部队来到了罗霄山脉中段的这个地方。中国革命最初的“星星之火”便是在这里诞生的。

因为红军的队伍刚开始只有几百人，没法跟敌人硬拼，所以毛泽东提出了“打圈子”这一策略。所谓的“打圈子”就是以根据地作为中心，强敌一来就先领他转圈，等他转晕了，暴露出弱点，再抓住他的弱点狠打。消灭敌人是目的，转圈只是手段。用毛泽东自己的话来说，就是“不战则已，战则必胜，每战必有俘获。以此逐步扩大红军”。

毛泽东说，红军不仅要会转圈，更要会打仗。于是，他指挥部队以宁冈为中

心，四处游击，平均九天一战，把敌人引得团团转。就是靠着这样的战术，红军队伍在井冈山站稳了脚跟。

1928年1月，国民党军第27师对井冈山发动了第一次“进剿”，毛泽东在遂川会场又将“打圈子”的战术进一步深化，提出了“敌来我去，敌驻我扰，敌退我追”的游击战原则。

在随后的对敌作战中，毛泽东将这十二个字化作具体的战斗行动，指挥部队避实击虚，接连粉碎了湘赣两省国民党军的“会剿”和“进剿”，建立了井冈山革命根据地。

后来，毛泽东、朱德总结了红军游击战的经验，将游击战的作战原则进一步概括为著名的“十六字诀”：敌进我退，敌驻我扰，敌疲我打，敌退我追。

就这样，井冈山游击战不仅锤炼出了红军独特的战略战术，也让毛泽东更深刻了解了游击战争的奥秘：这就是发动群众，开展土地革命，建立根据地，把游击战争和根据地建设结合起来。在红色根据地和深厚的群众基础上，壮大军队，红军取得胜利就指日可待了。

动静第七：伏击跟迂回，打击敌人的好方法

如此者，发我兵，去寇十里而伏其两旁，车骑百里而越其前后，多其旌旗，益其金鼓。战合，鼓噪而俱起。敌将必恐，其军惊骇。众寡不相救，贵贱不相待，敌军必败。

经典再现

武王问太公曰："引兵深入诸侯之地，与敌之军相当。两阵相望，众寡强弱相等，未敢先举。吾欲令敌人将帅恐惧，士卒心伤，行阵不固，后阵欲走，前阵数顾①。鼓噪②而乘之，敌人遂走。为之奈何？"

太公曰："如此者，发我兵，去寇十里而伏其两旁，车骑百里而越其前后。多其旌旗，益其金鼓。战合，鼓噪而俱起。敌将必恐，其军惊骇。众寡不相救，贵贱不相待，敌人必败。"

武王曰："敌之地势，不可以伏其两旁，车骑又无以越其前后。敌知我虑，先施其备。吾士卒心伤，将帅恐惧，战则不胜，为之奈何？"

太公曰："微哉！王之问也。如此者，先战五日，发我远候，往视其动静，审候其来，设伏而待之。必于死地，与敌相遇。远我旌旗，疏我行阵。必奔其前，与敌相当。战合而走，击金无止。三里而还，伏兵乃起。或陷其两旁，或击其先后，三军疾战，敌人必走。"

武王曰："善哉。"

迷津指点

①数顾：屡次回头看，这里指军心动摇。

②鼓噪：擂鼓呐喊，指军队交锋时虚张声势。

古文译读

武王问太公："率兵深入敌国境内，敌我双方实力相当，双方对峙，人数力量等都相等，谁也不敢先发兵。我想让敌人的将帅感到恐惧，士兵士气低落，军阵不牢固，阵后的兵士想要逃跑，阵前的士兵军心动摇。然后擂鼓呐喊，乘机进攻，让

敌军败逃，该怎么办呢？”

太公说：“要做到这样，就必须先派遣一支部队绕到道路两旁，在距离敌军十里的地方埋伏起来，另派遣战车和骑兵远出百里，迂回到敌军的后方，部队多悬挂旌旗，增设金鼓。在双方战斗发起后，我军擂鼓呐喊，各军听到后同时向敌人发起进攻。这样，敌军将帅必定惊恐，士兵必定惊骇，以致各部队无论人数多少互不救援，军中官兵无论身份贵贱互不照顾，敌军必然失败。”

武王问：“假如敌军所处的地势使我军不能在其两旁设伏，战车和骑兵也无法迂回到敌人的后方，同时敌人又知道了我军的企图，提前作好了充分的防范准备。我军士兵悲观沮丧，将帅心怀恐惧，与敌交战必定无法取胜。在这种情况下，应该怎么办？”

太公说：“大王您问的问题很微妙。遇到这种情况，应当在交战前五天，就派出斥候去远方侦察，窥探敌军的动静，观察敌人前来进攻的征兆，提前布置好埋伏，等待敌军的进犯。一定要在对敌最不利的地形同敌军交战。此时，我军务必把旌旗疏散，并把行列的距离拉开。我军必须快速奔至敌人阵前，并以与敌人相当的兵力向敌进击。在与敌人短暂交锋后即行撤退，并且不停地击锣发出退兵的命令，后退三里后再回头反击。这时伏兵四起进攻，或攻击敌人的两翼，或攻击敌军的前后，全军奋力作战，敌人必败而逃走。”

武王说：“您说得好啊！”

前沿诠释

两军实力相当，对阵的时候，就需要用伏击和迂回的方法打击敌人。在“两阵相望，众寡强弱相等，未敢先举”的情况下，应该埋好伏兵，虚张声势；在自己军队地势不利的情况下对峙，就需要提前作好安排，查探敌人的动静，设好埋伏，在交锋时，佯装失败，诱敌进入我方的伏击圈，这样就可以击败敌人。

伏击是古代常用的战术，其中最重要的条件就是地形，其次是善于运用佯动、示形、诱敌等手段，才能达到伏击运动之敌的目的。和尚原之战是南宋初年宋抗金的一次著名战役。这次战役中，南宋军队就是充分利用了和尚原的地形，最终取得了胜利。

川、陕是南宋的战略要地，金兵多次想占领这些地方，因此，宋金进行了多次交战。富平之战宋军失利，撤退到兴州（今陕西略阳）、和尚原（今陕西宝鸡西南）、大散关（今陕西大散关）及阶州（今甘肃武都）、成州（今甘肃成县）等地，阻挡金兵入侵南宋。这几个地方，数和尚原地势险要，是川陕之地的首要门户，“和尚原最为要冲，自原以南，则入川路散；失此原，是无蜀也”。宋将吴玠（jiè）奉命带领几千人守护和尚原。

公元1131年五月，金军将领没立率部出凤翔（辖境相当于今陕西宝鸡、岐山、凤翔、麟游、扶风等地），将领乌鲁、折合从阶州、成州出大散关，北上屯兵，前后进攻吴玠军。两路金兵打算在和尚原会师，然后一举拿下南宋。

吴玠并不慌乱，他让诸将利用有利地形，分几批向先到达的乌鲁等人率领的大军出击。因为和尚原一带道路狭小，怪石林立，而且山谷多，金兵善骑射的本事根本发挥不了作用。前面有吴玠的军队，又因为地势问题不能轻易后退，金兵只能下马应战。宋军在和尚原与金兵展开了空前的搏斗，大败金兵。同时，吴玠部将杨政击退了金军从箭筈关方向发动的进攻。

金兵一战和尚原失败，并不甘心，很快又发动了第二次战争。

金兵统帅金兀术这次决定亲自出马，他召集了十万兵力，架设浮桥，渡过渭水，在宝鸡结连珠营，垒石为城，同吴玠所率宋军对峙。吴玠对此不敢轻视，积极备战，并且让人时刻注意金兀术的一举一动。

金兀术（？—1148），即完颜宗弼，金朝名将。

1135年十月，宋金大战爆发。金兵在金兀术的带领下，猛烈进攻宋军。吴玠命令诸将向对面的金兵大举射箭，弓矢连发不绝。金军在狭小的地方难以抵抗，只好丢盔弃甲退却。吴玠看到此景，立刻派遣军队从两旁截击金兵，阻断了金兵的粮食通道。金兀术觉得情况不妙，夺路而逃。吴玠乘胜追击，半路设计伏击，金兵大乱。这一战，金兀术负伤，狼狈逃走。宋军俘虏金兵头目三百人、甲士八百人，缴获兵器数万件，可以说收获颇丰。

宋军两次在和尚原战斗中取得胜利，都是利用了和尚原险要的地形。当然，第二次战斗的胜利也与吴玠的精密部署分不开。

金鼓第八：防敌、击敌、追敌，防其伏击的方法

凡三军，以戒为固，以怠为败。令我垒上，谁何不绝；人执旌旗，外内相望，以号相命，勿令乏音，而皆外向。三千人为一屯，诫而约之，各慎其处。敌人若来，视我军之警戒，至而必还。力尽气怠，发我锐士，随而击之。

经典再现

武王问太公曰："引兵深入诸侯之地，与敌相当；而天大寒甚暑，日夜霖雨[①]，旬日不止。沟垒悉坏，隘塞不守，斥堠懈怠，士卒不戒。敌人夜来，三军无备，上下惑乱，为之奈何？"

太公曰："凡三军，以戒为固，以怠为败。令我垒上，谁何[②]不绝；人执旌旗，外内相望，以号相命[③]，勿令乏音，而皆外向。三千人为一屯[④]，诫而约之，各慎其处。敌人若来，视我军之警戒，至而必还。力尽气怠，发我锐士，随而击之。"

武王曰："敌人知我随之，而伏其锐士，佯北不止。过伏而还，或击我前，或击我后，或薄我垒。吾三军大恐，扰乱失次，离其处所。为之奈何？"

太公曰："分为三队，随而追之，勿越其伏。三队俱至，或击其前后，或陷其两旁。明号审令，疾击而前，敌人必败。"

迷津指点

①霖雨：连绵的大雨。

②谁何：指以口令相问答。在警戒区内，每人都用暗号口令以相识别。

③以号相命：通过号令互相联络，传达命令。

④屯：聚。此处指一个驻军单位。

古文译读

武王问太公说："率领军队深入诸侯国境内，敌我双方兵力相当；但是正逢天气严寒或酷暑，日夜不停地下大雨，一连十天都不停止。沟堑营垒全部被毁坏，山险要隘也不能守卫，派出的斥堠麻痹懈怠，士兵疏于戒备。此时，敌人乘夜前来袭击，全军全无准备，官兵上下疑惑混乱，对此应该怎么办？”

太公答道：“所有军队都是因有高度的戒备才能巩固，都是因懈怠导致失败。命令我军营垒之上，口令相问答之声不绝；哨兵人人手持旌旗，与营垒内外联络，以号令相互传达命令，不要使金鼓之声断绝，士卒均面向敌方保持警戒，随时准备投入战斗。我军每三千人编为一屯，严加告诫和约束他们，使各处审慎守备。如果敌军前来进犯，看到我军森严的戒备，即使逼近我军阵前，也必会撤回。这时，敌军必定力尽气怠，我军应派遣精锐部队紧随其后攻击敌人。”

武王问：“敌人知道了我军要尾随追击，于是事先埋伏好精锐部队，然后假装败北逃走不断退却。当我军进入敌伏击圈时，敌军就掉过头来配合其伏兵围击我军。有的攻击我军前部，有的袭击我军后部，有的逼近我军营垒。我全军将士因而大为恐慌，自相惊扰，乱成一团，离开了自己的岗位。这时应该怎么办？”

太公答道：“应该把我军分为三队，分头跟踪追击敌人，注意不要进入敌人设置了埋伏的地区。在进入敌军的伏击圈前，三支部队要同时追上敌军。有的攻击敌军的前后，有的攻击敌军的两翼。每个号令都要清楚明白，使士兵疾速向前进攻。这样，敌人必败无疑。”

前沿诠释

本篇从防敌夜袭、防御反击以及追击敌人时防止被敌人伏击这几方面来进行论述，提出了具体的解决办法。在这一系列的过程中，在阵前加强警戒，严格防范，便是防止遭遇敌人袭击的最基本的要求，如果做不到这一点，那便是失了先机，在接下来的战事中会有不好的影响，所谓“以戒为固，以怠为败”就是这个道理。秦军在崤山之战中的失败就是源于此。

在春秋末期，秦国国力日渐强盛，当时的秦国国君秦穆公便想着争霸中原，但是当时秦军东进的道路却被晋国遏制着。于是，秦穆公便想等待一个合适的时机，突破晋军的防线，从而进军中原。

这个时机很快便来临了。周襄王二十四年（前628），郑国的郑文公和晋国的晋文公相继病逝。秦穆公知道这一消息之后，非常兴奋，觉得趁这两个国家新旧交替的时候进军是一个绝佳的选择，于是就想趁机出兵越过晋国边境去偷袭郑国。

当时秦国的主政大夫蹇叔并不赞同这一做法，他认为这种师出无名的行为不一定能讨得了好，“劳师以袭远，不易成功。我军越千里以袭人，郑必知之。我军劳而力竭，而攻敌之有备，实无成功之望”。但是秦穆公完全听不进去，他一心想着

的便是要称霸中原，这个时机他绝对不会放过。于是，秦穆公便不听劝阻，执意任命孟明视为大将，率兵伐郑。

此时，晋国的新国君晋襄公为了维护晋国的霸业，就决定趁机打击秦国。于是，他便召集臣下，商定了伏击秦军的地点——崤山。崤山是秦军从晋国往返的时候必定会经过的地方，而且这里四面绝壁，只有在东、西二崤之间有一条蜿蜒小道。而后，晋国君臣又商定，先不惊动秦军，等到他们攻打完郑国，疲惫回师之时，再发动突袭，将其歼灭。

秦穆公此时完全不知道晋国已经为自己准备好了“大礼”，还是在当年十二月的时候，派兵从雍都（今陕西凤翔南）出发，偷偷地越过晋国南部的边境，在次年的二月抵达了滑国。在这里，秦军遇到了郑国的商人弦高，于是便有了著名的“弦高智退秦军”的故事。此时，秦军看到自己偷袭郑国的计划已经暴露，便退了一步，趁夜偷袭滑国，掠夺了大量的财富，然后退兵，准备回国。

这个时候，晋国已经侦知了秦兵退回的消息，于是任命先轸为大将，率领军队迅速地赶到了崤山，与当地的驻军取得联系，秘密地设好了埋伏。为了鼓舞士气，晋襄公还亲自前往督军。

反观秦军，因为在出征路过晋国的时候没有遭到抵抗，便松懈下来，认为晋国害怕秦国，所以不敢拦阻。于是，在回军的路上，主将孟明视便放松了警惕，没有提前派人侦察，也没有采取什么防范措施，就率军浩浩荡荡地进入了崤山。此时的秦军，经过长途跋涉，并且拉着抢夺来的财宝，车驾很重，整个队伍的行动都迟缓下来。他们就在这崎岖蜿蜒的小路上，异常困难地行进着。

到四月十三日的时候，秦军便全部走进了晋军早已设下的伏击圈。晋军突然发动攻击，秦军猝不及防之下，根本就没有什么抵抗能力，整个队伍被分出了几段，首尾不能相救，很快便败下阵来。这一战，晋国大获全胜，全歼秦军，俘虏了秦国的主将等一干人。

其实，总结一下，这场战争中，秦军在进入晋国范围内之后放松了警惕，没有采取什么防范措施，因此才落入了晋军的圈套，最终导致了全军覆灭的恶果。

绝道第九：利用地形，扭转战机

凡帅师之法，常先发远候，去敌二百里，审知敌人所在。地势不利，则以武卫为垒而前，又置两踵军于后，远者百里，近者五十里。即有警急，前后相救，吾三军常完坚，必无毁伤。

经典再现

武王问太公曰："引兵深入诸侯之地，与敌相守。敌人绝我粮道，又越我前后①。吾欲战则不可胜，欲守则不可久。为之奈何？"

太公曰："凡深入敌人之地，必察地之形势，务求便利。依山林险阻，水泉林木，而为之固；谨守关梁，又知城邑、丘墓、地形之利。如是，则我军坚固，敌人不能绝我粮道，又不能越我前后。"

武王曰："吾三军过大陵广泽平易之地，吾候望误失，卒与敌人相薄②。以战则不胜，以守则不固。敌人翼我两旁，越我前后，三军大恐。为之奈何？"

太公曰："凡帅师之法，常先发远候，去敌二百里，审知敌人所在。地势不利，则以武卫为垒而前，又置两踵军于后，远者百里，近者五十里。即有警急，前后相救，吾三军常完坚，必无毁伤。"

武王曰："善哉。"

迷津指点

①越我前后：指敌人迂回到我军侧后，从前后两面对我军实施夹击。

②相薄：相迫近。此处指狭路相逢、猝然遭遇。

古文译读

武王问太公说："率军深入敌国的境内，与敌军对峙相守，这时敌人截断了我军的粮道，从我军后方迂回，又从前后两面夹击我军。我想战，但没有胜算；我想守，但又不能坚持长久。这该怎么办？"

太公答道："大凡要深入敌国境内作战，必须先要察明地理形势。务必要占据并控制有利地形，用山林险阻、泉水树木作为掩护，以求得阵势的巩固。要严密谨慎地守卫关隘的各处桥梁，还要事先掌握城邑、丘墓等地势的便利。这样，我军

防守就能稳固，敌人既不能截断我军粮道，也不能迂回到我军后方，从两面夹击包围我军了。”

武王又问：“我率领三军穿过茂密的山林、越过宽阔的沼泽地及平坦的地形时，由于我方哨兵的失误，使得我军突然遭遇敌军。我想直接强攻恐怕不能取胜，要坚守阵地又怕不牢靠。如果这时敌人从两侧包围我军，迂回到我军后方，我军一定会自己先乱了阵脚。遇到这种情况，你说应该怎么办？”

太公答道：“大凡带兵打仗，都应当先去远方侦察地形，在距离敌人二百里时，就需要很清楚地知道敌人所在的位置。如果地形对我军行动不利，就把武冲大扶胥连在一起，像营垒一样冲向敌方，再派出两支精锐部队尾随其后，这支精锐部队和主力部队之间的距离，远的相隔一百里，近的相隔五十里。一旦遇到紧急情况，就可以前后呼应，互相救援。我军如能长时间保持这种完善而坚固的部署，就一定不会遭受伤亡和失败了。”

武王说：“说得太好了！”

前沿诠释

地形是影响战争胜负的因素之一，打仗的时候一定要注意利用好地形，即使是处在不利的境地，如果能够很好地利用地形，也不一定就会吃败仗。

清将年羹尧有一次在青海平定叛乱的时候，敌军正好排兵在一片沼泽地的对面。清军因为这片沼泽地而寸步难行。虽然这片沼泽地并不宽，但是积水和淤泥很多，一不留神，就会陷进去，有生命危险。敌军觉得这是一道天然屏障，就算清军有三头六臂也不能奈何他们，所以在防守方面并不是很在意。

年羹尧看看前面的沼泽，先命令士兵扎寨，自己则带着几个侍卫观察这片沼泽地。他思考了很久，终于想出一个办法。他传令回营，要求全军每个人准备一捆干草和一块木板，第二天就去讨伐叛军。众人对此非常不解，但都按着他的吩咐做了。第二天清晨，天刚蒙蒙亮，年羹尧就把大队人马带到沼泽地面前，然后指挥士兵们把他们带的干草先抛到沼泽里，然后在上面盖上木板。没用多长时间，年羹尧的大军就全部通过了这片沼泽地。

当清军杀入了敌人的阵地时，驻守在对岸的敌军都惊呆了，他们怎么都没有想到清军会如此迅速地通过这片沼泽地。他们惊恐万分，无心应战，四散逃跑。而进入敌人领地的清军则斗志昂扬，精神抖擞，痛歼敌军，把敌人打得屁滚尿流。就这样，年羹尧把不利的地形转化为有利的地形，改变了战役的结果。

略地第十：强攻智取，夺得城邑

凡攻城围邑，车骑必远，屯卫警戒，阻其外内。中人绝粮，外不得输，城人恐怖，其将必降。

经典再现

武王问太公曰："战胜深入，略其地，有大城不可下。其别军①守险阻，与我相拒。我欲攻城围邑，恐其别军卒至而击我。中外②相合，击我表里。三军大乱，上下恐骇。为之奈何？"

太公曰："凡攻城围邑，车骑必远，屯卫警戒，阻其外内。中人③绝粮，外不得输，城人④恐怖，其将必降。"

武王曰："中人绝粮，外不得输，阴为约誓，相与密谋，夜出穷寇死战，其车骑锐士，或冲我内，或击我外。士卒迷惑，三军败乱。为之奈何？"

太公曰："如此者，当分军为三军，谨视地形而处。审知敌人别军所在，及其大城别堡⑤，为之置遗缺之道，以利其心；谨备勿失。敌人恐惧，不入山林，即归大邑，走其别军。车骑远要其前，勿令遗脱。中人以为先出者得其径道，其练卒材士必出，其老弱独在。车骑深入长驱，敌人之军，必莫敢至。慎勿与战，绝其粮道，围而守之，必久其日。无燔人积聚，无坏人宫室，冢树社丛⑥勿伐，降者勿杀，得而勿戮，示之以仁义，施之以厚德。令其士民曰：'罪在一人⑦。'如此，则天下和服。"

武王曰："善哉。"

迷津指点

①别军：指敌方的另一支部队。

②中外：指敌城中的守军与城外援军。

③中人：指被围困在城中的敌军。

④城人：指被围困在城中的军民。

⑤大城别堡：指被我军所围城池附近的敌国大城市和堡垒。

⑥社丛：社神庙旁的树林。社，古代祭祀神灵的场所。

⑦罪在一人：意指所有的罪恶均在敌国君主一人身上，而与普通百姓无关。

古文译读

武王问太公："如果我军可以乘胜深入敌国并占领其土地，但还有大城池没有攻下，而敌人在城外的另一队兵马固守险要地形与我军相峙。我想要攻打敌国的城池，又担心其驻守在城外的兵马突然向我发起攻击，与城内的守敌里应外合，对我形成两面夹击之势，以致我全军军心大乱，官兵恐惧震骇。在这种情形下，你说应该怎么办？"

太公答道："凡是要攻打敌人的城池的时候，就应该把战车、骑兵等安排在离城较远的地方，起到守卫和警戒的作用，这样就可以隔断敌人内外之间的联系。这样，城内的敌人时间长了必然弹尽粮绝，而外面的粮食又不能输入。如此，城内的军民必然会发生恐慌，守城的敌将自然就投降了。"

武王问："城内军民没有粮食，城外的粮食又不能输入，如果这时敌人内外暗中互相联系，密谋向外突围，趁着月黑风高夜出城拼命死战，敌人的车骑如此精锐，有的突击我军内部，有的进攻我军外围。我军将士惶恐不安，全军大败混乱。应该怎么办？"

太公答道："如果遇到这种情况，就应该把我军分为三个部分，并根据实际的地形情况审时度势。详细查明敌人城外部队所在的位置，以及被我军围困的城池附近的大城市和堡垒的状况，然后专门给被围的敌人留出一条通道，以引诱城内敌军外逃。此时我军一定要严密戒备，不要让敌人从此通道逃走。由于被围的敌人惊恐慌乱，因此突围时不是逃入周边的深山老林，就是想撤往与之相邻的城池奔向其他军队。这时，我军车兵和骑兵要在远处截断敌军的逃路，不要让任何一个敌人逃脱。在这种形势下，守城敌军就会误以为先逃出去的人已经成功突围了，打通了撤退的通道，其精锐士卒就一定会往城外逃跑，只留下一些老弱残兵在城内。然后我军用早已准备好的战车和骑兵，长驱直入，直击敌后。如此，敌人守城部队就不敢继续向外突围。要达到此种效果，就要求我军在行事时格外小心谨慎，不要急于同敌人交锋，只要断绝其粮道后路，把他们困在城内就行了。这样一来，他们就撑不了多少日子了，到时候必然归降我军。在攻下城池之后，不要急于焚烧其仓库内的粮食，也不要急于毁坏城内民众的房屋，不要砍伐墓地的树木和庙祠的丛林，不要杀害投降的士兵，不要虐待俘虏。以此向敌国彰显仁义，施以恩惠，并向敌国军民宣布，有罪的只是无道君主一人。这样，天下就会心悦诚服地归顺了。"

武王说："说得太好了！"

前沿诠释

城邑一般作为一国或者一地的政治、军事、经济中心，如果想攻占一国或者一地，就要先攻打城邑。攻城战是古代常见的作战方式之一。在冷兵器时代，生产力落后，攻城技术也不发达，遇到高深的城池就非常难以攻取。所以攻城的时候，必须强攻加智取。围城的时候，要截断敌人的粮道，歼灭敌人外面的援兵，才有机会攻克敌人的城池。宋灭掉北汉就是运用这一方法取得胜利的。

宋朝完成南方的统一之后，就开始调集力量意图消灭北汉。而北汉有辽国支持，经常派兵南下骚扰宋朝边境，所以双方始终处于冲突的状态。宋太祖在位的时候，曾经三次进攻北汉。第一次是公元968年八月，北汉统治集团内部斗争激烈，宋朝趁机攻打北汉，打到了北汉的都城下，后来因辽兵救援，宋军只好撤退。第二次是公元969年二月，宋太祖亲自率兵攻打北汉，因为北汉军队顽强抵抗，再加上辽兵的增援，宋军又被迫撤兵。第三次是公元974年八月，本来宋军已经节节胜利，马上要攻下太原了，宋太祖却突然去世，宋军只能撤退了。

宋太宗（939—997），名赵匡义，是宋朝的第二位皇帝。

宋太宗即位后，根据以往攻打北汉失败的经验，决定这次绝对不能像前三次那样被迫中断，一定要一气呵成。他开始具体部署讨伐北汉的军队：让大将潘美带兵进攻太原。为了阻止辽兵增援，他派大将郭进率兵阻击辽军。而宋太宗则亲自率领一队兵马，牵制幽州的辽军大规模西援或南下。公元979年二月中旬，宋太宗率军从东京出发。一个月后，郭进大军进驻石岭关。听闻宋军来犯，北汉再次向辽求救。辽派南院宰相耶律沙、冀王耶律塔尔率兵由东面增援，然后派南院大王耶律斜轸、枢密副使穆济带领兵马断其后路，又派大将韩侼、耶律善布带领兵马从北面增援北汉。三月十六日，耶律沙与郭进的军队在白马岭相遇，两军开始了激战。最终，宋军取得了胜利，耶律塔尔战死。辽的北路援军听说东路辽军被打败了，就返回了辽国。四月中旬，宋军数十万军队包围了太原，宋太宗亲自督战。北汉外无援兵，内部厌战，最终灭亡了。

火战十一：草地驻扎，谨防火攻有绝招

见火起，即燔吾前而广延之，又燔吾后。敌人若至，则引军而却，按黑地而坚处。敌人之来，犹在吾后，见火起，必还走。吾按黑地而处，强弩材士卫吾左右，又燔吾前后。

四武冲阵，强弩翼吾左右，其法无胜亦无负。

经典再现

武王问太公曰："引兵深入诸侯之地，遇深草蓊秽[①]，周吾军前后左右。三军行数百里，人马疲倦休止。敌人因天燥疾风之利，燔吾上风，车骑锐士坚伏吾后。吾三军恐怖，散乱而走。为之奈何？"

太公曰："若此者，则以云梯、飞楼，远望左右，谨察前后。见火起，即燔吾前而广延之[②]，又燔吾后。敌人若至，则引军而却，按黑地而坚处。敌人之来，犹在吾后，见火起，必还走。吾按黑地[③]而处，强弩材士卫吾左右，又燔吾前后。若此，则敌不能害我。"

武王曰："敌人燔吾左右，又燔吾前后，烟覆吾军，其大兵按黑地而起。为之奈何？"

太公曰："若此者，为四武冲阵，强弩翼吾左右，其法无胜亦无负。"

迷津指点

①蓊秽（wěng huì）：杂草茂盛。蓊，茂盛貌。秽，田中多草，荒地。

②即燔吾前而广延之：意思是敌人在我前方放火，我也在前方适当地放火，以隔断敌之火势，使火烧不到我军。

③黑地：大火烧过之地是一片黑色，故称为黑地。

古文译读

武王问太公说："带兵深入敌国境内，如果遇到茂密的树木草丛围绕在我军周围，我军已行军数百里，人困马乏，急需宿营休息。这时，敌人利用干燥刮风天气的有利条件，在我上风口放火，又将车骑锐士埋伏在我军的后面，造成我军恐慌，

四处逃散，我军应该如何应对？”

太公答道：“如果遇到这种情况，我军应该在驻地竖起云梯、飞楼，借此瞭望和仔细观察四周的情况。一旦发现敌人放火，我军应立刻在前方的开阔地上放火，扩大火焚面积，同时我军后面也要放火，以便烧出一块黑地。如果敌人前来进攻，我军就撤到这块黑地上坚守。来犯之敌此时就会落在我军后面，看到火起，一定退兵。我军在黑地上排列行阵，以劲兵强弩掩护左右两翼，并继续放火烧掉我军前后的草地。这样一来，敌人就不能成为我军的祸患了。”

武王问：“敌人在我军前后左右放火，以至浓烟笼罩了我军，敌人突然向我驻守的黑地进攻，我军该如何应对？”

太公答道：“如果这样，应当把我军组织成四武冲阵的阵势，以弓箭手掩护左右两翼。这种办法即使不能取胜，也不会失败。”

前沿诠释

火攻也是攻击敌人的一种方法。本篇所言的火攻似乎没有实用价值，因为火攻比较迅速，难以持久，而且敌人对我军实行火攻的时候，一般我军都会处于下风向。这样，火攻对火攻，我军是占不到任何优势的，反而会殃及自身。火攻需要其他条件配合，比如配合天时、地利等条件，田单的“火牛阵”就将火和阵法很好地结合了起来。

公元前279年，燕国进攻齐国。燕国攻打到了即墨（地名），即墨大夫战死，田单成为即墨的将军。因为双方力量悬殊，为了激发军队的士气，田单想到了“火牛阵”。

田单命人找了一千多头牛，把它们打扮起来。每头牛身上披着一条被子，上面画着艳丽的花纹，牛角上绑着两把尖刀，尾巴上系上了一捆浸过油的芦苇。

某天午夜，田单让人在城墙上开凿了很多很大的洞口，然后把牛从洞口里赶了出去，在牛的尾巴上点了火。牛尾巴一烧着，一千多头牛被烧得发起脾气来，朝着对面的燕军凶猛地冲过去。齐国的五千士兵立刻拿着大刀长矛，跟着牛队冲杀过去。

为了显得更有声势，城里的百姓都拿着铜盆、铜壶，使劲地敲打起来。

一时间，声音惊天动地，喊杀声、铜器敲击声惊醒了睡梦中的燕军。睡眼蒙眬的燕军看见帐外火光冲天，成百上千脑袋上长着刀的怪兽冲了过来。许多士兵吓得腿都软了，有的甚至吓得尿了裤子，根本无心抵抗。

那一千多头“火牛”头上的刀扎死了很多人，齐国五千多人砍死了很多人，燕军士兵惊慌之下到处乱跑，又被踩死了很多，最终结果便是燕国惨败。

火战是结合地利发挥作用的战术，如果指挥者对地利的选择不合适的话，就很容易导致失败。

蜀后主建兴十二年（234），诸葛亮六出祁山伐魏，率领三十四万大军向魏国进攻。魏明帝曹睿命司马懿领兵迎战。双方在祁山安营扎寨，对峙起来。

诸葛亮此时已经有了一个计策。他率大军出蜀汉，粮草的接济便成为头等大事。他一方面让蜀军在当地屯田自给自足，一方面用“木牛流马”从外地调粮，还故意向司马懿展示己方的运粮情况。司马懿坚守不出，原本想等蜀军粮尽而败，没想到对方却作了长久打算，于是司马懿准备去诸葛亮屯粮的上方谷烧粮草。上方谷的粮草实际上是诸葛亮布下的诱饵，专等司马懿前来。结果当司马懿用声东击西之法引开蜀军，自以为成功时，诸葛亮已经布置好火箭手在上方谷高处埋伏。等到司马懿“打败”粮仓守军进入山谷时，万箭齐发，地面的草房全部着火。大火将司马懿的军队烧得四处奔逃，伤亡惨重。

然而这把大火并没有烧死司马懿。正当诸葛亮以为大功告成的时候，突然出现了意外，天空降下了倾盆大雨，浇灭了大火，救了司马懿一命。眼看着司马氏父子逃走，诸葛亮只能叹息天意弄人。其实，这件事很好解释。上方谷的那把大火使谷中形成了上升气流，导致水汽在高空凝结降落，形成了对流雨。最终，这次火攻成为诸葛亮一生的遗憾。

垒虚十二：测敌虚实，察敌活动

听其鼓无音，铎无声；望其垒上多飞鸟而不惊。上无氛气，必知敌诈而为偶人也。敌人卒去不远，未定而复反者，彼用其士卒太疾也；太疾，则前后不相次；不相次，则行阵必乱。如此者，急出兵击之。以少击众，则必胜矣。

经典再现

武王问太公曰："何以知敌垒之虚实，自来自去？"

太公曰："将必上知天道，下知地利，中知人事。登高下望，以观敌之变动。望其垒，即知其虚实；望其士卒，则知其去来。"

武王曰："何以知之？"

太公曰："听其鼓无音，铎无声；望其垒上多飞鸟而不惊。上无氛气，必知敌诈而为偶人[①]也。敌人卒去不远，未定而复反者，彼用其士卒太疾[②]也；太疾，则前后不相次[③]；不相次，则行阵必乱。如此者，急出兵击之。以少击众，则必胜矣。"

迷津指点

①偶人：指用木头或稻草制成的假人。

②疾：通"急"。

③相次：次序，连接。

古文译读

武王问太公说："如何知道敌军营垒的虚实以及他们来来回回的行动呢？"

太公答道："将帅必须上知天时，下知地理，中知人事。在高处瞭望，以观察敌军的变动情况；眺望敌军的营垒，就可了解其内部的虚实；观察敌军的动态，就可知道敌军的来去行踪。"

武王问："如何才能知道这些事情呢？"

太公答道："听不到敌营的鼓声和铎声，向敌军营垒望去，有许多没受到惊吓的飞鸟，空中也没有飞扬的尘土，靠这些就可判断敌营是空虚的，敌军这是在欺骗我们，实则用偶人守营。如果敌人仓促退军不远，又急忙返回，一定是敌军调动太

忙乱的表现。因为调动太忙乱，就会没有秩序；没有秩序，行阵排列就必然混乱。在这种情况下，我军可以迅速出兵进攻敌人，即使是以少击众，也会取得胜利。”

前沿诠释

俗话说：知己知彼，百战百胜。要想取得胜利，就需要了解敌人的情况。本篇主要论述了侦察敌人营垒虚实和敌人行动的方法。通过观察敌人的营垒、士卒判断敌情，并据此运用相应的对策，这是作战指挥需要做到的。在春秋时期的平阴之战中，晋军就是以此击败齐军的。

公元前555年，齐军发兵进攻鲁国。晋国和鲁国大军联合，齐灵公在平阴（今山东平阴东北）组织防御。大臣们建议分兵扼守平阴以南地势险要的泰山余脉，但是他没有采纳这些建议，而是固执地在平阴城外挖深沟，筑高垒，掘堑而守。

照此情况，晋军觉得齐军一定不会主动出战，于是兵分两路，以主力进攻平阴，另一路军队偷偷越过沂蒙山区，偷袭齐国首都临淄城。同时，为了增加胜利的机会，晋军决定来一场“心理战”。晋军主帅让中军副元帅士匄故意夸大其词，劝说与其常有往来的齐国大夫子家：“晋与鲁、莒两国，以战车千乘自鲁、莒国境疾袭临淄，临淄危在旦夕。临淄被占领，齐国就等于灭亡了，你应该早作图谋，给自己留条后路。”子家立刻把这个秘密告诉了齐灵公，齐灵公对此非常惶恐。为了进一步让他信以为真，晋军主帅派兵在平阴以南的山泽险要处插满晋军的旗帜，又做了很多的草人穿上士兵的衣服冒充士兵，站在战车上，在车后面拖着树枝到处跑，扬起大量尘土虚张声势。齐灵公一看这情况，吓得失魂落魄，当晚就悄悄撤走，返回了临淄城。第二天，很多人都说齐军可能逃走了，因为乌鸦叫声欢快，在地面上盘旋。在参考众人的意见以后，晋军主将便率军进驻平阴城，然后派兵追击匆忙逃跑的齐军。晋军势如破竹，一连攻克了齐国很多城邑，最后包围了临淄城，齐国惨败。

这次战争，晋国虚张声势威慑了敌人，把敌人吓跑后，并没有马上进驻平阴，而是根据种种情况判断敌人是否撤走，判断平阴是空城后，才进驻城内，并且及时追击逃走的齐军，终于大获全胜。

在正规战中，通过观察确实可以了解敌军的虚实情况。在己方被动的时候，也可以利用这一计策让敌方自动退军，这就是著名的空城计。善用空城计的人除了众所周知的诸葛亮以外，还有马知节。

北宋真宗年间，马知节是延州的知州。有一年元宵节，他派出去侦察的士卒

匆匆忙忙地回来禀报说：“边境敌寇的大队人马正在朝着延州的方向而来，我们应该怎么办？”马知节琢磨着：现在是元宵佳节，大家都在欢快地过节，要是让大家知道这个消息，肯定立刻大乱。而且自己手里的兵马不多，怎么能退敌呢？想着想着，他突然灵光一闪，决定冒一次险。

马知节让人打开城门，然后张灯结彩，大摆宴席，全军上下与民同乐，丝毫没有紧张的感觉。将士们看到知州大人如此镇定，也就放心了，知道他一定有办法退敌，所以没有慌乱。城中的百姓看见一切如常，也都开心地过节。边境的敌寇来到城下，看见大开的城门、欢乐的人民，心里泛起了嘀咕，觉得城内一定有重兵把守，不能轻易进犯，于是就撤走了。

第五卷

豹韬——用排兵布阵之谋

本卷分为《林战》《突战》《敌强》《敌武》《山兵》《泽兵》《少众》《分险》等八篇，主要强调各种特殊的地形作战中的战术及其他应注意的问题。不但要占据有利的地形，而且要善于利用各种地形，只有这样，才能在战场上争取主动，从而取得作战的胜利。

林战第一：森林作战，以守则固，以战则胜

林间木疏，以骑为辅，战车居前，见便则战，不见便则止。林多险阻，必置冲阵，以备前后。三军疾战，敌人虽众，其将可走。更战更息，各按其部，是为林战之纪。

经典再现

武王问太公曰："引兵深入诸侯之地，遇大林，与敌分林①相拒。吾欲以守则固，以战则胜。为之奈何？"

太公曰："使吾三军分为冲阵②，便兵所处③，弓弩为表，戟楯为里。斩除草木，极广吾道，以便战所。高置旌旗，谨敕④三军，无使敌人知吾之情，是谓林战。

"林战之法，率吾矛戟，相与为伍。林间木疏，以骑为辅，战车居前，见便则战，不见便则止。林多险阻，必置冲阵，以备前后。三军疾战，敌人虽众，其将可走。更战更息⑤，各按其部，是为林战之纪⑥。"

迷津指点

①分林：敌我双方各占据一部分森林地带。

②冲阵：即四武冲阵。

③便兵所处：指便于部队进行战斗行动的处所。

④谨敕：严格地约束。

⑤更战更息：轮番战斗，轮番休息。

⑥纪：原则，准则。

古文译读

武王问太公说："率军深入敌国境内，遇到茂密的丛林，与敌军各占一方林地对峙。我想要防御就能稳固，进攻就能取胜，应该怎么办？"

太公答道："将我军部署为冲阵，安排在便于作战的地方，在外层布设弓弩，在里层布设戟楯，砍伐草木，开拓道路，以便于我军行动。我军要高挂旌旗，严格约束全军，不能使敌军了解我军情况，这就是所说的林地作战。

"林地作战的方法是：将我军使用矛、戟等不同兵器的士兵，混合编队。如果林中树木较少，就派骑兵辅助作战，把战车配置在前面，发现有利的机会就战斗，否则就停止。如果森林中险阻地段和突发状况比较多，就必须部署冲阵队形，以防备敌人偷袭我军前后。如果敌军来犯，必使全军迅速勇猛地进行战斗，这样，敌人即使人数众多，也会被我军击退。我军在战斗过程中要轮番作战，轮番休息，各部均按编组行动，这就是林地作战的一般原则。"

前沿诠释

本篇详细讲述林野作战的战术方法。林野作战要追求"守则固""战则胜"，在兵力分部上，部队编为"四武冲阵"。将弓箭部署在外，戟楯在里层。外围斩除草木，开辟道路以利于战斗。在行军过程中，严格约束三军不得透露我军军事部署，违者斩立决。在部队部署上，矛戟部队作为战斗主力，划分为若干小队，相互支援。

若林木稀疏，则骑兵平铺两翼，辅助战车，若发现敌方，第一时间抢先机战斗。如遇被对方先发现、中埋伏等不利时机，便立刻撤退。若遇到林内险道时，将主力部队变为"四武冲阵"，防止敌人前后夹击。如敌人从一方来攻，与敌接战速战速决，随后换另一部队前来支援，四路分队轮流与敌交战，轮流休息，方可取胜。

明末清初，北方蒙古族以漠西厄鲁特蒙古、漠北喀尔喀蒙古、漠南蒙古三大部落为首。厄鲁特部落的准噶尔部势力最强，为其他三部之首。到噶尔丹为首领时，准噶尔的势力范围已经悄然扩大，噶尔丹强盛的兵力使其分裂割据的欲望日益膨胀。在沙俄的蛊惑下，噶尔丹发动了一系列分裂祖国的大规模兵变。康熙二十七年（1688），噶尔丹以日行千里的三万铁骑从伊犁向东行，绕过杭爱山，剑指喀尔喀。喀尔喀守军看到敌军兵临城下，十万火急地向清廷求助。康熙二十九年（1690）六月，康熙在警告无效后，御驾亲征喀尔喀，在乌兰布通击退噶尔丹。噶尔丹奸诈无比，使金蝉脱壳计逃脱，但他分裂的野心并未覆灭，不久后再次召集亡命徒卷土重来。康熙三十四年九月，噶尔丹再率三万铁骑作乱，扬言借得俄罗斯鸟枪兵六万，边境情况危急。

在如此危急的形势下，康熙决定身先士卒再次亲征。次年二月，康熙集结九支军队，以东路为先锋，西路为主将，以两翼之势策应中路大举前进。东路九千人，由黑龙江将军萨布素率领跨兴安岭西进，以克鲁伦河为界实行牵制性侧击。由抚远大将军费扬古为统帅，率领四万六千人由西路进发，过归化、宁夏，越沙漠，并由此北上，彻底切断噶尔丹西逃的路线。康熙御驾亲征中路，与其他两路夹攻，使其腹背受敌。噶尔丹连夜率部西窜。五月十三日，清西路军进抵土剌河上游的昭莫多（今蒙古乌兰巴托东南），在噶尔丹败军十五公里外扎营，欲守株待兔。

康熙，大清圣祖仁皇帝，名爱新觉罗·玄烨（1654—1722），清朝的第四位皇帝。

费扬古将部队分散，以使敌方轻敌。他将一部依山列阵于汗东，一部死守土剌河布防，主力骑兵隐蔽于树林中且全部下马，待听到号角响起再上马冲敌。孙思克作为振武将军率步兵居中，扼守山顶以获取有利信息。而后，清军略施小计，用四百骑兵前来诱敌，噶尔丹一路兵败如山倒，看敌方区区百名骑兵也敢横刀立马于此，暴怒之下失去冷静，率部大举压进，至昭莫多入伏。噶尔丹意图强攻，企图占领清军控制的山顶。孙思克将军率兵据险死守，双方酣战一天，未分胜负。此刻，费扬古率领的沿河伏骑分兵一部已经迂回到敌军后方，另一部已经冲进敌军阵营，强袭其家眷、辎重。据守山头的孙思克看到敌军后方的绿营军，群情激奋下也大呼出击。三面夹击之下，噶尔丹军大乱，只得夺命北逃。清军连夜追击三十余里，大败敌军，击毙噶尔丹之妻，噶尔丹最后仅率数十人向西逃窜。

清军利用昭莫多的特殊地理环境，以逸待劳，巧设伏兵，痛击敌人，最终赢得大胜。

突战第二：如何应对敌人突袭

敌人以我为守城，必薄我城下。发吾伏兵，以冲其内，或击其外。三军疾战，或击其前，或击其后。勇者不得斗，轻者不及走，名曰突战。敌人虽众，其将必走。

经典再现

武王问太公曰："敌人深入长驱，侵掠我地，驱我牛马；其三军大至，薄我城下。吾士卒大恐；人民系累[①]，为敌所虏。吾欲以守则固，以战则胜。为之奈何？"

太公曰："如此者，谓之突兵[②]。其牛马必不得食，士卒绝粮，暴击而前。令我远邑别军[③]，选其锐士，疾击其后。审其期日，必会于晦[④]。三军疾战，敌人虽众，其将可虏。"

武王曰："敌人分为三四，或战而侵掠我地，或止而收我牛马。其大军未尽至，而使寇薄我城下，致吾三军恐惧。为之奈何？"

太公曰："谨候敌人，未尽至，则设备而待之。去城四里而为垒，金鼓旌旗，皆列而张。别队为伏兵。令我垒上多积强弩，百步一突门[⑤]，门有行马。车骑居外，勇力锐士隐伏而处。敌人若至，使我轻卒合战而佯走；令我城上立旌旗，击鼙鼓，完为守备。敌人以我为守城，必薄我城下。发吾伏兵，以冲其内，或击其外。三军疾战，或击其前，或击其后。勇者不得斗，轻者不及走，名曰突战[⑥]。敌人虽众，其将必走。"

武王曰："善哉。"

迷津指点

①系累：拘禁、絷缚。

②突兵：担任突击作战任务的部队。

③远邑别军：驻扎在远处的另一支部队。

④晦：阴历每月的三十日为晦日。此处意为无月光的黑夜。

⑤突门：在城墙或垒壁上预先开设的便于部队出击的暗门。一般由城墙内向外挖，外面留四五寸不挖透。部队出来时，临时将其推倒，突然出击。

⑥突战：突然出击。

古文译读

武王问太公说：“敌人长驱直入，侵犯我国，掠夺我国牛马，敌军蜂拥而至，兵临城下。我军士卒极为恐慌，民众被拘禁成为俘虏。在这种情况下，我想进行稳固的防守，进行必胜的战斗，该怎么办？”

太公答道：“这样的情况，称为‘突兵’。这种军队的牛马必定缺乏饲料，士卒必定缺乏粮食，所以才疯狂地进攻我军。在这种情况下，应命令我驻扎在远方的其他军队，精心挑选强壮的士兵，迅速偷袭敌人的后方，一定要详细计算并确定会攻的时间，务必使其在黄昏时与我军会合，两军联合猛烈地和敌人作战。这样，即使敌人众多，敌将也会成为我军的俘虏。”

武王问：“如果敌军分为三四部分，以一部分兵力向我进攻，侵占我方土地，以一部分兵力掠夺我方牛马财物，它的主力部队还未完全到达，而一部分士兵进逼我城下，使我全军恐慌，应该怎么办？”

太公答道：“我方应仔细观察情况，在敌人未完全到达前就作好准备，严阵以待。在离城四里的地方筑起营垒，把金鼓旌旗都布列张扬起来，并派一支部队埋伏在附近。令我营垒上的军队多集中强弩，每百步设置一个暗门，以便部队出击，门前安置拒马等障碍物，在营垒外面布置战车、骑兵，将精锐士卒埋伏起来。如果敌人来到，先派我轻装部队与敌交战，假装战败逃跑，并令我守军在城上竖立旌旗，擂鼙鼓，作好充分的防守准备。敌人就会认为我主力在防守城邑，必然进逼城下。这时，我军突然出动伏兵，攻入敌军阵内，或攻击敌军阵外。同时再令我全军迅猛出击，勇猛战斗，一部分攻击敌人前方，一部分攻击敌人后方，使勇敢的敌人无法战斗，轻装骑兵也来不及逃跑。这种作战方法称为‘突战’。敌人虽然众多，其将领也必定会战败逃走。”

武王说：“说得太好了！”

前沿诠释

本篇讲述反击敌军突然袭击以及诱敌攻城而突袭敌人制胜的战法。首先论述敌人长驱直入攻击我方城池，谨记“守则固”“战则胜”，必须针对敌军因长途跋涉而造成的身体疲乏，以及携带粮草不多、兵器运送不及时的弱点，令我军远方的精锐部队截断其退路。然后，再同城内被围部队约定会攻日期，尽量选择月光晦暗的

黑夜，对敌实行内外夹击。

满宠，魏国名将，最初在曹操手下任许县县令，曾参与赤壁之战。后辅佐曹仁、曹丕、曹睿与敌军对抗，屡建战功。

接着进一步论述敌人分路来袭、侵略我营或已攻至城下而大军尚未到达的情形，应先弄清敌情，作好准备，在城外设置伏兵。同时完善城防设置，装做极力守城的样子，引诱敌军攻城。这时我军快速发劫伏兵，四面包围，让其进退不得，即可大败敌军。

在城池被敌军包围的情况下，要想取得守城战的胜利，有两个条件：第一是城内部队顽强防守，争取时间，拖垮攻城敌军；二是以最快速度争取援助，这样里应外合，内外夹击，即可击败敌军。

满宠，字伯宁，山阳昌邑人，三国时期魏国将领。

黄初六年（225）十月，大将军满宠随魏文帝曹丕南征东吴。曹丕率领部队进军至精湖宿营时，满宠率诸军在前，与吴军隔江相望，这时正巧赶上“夕风甚猛”的天气。

满宠告诫诸将：“今天晚上风很大，敌人必定会来火烧我军营寨，大家作好准备。”然后部署部队认真作好了应敌突袭的准备。

到了半夜，吴军果然派十路人马前来偷袭烧营。等吴军一到，满宠便率军突然出击，打败前来偷袭的吴军，创造了以突袭反偷袭的成功战例。

突袭作为一种战术，良将用之可破敌一万，愚将用之可自损八千。

敌强第三：敌强我弱，如何退敌

明哉！王之问也。当明号审令，出我勇锐冒将之士，人操炬火，二人同鼓。必知敌人所在，或击其表，或击其里。微号相知，令之灭火，鼓音皆止。中外相应，期约皆当。三军疾战，敌必败亡。

经典再现

武王问太公曰："引兵深入诸侯之地，与敌人冲军①相当。敌众我寡，敌强我弱。敌人夜来，或攻吾左，或攻吾右，三军震动。吾欲以战则胜，以守则固。为之奈何？"

太公曰："如此者，谓之震寇②。利以出战，不可以守。选吾材士强弩，车骑为之左右，疾击其前，急攻其后；或击其表，或击其里。其卒必乱，其将必骇。"

武王曰："敌人远遮我前，急攻我后，断我锐兵，绝我材士。吾内外不得相闻，三军扰乱，皆败而走，士卒无斗志，将吏无守心。为之奈何？"

太公曰："明哉！王之问也。当明号审令，出我勇锐冒将之士，人操炬火③，二人同鼓。必知敌人所在，或击其表，或击其里。微号④相知，令之灭火，鼓音皆止。中外相应，期约皆当。三军疾战，敌必败亡。"

武王曰："善哉。"

迷津指点

①冲军：突击的军队。

②震寇：使我军感到震恐的敌军。意为在夜间对我实施强袭之敌。

③炬火：火把。

④微号：暗号。

古文译读

武王问太公说："带兵深入敌国境内，与敌军短兵相接，敌众我寡，敌强我弱，而敌人又在夜里偷袭我军，有的攻我左翼，有的攻我右翼，使我全军恐慌。我想进行必胜的进攻、稳固的防御，应该怎么办？"

太公答道："这样的状况叫做'震寇'。对付这样的敌人，我军出战有利，

而不适宜防守。我军应该挑选强兵劲弩，以战车、骑兵为左右两翼，凶猛地攻击敌人正面和敌人侧后。或者攻击敌人阵外，或者攻击敌人阵内。这样敌军阵势必然混乱，敌方将领也一定会惊恐失措。”

武王问：“敌军如果在远处阻截我军前方，迅速地攻击我军后方，阻断我方精锐部队，阻止我方援军，使我军前后方失去联系，导致全军混乱，四处逃散，士兵失去斗志，将帅无心固守，应该怎么办？”

太公答道：“大王提出的这个问题，真是英明啊。在这种情况下，我军应该清楚明白地发布号令，出动敢于冒死的兵士，每个士兵手持火炬，两人同击一鼓，必须打探到敌军的准确位置，然后向敌军发起攻击，有的攻击敌人的外部，有的冲击敌人的内部。攻击时，部队都携带暗号，便于互相识别，命令我军扑灭火炬，停止击鼓，之后内外互相策应，各部按事先制定的计划行动。全军迅猛出击，英勇奋战，敌军必然退败。”

武王说：“说得太好了！”

前沿诠释

本篇讲述的是在敌国境内的作战战术，具体讨论了在敌人夜间偷袭我军，而且是在敌众我寡、敌强我弱的不利情况下的对应策略。对付这种敌人要“选吾材士强弩，车骑为之左右，疾击其前，急攻其后，或击其表，或击其里”，这样敌人一定会一片混乱，从而一举粉碎其突然袭击的阴谋。接下来讨论的是我军被敌人切断，内外失去了联系的情况下的应对策略。这里使用了火炬和战鼓，这是重新接上联系的方法。最后，双方里应外合，敌军必然溃败。

提到夜战，人们会联想到古今中外的很多经典战役，小到取敌军将领首级，大到改变一场战争的走向。这是可以出奇制胜的手段，主要作用是能够击敌于不备，歼灭敌方有生力量，或扰敌不安，让其草木皆兵，产生惧怕心理。夜袭的主要条件是本方将猛兵精，熟悉地形，深晓敌情。

说夜袭有很多优势，那么，面对如此犀利的战术，我们该如何应对呢？其实防敌夜袭并不难。首先是运用地势，占据有利位置，比如山顶、背山等一些有利地形，尽量对周边状况一目了然，这样可以避免腹背受敌。其次是加强戒备，使敌无隙可乘。然后再通过天气等环境因素，或通过探报知晓，将计就计，设置埋伏，歼灭来袭部队。历史上不乏通过对敌方将领的性格了解，提前设防，诱敌深入的战役。

建安三年（198）二月，曹操上奏称张绣作乱。同年四月，曹操调集精兵良将，亲自统领大军向宛城进军，征讨张绣。

张绣（？—207），武威祖厉（今甘肃靖远）人，骠骑将军张济的侄子，汉末群雄之一。

张绣听闻曹操来攻，赶忙写信联络刘表，让其作为后援。张绣率领部队出城与曹军对战。三个回合后，张先被许褚斩落马下。张绣军大败，于是紧闭城门，闭关不出。

宛城易守难攻，护城河更是又深又宽，曹军对此没有办法。谋士贾诩看到曹操并未心急，反而骑马绕城而行。张绣对此不解，贾诩却已计从心来："曹操绕城而观，三日都是如此，他必有诈。一定是见到城东南角的城墙颜色新旧不等，参差不齐，断定其鹿角多半已坏。因此想从此处攻城，却假装在西北堆积柴草，想让我们调兵防守西北角，而趁夜黑风高之时攻东南方向而进城。"张绣大骇，追问计策，贾诩笑道："将计就计。"

曹营探马回报说，张绣已将军兵全部调往西北角。曹操听闻大喜，遂命部队一边准备攻城器械，一边佯装攻打西北角。到二更时分，曹操亲自率精兵从东南角过护城河，砍开鹿角，爬墙而入。只听一声炮响，伏兵四起。曹军大败，退守城外，败走十余里。曹军损兵折将，于禁、吕虔两人负伤。

现代商战中，敌强我弱的现象仍然存在着，很多小企业艰难地在夹缝中生存。有些小企业不久就彻底从商战中退出，而有些小企业则顽强地存活了下来，甚至最终有跟大企业一拼的能力。

在日本，曾经有一款叫"安妮"的卫生纸占领了大部分市场。这种卫生纸十分畅销，导致市场上其他小牌子的卫生纸受到严重威胁。日本魅力公司的老板高原庆一郎原是一家特殊纸制品公司的普通职员。他发现了这个现象，决定采取一些手段打破"安妮"的垄断地位。他将"安妮"卫生纸买回去仔细研究，发现其在吸水性和柔软性方面不够完美，还有提高的空间。于是，高原庆一郎便研制出了一款质量更好的卫生纸，其柔软性跟吸水性都优于"安妮"，他将这款卫生纸取名为"魅力"。

另外，高原庆一郎觉得"魅力"还需要做一些行之有效的促销，但自己资金微薄，难以跟"安妮"那样的大生产厂家血拼，所以，必须用更巧妙的方法才行。

他不打算作广告，而是在包装上下了工夫。他用了密封性更好的包装材料，并且请有名的设计师设计精美的图案，打印在外包装上，让其看起来比“安妮”更加美观，更容易吸引女性的目光。最后，他还想到一招，就是要求商店把“魅力”与“安妮”并排放在一起，不动声色地利用了“安妮”的醒目位置。

他的种种做法收到了意想不到的效果。妇女们看到与“安妮”并排摆放的“魅力”，被它更为漂亮的外观吸引，于是不禁拿来与“安妮”作比较。很多人都对新品牌有一种好奇心理，于是决定试着用用“魅力”。没想到，“魅力”一点也不比“安妮”差，妇女们开始认可“魅力”了，“魅力”的营销额开始上升。

弱者面对强者，硬拼是没有用的。“同行是冤家”，在敌强我弱的情况下更要出奇制胜，才能在市场上占有一席之地。

敌武第四：狭路相逢，善于用兵才是出路

选我材士强弩，伏于左右，车骑坚阵而处。敌人过我伏兵，积弩射其左右，车骑锐兵疾击其军，或击其前，或击其后。敌人虽众，其将必走。

经典再现

武王问太公曰："引兵深入诸侯之地，卒遇敌人，甚众且武，武车骁骑绕我左右。吾三军皆震，走不可止。为之奈何？"

太公曰："如此者，谓之败兵。善[①]者以胜，不善者以亡。"

武王曰："用之奈何？"

太公曰："伏我材士强弩，武车骁骑为之左右，常去前后三里。敌人逐我，发我车骑，冲其左右。如此，则敌人扰乱，吾走者自止。"

武王曰："敌人与我车骑相当，敌众我少，敌强我弱。其来整治[②]精锐，吾阵不敢当[③]。为之奈何？"

太公曰："选我材士强弩，伏于左右，车骑坚阵而处。敌人过我伏兵，积弩[④]射其左右，车骑锐兵疾击其军，或击其前，或击其后。敌人虽众，其将必走。"

武王曰："善哉。"

迷津指点

①善：善于用兵打仗。

②整治：整齐不乱。

③不敢当：无法匹敌，难以抵挡。

④积弩：集中弓弩。

古文译读

武王问太公说："领兵深入敌国境内，与敌军突然相遇，敌军众多而且凶狠勇猛，并以武冲大战车和骁勇的骑兵包围我左右两翼。我全军恐慌，纷纷逃跑，无法阻止。对此应该怎么办？"

太公答道："像这样的情况叫做'败兵'。善于用兵的人，可以反败为胜；不善于用兵的人，就会因此败亡。"

武王问："面对这种局面应该怎么应对？"

太公答道："应该将我军的强兵劲弩埋伏在附近，并在左右两翼配置威力大的战车和骁勇的骑兵，一般选择在距离我军主力前后约三里的地方作为伏击地点。敌人如果前来追击，我军就出动战车和骑兵，向敌人的左右两侧进攻。这样，就会使敌军陷入混乱，我军逃跑的士卒就会自动停止逃跑。"

武王问："敌我双方的战车和骑兵相遇，敌众我寡，敌强我弱。敌人进攻我军，阵势整齐，士卒精锐，与敌对阵而战的话，我军难以抵挡。遇到这种情况，应该怎么办？"

太公答道："在这种情况下，应挑选我军的强兵劲弩，埋伏在左右两侧，并把战车和骑兵布成坚固的阵势进行防守。当敌人路过我军埋伏的地方时，我军就用密集的弓箭射击敌人的左右两翼，并出动战车和骑兵以及精锐士卒猛烈地攻击敌军的正面或侧后。这样，敌人虽然众多，但必定会被我方打败。"

武王说："说得太好了！"

前沿诠释

遭遇战的基本作战原则是争取主动，先下手为强。军队在运动过程中，组织不间断的侦察，尽可能提前发现敌方的走向和动机。探察敌情后，冷静果断地部署作战计划，先敌占据有利地形，先发制人，痛击敌侧翼实施突击。采用佯退的方式诱敌，设置伏兵，诱敌入伏。而在非预期遭遇战中，通常是狭路相逢勇者胜。决定性因素在于士兵的平日操练，还有对统帅的信任。下面让我们来看看，在鸡父之战中，吴军是怎样战胜楚军的。

楚军在进军途中，主帅子瑕病死。楚军失去了先锋大将军，将士们的情绪顿时变得低落。司马远越见状，被迫班师回返鸡父（今河南固始东南）。吴公子听闻楚军大帅子瑕身亡，楚联军未战先逃，借此判断这是击敌良机，即向吴王僚建议乘势追击，利用奇袭取胜。

吴王采纳了他的建议，令他率军追击。吴公子挥军向前直追楚军，于兵家所忌讳的七月二十九日突然出现在鸡父战场。此举完全出乎司马远越的意料，仓促之中，他让胡、沈、陈、蔡、顿、许六国军队列为前阵，掩护楚军。吴公子以三路主力预作埋伏，以不懂战法的三千囚徒为诱饵，进攻胡、沈、陈诸军。三千囚徒不是

对方对手，急忙溃退。胡、沈、陈军见状贸然出击追敌，落入吴军包围圈。突然吴军从三方出击，很快打败胡、沈、陈三国军队。顿、许、蔡三国军队见状，顿时军心大乱，阵势不稳。吴军趁势擂鼓呐喊而进，顿、许、蔡军不战而败。楚军未等列阵，就因受猛烈冲击而迅速溃败。

这一战吴军以寡敌众，又处于“后据战地而趋战”的不利处境，最终却得胜，原因是正确地判断了敌情，利用“晦日”不宜作战的传统习惯，突然出现在战场，诱敌冒进，设伏痛击，乘胜猛攻。而楚军在这次遭遇战中的失利，关键在于士气低落，内部步调不一，对吴军的动向缺乏了解，临阵时指挥笨拙，缺乏机动应变能力，终于导致惨败。真正是“善者以胜，不善者以亡”。

这一小节讲的是遭遇战，及遇到强大的敌人如何取得胜利，也可以将意思延伸到现代市场竞争中。同行是冤家，他们之间的竞争是最激烈的。面对强大的同行，需要运用智慧去抗衡。俗话说“狭路相逢勇者胜，勇者相逢智者胜”。可见要想取得最后的胜利，有勇无谋是不行的，最终还是有智慧的人能走到最后。

“康师傅”和“统一”这两个词我们都很熟悉，相比而言，当“统一”在台湾市场大红大紫的时候，“康师傅”还是个名不见经传的小品牌。但是现在不同了，不论是在大陆还是台湾地区，“康师傅”所占有的市场都让“统一”不可小觑。

初入大陆市场的时候，“康师傅”通过万人试吃的活动研究大陆消费群体的口味，最终将产品定位为红烧牛肉面，并且坚持了十几年。而“统一”在进入大陆市场上的时候，曾把在台湾最畅销的鲜虾面、肉燥面等产品带了过来，并认为“我们爱吃，他们也应该喜欢吃”，结果遭到冷遇。这其中的原因就是，与台湾人喜食清淡不同，大陆人的口味偏重，更喜欢刺激性强的食物。“康师傅”正是抓住了这一点，才在大陆赢得了市场，与强势的“统一”拉近了距离。早期的大陆战，“康师傅”是胜者。这个时期，“康师傅”的撒手锏是借助红烧牛肉面单品突破。单品突破是企业根基和品牌奠定的前提，是一个弱小企业走向成功的起点。随后的几年，“康师傅”又根据实际情况开发出很多口味的方便面。再看“统一”，仍然在“好劲道”“统一100”的产品线上停留。2002年，“康师傅”终于在大陆市场上实现了超越“统一”的梦想。

对于最初的“康师傅”来说，“统一”是一个强大的对手。经过层层突破，“康师傅”最终超越了“统一”。对手强大时，己方并不是没有出路，要懂得运用智慧。遭遇战时，需要运用智慧退敌；市场竞争中，需要运用智慧立足并且超越对手。

鸟云山兵第五：山地驻扎，防御有术

其山，敌所能陵者，兵备其表。衢道通谷，绝以武车。高置旌旗，谨敕三军，无使敌人知我之情，是谓山城。行列已定，士卒已阵，法令已行，奇正已设，各置冲阵于山之表，便兵所处，乃分车骑为鸟云之阵。三军疾战，敌人虽众，其将可擒。

经典再现

武王问太公曰："引兵深入诸侯之地，遇高山磐石[①]，其上亭亭[②]，无有草木，四面受敌。吾三军恐惧，士卒迷惑。吾欲以守则固，以战则胜。为之奈何？"

太公曰："凡三军，处山之高，则为敌所栖[③]；处山之下，则为敌所囚[④]。既以被山而处，必为鸟云之阵。鸟云之阵，阴阳皆备。或屯其阴，或屯其阳。处山之阳，备山之阴；处山之阴，备山之阳；处山之左，备山之右；处山之右，备山之左。其山，敌所能陵[⑤]者，兵备其表。衢道通谷，绝以武车。高置旌旗，谨敕三军，无使敌人知我之情，是谓山城。行列已定，士卒已阵，法令已行，奇正已设，各置冲阵于山之表，便兵所处，乃分车骑为鸟云之阵。三军疾战，敌人虽众，其将可擒。"

迷津指点

①磐石：巨石。

②亭亭：山峰高兀耸峙的样子。

③栖：鸟类歇宿于树上。言为敌所逼而不能下来。

④囚：囚禁，为敌所围困。

⑤陵：攀登。

古文译读

武王问太公说："领兵深入敌国境内，遇到高山巨石，山峰突兀高耸，没有草木，四面受敌。我军因而恐慌，士兵迷惑混乱。我要想进行稳固的防守，实施必胜的进攻，应该怎么办？"

太公答道："将军队安置在山顶之上，就容易被敌人隔绝孤立；将军队安置在山麓之上，就容易被敌人围困。在山地环境中作战，就必须将军队布成鸟云之阵。

所谓鸟云之阵，就是对山南山北各个方面都要有所戒备。军队驻守山的北面或者南面。军队若驻扎在山的南面，就要戒备山的北面；若驻扎在山的北面，就要戒备山的南面；若驻扎在山的左面，就要戒备山的右面；若驻扎在山的右面，就要戒备山的左面。凡是敌人能攀登的地方，都要派兵把守，交通要道和能通行的谷地，都要用战车加以阻绝。高挂旌旗，以便相互联络；整顿三军，严阵以待，不要让敌人得知我军情况，这样就成了一座山城。部队的行列已经排定，士卒已经列阵，法令已经颁行，奇正相辅的阵法已经确定，各部队都编成冲阵，安置在山上比较突出的便于作战的地方。然后把战车和骑兵布成鸟云之阵。这样，当敌来攻时，我全军顽强抵抗，敌军虽多，必被打败，其将领就可成为我军俘虏。”

前沿诠释

本篇讲述山地防御的战术。部队驻扎在山上、山下的弊端：“处山之高，则为敌所栖；处山之下，则为敌所囚。”部队在山上驻扎时，应布为鸟云之阵。这样既可支援各方作战，又可控制住机动部队。山的四面八方必须警戒巡视，在敌军可能入侵的地段，派重兵严守，而且用战车阻绝通道和谷口，高竖旗帜，重视联络，全军待命，随时准备战斗。如此便形成牢不可破的“山堡”。当敌来攻时，即可将敌击败。

但是，山地作战地形复杂、交通不便，这些因素又给机动、联络和后勤补给带来很大困难，所以无论是攻是守，都有利弊。对于守方而言，可根据山险以逸待劳，但如对方切断我军补给和水资源，则容易不战自败，为敌所栖。对于攻方而言，有利于隐蔽接敌、迂回、包围和渗透敌军。但敌方占据有利地形，控制道路、谷地、险隘，则容易成为笼中的金丝鸟，为敌所囚。

总之一句话，对于攻守双方来讲，都应该趋利避害，根据此刻的地利因素，灵活应变，以获得胜利。历史上，三国大将马谡的街亭之败就是为敌所栖，最终咎由自取，品尝苦果。

公元228年春，诸葛亮为实现刘备的遗愿，匡扶汉室统一天下，再次发动北上伐魏的战争。他的作战计划是声东击西，由斜谷出发进攻郿城（今陕西眉县北），以赵云、邓芝为首扮为疑兵，而从箕谷（今陕西宝鸡东南）亲率主力部队自祁山（今甘肃礼县东北）占陇右。正月，他的计策成功，“扬声由斜谷道取郿”，却“身率大军攻祁山”，使魏国群臣大骇不已。以天水、南安（今甘肃陇西东南）、安定（今甘肃泾川）为主的三郡立即降蜀。魏明帝曹睿心急如焚，急令魏国名将张

部领步骑五万，西拒蜀军。

魏蜀双方展开了一场旷日持久的战争，以争夺陇右为目标的大战蓄势待发。诸葛亮一面攻打陇西（今甘肃陇西）、广魏（今甘肃天水东北）二郡，以最快方式占领陇右；一面时刻准备迎战魏国援军。魏将张郃率部以迅雷不及掩耳之势，横渡渭水，急扑街亭（今甘肃天水县东南街子口），打击蜀军侧后方，企图一举击垮蜀军，抢回陇右。诸葛亮为防主力遭受打击，命马谡率军驻扎街亭。

街亭是指渭河与麦积山之间的地方，是关陇间为数不多的通道之一，地势十分重要，大有一夫当关万夫莫开之势。马谡到街亭后，因地势之利傲慢怠敌，违反军师依山傍水的战术部署，不以守为攻，反而“以攻为守”，将部队布在远离水源的街亭山上。见此情况，副将军王平指出：“街亭山一无粮道，二无水源，如曹军围困街亭，切断一切供给，我军不战而败。因此请主将三思，还是以军师原计划依山傍水扎营。”谁想马谡充耳不闻、刚愎自用，认为在此可“我军布于山上，居高临下，倘若敌军来攻，必可一鼓作气溃敌无数。置之死地而后生，这是兵家常识。使之义无反顾，这正是制胜的秘诀”。王平再三劝阻，无奈马谡固执己见，只得徒然悲叹。

张郃进兵，得知马谡舍水上山，喜上眉梢，即令士兵挖沟断河，切断水源、封堵粮道，将马谡部队围困于山顶，步步逼近后开始放火烧山。霎时间黑烟漫天，火光里燥热难耐，部队士气大损。魏军看准时机，以虎狼之势大举推进，蜀军节节败退。所谓兵败如山倒，最终街亭告失，统帅马谡狼狈逃走。诸葛亮无奈，只好撤军。这是蜀国第一次攻魏失败，也因此留下世人铭记、千古传颂的经典——诸葛亮挥泪斩马谡。

鸟云泽兵第六：与敌夹河对峙，诈敌、伏兵不可少

凡用兵之大要，当敌临战，必宜冲阵，便兵所处。然后以车骑分为鸟云之阵，此用兵之奇也。所谓鸟云者，鸟散而云合，变化无穷者也。

经典再现

武王问太公曰："引兵深入诸侯之地，与敌人临水相拒。敌富而众，我贫而寡。逾水击之，则不能前；欲久其日，则粮食少。吾居斥卤之地[①]，四旁无邑，又无草木。三军无所掠取，牛马无所刍牧[②]，为之奈何？"

太公曰："三军无备，牛马无食，士卒无粮。如此者，索便[③]诈敌而亟去之，设伏兵于后。"

武王曰："敌不可得而诈，吾士卒迷惑。敌人越我前后，吾三军败乱而走。为之奈何？"

太公曰："求途之道，金玉为主；必因敌使，精微[④]为宝。"

武王曰："敌人知我伏兵，大军不肯济，别将分队，以逾于水；吾三军大恐。为之奈何？"

太公曰："如此者，分为冲阵，便兵所处。须其毕出，发我伏兵，疾击其后，强弩两旁，射其左右；车骑分为鸟云之阵，备其前后；三军疾战。敌人见我战合，其大军必济水而来。发我伏兵，疾击其后；车骑冲其左右。敌人虽众，其将可走。

"凡用兵之大要，当敌临战，必宜冲阵，便兵所处。然后以车骑分为鸟云之阵，此用兵之奇也。所谓鸟云者，鸟散而云合，变化无穷者也。"

武王曰："善哉。"

迷津指点

①斥卤之地：荒芜贫瘠的盐碱地。

②刍牧：饲养和放牧。

③索便：寻找机会。

④精微：精细隐蔽。

古文译读

武王问太公说："领兵深入敌国境内，与敌军隔河对峙，敌军粮草充足，士卒众多，我军资材贫乏，士卒寡少。我想渡河进攻，却无力前进；我想拖延时日，又缺乏粮草。而且我军驻扎在荒芜贫瘠的盐碱地，附近既没有城池又没有草木，军队无处掠取物资，牛马无处吃草，应该怎么办？"

太公答道："军队没有战备，牛马没有饲料，士卒没有粮食，遇到这种情况，应当寻找机会，欺骗敌人，迅速向其他地方迁移，并在后面安置伏兵，以阻挡敌人的追击。"

武王问："如果我军欺骗不了敌军，我军士卒迷惑恐慌，敌人包抄我军前后，我全军溃败陷入混乱而逃，应该怎么办？"

太公答道："这时寻求退路的办法，主要是用财物引诱敌人前来掠夺，同时对敌方使者行贿。此事必须谨慎细致，一定不能使敌人察觉。"

武王问："敌人已得知我方设有伏兵，大军不肯渡河，另派一支小部队渡河向我进攻，我全军恐慌，应该怎么办？"

太公答道："在这种情况下，我军应部署为四武冲阵，配置在便于作战的地方，等敌军全部渡河后，出动我方伏兵，迅猛攻击敌人侧后，弓箭手从两旁射击敌人左右。同时把我军战车和骑兵布列为鸟云之阵，前后戒备，使全军顽强战斗。敌人发现我军与它的小部队交战，其主力部队必会前来渡河。这时就出动我军的伏兵，迅猛攻击敌军侧后，并用战车和骑兵攻击敌军两翼。这样，敌军即使人数众多，也会被我军打败，其将帅也必然逃走。

"大凡用兵，基本原则是：当与敌对阵面临作战时，必须把军队布列为冲阵，安排在便于作战的地方，然后再把战车和骑兵布成鸟云之阵，这就是出奇制胜的方法。所谓鸟云，就是像鸟散云合那样，灵活机动，变化无穷。"

武王说："说得太好了！"

前沿诠释

前文我们一直未讲解何谓鸟云之阵。所谓鸟云就是，像鸟一样灵动，像云一样变化无穷。鸟云之阵一般多用于骑兵与战车，骑兵的快速移动像飞鸟一般快速出击，凶狠而高效；战车的缓慢移动就像天上的浮云，迟缓却变化多端，当敌方冲击战车时就像用拳头打进云朵里，让其深陷其中。

本篇描述我军进攻敌军遭遇河川战时的战术和方法。首先是同敌人"临水相

拒。敌富而众，我贫而寡。逾水击之，则不能前；欲久其日，则粮食少”，在器械不备、补给困难的情况下，应设法欺诈敌人，赶快脱离险区，并沿路设置伏兵，防止敌军追击。等敌人先遣部队渡河后，向其发起猛烈攻击。此时敌人大部队见先遣部队形势危急，必会渡河前来支援。这时我军从四周围攻，敌人必败。文章最后指出，用兵作战必须机动灵活，鸟疾云散，变化无穷。

河川战是古代常见的作战方式之一。河川战的关键在于渡水与反渡水。方法有强渡、分渡和暗渡。渡水在河川战里极其重要，有时候甚至关系到战争的胜负。反渡水的方法是立足于自保阻水而守，立足于歼敌半渡而击。

周敬王二十六年，越国被吴国击败。越王勾践卧薪尝胆，积蓄力量伺机灭吴。周敬王四十二年，吴国大旱，勾践认为灭吴的时机成熟，而自己也准备充分，于是决定出兵伐吴。

越王勾践剑。春秋晚期越国青铜兵器，1965年出土于湖北省江陵县望山一号楚墓，长55.7厘米，现藏于湖北省博物馆。

同年三月，越王与大将范蠡领五万大军侵入吴国边境。吴王夫差闻讯，立刻领兵六万迎战越军，双方在笠泽（今江苏苏州南，与吴淞江走向相同的古河道）隔江对峙。夜半，越王将部队分为两路，又从两路部队中各抽一队，命一队逆江而上，进至上游五里处，另一队顺江而下，进至下游五里处。午夜，两支部队此起彼伏，鸣鼓呐喊，佯装进攻。吴王忽闻江面上、下游擂鼓喧天，误以为越军趁夜渡江两面夹攻，自作聪明地兵分两路前去堵截，仅留中军待命。勾践得知吴军已分兵前去围追后，派中军六千锐卒为先锋，瞒天过海，衔枚渡江，步步围向吴军大营。在调虎离山、暗度陈仓之后，忽然向吴军发起破釜沉舟的冲击，这出其不意的突袭使吴军惊慌失措、士气低迷。出击的两路吴军听闻军营遭袭返程回救，未想又遭越军两队追讨，军心涣散，溃败。越军越战越勇、气势如虹，再战于没（今苏州南），三战于郊（今苏州郊区），连败吴军。一时间吴军犹如惊弓之鸟，退守姑苏后惶惶不可终日、草木皆兵，此后吴国一蹶不振。公元前473年，越王灭吴，吴王夫差自缢。

越军利用夜黑风高，两翼佯动，诱敌分兵，乘虚偷渡，中央突破，取得了古代战争史上一场著名的渡江奇袭战的胜利。

少众第七：以少胜多，并非无法

前行未渡水，后行未及舍，发我伏兵，疾击其左右，车骑扰乱其前后。敌人虽众，其将可走。事大国之君，下邻国之士；厚其币，卑其辞。如此，则得大国之与，邻国之助矣。

经典再现

武王问太公曰："吾欲以少击众，以弱击强。为之奈何？"

太公曰："以少击众者，必以日之暮[1]，伏以深草，要之隘路。以弱击强者，必得大国之与[2]，邻国之助。"

武王曰："我无深草，又无隘路，敌人已至，不适日暮；我无大国之与，又无邻国之助。为之奈何？"

太公曰："妄张诈诱，以荧惑其将。迂其道，令过深草；远其路，令会日暮。前行未渡水，后行未及舍，发我伏兵，疾击其左右，车骑扰乱其前后。敌人虽众，其将可走。事大国之君，下邻国之士；厚其币，卑其辞。如此，则得大国之与，邻国之助矣。"

武王曰："善哉。"

迷津指点

①暮：底本作"路"，疑误，今据《武经七书汇解》校改。

②与：援助。

古文译读

武王问太公说："我要以寡敌众，以弱击强，应该怎么办呢？"

太公答道："要以寡敌众，必须趁着暮色，在草木茂密的地带埋伏军队，在险窄的道路上阻击敌人。要以弱击强，必须得到大国的援助、邻国的支持。"

武王问："如果我方没有深草地带可供埋伏，也没有艰险道路可以利用，敌军也不是在傍晚时候到达；我方既没有大国的援助，也没有邻国的支持，又该怎么办呢？"

太公答道："应该虚张声势,用引诱欺骗的手段迷惑敌军。诱使敌人迂回前进，使其经过深草地带；引诱敌人绕走远道，耽误行军时间，使其正好在傍晚的时候与我军交战。趁敌人先头部队还没全部渡水，后续部队来不及宿营时，出动我军伏兵，迅速猛烈地攻击敌军的两翼，并令我战车和骑兵扰乱敌军的前后。这样，敌人即使众多，也会被我军打败。恭敬地侍奉大国的君主，以礼结交邻国的贤士，多送财物，言辞谦逊，这样就能够得到大国的支持、邻国的援助了。”

武王说：“说得太好了！”

前沿诠释

所谓少众，即以少胜众，也就是通常说的以少胜多，以弱胜强。历史上，有无数以弱胜强的经典范例。大部分都是在夜晚、草丛、窄路的条件下，采取伏击、截击等战法歼灭敌人。以弱击强，首先应虚张声势，示形动敌，诱使敌军经过深草、水泽等地，然后伏击敌人。同时利用各种外交手段，这样就能够得到“大国之与，邻国之助”。

秦昭王十四年（前293），魏、韩两军联合在伊阙（今河南省洛阳市龙门）集结，欲收复秦国攻占的新城、宜阳等地，以解除秦军对魏、韩南部和西部的威胁。秦军也以伊阙为中心开始集结部队，整装待发。这时候，秦国的边境形势十分紧张。西面的少数民族政权义渠在赵国的支持下，不断侵入秦国陇东地区。赵国内乱结束，赵惠文王和相国李兑深信秦国将是赵国的劲敌，因而开始对秦采取压制。秦昭王、宣太后和魏冉被形势所逼，只好将秦军精锐的大半调到秦国北部与西部边境来抵抗赵军。魏、韩联军对秦国东部和秦通往中原的咽喉函谷关（在今河南灵宝东北。因关在谷中，故名函谷关）屡屡犯难，秦国短时间内无法调出精锐部队应战。

秦昭襄王（前325—前251），战国时秦国国君，又称秦昭王。嬴姓，名则，一名稷，是中国历史上在位时间最长的国君之一。

同一时间，来自新城和宜阳的秦军开始在伊阙集结，由秦国名将白起指挥。此时，东拼西凑的秦军部队在数量上以及武器装备上都不及韩、魏联军，仅仅魏军数量就已超出秦军好几万，而韩军装备更是精良无比，秦军明显处于劣势。在这种情况下，部队中的许多将领都未战先怯，主张以守为攻，紧布营盘采取守势，希望以其固若金汤的防御战术拖延到援军到来。

这支秦军并非秦国的主力部队，而韩、魏联军却是两国的精锐，可谓虎狼之师。所以，秦国诸将主张以守为攻等待援军的战术是很现实的想法。可名将白起明白，倘若两军对峙过久，这支曾被韩、魏联军重创的秦军士气会更加低迷，气势上、形势上会更加不利于秦军，最后会不战自败。现在的这支秦军急需一场胜利来找回气势，挽回尊严。而以秦国现在的国力，根本无法在短时间内解除来自赵国的威胁，也无法从西部和北部边境调大军来援助。所以，解决魏、韩联军只能靠这支并不精良的秦军，诸将的想法其实只是美好的一相情愿。

为了扭转这种两线作战的不利局面，避免因秦军怯战而引来其他国家的侵犯，魏冉决意先解燃眉之急，反击魏、韩联军，令白起以迅雷之势尽快解决魏、韩联军。在伊阙的对峙中，秦军与魏、韩联军发生了几次小规模战斗，大战一触即发。

由于统帅白起身先士卒，这几场小规模战斗竟然取得全胜。虽然歼敌并不多，但秦军的士气大涨。反观魏、韩联军，初来乍到时的锐气已消失殆尽。几场战斗下来，秦军不再像刚来时那样畏首畏尾，提到敌军闻之变色。而且，士兵、将领们对这位用兵如神的统领更加信任、更加有信心。

名将白起通过细致的观察发现了魏、韩联军的一个致命缺点，如果用计得就可置敌于死地。而这致命缺点便是魏、韩两军没有一个统一的指挥，也就是说两军是各自为战的。魏军由魏国名将公孙喜统领，韩军由韩国名将暴鸢统领，两人同是当代名副其实的名将，在本国可谓是一人之下万人之上，怎会心甘情愿地被人呼来唤去呢？而魏、韩两国的国君在计划联合时，也未提这次作战将由谁作为两军统帅，最高指挥权究竟归谁。魏、韩两军心中都打着自己的如意算盘，希望以最小的代价换取最大的利益，希望盟军先向秦军进攻，两者鹬蚌相争，自己坐收渔翁之利。

通过几次小规模的战斗，韩、魏联军同时发现这支秦军看似不堪一击，真打起来却不容小视，心中都有了顾忌，谁也不愿杀敌一万自损八千。白起察觉魏、韩联军不过是个幌子，实际乃魏、韩两军，两军互相观望的态度给了白起逐一击破的机会。白起差使者与进韩境作战的魏军言好，希望魏军能保持中立态度，而公孙喜正有坐山观虎斗之意，毫不犹豫地答应了。因为公孙喜心中也有自己的如意算盘，他想等到秦与韩打到两败俱伤时，将两者一网打尽。

白起翌日便向韩军下战书，在书信中暗示魏军已保持中立，秦愿与韩择日决一死战。秦军更是将营寨全部驻扎在韩军这一侧，摆出与韩誓不两立之势。而原本唇齿相依的魏、韩联军因白起的挑拨离间而一分为二，悄悄走向唇亡齿寒、独木难支的境地。

韩军在接到战书后整装待发，全力备战。暴雨之夜，魏军部队驻营里，大家无所事事，难免放松戒备。秦将白起率领大军主力行至魏营后侧，向魏军发起猛烈进攻。秦军三路压迫，从三方一齐打击魏军。魏军只得向韩营方向逃窜，节节败退。魏军被秦军打得猝不及防，短时间内无法组织有效的反击，只得且战且退，狼狈不堪地拥向韩营，渴望援助。

由于大雨倾盆、云雾弥漫，韩营众将听见魏营隐约传来厮杀声，但暴鸢未敢贸然出兵。秦将白起向来诡计多端，用兵神鬼莫测，暴鸢认为这也许是他在使诈。很快厮杀声越来越近，迷雾中也逐渐出现了人影。韩军整装待发，准备誓死抵抗。等到两军兵刃相遇之后，才发现是联盟魏军。韩军此时已无法阻止溃败的友军冲向本营，追打魏军的秦军开始将目标转移到与之交战的韩军身上，而原本留在韩军对面的秦军此刻也倾巢而出，剑指韩营。

韩军先遭溃败的魏军冲击，而后再遇秦军的两面夹击。韩将暴鸢还未理清思路时，魏、韩两军已经兵败如山倒，难挽败局。秦军面对落荒而逃的魏、韩两军穷追猛打，不给对方任何喘息之机。但公孙喜和暴鸢无愧当世名将，在理清思路之后虽然逃跑，但还是布置了几次有力的抵抗。而在遭遇魏、韩的反抗时，秦将白起身先士卒，鼓舞了三军，最终将魏、韩两军赶向偃师。

伊阙在洛河、伊河之间，天降暴雨过后，伊河与洛河河面波涛汹涌，河水更是一泻千里，韩、魏两军只能望河兴叹。洛河与伊河在偃师一带两河同流，秦军将魏、韩两军最后赶至两河汇集处。前有汪洋，后有虎狼之师，魏、韩无路可逃，被秦军大量歼灭，跳河逃命的士兵被河水冲跑淹死十之八九。暴鸢在几名水性好的士兵的掩护下，得以渡河逃险。

伊阙一战，秦军最终斩杀魏、韩两军共二十四万余人，俘虏无数，活捉魏国名将公孙喜，并因此战的大胜乘机攻下五座城池。

这一战，秦国彻底地削弱了韩、魏两国国力，以至于韩、魏两国需要很长时间才能恢复，秦国东部的危机得到有效的缓解。秦将白起因此大功被封为国尉，这便是战神白起为历史留下的经典少众之战。

除了在战争中，生活中很多地方也存在着以少胜多的现象，比如已经走进我们生活的互联网。在互联网迅猛发展的信息领域，存在着三巨头，分别是：赶集网、58同城、百姓网。相比于前两者，百姓网显得有点微不足道。另外两家网站的工作人员有几百甚至上千，而百姓网只有区区30人。但是，这个小团队里面的每个人给公司创造的贡献都超过100万元。跟两个庞大的竞争对手相比，百姓网可以说是用

最少的员工创造了最大的价值。

有人对此提出疑问，一个30人的小团队为何能创造出如此巨大的价值呢？这是因为百姓网专注于分类信息这个领域，他们的核心业务就是分类信息。不论时代如何变迁，人的思想如何改变，信息分类是永远存在的。百姓网在主页没做好以前不考虑其他业务，因此不会出现“本末倒置”的情况，同时运营成本也会大幅降低，这是百姓网一直以来保持不到30人团队的秘诀所在。

还有一点就是持之以恒。商战是持久战，速战速决是不可能的，想要“以少胜多”，就必须坚持下来。2006年以来，分类信息网站进入洗牌时期，很多网站都倒闭了，或者艰难维持者。但百姓网坚持了下来，并跟58同城、赶集网形成了“三足鼎立”的局面。

百姓网的案例说明，实现以少胜多的重要法则是对资源的合理利用，以及持之以恒。

分险第八：依山傍水，与敌作战

三千人为屯，必置冲阵，便兵所处。左军以左，右军以右，中军以中，并攻而前。已战者，还归屯所，更战更息，必胜乃已。

经典再现

武王问太公曰："引兵深入诸侯之地，与敌人相遇于险厄[①]之中。吾左山而右水，敌右山而左水，与我分险相拒。吾欲以守则固，以战则胜。为之奈何？"

太公曰："处山之左，急备山之右；处山之右，急备山之左。险有大水，无舟楫者，以天潢济吾三军。已济者，亟广吾道，以便战所。以武冲为前后，列其强弩，令行阵皆固。衢道谷口，以武冲绝之，高置旌旗，是谓车城[②]。

"凡险战[③]之法：以武冲为前，大橹为卫，材士强弩翼吾左右。三千人为屯，必置冲阵，便兵所处。左军以左，右军以右，中军以中，并攻而前。已战者，还归屯所，更战更息，必胜乃已。"

武王曰："善哉。"

迷津指点

①厄：险隘。

②车城：用战车连接起来构成的营垒。

③险战：险隘地带的战斗。

古文译读

武王问太公说："引兵深入敌国境内，在险阻狭隘的地方与敌人相遇。我军左依山右傍水，敌军右依山左傍水，双方各据险要而对峙。在此情况下，我想进行稳固的防守、必胜的进攻，应该怎么办？"

太公答道："当我军攻取了山的左侧时，应迅速戒备山的右侧；攻占了山的右侧时，应迅速戒备山的左侧。险要地区的大江大河，如没有可以利用的船只，我军就应用天潢等浮渡器材渡过。已经渡河的军队，要迅速在前方开辟道路，抢占有利地形，以便主力部队跟进。要用武冲大扶胥掩护我军的前后，布列强弩，使得我军行列和阵形稳固。交通要道和山谷的谷口，要用武冲大扶胥加以阻绝，

并高挂旗帜，这样就铸成了一座用战车连接起来的车城。

“大凡险要地带，作战的方法是：把武冲大扶胥配置在前，以大盾牌为防护，用强兵劲弩保护我左右两翼。每三千人为一屯，一定要编成进攻性的阵势，配置在便于作战的地形上。战斗时，左军用于左翼，右军用于右翼，中军用于中央，三军并肩作战，奋力向前推进。已战的部队，回到原屯驻之处休整，未战的依次投入战斗，轮番作战，轮番休息，直到取得胜利为止。”

武王说：“说得太好了！”

前沿诠释

本篇主要论述了在山水险隘地带的作战方法。敌我双方在山、水交错的险要地形处交战，从而形成胶着的状态。在战略指导上，首先应该加强戒备，“处山之左，急备山之右”，以防被敌人围剿，使敌人有机可乘。而后逐一讲述由山路、水路向敌军进攻的有效方法。如从水上向其进攻，先锋部队渡河以后，应该“广吾道，以便战所”，也就说让战车行驶在前后两方，以材士强弩看守前方，从而阻绝其他道路，以最快速度建立起稳固的阵形，以此掩护部队的主力渡河过江。若从山路发动攻击，战术部署应以武冲大扶胥为先锋，大盾战车为后防，材士强弩驻扎左右两侧，让步兵为主力迎面攻击。攻击时三军齐头并进，“并攻而前”，即可取胜。

所谓天时地利人和，缺一不可。因而地形往往是决定战争胜负的主要因素之一。有的依靠地形易守难攻，退敌无数；有的在被动情况下逃跑，依据地势逆转反攻，扭转乾坤。可占据了有利地势并不等于就赢得了战争的胜利。之所以天时地利人和缺一不可，就是如此。它是战斗胜利的重要因素之一，但不是全部。所以善用地势者能借势取胜，不善用地势者则很可能失败。剡家湾之战就是这样一个例证。

绍兴九年（1139）秋，宋金议和，宋朝向金俯首称臣，遣贡银二十五万两，纳绢二十五万匹，金国将黄河以南以及陕西地区归还宋朝。仅过了一年，金兀术便撕毁和约，分路南侵。同年八月，金西路军统帅完颜杲在攻陷陕西部分地区后，派部将蒲察胡盏、完颜习不住领兵五万，驻扎在秦州（今甘肃天水市）东北刘家圈，寻机南下入川。

宋将吴璘领兵两万余人，从河池（今甘肃徽县）北上，抵抗金军再次来袭，意图收复秦州等地。吴璘救下秦州后，火速移师刘家圈南边。刘家圈地势险要，前临峻岭，背靠腊家城（今甘肃秦安东），固若金汤，坚若磐石。金军自恃兵多将广，且占地势之优，“据险自固，前临峻岭，后控腊家城”，攻守平衡，认为宋军不敢前来进攻。

遭遇如此劲敌，吴璘立刻招来众将，商讨对策。姚仲提议“战于山上则胜，山下则败”，这一意见当场被采纳。吴璘观察地势后，为避金骑从上至下之锋芒，决意上原列阵。经过周密的准备，吴璘于二十一日正式向金军发出挑战。金兵自信凭此地势，此战必败宋军，便因过于自大而未作任何防备。吴璘乘敌警戒不严之机，当夜遣王彦、姚仲二将率精兵翻岭上原，相约火起为令，发动进攻。

另一方面，吴璘命宋将张士廉绕至原后，控扼腊家城，断敌后路。二将带兵上岭后，立刻布列阵势，在剡家湾设下“叠阵”，以持多种武器为基础的步兵为主，以骑兵居于两翼。阵成之后，万炬齐发，等金军前来迎战。金将胡盏有恃无恐，率兵前来。宋将吴璘指挥“叠阵”中的弓弩手轮番射击，抵挡住金军的数十次冲击。金军看形势不对，开始后退，吴璘乘隙遣骑兵追击，金军惨败，千人被杀，万人投降。而因宋将张士廉误期，胡盏、完颜习不住等得以率残军败将如丧家之犬般逃回腊家城。

此役金军拥有人数优势、地势优势，但因指挥不当、目空一切、草率轻敌，最终导致战争的失利。反观宋军在人数劣势、地势劣势的情况下，却因指挥得当、众志成城，最终赢得了胜利。

第六卷

犬韬——拥治乱兴衰之能

本卷主要分为《分合》《武锋》《练士》《教战》《均兵》《武车士》《武骑士》《战车》《战骑》《战步》等十篇，主要论述了车兵、骑兵、步兵的不同特点、作用以及三者之间作战能力的对比，强调在战斗中发挥各兵种协同作战的优势，充分反映了战国时期军事领域中新的变化。

分合第一：军队的集结、将领的签到、赏罚的标准

凡用兵之法，三军之众，必有分合之变。

经典再现

武王问太公曰："王者帅师，三军分为数处。将欲期会合战[①]，约誓[②]赏罚。为之奈何？"

太公曰："凡用兵之法，三军之众，必有分合之变。其大将先定战地、战日，然后移檄书[③]与诸将吏：期攻城围邑，各会其所；明告战日，漏刻有时[④]。大将设营而阵，立表辕门[⑤]，清道以待。诸将吏至者，校其先后。先期至者，赏；后期至者，斩。如此，则远近奔集，三军俱至，并力合战。"

迷津指点

①期会合战：时间地点约定好，集中军队与敌交战。

②誓：作战军队集合之前，要宣布作战目的、作战原因并申明军纪，告诉将士。

③檄书：古代官府用以征召、晓谕或声讨的文书。

④漏刻有时：军队到达时间的规定。漏刻，古代的一种计时器。方法是用两铜壶分置上下，上壶盛水，使水漏入下壶。下壶设有浮标，标杆上面刻有分画。上壶的水漏入下壶时，标杆会慢慢升起，以此来计算时间。

⑤立表：古代表为立木，通过观察太阳影子来计算时间。辕门，军营的正门。在古时候军队驻扎时，四周以车辆为墙，在营门处用两车仰置，两条系马之辕杆在车上，竖立于门之两侧以为门，故称之。

古文译读

武王问太公："君王率兵出征，三军分别驻在数处，主将需要按期集结军队与敌人交战，并且还要号令全军官兵，规定赏罚制度，应该怎么办？"

太公答道："一般讲到用兵的方法，因为三军人数众多，所以一定要掌握将

兵力分散和集中的权变之法。首先，主将要确定作战的地点和日期，然后向部下下达战斗文书，要把攻打和包围的城邑、各军集结的地点规定明确，作战的日期及各部队到达的时间也要规定明确。然后，主将要提前到达集结地点，并对营垒进行布置，布列阵势，在营门竖立标杆以观测日影，计算时间。行人禁止通行，等待将吏报到。各部将吏到达时要核对先后次序，奖励先到者，过期的杀头示众。这样不管远近，都会按时到达目的地。等三军全部到达后，就可以集中力量与敌交战了。"

前沿诠释

以上详细描述了军队大战之前的精密部署，平日部队分驻各地，战斗时则需要集合起来。这就是分合之道。大战即将到来，统帅应冷静从容，军队部署应有条不紊。俗话说："没有规矩不成方圆。"沦为乌合之众的部队都是慵懒成风的。

通观本篇，其中有三点尤为重要。兵贵神速是第一点，分合之道是第二点，治军严谨是第三点。在战争中，时间就等于生命，常言道"兵贵神速"。一场战争，部队本身的行动力与机动性通常影响着战局的走向。

唐玄宗开元二十一年秋天，吐蕃军大肆侵略，试图报新城之仇。驻扎在新城的唐军遭遇吐蕃重兵的进攻，我寡敌众。

王忠嗣作为唐朝军队的左威卫郎将，临危不惧，泰然自若。他先以骑兵冲击敌方的两侧，使敌方的部署被扰乱，溃不成军。然后，王忠嗣集合三军主力，乘乱追击，最终，打败了吐蕃军。

纵观整个战局，整场胜利最重要的一点源自部队平日的严谨治军，行动力与机动性都是吐蕃军不可比拟的。

所谓兵贵神速，尤其是在战争中，只要快一刻就可以勘察地形，布置埋伏。而慢一刻不但会耽误战机，而且很有可能会因此中了敌方埋伏。

第二点便是讲究分合之道。所谓分合之道，分的时候，散如满天星；合的时候，能够齐心协力。"合兵以壮威，分兵以制胜"。分进合击就是一种有名的战法，具体而言，就是指从几个方向同时前进，进而围歼敌人。这种方略能够在适当的时候集结起战斗力。我国抗日战争中的徐州会战就绝妙地运用了这一战法。

1938年以后，抗日战争的主战场已经扩大到了华北和华中地区。当时，国民党第5战区司令李宗仁已经在徐州附近集结了约50个师的兵力，他们成功地阻击了日军快速推进的步伐。

日军看到这种情况，决心消灭李宗仁率领的这支军队，进而瓦解中国军队的抗战意志。于是，日军大本营命令华北派遣军（5师、10师、114师）和华中派遣军（3师、9师、13师）从两个方向分进合击，希望能够在徐州周围歼灭中国守军。

日军的这两支部队行动神速，接连胜利，并且在5月19日的时候最终占领了徐州。在最终破城之前，蒋介石看到日军分进合击的进攻作战已经取得了成功，中国守军抵挡不住了，就在5月15日决定让部队向西撤退。在撤退的过程中，中国军队分成了若干小股部队，分散突围。日军兵力有限，无力进行全方位追捕，中国军队的主力得以成功后撤，并且还在后撤的过程中切断了日军华中派遣军兵力薄弱的后方交通线，给日军造成了一定的打击。

由此看来，分合之道能够在战争中起到极为重要的作用。

治军严明同样很重要，秦朝末年彭越起义之前先立法，就是这方面的一个例证。

彭越是秦末巨野泽中（今山东巨野县）的渔民，有一百多名青年一起请求他带头起义。当时，陈胜、项梁等已揭竿起义一年有余。彭越觉得时机已成熟，但是他知道这些渔民虽是热血青年，但是闲云野鹤的日子过惯了，很难加以控制。所以，他假意拒绝："起义之事岂是儿戏，如果不能成功，反会招来株连九族的大祸。"

众人见他不肯答应，立刻跪地起誓："我等真心相随，愿与大哥对天发誓，定会荣辱与共、风雨同舟，望大哥不要推辞。"彭越见大家决心已下，便说："请诸位明日日出之时在此会合，对天盟誓。迟到或过期不到者，斩立决。"

夜晚，彭越命人在草地上筑了一个平台作为祭坛，以便日出之时与众人祭天盟誓。第二天，多数人都守时在日出前赶到，只有十余人直到中午才到。彭越义正词严地说："昨日已约日出即到，违者斩。如今仍有十余人未到，本应按照军法全部处斩。但向来法不责众，现将最后之人处斩，以正军纪。"众人议论纷纷，彭越果断地下令将此人推出斩首。

彭越（？—前196），昌邑人（今山东巨野县），字仲，是楚汉时期著名的将领，也是西汉的开国功臣，被封为梁王。

这一杀鸡儆猴之计严明了部队军纪。随后，彭越带领的这支部队不断壮大，在霸王项羽西进关中之时，军中已有一万余人。而后他率部臣服于刘邦，在楚汉之争中屡立战功。西汉建立后，汉高祖封他为梁王。

武锋第二：作战中十四种有利的战机

敌人新集，可击。人马未食，可击。天时不顺，可击。地形未得，可击。奔走，可击。不戒，可击。疲劳，可击。将离士卒，可击。涉长路，可击。济水，可击。不暇，可击。阻难狭路，可击。乱行，可击。心怖，可击。

经典再现

武王问太公曰："凡用兵之要，必有武车骁骑，驰阵选锋[1]，见可则击之。如何而可击？"

太公曰："夫欲击者，当审察敌人十四变[2]。变见则击之，敌人必败。"

武王曰："十四变可得闻乎？"

太公曰："敌人新集，可击。人马未食，可击。天时不顺，可击。地形未得，可击。奔走，可击。不戒，可击。疲劳，可击。将离士卒，可击。涉长路，可击。济水，可击。不暇，可击。阻难狭路，可击。乱行，可击。心怖，可击。"

迷津指点

①驰阵：冲锋陷阵的勇士。选锋：精选出来的勇士。

②变：变故。此处指对敌不利的情况。

古文译读

武王问太公说："用兵的主要原则，有强大的战车和骁勇的骑兵是必需的，能够有冲锋陷阵的突击部队，察觉敌人有可乘之机就发起攻击。那么，究竟怎样的时机才可以发起攻击呢？"

太公答道："如果要攻打敌人，应当详细察明不利于敌人的十四种情况。一旦出现这些情况，就可以发起攻击，必定会打败敌人。"

武王问："这十四种对敌不利的情况，你可以讲给我听听吗？"

太公答道："当敌人刚集结起来立足未稳时可以发起攻击，当敌人的人马没有进食而饥饿时可以发起攻击，当气候季节不利于敌人时可以发起攻击，当地形不利于敌人时可以发起攻击，当敌人急忙奔走赶路时可以发起攻击，当敌人没有警戒时可以发起攻击，当敌人疲惫不堪时可以发起攻击，当敌军将领离开士兵而没有指挥时可以发起攻击，当敌人长途跋涉时可以发起攻击，当敌军过河时可以发起攻击，当敌军忙乱不堪时可以发起攻击，当敌军通过险阻隘路时可以发起攻击，当敌人行列混乱不整时可以发起攻击，当敌人军心惶恐不安时可以发起攻击。”

前沿诠释

前文我们讲到了兵贵神速，也就是时间的重要性。战场上的形势瞬息万变，有利的战机更是稍纵即逝，往往一时的优柔寡断便会让全军覆没。善于寻找、把握和创造战机，是取得一场战争胜利的关键要素。历史上著名的李愬夜袭蔡州的故事，就是善于创造和把握战机的结果。

在安史之乱发生之后，唐王朝的中央政权对地方没有了节制的能力，各地藩镇纷纷拥兵自立，其中，淮西节度使吴元济就占据了申（今河南信阳）、光（今河南潢川）、蔡（今河南汝南）三州，成为了当时一个重要的藩镇割据势力。唐王朝多次派兵去讨伐，但最后都无功而还。

元和十一年（816）十二月，时任太子詹事的李愬毛遂自荐，担任唐（今河南泌阳）、随（今属河北）、邓（今河南邓县）三州节度使，指挥西路唐军参加了讨伐吴元济的军事行动。

第二年正月，李愬到达了唐州。当时，唐州和邓州的军士经过数次失败之后，已经是士气低迷，不敢出战了。李愬到任之后，首先做的第一件事就是稳定军心。他对将士们说：“朝廷派我来不是为了打仗，而是来抚慰你们的。”这些话当然也传到了吴元济耳中，他本来对这个名不见经传的李愬就非常轻视，听到他这么说，更是信以为真，也就不再对他严加戒备。

反观李愬，他在稳定军心之后，便在暗地里积极筹备，厉兵秣马，修缮军械，增调军队，加紧备战。同时，他还对吴元济的部下进行了不同程度的收买，招抚了一些人。从这些人口中，他详细地了解到了淮西的地形地势、兵力虚实等重要军事情况。

这一年三月，北路唐军在郾城附近打败了淮西军主力，成功拿下郾城。吴元济看到郾城失守，便急忙抽掉了蔡州方面的部队，将主要兵力都放在北线上。这样一来，他的老巢蔡州城便显得十分空虚了。李愬看到了这个有利的战机，便立刻决定奇袭蔡州。

十月十五日那天，北风怒吼，大雪漫天。吴元济认为，唐军不会选择这样的恶劣天气进攻，于是，更加松懈下来。而李愬恰恰是要利用这一点，他命令李忠义率

三千精兵作为前锋，自己率领三千人作为中军，田进诚率领三千人殿后，而后便秘密地向蔡州进军了。

经过六十里的急行军，唐军终于在黄昏的时候来到了军事要地张柴村，这里的守军在毫无防备之下被全歼。唐军稍事休息之后，就留下五百人镇守此地，切断敌人从朗山方向而来的救兵；又调遣五百人截断通往洄曲的桥梁，防止洄曲的守军来救援。做完这些部署之后，李愬便继续率军东进。

当时天色已经晚了，风雪依然没有停，唐军克服了恶劣的天气状况带来的重重困难，急速前进，终于在凌晨的时候赶到了蔡州城下。当时，蔡州已经有很多年没有经历过战乱了，而且天气状况十分不好，所以，这里的守备异常松懈。唐军都已经到达城下了，城内的守军居然还没有察觉。看到这种情况，李愬便命人攀城而入，杀死了守门的兵卒，打开了城门，唐军的大部队就这样进了城。

等到吴元济最终被属下从被窝中叫醒时，他的宅院已经被团团围住了，只能束手就擒。

这一战中，李愬充分地运用了因势利导的方法，麻痹了敌人，然后又出其不意地利用了恶劣的天气，在敌人防备空虚、放松戒备的时候发动了突袭，攻其不备，终于取得了胜利。这一战之后，淮西割据的局面便彻底不存在了，同时又对其他的割据政权产生了重大的影响，促使成德、卢龙、横海、淄青等藩镇势力先后归顺朝廷。

练士第三：用人所长，避人所短

有贫穷愤怒，欲快其心者，聚为一卒，名曰必死之士；有胥靡免罪之人，欲逃其耻者，聚为一卒，名曰幸用之士；有材技兼人，能负重致远者，聚为一卒，名曰待命之士。

经典再现

武王问太公曰："练士之道[①]奈何？"

太公曰："军中有大勇、敢死、乐伤者，聚为一卒[②]，名为冒刃[③]之士；有锐气、壮勇、强暴者，聚为一卒，名曰陷阵之士；有奇表长剑，接武[④]齐列者，聚为一卒，名曰勇锐之士；有拔距[⑤]伸钩，强梁[⑥]多力，溃破金鼓，绝灭旌旗者，聚为一卒，名曰勇力之士；有逾高绝远，轻足善走者，聚为一卒，名曰寇兵之士；有王臣失势，欲复见功者，聚为一卒，名曰死斗之士；有死将之人子弟，欲与其将报仇者，聚为一卒，名曰敢死之士；有赘婿人虏，欲掩迹扬名者，聚为一卒，名曰励钝之士；有贫穷愤怒，欲快其心者，聚为一卒，名曰必死之士；有胥靡免罪之人，欲逃其耻者，聚为一卒，名曰幸用之士；有材技兼人，能负重致远者，聚为一卒，名曰待命之士。此军之练士，不可不察也。"

迷津指点

①练士之道：挑选士卒的方法。练，通"拣"，选择、挑选。

②卒：古代军队的一级编制，一般百人为卒。此处可理解为"队"。

③冒刃：敢于冒险。刃，刀口、刀锋，喻指危险。

④接武：前后足迹相连接。武，足迹。这里意为步伐稳健整齐。

⑤拔距：古代的一种军事训练。

⑥强梁：强横、强悍、强暴。

古文译读

武王问太公说："士卒的选编办法应该是怎样的？"

太公答道："把军队中不怕牺牲、勇气超人、不怕负伤的人，编为一队，这一队叫冒刃之士；把年轻壮勇、锐气旺盛、强横凶暴的人，编为一队，这一队叫陷阵

之士；把善用长剑、步履稳健、体态奇异、动作整齐的人，编为一队，这一队叫勇锐之士；把臂力过人能拉直铁钩、强壮有力、能冲进敌阵捣毁敌人金鼓、毁坏敌人旗帜的人，编为一队，这一队叫勇力之士；把能翻越高山、行走远路、轻足善走的人，编为一队，这一队叫寇兵之士；把曾经是贵族大臣而已经失去势力想重建功勋的人，编为一队，这一队叫死斗之士；把阵亡将帅的子弟，着急为自己父兄报仇的人，编为一队，这一队叫敢死之士；把曾经入赘为婿和当过敌人俘虏，要求扬名遮丑的人，编为一队，这一队叫励钝之士；把因为自己贫穷而愤怒不满，需要立功受赏而达到富足心愿的人，编为一队，这一队叫必死之士；把免罪刑徒、要掩盖自己耻辱的人，编为一队，这一队叫幸用之士；把才技胜人，能任重致远的人、编为一队，这一队叫待命之士。这就是军中选编士卒的方法，一定要详加考查。”

前沿诠释

“兵熊熊一个，将熊熊一窝”的俗语直接表达了在选拔中用人所长、避人所短的重要性。练兵固然重要，更重要的是一个部队的体制是否完善，是否能合理地分配士兵。在这方面我们举几个例子。

战国时期，吴起是著名的军事家。吴起本是卫国人，起初为鲁国将领，率军大破当时强势的齐国。尔后他入魏为将，率军二十余载，与各国进行大小战役七十六次，其中六十四次取得全胜，十二次不分伯仲，使魏国拓地千里，强盛一时。后吴起辗转进入楚国，手握军政大权，主张变法，增强军队，使楚军成为当时一支威慑诸侯的劲旅，而楚国也成为战国时期的强国之一。

吴起在军事上取得的巨大成功，与他善于治军是分不开的。吴起主张“简募良才”，并合理进行编组。他觉得，齐桓公征募五万强悍勇猛的士卒，才得以称霸诸侯；晋文公征募四万骁勇善战的士卒，所以成就称霸的夙愿；秦穆公拥有三万能冲锋陷阵的士卒，使得西戎许多部落都臣服在自己脚下。所以，必须“简募良才”，把百姓当中那些胆量大而气力强、身手敏捷能够越高驰远、勇敢顽强的人挑选到军队中来。

吴起对士兵的选拔要求异常严格，他十分看重士兵的合理编组，用其所长，避其所短，使其发挥最大潜力。根据士兵身材的高矮、体魄的强弱、胆量的勇怯、智力的高下，进行明确分工。“强者举旌旗，长者持弓弩，短者持矛戟，勇者持金鼓，弱者给厮养，智者为谋主”。

正是由于吴起能够“简募良才”，并且对良才进行合理编组，使得所率领的军

队保持了强大的战斗力，攻无不克，战无不胜。

吴起，卫国左氏（今山东省定陶，一说曹县东北）人，战国时期著名的政治家、军事家、改革家。

历史上，骁勇善战的军队不是天生的能征善战，而是层层选拔出来的作战精锐。只有果敢勇猛的士兵才会在训练中表现突出，并在战争中显示出巨大的战斗力。唐朝初期的玄甲兵就是这样一支精心选拔出来的队伍。

隋朝末年，各路人马起兵争夺天下。李氏父子建立的军队在作战中不断取得胜利，最终统一了天下。唐兵中的玄甲军可以说是战功赫赫，助李氏父子打下了半壁江山。玄甲军的成员身披玄甲，马匹也有甲胄保护头颈和身躯。这些如同黑云一般的武士在出动时，展现出惊人的战斗力。他们曾经多次以寡敌众，大破敌军，扫荡州城。

再传奇的军队也是由普通士兵组成的，这支闻名遐迩的劲旅始建于隋朝，是在与突厥骑兵作战时建立的。李渊在军队中选拔了两千名精锐日夜操练，使他们成为军队中的中坚力量。

玄甲军长期由秦王李世民掌控，这支军队又被他不断强化。唐军攻打刘武周等割据势力时，秦王得到了尉迟敬德、秦琼、程知节等将领，又从归顺的突厥军队中选拔出精锐进入玄甲军。兵力不断加强的玄甲军为唐朝立下了汗马功劳。

有人说过：“没有平庸的人，只有平庸的管理者。”高明的管理者会对员工的自身价值进行引导和开发。

美国南北战争时期，正是林肯总统在任期间。刚开始任命军队总司令的时候，他强调总司令应该没有重大缺点。但是根据这种方针选出来的几个将领带领的北军总是连打败仗，虽然他们在人力、物力、财力上有绝对优势，但还是不断被南军将领打败。1846年，林肯总统改变了用人方针，他决定起用在作战方面有特长的人。他任命格兰特为总司令，很多人都对此有意见，因为此人被称做“酒鬼将军”，平常嗜酒如命。林肯知道，虽然格兰特爱喝酒，但是却有着超凡的军事才能，一定能够在战争中运筹帷幄，决胜千里。只要适当控制他的嗜酒毛病，他就可以很好地指挥军队。

后来，事实证明了林肯决策的英明。

教战第四：细节抓起，循序渐进才牢靠

万人学战，教成，合之三军之众；大战之法，教成，合之百万之众。故能成其大兵，立威于天下。

经典再现：

武王问太公曰："合三军之众，欲令士卒服习教战之道，奈何？"

太公曰："凡领三军，必有金鼓之节①，所以整齐士众者也。将必先明告吏士，申之以三令，以教操兵起居②、旌旗指麾③之变法。故教吏士：使一人学战，教成，合之十人；十人学战，教成，合之百人；百人学战，教成，合之千人；千人学战，教成，合之万人；万人学战，教成，合之三军之众；大战之法，教成，合之百万之众。故能成其大兵，立威于天下。"

武王曰："善哉。"

迷津指点

①节：节制，指挥。

②操兵起居：操兵指使用兵器的方法。起居指坐、站、进、退、分、合等，意为操持兵器，练习战斗中的各种动作。

③麾：通"挥"，指挥。

古文译读

武王问太公说："全军部队集合，要使士卒战斗技能娴熟，训练方法应该怎样？"

太公答道："凡是统率三军，一定要用金鼓来指挥。这是为了使全军的行动整齐统一。首先将帅必须明确告诉官兵应该怎样操练，并且要反复讲解清楚，然后再训练他们使用兵器，熟悉战斗动作，以及根据各种旗帜信号的变化而行动的方法。所以，军队训练时，首先要单兵进行教练，单兵教练完成后，再合练十人；学习十人战法，完成教练后，再合练百人；学习百人战法，完成教练后，再合练千人；学习千人战法，完成教练后，再合练万人；学习万人战法，完成教练后，再合练全军；教练全军作战的方法，完成教练后，再合练百万大军。这样，就能组成强大的军队，立威无

敌于天下。”

武王说：“好啊！”

前沿诠释

军事训练是为了提高作战部队素质而进行的一项教练活动，在军事活动中的地位和作用十分重要。提高部队作战能力的必要手段就是训练，部队如果没有经过训练就同敌人作战，就等于羊入虎口，因此提高部队战斗力的训练是必要的。在军事训练中，必须以从难从严、从实战出发为原则，循序渐进，只有这样才能训练出一支合格的军队。在这方面，民族英雄戚继光是值得人们学习的榜样。

戚继光训练士兵的方式很独特。他首先对士兵进行爱国教育，告诉手下为何要保家卫国，激励士兵奋勇杀敌，让士兵懂得为谁打仗。戚继光对武艺要求相当严格，必须进行实战训练。戚家军人人具有高超的实战本领。戚继光订立了各项条令，并要求士兵听懂号令，对这些条令“务要记熟”。在如此严格的训练下，戚继光让这支多为矿工和农民的部队脱胎换骨，成为一支纪律严明、武艺精湛、训练有素的威武之师，依靠他们抵御倭寇的侵略。

著名军事家吴起在镇守西河期间，提出过一个观点，“兵不在多而在治”。他首创考选士卒的方法。凡是可以身披甲胄，执十二石弩，背负五十个弓，携三日口粮，半日内跑完百里者选为武卒，免除其家庭赋税，并开始对其严格训练。由此，他最终组建了魏国雄师。用今天的话来说，吴起的方法就类似在部队里选拔特种兵。

吴起用兵的法则就是以教育训练为主要途径。一人学会打仗可以教会十人，十人学会打仗可以教会百人，以此类推。阵法与战术训练是必不可少的，包括圆阵变方阵、由前进变停止、由跪姿变立姿、分散变收拢、集结至分散。在复杂的阵法、战法和战术变化都训练合格后，才能给其配发武器。

不论戚继光还是吴起，他们在训练士兵的过程中都是非常细致的，把军队训练到完美，才能增加在战争中胜利的筹码。所以训练士兵的每一步都不可缺少，每一步都必须严格，尽量没有漏洞。

细节决定成败，性格决定命运，态度决定一切。无论是在古代战争中还是在21世纪的今天，一个人、一件事、一个集团、一个企业成功的背后都源于细节。

日本最著名的两个电子品牌——SONY与松下，20世纪80年代时在录像机销售上有过一场精彩的博弈，最终松下推出的录像机取得了罕见的成功。松下录像机

1985年在日本国内市场的市场占有率约为32%，在国际市场的占有率约为30%。松下录像机创造的纯利润高达7000亿日元，远远高于历史上连续10年亏损的总和。

当时两家公司都推出了自己的产品——录像机与录像带。SONY公司推出了BETA录像机和高质的录像带，不过有一个细节问题是，通常一部电影需要两盘录像带。也就是说，在看了一半时，顾客需要自行将已放完的录像带A取出，将B放进去。而松下推出的VHS录像机以及录像带，则省去了这一步骤。

虽然SONY公司以先发之势迅速抢占了市场，但松下公司推出自行开发完善的产品后，便立刻引起广泛好评，夺回了市场份额。

秉承顾客是上帝的原则，松下公司赢得了这场博弈。这告诉我们，哪怕是一个微小的细节，也可以改变全局。

均兵第五：协同作战，做到人尽其才

五骑一长，十骑一吏，百骑一率，二百骑一将。易战之法：五骑为列，前后相去二十步，左右四步，队间五十步。险战之法：前后相去十步，左右二步，队间二十五步。三十骑为一屯，六十骑为一辈。十骑一吏，纵横相去百步，周环各复故处。

经典再现

武王问太公曰："以车与步卒战，一车当几步卒？几步卒当一车？以骑与步卒战，一骑当几步卒？几步卒当一骑？以车与骑战，一车当几骑？几骑当一车？"

太公曰："车者，军之羽翼[①]也，所以陷坚阵，要[②]强敌，遮走北也。骑者，军之伺候[③]也，所以踵[④]败军，绝粮道，击便寇[⑤]也。故车骑不敌战[⑥]，则一骑不能当步卒一人。三军之众成阵而相当，则易战[⑦]之法：一车当步卒八十人，八十人当一车；一骑当步卒八人，八人当一骑；一车当十骑，十骑当一车。险战[⑧]之法：一车当步卒四十人，四十人当一车；一骑当步卒四人，四人当一骑；一车当六骑，六骑当一车[⑨]。夫车骑者，军之武兵也。十乘败千人，百乘败万人；十骑败百人，百骑走千人，此其大数也。"

武王曰："车骑之吏数[⑩]与阵法，奈何？"

大公曰："置车之吏数：五车一长，十车一吏，五十车一率[⑪]，百车一将。易战之法：五车为列，相去四十步，左右十步，队间六十步。险战之法：车必循道，十车为聚[⑫]，二十车为屯，前后相去二十步，左右六步，队间三十六步。五车一长，纵横相去二里，各返故道。置骑之吏数：五骑一长，十骑一吏，百骑一率，二百骑一将。易战之法：五骑为列，前后相去二十步，左右四步，队间五十步。险战之法：前后相去十步，左右二步，队间二十五步。三十骑为一屯，六十骑为一辈[⑬]。十骑一吏，纵横相去百步，周环各复故处。"

武王曰："善哉。"

迷津指点

①军之羽翼：意为战车对于军队来说，好比鸟的羽翼，是用来增强战斗力的。

②要：半路截断。

③军之伺候：意为骑兵如同侦察人员一样，是用来窥探敌人，乘敌之隙的。

④踵：跟踪追击。

⑤便寇：敌人的游动部队。

⑥车骑不敌战：意为地形不适宜使用车骑，或车骑的编制配合不恰当。

⑦易战：在平坦的地方作战。

⑧险战：在险厄阻隘的地方作战。

⑨车：底本作“卒”，疑误，据《武经七书汇解》校改。

⑩吏数：配置军官的数量。

⑪率：指车兵的一级单位。

⑫聚：与下文的“屯”都是车兵的一种战斗编组。

⑬辈：骑兵的一种战斗编组。

古文译读

武王问太公说：“用步兵同战车作战，几名步兵能抵挡一辆战车？抵挡一辆战车要用几名步兵？用骑兵同步兵作战，一名骑兵能抵御几名步兵？几名步兵能抵御一名骑兵？用战车同骑兵作战，一辆战车能抵御几名骑兵？几名骑兵能抵御一辆战车？”

太公回答道：“战车，就像是军队的羽翼，具有强大的战斗力，是用来攻坚陷阵、截击强敌、断敌退路的。军队的眼睛是骑兵，可以用来侦察警戒，跟踪并追击溃逃之敌，切断敌人的粮道和袭击趁乱流窜的敌人。所以，如果战车和骑兵运用得不恰当，一名骑兵在战斗中的作战能力就抵不上一名步兵。整个军队布列成阵，车、骑、步兵配合得当。在平坦地形上作战的法则是：一辆战车可以抵御步兵八十人，八十名步兵可以抵御一辆战车；一名骑兵可以抵御步兵八人，八名步兵可以抵御一名骑兵；一辆战车可以抵御骑兵十人，十名骑兵可以抵御一辆战车。在险阻地形上作战的法则是：一辆战车可以抵御步兵四十人，四十名步兵可以抵御一辆战车；一名骑兵可以抵御步兵四人，四名步兵可以抵御骑兵一人；一辆战车可以抵御骑兵六人，六名骑兵可以抵御一辆战车。军队中战车和骑兵的战斗力量最为勇猛，敌人千名可以被十辆战车击败，敌人万名可以被百辆战车击败。敌人百名可以被十名骑兵击败，敌人千名可以被百名骑兵击败，这些是大概的数量比。”

武王问：“战车和骑兵的配置以及作战方法应该怎样安排？”

太公答道：“战车和骑兵的配置应该遵循这样的原则：战车五辆设一长，十辆设一吏，五十辆设一率，百辆设一将。在比较平坦的地形上的作战方法是：战车五辆为一列，每列前后相距四十步，左右间隔为十步左右，每队间的前后距离和间隔各六十步左右。在险阻的地形上的作战方法是：战车必须沿着道路前进，十辆战车为一聚，二十辆为一屯。前后距离二十步，间隔六步左右，每队间的前后距离和间隔各三十六步左右。战车五辆设一长，活动范围前后各二里左右，撤出战斗后的战车仍能原路返回。骑兵应配备的军官数量是：骑兵五名设一长，十名设一吏，百名设一率，二百名设一将。在平坦地形上作战的方法是：一列为五骑，每列前后相距二十步，每骑间隔四步左右，队与队之间的前后距离和间隔为五十步左右。在比较险阻的地形上的作战方法是：每列前后相距十步，间隔两步左右，队间距离和间隔各二十五步左右。骑兵三十名为一屯，骑兵六十名为一辈。骑兵每十名设一吏，前后活动范围左右各百步，撤出战斗后各自返回原来的位置。”

武王说：“好啊！”

前沿诠释

在古代战争中，骑兵高效的冲击力与移动力，战车巨大的杀伤力，是攻城拔寨的首选。步兵灵活的机动性，是战争最后终结的原动力。

三者各有所长，又各有所短，应合理地分配平衡，协同作战，相互配合。利用战车去冲击敌方的骑兵，利用骑兵高效的移动力去冲垮敌方的步兵，利用步兵去游击，缠斗敌方的战车，并最终取得胜利。

周安王十三年（前389）发生的阴晋（今陕西华阴东）之战，是魏国反击秦国的一次重要战役。在这场战斗中，吴起将车兵、骑兵和步兵三个兵种的配合发挥到极致，以少胜多，痛歼秦军。

当时，秦国调集五十万大军，进攻魏国重要城邑阴晋。秦军在城外布下营垒，阳晋的形势甚危。魏国急从河西调来一支精锐部队，河西郡守正是吴起。

吴起非常善于激励士兵的士气。他让国君魏武侯举办庆功宴会，立上等功者坐前排，席间使用金银铜等贵重餐具，猪牛羊三牲准备充足；立次等功者坐中排，贵重餐具逐渐减少；无功者站后排，不得用膳。

每每宴会结束，都会赏赐有功者的家属，并对死难将士的家人予以慰问。三年后，当秦军进攻河西时，魏军中立即有数万士兵自动穿戴甲胄，主动请缨。

面对势在必得的秦军，吴起请魏武侯遣五万未立功者为步兵，自己亲自带领去反击秦军。魏武侯同意了，并加派了战车五百乘、骑兵三千。战前，吴起向三军发

布命令：“诸将跟我一起同敌作战，若车不得车，骑不得骑，徒不得徒，虽破军皆无功。”

到达阴晋后，吴起向秦军发动反击。魏军人虽少，但个个奋勇杀敌，以一敌十，战车与骑兵相互配合，牵制对方。魏军反复冲击，将秦国的五十万大军打得落花流水。由此可见，在战争中相互配合是非常重要的。

即使在现代，这一点也是非常重要的。一个公司、一个集体需要相互配合才能取得最终胜利。否则，即使这个公司或者这个团队里的每个人都很优秀，最终也会失败。

2004年6月，拥有美国篮球职业联赛史上最豪华阵容的湖人队竟然在决赛上失利了。他们的对手是十四年来第一次闯入总决赛的活塞队，实力并不强。

湖人是一个由巨星组成的“超级团队”，奥尼尔、科比、马龙、佩顿这些人都是强者中的强者，另外，传奇教练菲尔·杰克逊还对其进行了完美组合。可以说，这个团队是无懈可击的。但就是这样一个豪华团队，居然在开场时就没有多少抵抗力，最终更是以1∶4的战绩败下阵来，让人大跌眼镜。

其实，仔细分析便可以明白，湖人队失败的原因就是队中的巨星太多了。每个球员都是巨星，谁都不服谁，都觉得自己是团队中的老大，在比赛中完全没有配合，都是单打独斗。缺乏凝聚力的团队就跟一摊稀泥一样，当然会输掉。所以，不互相配合，再强的团队最终也会是弱者，这样的团队无法发挥出应有的水平。

武车士第六：选拔车兵的标准

取年四十以下，长七尺五寸以上，走能逐奔马，及驰而乘之，前后左右，上下周旋，能束缚旌旗；力能彀八石弩，射前后左右，皆便习者，名曰武车之士，不可不厚也。

经典再现

武王问太公曰："选车士，奈何？"

太公曰："选车士之法：取年四十以下，长七尺五寸以上，走能逐奔马，及驰[1]而乘之，前后左右，上下周旋，能束缚旌旗；力能彀八石[2]弩，射前后左右，皆便习[3]者，名曰武车之士，不可不厚也。"

迷津指点

①及驰：能追赶上奔驰的战车。

②彀（gòu）：将弓弩拉满。石：重量单位，古代以一百二十斤为一石。

③便习：熟练掌握。

古文译读

武王问太公说："选拔车上武士的方法是怎样的？"

太公答道："车上武士选拔的标准是：年龄在四十岁以下，身高七尺五寸以上；跑起来能追得上奔跑的马，能跳上奔驰的战车；能在战车前后、左右、上下各方应战；能执掌旌旗；能拉满八石弩，熟练地向左右、前后射箭。这种人称为车武士，不可不给予他们优厚的待遇。"

前沿诠释

本篇着重讲解选拔战车武士的条件以及重要性。首先是年龄的限制，其次是身体条件，最后是超群的能力。

自夏、商到春秋，战车以及车兵一直活跃在历史舞台上，是最具攻击力的兵种。后来因战车对地形和道路的依赖性很大，而且行军时缓慢，逐渐被淘汰，战场逐渐成为骑兵与步兵的天下。到了16世纪中期，戚继光、俞大猷等人，又让战车与车兵在历史上创造了新的辉煌。

俞大猷，字志辅，又字逊尧，号虚江，福建泉州人，是明代著名的民族英雄。

俞大猷在舟山失利后，被贬到山西大同。他发现，明朝二百多年来，北方一直没有得到安宁的主要原因是缺乏有效抵抗蒙古骑兵的方法。他觉得打击骑兵最有效的武器是战车，于是开始建立车兵营。

车阵是由百辆战车组成的，每辆战车配备多门火炮，轮流射击。当时明朝的火炮是填充速度最快的，方便快捷。炮兵阵营在多兵种的协同下，如果训练有素，指挥合理得当，从正面很难被攻克，易迂回。若单是配合车阵，将其布为圆形方阵就坚不可摧了。

炮车上配备大型佛郎机一门，小型佛郎机两门。他曾经指挥炮车百辆、步骑三千五百人，在安银堡大败数万鞑靼骑兵，从此京营有了兵车的配置。

这种战法的成功主要归功于明朝对老佛郎机的创新和改造。佛郎机在射击时，弹药安在炮车后座，发射一枚后换一次后膛。新型佛郎机是按剂量装药，很少炸膛。

当时明朝对佛郎机大炮甚是看重，虽然多为仿制，但仿造的火炮的各种规格与功能比之原型甚至有过之而无不及。从重达千余斤的多用重型火炮（包括要塞、野战、战舰）“无敌大将军”到百余斤的大“佛郎机”，然后再到几十斤的“小佛郎机”，点放时可驮在马上，完全是古代的一种自行火炮，就连士卒手中都有几斤重的“万胜佛郎机铳”（配九个子铳）。如果骑兵装备子铳更是火力十足，其精锐的骑兵每人配备六个以上的子铳，在冲锋的时候火器轮番齐射，在战场上简直就是轻装的甲师。

戚继光调到蓟镇后，他认真研究俞大猷建立和使用车营的经验，认为车营有五大优势。“凡攻战用之环卫，一则可以束部伍，一则可以代甲胄，虏马拥众，无计可逼，此车之堪用一也。行则为阵，止则为营，以车为正，以马为奇，进可以战，退可以守，此车之堪用二也”。

而后，戚继光建了七个车营，每营装备有重车、轻车。每辆重车配火炮两门、二十名士兵，其中正兵十名、两名管马、六名管炮、一名车长、一名舵手。外加十名骑兵，其中鸟铳手兼长刀手四名，两名为藤牌手，两名为把手，队长、火兵各一名。

这种车阵，可以有效打击蒙古骑兵的冲击。

武骑士第七：选拔骑兵的标准

取年四十以下，长七尺五寸以上，壮健捷疾，超绝伦等；能驰骑彀射，前后左右，周旋进退；越沟堑，登丘陵，冒险阻，绝大泽；驰强敌，乱大众者，名曰武骑之士，不可不厚也。

经典再现

武王问太公曰："选骑士①，奈何？"

太公曰："选骑士之法：取年四十以下，长七尺五寸以上，壮健捷疾，超绝伦等②；能驰骑彀射，前后左右，周旋进退；越沟堑，登丘陵，冒险阻，绝大泽③；驰④强敌，乱大众者，名曰武骑之士，不可不厚也。"

迷津指点

①骑士：骑马作战的武士。

②超绝伦等：身怀特异才能，本领远远超过一般人。

③泽：聚水的洼地、河流。

④驰：追逐，追赶。

古文译读

武王问太公说："骑士的选拔标准是怎样的？"

太公答道："骑士选拔的标准是：年龄在四十岁以下，身高在七尺五寸以上；身强力壮，行动迅速敏捷超过常人；能骑马疾驰并在马上挽弓射箭，能在前、后、左、右四个方向自如应战，娴熟进退；策马能越过沟堑，攀登丘陵，冲过险阻，横渡大水，追逐强敌，打乱众多敌人的人。这种人称为武骑士，不可不给予他们优厚的待遇。"

前沿诠释

骑兵最早从春秋战国时开始出现，中原最早组建骑兵则是赵武灵王进行的"胡服骑射"。

公元前403年，赵、韩、魏三家分晋。赵国原占据了晋国的北部疆土，在东北面、北面与林胡、娄烦、东胡等游牧民族相邻。

诸侯各国当时正逐鹿中原，进行激烈的战争。在强国环视的恶劣环境下，赵国屡遭欺凌，尤其是北方、东北方的少数民族，身穿短衣、长裤、腰束皮带，脚蹬皮靴，擅长骑射，不管是攻还是退都能日行千里。他们时常纵马南下，骚扰赵境。

在难题面前，赵武灵王发现要使赵国强大，就必须进行军事改革，提高国防战斗力。

经过各方面的考量，赵武灵王提出改革的方案："将教百姓胡服骑射"。赵国官兵当初的衣服为传统的中原风格，领口宽、腰肥、下摆大，袖子又长又宽，战场装备盔甲笨重，结扎烦琐。

而胡人当时穿的是窄袖短衣，打仗时骑马射箭，十分便捷。赵武灵王决心效仿，实行"胡服骑射"，改穿胡人服装，采用骑兵作战的方式。他最终克服了来自四面八方的阻力，下令全国改穿胡服，并以身作则第一个穿起胡服，使老百姓逐渐接受。

赵武灵王（约前340—前295），名雍，嬴姓赵氏，是战国中后期赵国的君主。

从胡服开始，赵武灵王广泛招募善于骑射之人，并训练士兵掌握骑术。为此，他专门设立"骑邑"，作为训练骑兵的基地。经过改革后，赵国在短短几年就组建起一支人数众多、兵力强盛的骑兵部队。过去的车兵被这支骑兵取代了，成为赵国的主力。赵武灵王培养的这支铁骑，不仅横扫曾经时常骚扰赵国的中山国，而且大破林胡和娄烦等少数民族，向北方开疆拓土上千里。赵武灵王逝世时，赵国已是战国七雄之一，在战国后期一度成为与秦抗衡的军事强国。

由于轻装骑兵的机动性、灵活性、特别适合在内地平原和北方草原地区作战等优点，其他国家纷纷仿效，大规模地组建骑兵。

战车第八：战车的“十死”“八活”

远行而暮舍，三军恐惧，即陷之。此八者，车之胜地也。将明于十害八胜，敌虽围周，千乘万骑，前驱旁驰，万战必胜。

经典再现

武王问太公曰：“战车，奈何？”

太公曰：“步贵知变动，车贵知地形，骑贵知别径奇道①，三军同名而异用也。凡车之死地②有十，胜地③有八。”

武王曰：“十死之地，奈何？”

太公曰：“往而无以还者，车之死地也。越绝险阻，乘敌远行者，车之竭地也。前易后险者，车之困地也。陷之险阻而难出者，车之绝地也。圮下渐泽④，黑土黏埴⑤者，车之劳地也。左险右易，上陵仰阪⑥者，车之逆地也。殷草横亩，犯历深泽者，车之拂地也。车少地易，与步不敌者，车之败地也。后有沟渎，左有深水，右有峻阪者，车之坏地也。日夜霖雨，旬日不止，道路溃陷，前不能进，后不能解者，车之陷地也。此十者，车之死地也。故拙将之所以见擒，明将之所以能避也。”

武王曰：“八胜之地，奈何？”

太公曰：“敌之前后，行陈未定，即陷之。旌旗扰乱，人马数动，即陷之。士卒或前或后，或左或右，即陷之。陈不坚固，士卒前后相顾，即陷之。前往而疑，后恐而怯，即陷之。三军卒惊，皆薄而起，即陷之。战于易地，暮不能解，即陷之。远行而暮舍，三军恐惧，即陷之。此八者，车之胜地也。将明于十害八胜，敌虽围周，千乘万骑，前驱旁驰，万战必胜。”

武王曰：“善哉。”

迷津指点

①别径奇道：岔路捷径。

②死地：不利的地形。

③胜地：有利的情况、处境。

④圮下渐泽：毁塌积水的地带。圮（pǐ），毁坏。下，低下。渐，浸水。泽，

洼地，池沼。

⑤黏埴：泥泞的黏土。

⑥仰阪：迎着山坡。阪，山坡。

古文译读

武王问太公说："战车的作战方法是怎么样的？"

太公答道："作战的步兵贵在熟悉情况的变化，作战的车兵贵在熟悉地形的状况，作战的骑兵贵在熟悉别的道路捷径。车兵、步兵、骑兵都是作战部队，三者之间不同的只是用法。作战的战车有十种死地，也有八种有利的情况。"

武王问："十种死地是哪些？"

太公答道："前进可以而退回不能的，就是战车的死地；越过险阻，长途追逐敌人就是战车的竭地；前面平坦容易行，后面险阻难通的，就是战车的困地；陷在险阻里而难以出来的，就是战车的绝地；毁塌在积水的黏泥地带，就是战车的劳地；左边险阻右边平坦，还需要向上爬坡的，就是战车的逆地；遍地盛草，还要渡过深水的，就是战车的拂地；战车数量不多，地形却平坦，而步兵与战车又配合不当的，就是战车的败地；沟壑在后面，深水在左面，高坡在右面，就是战车的坏地；日夜大雨，连续十天都不停，道路毁坏，前不能进，后不能退的，就是战车的陷地。战车的死地就是这十种地形。所以愚将由于不了解这十种死地的危害而失败被擒，智将由于能避开这十种死地而取得胜利。"

武王问："八种有利的情况又是哪些？"

太公答道："敌人的前后行阵还没有布置，就乘机用战车攻破它；敌人旌旗杂乱，不断调动人马，就乘机用战车攻破它；敌人士卒有的往前，有的往后，有的往左，有的往右，就乘机用战车攻破它；敌人阵势不稳，士兵前后互相观望，就乘机用战车攻破它；敌人前进时犹豫不决，后退时害怕恐惧，就乘机用战车攻破它；敌人全军突然惊乱，挤成一团，就乘机用战车攻破它；在平坦地形上敌人与我交战，至日暮时还没有结束战斗，就乘机用战车攻破它；敌人长途跋涉，至天黑才宿营，三军恐惧不安，就乘机用战车攻破它。这八种情况都有利于战车作战。将帅知道了上述战车作战的八种有利情况和十种死地，即便被敌人四面包围，用千乘万骑正面进攻，两侧突击，也能百战百胜。"

武王说："好啊！"

前沿诠释

本篇详细讲述车兵作战的十种不利地形和八种有利的应对方式。首先分别指出车兵、骑兵、步兵的战术特点：“步贵知变动，车贵知地形，骑贵知别径奇道。”接下来，具体讲解战车的“十死与八胜”。最后描述，将领如果知晓战车的十死和八胜，根据地形部署作战计划，即使敌军有千军万马，也将百战不殆。

在古代，战车属重型武器，相当于当代的坦克。战车的主要特点是有较强的正面攻防能力，冲击力和杀伤力巨大。但战车的作战方式比较古板，须列队成车阵，而后正面冲击。战车最大的毛病在于移动缓慢，而且，战车受地形限制较大，不宜在山林险道还有江河流域以及水泽地区，只适合在平原旷野作战。

因此，地形险易、地势高低、道路好坏等地形地貌直接影响到战车作用的发挥。而战车从某种条件上讲，是一场战争胜负的关键所在。

朱元璋，原名重八，濠州（今安徽凤阳县东）钟离太平乡人，是明朝的开国皇帝。

朱元璋就曾利用战车的弱点，围城打援夺取婺州。

公元1358年十二月，朱元璋派部下胡大海直取婺州（今浙江金华市）。胡大海攻城受挫，朱元璋震怒之下，御驾亲征统大军支援。途中遇探马回报，前去支援的元将胡深正带领一百多辆战车部赶往婺州，已达松溪。朱元璋明察秋毫，洞察到战机，立刻招众将商讨此事。“婺州现今仍誓死反抗，只因有处州这一手足。倘若断其手足，婺州必不战而降。如今处州援军已达松溪，松溪山势险要，山路多为崎岖小路，敌军战车，移动必十分缓慢。倘若我军随机应变，将其堵截在狭路，必可出奇制胜。”众将大赞。胡深所领部众与朱元璋的部队相遇后，就在松溪扎营，观望不前。朱元璋命精锐在山间埋伏，另派一路诱敌入伏。

次日，胡德济率部带队佯攻胡深，一路且战且退。胡深立功心切不知是计，率军死命追击。朱元璋伫立山顶，遥望元军已落入埋伏，军旗一挥。胡大海、常遇春两部由两侧杀出，胡德济见援军已到，命部队调头反击来了个回马枪。此时胡深已知中计，战车在山间小道上行动困难，兵车卡在山路中被围剿。半个时辰后，战车已损烧殆尽，部队士兵更是非死即伤。见大势已去，胡深只得乘乱逃跑。

婺州城听闻援军大败后，城内将士更是士气低迷。东门元军见敌军兵临城下，未战先怯，最终不战而降。

战骑第九：骑兵的“十利”“九不利”

敌人始至，行阵未定，前后不属，陷其前骑，击其左右，敌人必走。
凡以骑陷敌而不能破阵；敌人佯走，以车骑反击我后，此骑之败地也。

经典再现

武王问太公曰：“战骑，奈何？”

太公曰：“骑有十胜九败①。”

武王曰：“十胜，奈何？”

太公曰：“敌人始至，行阵未定，前后不属，陷其前骑，击其左右，敌人必走。敌人行阵整齐坚固，士卒欲斗，吾骑翼而勿去，或驰而往，或驰而来，其疾如风，其暴如雷，白昼而昏，数更旌旗，变易衣服，其军可克。敌人行阵不固，士卒不斗，薄其前后，猎②其左右，翼而击之，敌人必惧。敌人暮欲归舍，三军恐骇，翼其两旁，疾击其后，薄其垒口③，无使得入，敌人必败。敌人无险阻保固，深入长驱，绝其粮道，敌人必饥。地平而易，四面见敌，车骑陷之，敌人必乱。敌人奔走，士卒散乱，或翼其两旁，或掩其前后，其将可擒。敌人暮返，其兵甚众，其行阵必乱；令我骑十而为队④，百而为屯，车五而为聚，十而为群，多设旌旗，杂以强弩；或击其两旁，或绝其前后，敌将可虏。此骑之十胜也。”

武王曰：“九败，奈何？”

太公曰：“凡以骑陷敌而不能破阵；敌人佯走，以车骑反击我后，此骑之败地也。追北逾险，长驱不止；敌人伏我两旁，又绝我后，此骑之围地也。往而无以返，人而无以出，是谓陷于天井、顿于地穴⑤，此骑之死地也。所从入者隘，所从出者远；彼弱可以击我强，彼寡可以击我众，此骑之没地也。大涧深谷，翳荟林木，此骑之竭地也。左右有水，前有大阜，后有高山；三军战于两水之间，敌居表里⑥，此骑之艰地也。敌人绝我粮道，往而无以返，此骑之困地也。污下沮泽⑦，进退渐洳，此骑之患地也。左有深沟，右有坑阜⑧，高下如平地，进退诱敌，此骑之陷地也。此九者，骑之死地也。明将之所以远避，闇将之所以陷败也。”

迷津指点

①十胜：制胜的十种战机。原文只有七胜，疑有遗漏。九败：九种致败的地形。

②猎：打猎，此处指袭击。

③垒口：营垒的入口。

④队：与下文的屯、聚、群，均为古代骑兵部队的战斗编组。

⑤地穴：地之下陷者为地穴。

⑥表里：内外有利的地形。

⑦沮泽：水草所聚的地方，即沼泽地。

⑧坑阜：指地形高低凹凸不平。坑，凹陷地。阜，土山。

古文译读

武王问太公说："骑兵的作战方法应该是怎样的？"

太公答道："骑兵作战主要有十胜九败。"

武王问："哪些是十胜？"

太公答道："敌人刚到，行列阵势还没有稳定，前后不能衔接，我用骑兵立即击破敌人先头骑兵部队，再夹击其两翼，敌人必定溃逃；敌人行列阵势整齐坚固，士兵都有高昂斗志，我骑兵应该缠住敌人两翼不放，有时奔驰过去，有时奔驰回来，如风般敏捷，如雷般猛烈，从白天战到黄昏，不断更换旗帜，更换服装，使敌人恐惧疑惑，敌人定会大败；敌人行阵不坚固，士兵没有高昂的斗志，我就用骑兵逼近敌人的正面和后面，袭击其两翼，敌人必定震恐；敌人日暮回营，军心惶恐，我就用骑兵夹击其两翼，夹击其左右，迅速袭击其后尾，逼近敌营垒的出口和入口，阻止敌人进入营垒，敌人肯定会失败；敌人没有险阻地形可以固守，我骑兵应该长驱深入，切断敌人粮道，敌人肯定陷入饥饿状态；敌人处于平坦地形，四面容易遭受攻击，我用骑兵协同战车攻击它，敌人肯定溃乱；敌人败逃，士兵散乱，我骑兵可以从其两翼夹击，或从前后袭击，就可以擒拿敌军将帅；敌人日暮返回营垒，部队众多，队形一定混乱，我就令骑兵一队为十人，一屯为百人，战车五辆为一聚，十辆为一群，旗帜尽量多插，配备强弩，或袭击其两翼，或断绝其前后，就可以俘虏敌军将帅。上述这些，就是骑兵作战取胜的十种战机。"

武王问："哪些是九败？"

太公答道："凡是用骑兵攻击敌人而不能攻破敌人阵势，敌人假装逃跑而用战车和骑兵攻击我们后方，这便是骑兵作战的败地；追击败逃的敌人，越过险阻，长驱直入而不停止，敌人埋伏在我两侧，又断绝我的后路，这便是骑兵作战的围地；前进后不能退回，进去后不能出来，这就是陷入天井之内，困于地穴之中，这便是

骑兵作战的死地；前进的道路很窄，后退的道路迂远，敌人可以以弱击强，以少击多，这便是骑兵作战的没地；大涧深谷，林木茂盛，活动困难，这便是骑兵作战的竭地；左右两面有水，前面有丘陵，后面有高山，我军在两水之间同敌人作战，敌人内守山险，外居水要，这便是骑兵作战的艰地；敌人断我后方粮道，我军只能前进而不能后退，这便是骑兵作战的困地；泥泞低洼，遍布沼泽，进退两难，这便是骑兵作战的患地；左有深沟，右有坑坎，凹凸不平，看似平地，进退都会招致敌人袭击，这便是骑兵作战的陷地。上述这九种情况都是骑兵作战的死地，精明的将帅懂得竭力避开，愚蠢的将帅不知躲避就会陷于失败。”

前沿诠释

骑兵所具有的主要特点便是移动力快速、机动性强，尤其是具有强大的突击能力与冲锋到敌方阵营的可怕的冲击力。在地形有利的盆地、山地制高点、丘陵区作战时，骑兵的作用不可小觑。它在进行迂回、奇袭、断敌人后路、骚扰佯攻以及追击的时候，有着别的兵种望尘莫及的速度。但是有利必有弊，骑兵也有它的弱点，比如说骑兵作战不适合于险道、水泽，不适合于攻城拔寨。至于何时何地派骑兵出战，这就是将领的工作了。历史上著名的柏乡之战便是运用骑兵取得胜利的典范。

五代初期的时候，后梁太祖朱全忠与河东晋王李存勖之间存在着深刻的矛盾，他们为了扩张势力，相互争夺着成德（今河北正定）、义武（今河北定县）、卢龙（今北京）这三个藩镇。

开平四年（910）十一月，卢龙节度使刘守光发兵涿水，想要攻占成德。朱全忠便趁机假借帮助成德节度使王镕抵抗刘守光，向成德、义武两地派兵，希望乘机消灭这两股势力。成德节度使王镕和义武节度使王处直便向晋阳（今太原）的李存勖求救，推举他为盟主， 共同抗梁。

李存勖欣然同意了这一邀请，于是派周德威率军屯兵赵州（今河北赵县）。而此时，朱全忠已经命令部将王景仁率兵八万向柏乡（今河北柏乡）进军。这已经属于成德地界了，于是王镕便再次向李存勖告急。李存勖便亲自领兵到达赵州，与周德威会合，然后一同进驻野河（今滏阳河支流）北岸，与梁军隔河相对。

此时，在战役究竟怎么进行的问题上，李存勖和他的部将周德威有着不一样的看法。李存勖认为，应该速战速决，趁着敌人还不知道自己的底细时打败他，否则的话，一旦对方了解了自己的虚实，要想再战就困难了。但是周德威不同意，他认为，梁军的士气现在非常旺，不应该在这个时候速战，而且敌人擅长的是守城而不是野战，应该诱敌出城。他为了让李存勖采纳自己的建议，还详细分析了双方的战力："吾之取胜，利在骑兵，平原旷野，骑兵之所长也。今吾军于河上，迫近营门，非吾用长之地也。"

经过这样的解说，李存勖同意了诱敌的策略，最终决定退守高邑，引诱梁军离营，然后再以逸待劳，乘机出击。

定好计策之后，李存勖便派人前去挑战。柏乡守将王景仁是个急性子，见到对方不攻城，反而是行此挑衅之举，异常愤怒，便率领大部队倾巢而出。而晋军在李存勖的带领下，也按照预先定好的计策，一边打一边退，终于将梁军诱到了高邑南边。

李存勖登上高处向四周望去，见到处处有平原浅草，是可进可退之地，就想命令军队进行反击。

但是周德威又一次否定了他的看法，他料定，王景仁追击之时，必定没有带粮草辎重，现在打不如等到他们人困马渴、想要退兵的时候再打，那个时候肯定能够取胜。

于是，李存勖便耐着性子等下去。到了下午的时候，梁军果然开始慢慢后退了，这个时候，李存勖便下令自己的骑兵部队从东西两侧迅速出击。由于骑兵速度极快，梁军根本来不及抵抗，瞬间便被冲散，没了队形。接下来的战事就非常顺利了，最终王景仁的精锐部队被全歼，他只带了数十骑逃出重围。

在这一战中，我们可以看到，梁军的兵力其实是多于晋军的，但是晋军能够根据地形和敌军的具体情况，巧妙运用主动后撤诱敌的方法，使得梁军离开了对自己有利的地形，并且充分利用骑兵快速的机动作战能力，在瞬间给予梁军最有力的打击，使得他们很快溃败，从而赢得了战争的胜利。可以说，这是我国古代骑兵利用有利的地形，最终以少胜多的一次著名的战例。

战步第十：因“人”制宜地使用战术，逢敌必胜

步兵与车骑战者，必依丘陵险阻，长兵强弩居前，短兵弱弩居后，更发更止。敌之车骑，虽众而至，坚阵疾战，材士强弩，以备我后。

人操行马进步，阑车以为垒，推而前后，立而为屯，材士强弩，备我左右。然后令我三军，皆疾战而不解。

经典再现

武王问太公曰：“步兵与车骑战，奈何？”

太公曰：“步兵与车骑战者，必依丘陵险阻，长兵①强弩居前，短兵②弱弩居后，更发更止③。敌之车骑，虽众而至，坚阵疾战，材士强弩，以备我后。”

武王曰：“吾无丘陵，又无险阻。敌人之至，既众且武，车骑翼我两旁，猎我前后。吾三军恐怖，乱败而走。为之奈何？”

太公曰：“令我士卒为行马、木蒺藜，置牛马队伍，为四武冲阵；望敌车骑将来，均置蒺藜；掘地匝④后，广深五尺，名曰命笼。人操行马进步，阑车以为垒，推而前后，立而为屯，材士强弩，备我左右。然后令我三军，皆疾战而不解⑤。”

武王曰：“善哉。”

迷津指点

①长兵：长柄兵器。

②短兵：短柄兵器。

③更发更止：轮番作战，轮番休息。

④匝：环绕。

⑤解：同“懈”。

古文译读

武王问太公说：“步兵与车兵以及骑兵的作战方法是怎样的？”

太公答道：“步兵与车兵以及骑兵作战，肯定要依托丘陵险阻的地形列阵，将长兵器和强弩配置在列阵前面，将短兵器和弱弩配置在列阵后面，来回轮流作战，轮流休整。当敌人战车和骑兵大部分到来时，我方就坚守阵地，顽强战斗，并且让材士强弩警戒后方。”

武王问：“我方所在地既没有丘陵，又没有险阻可以依托，敌军到来的兵力既众多又强大，并用战车和骑兵夹击我军两翼，突击我军前后，以至我军恐惧，溃败逃跑，这该怎么办？”

太公答道：“命令我军士兵制作一些行马和木蒺藜等障碍物，把牛和马集中编制在一起，步兵结合成四武冲阵。看见敌方战车骑兵即将到来时，就广泛布置蒺藜，并挖掘环形壕沟，宽五尺深五尺，这叫做命笼。步兵带着行马进退，然后用车辆连接成营垒，推着它前后移动，停止下来时就成为营寨。用材士强弩警戒左右，然后命令我军猛烈战斗，不得松懈。”

武王说：“好啊！”

前沿诠释

本篇讲述步兵在对峙车兵、骑兵时该如何破解对方的攻势。众所周知，骑兵的冲击力和车兵的攻击不是步兵肉身所能抵挡的。所谓天时地利人和，那么步兵在遭遇骑兵、车兵时，必须依附地利，依靠丘陵险道打击敌方。

五代十国时，契丹挥军直指幽州。当时晋国正与两国交战，大将李嗣源、李存审、阎宝率领七万步骑混合部队在易州会合，前往救援。李存审言：“敌众我寡，契丹军以骑兵为主，我军以步兵为主，如果突然在平原上相遇，敌方用骑兵来冲击我军的话，那我军就会一败涂地。”

李嗣源说：“敌军没有辎重，而我军出行必带粮草，如果在平原上相遇，敌军抢夺我军的辎重，我军就会不战自败，不如经山道潜行到幽州，与城中人马会合。如果中途遇到契丹军队，就占据险要地势抗衡。”

大军翻过大房岭，李嗣源带着三千骑兵为先锋，在离幽州六十里的地方遇到了小股契丹军队，这支契丹军队却不战而逃。当李嗣源带领先锋骑兵到了山口时，发现契丹军队有上万骑兵围在山谷口，晋军将士顿时失色。李嗣源带领骑兵奋勇冲锋，契丹军才稍稍退却，晋军步兵得以冲出山谷。李存审下令砍树做成鹿角，每个步兵拿一个，军队一停止前进就自动形成鹿角营寨。契丹骑兵只能环绕着这运动的鹿角营寨进攻，最终“寨中发万弩射之，流矢蔽日，契丹人马死伤塞路”。

靠近幽州时，契丹部早已整装待发。李存审下令步兵排在骑兵后面，让一些瘦弱的士兵拖着点燃的柴草前进，烟尘遮天蔽日。对方弄不清晋军有多少人马，主

力在哪个方向，于是一顿大呼乱战。李嗣源率领军队从敌后方突然猛攻，“契军大败，席卷其众自北山去，委弃车帐铠仗羊马满野，晋兵追之，斩俘万计”。

这场斗争说明，步兵打败骑兵并不是不可能的，战争的成败主要在于主帅用兵是否得当，是否能够灵活指挥，出其不意。军队的主帅要懂得运用自己兵种的优势取得胜利。这两种兵种之间的对战不仅在我国古代出现过，在国外战争史上也有鲜明的例证。

1314年，英格兰国王爱德华二世率军侵入苏格兰，希望解除罗伯特一世领导的苏格兰军队对一座要塞的围困。当时，为了防备对付英格兰军队，罗伯特将军队部署在了离城堡不远处的一片沼泽地后面的小山上。英格兰军队要想解围，就必须攻占这座小山，这就成为了战争的关键。

当时，苏格兰留在此处的军队缺少弓箭手，只能是依靠长矛兵，而英格兰军队则是有备而来，兵力雄厚。

战斗打响后，英格兰军队首先要做的就是突破沼泽地。一直到黎明时分，他们才终于全部通过。但是由于地形所限，他们的重骑兵还没有完全展开战斗队形，而后续的步兵更是都围成了一团。看到这种情况，罗伯特当机立断，决定趁英格兰军队立足未稳、战斗队形未完成展开的时候，进行一次大胆的进攻：他命令自己的步兵向前冲，由此展开了一场罕见的以步兵攻击骑兵的战争。

于是，在罗伯特的命令之下，苏格兰的密集的长矛兵阵慢慢地向英格兰的骑兵走去。很快地，双方便遭遇了。或许你会认为这场战争的结果必定是骑兵取胜，但事实却完全相反，就如同一位历史学家所描述的那样：“这两支部队碰到了一起，英格兰兵骑着高头大马撞到了苏格兰士兵的长矛上，就好像撞到了一棵大树，发生了巨大而可怕的碰撞，他们的队形割裂了，马也被撞死了，散落在了一起。”于是，骑兵只能是停留在长矛阵之外，不敢向前冲。

这个时候，英格兰人急了，调来了弓箭手。如果他们能够连续射箭的话，想必会给苏格兰军队带来相当大的影响，但是很遗憾，这些弓箭手刚刚出现，就被苏格兰人早已准备好的重骑兵预备队给冲散了，完全没有派上用场。

就这样，英格兰的骑兵只能往后退，而步兵则被挤到了自己刚刚渡过的沼泽地里，几乎还没怎么正式交战便已经宣告了失败。

看来，并不能武断地判定骑兵和步兵的优劣，在不同的地形地势和组织安排下，步兵有时也能够以小博大，赢得胜利。

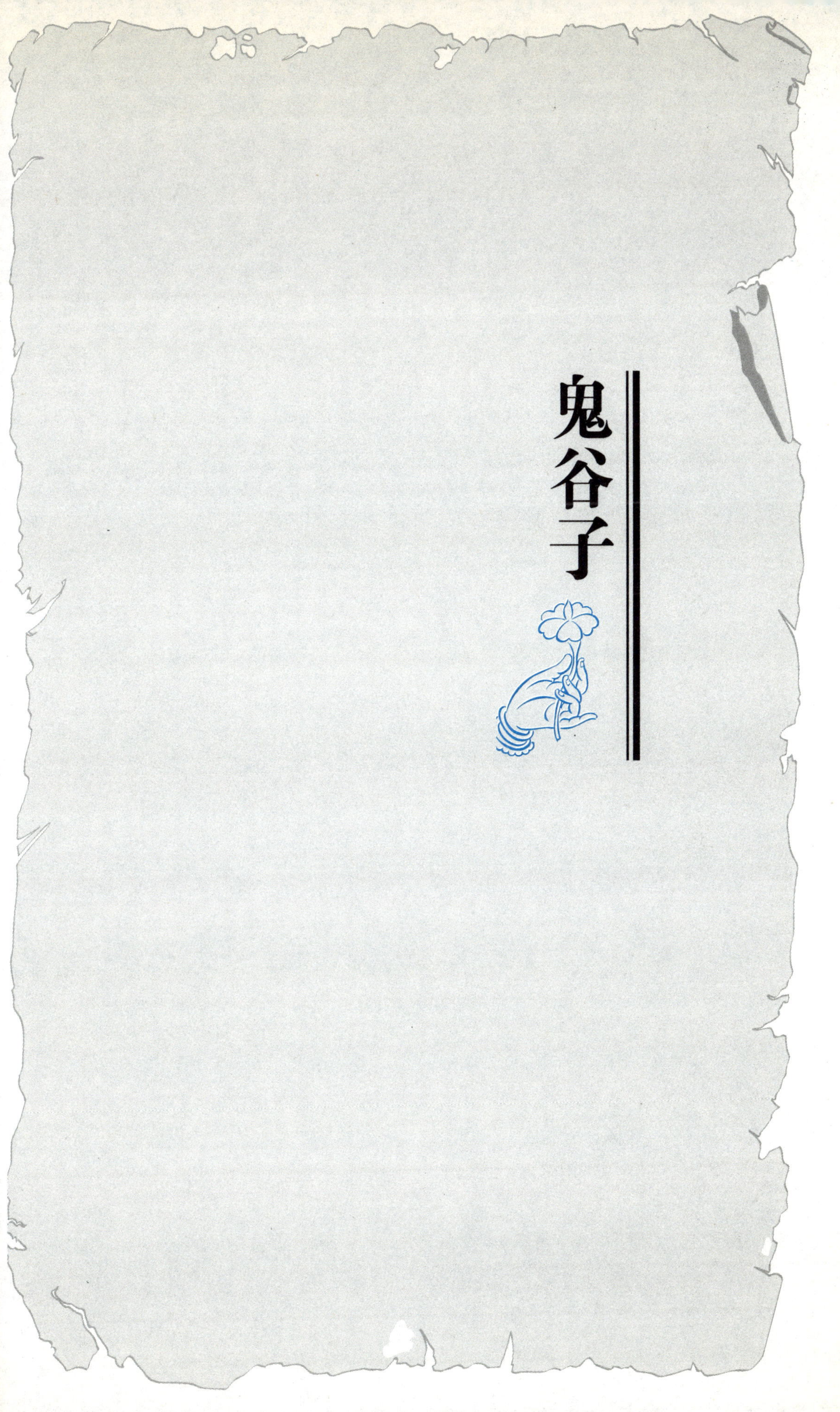

鬼谷子

鬼谷子王诩：培养奇才最多的先秦纵横家

鬼谷子，姓王名诩，又叫王禅，是春秋时期卫国朝歌人（一说战国时代卫国人），具体生卒年月不详，先秦诸子之一。其经常去云梦山采药修道。因为隐居清溪之鬼谷，所以自称为鬼谷先生。

鬼谷子曾任楚国宰相，后来归隐卫国授徒。位于江西省贵溪境内的鬼谷，便因为鬼谷子曾在这里授徒而出名。

道教认为鬼谷子为“古之真仙”，因为他活了一百多岁，后来不知去向。其实，历史上最早记载鬼谷子情况的是司马迁的《史记》。司马迁在《史记·苏秦列传》中说：“苏秦者，东周洛阳人。而东事师子齐，而习之于鬼谷先生。”

元青花鬼谷子下山图罐。主题画面描述了孙膑的师父鬼谷子在齐国使节苏代的再三请求下，答应下山搭救被燕国围困的齐国名将孙膑和独孤陈的故事。

《隋书·经籍志》中也有三卷关于鬼谷子的内容，皇甫译注曰：“楚人也，鬼谷子，周世隐于鬼谷。”随后，梁代的陶弘景也对这三卷加以译注。

后人又把鬼谷子称为“纵横家的先师、兵家的师祖”。这是因为，据历史资料记载，战国时期著名的军事家孙膑、政治家苏秦、张仪，都曾经师从鬼谷子（见《战国策》）。另外，还有庞涓也是鬼谷子的弟子的说法（见《孙庞演义》）。

今天，鬼谷子曾归隐的当阳青溪山脉的鬼谷洞也称大仙洞。在鬼谷洞洞口前面原来建有一座小庙，是为了供奉鬼谷子的神像的。据记载，此庙宇最初建立于晋代，历代曾经加以修补，后来被毁。如今，洞里面还保存有一只石虎，长一米多。根据考古鉴定，是汉代或者汉代以前的遗物。

民间跟鬼谷子先生有关的传说也很多，多见于文学刻画与民间传奇中。如“龙女引泉”“鬼谷子出世”“洞府真仙”等，都是跟鬼谷子有关的脍炙人口的奇闻典故。文学刻画上的主要作品有明朝冯梦龙的《东周列国志》、清人杨景澧的《鬼谷四友志》、现代作家寒川子的《战国纵横》等。其中，对鬼谷子及其弟子的个性描

述最为成功的就要属《战国纵横》。

《鬼谷子》和《本经阴符七术》是鬼谷子的主要著作。《鬼谷子》侧重讲述权谋策略以及言谈辩论技巧，而《本经阴符七术》则集中讲述养精蓄锐之道。

《本经阴符七术》一书可能是鬼谷子根据自身心得总结而成，但《鬼谷子》一书是其后学者根据其言论重新整理而成的。该书内容十分丰富，涉及政治、军事、外交等内容，主要讲谋略的理论。

纵横家所崇尚的是权谋策略以及言谈辩论的技巧，指导思想与儒家所推崇的仁义道德大相径庭。所以，一直以来，学者中对《鬼谷子》一书推崇者甚少，诋毁者甚多。

《鬼谷子》不是一部等闲之作，它对战国时期纵横家的理论起着重要的指导作用。因为外交战术能不能成功，关系国家之兴衰安危，而生意谈判与竞争的策略是不是合理得当，则关系到经济上的成败得失。即便是在日常生活中，言谈技巧也关系到一个人的为人处世是不是得体。

当年苏秦凭其三寸不烂之舌，合纵六国，佩六国相印，统领六国共同抗秦，一时显赫。而张仪又凭其谋略与游说技巧，使合纵六国土崩瓦解，为秦国立下不朽功劳。其实所谓“智用于众人之所不能知，而能用于众人之所不能”，潜谋于无形，常胜于不争不费，这就是《鬼谷子》的精髓所在。

《鬼谷子》原书共十四篇，其中的第十三篇和第十四篇由于年代久远等原因现在已经失传，所以现在道藏本及嘉庆十年江都秦氏刊本最为常见。我们下面引用的内容出自道藏本，取自萧登福先生之《鬼谷子研究》（1984年）。

捭阖第一：谈判有术，针对游说

本卷是《鬼谷子》一书的首卷。

在本卷中，“捭阖”二字被赋予丰富的含义。“捭阖”即开合。一开一合是事物发展的规律。纵横家以捭阖之道作为游说的根据，从而估算对方的智、勇等方面，根据对方的情况或“捭”或“阖”，用讲道理的方法去游说对方。

在游说之前，游说家会先探知对方的情况，根据对方的实际情况作出针对性的游说。对方喜欢什么就说什么，从而赢得对方的认可，然后逐步实现自己游说的目的。

游说他人是有技巧的，而针对游说便是其中的一种技巧。游说之前一定要找到问题的症结所在，以及游说对象的性格，然后对症下药，或滔滔不绝，或沉默不语，一“捭”一“阖”地往复使用，为说服对方施展不同的手段，这样游说就不会不成功。

是故圣人一守司其门户，审察其所先后，度权量能，校其伎巧短长。夫贤、不肖、智、愚、勇、怯，有差，乃可捭，乃可阖；乃可进，乃可退；乃可贱，乃可贵；无为以牧之。

经典再现

粤若稽古，圣人[①]之在天地间也，为众生之先。观阴阳之开阖以命物，知存亡之门户，筹策万类之终始，达人心之理，见变化之朕[②]焉，而守司[③]其门户。故圣人之在天下也，自古至今，其道一也[④]。变化无穷，各有所归[⑤]。或阴或阳，或柔或刚，或开或闭，或弛或张。

是故圣人一守司其门户，审察其所先后，度权量能，校[⑥]其伎巧短长。夫贤、不肖、智、愚、勇、怯，有差，乃可捭，乃可阖；乃可进，乃可退；乃可贱，乃可贵；无为以牧[⑦]之。审定有无与其实虚，随其嗜欲以见其志意，微排其所言，而捭反之，以求其实，实得其指；阖而捭之，以求其利。或开而示之，或阖而闭之。开而示之者，同其情也；阖而闭之者，异其诚也。可与不可，明审其计谋，以原其同异。离合有守，先从其志。

即欲捭之贵周，即欲阖之贵密。周密之贵微，而与道相追。捭之者，料其情也；阖之者，结其诚也。皆见其权衡轻重，乃为之度数，圣人因而为之虑。其不中

[8]权衡度数，圣人因而自为之虑。故捭者，或捭而出之，而捭而纳[9]之；阖者，或阖而取之，或捭而去之。捭阖者，天地之道。捭阖者，以变动阴阳，四时开闭，以化万物。纵横、反出、反覆、反忤，必由此矣。

捭阖者，道之大化，说之变也；必豫审其变化。口者，心之门户也；心者，神之主也。志意、喜欲、思虑、智谋，此皆由门户出入，故关之以捭阖，制之以出入。捭之者，开也，言也，阳也；阖之者，闭也，谋也，阴也。阴阳其和，终始其义。故言长生、安乐、富贵、尊荣、显名、爱好、财利、得意、喜欲为阳，曰“始”。故言死亡、忧患、贫贱、苦辱、弃损、亡利、失意、有害、刑戮、诛罚为阴，曰“终”。诸言法阳之类者，皆曰“始”，言善以始其事；诸言法阴之类者，皆曰“终”，言恶以终其谋。

捭阖之道，以阴阳试之，故与阳言者依崇高，与阴言者依卑小。以下求小，以高求大。由此言之，无所不出，无所不入，无所不可。可以说人，可以说家，可以说国，可以说天下。为小无内，为大无外。益损、去就、倍反，皆以阴阳御其事。阳动而行，阴止而藏；阳动而出，阴随而入。阳还终始，阴极反阳。以阳动者，德相生也；以阴静者，形相成也。以阳求阴，苞以德也；以阴结阳，施以力也；阴阳相求，由捭阖也。此天地阴阳之道，而说人之法也，为万事之先，是谓“圆方[10]之门户”。

迷津指点

①圣人：指人格品德最高尚的人。

②朕：征兆、迹象。

③守司：主持，掌管。

④其道一也：一切圣人的行为只有一个，那就是通往救亡图存的道路。

⑤各有所归：事物的发展都有一定的规律，任何事物都有自己的归宿。

⑥校（jiào）：考核，比较。

⑦牧：统治，管理。

⑧中：符合，合乎。

⑨纳：接纳。

⑩圆方：指天地，古人认为天圆地方。

古文译读

纵观古往今来，圣人生活在天地间，是芸芸众生的先导。圣人通过观察阴阳两类现象的开启变化来命名事物，并进一步了解事物生存和死亡的关键，预测天下万物从起始到终结的全部过程，知道人们思想变化的规律，揭示出来事物变化的征兆，从而把握事物发展变化的趋势。所以，圣人处在天地之间，从古到今，他们所奉守的自然之道是一样的。事物的变化虽然是无穷无尽的，但是它们最终都有自己的归宿。或许属阴，或许属阳；或许柔弱，或许刚强；或许开启，或许闭合；或许松弛，或许紧张。

因此，圣人要始终把握事物发展变化的关键，审视事物变化的先后顺序，度量人们的智谋，比较双方在技巧方面的优劣短长。至于人的贤良、不肖、智慧、愚钝、勇敢、胆怯，都是有差别的。根据不同的情况，可以开启使用，也可以闭藏不用；可以举荐，也可以摒弃；可以轻视，也可以敬重，以顺应天性来处置。通过虚实来考查对方有无真才能，通过对他们的嗜好和欲望的分析来判断对方的意愿和志向。适当地贬抑对方所说的话，当他侃侃而谈的时候加以反驳，以便更好地探察对方的实际情况，切实把握对方言行的主旨；沉默不语而后开口，以便抓住有利时机。或许开放，使其显现；或许封闭，使其隐藏。开放使其显现，是为了取得与对方情感上的一致；封闭使之隐藏，是为了了解对方对自己的诚意。要分辨什么可行，什么不可行，就需要把那些计谋研究透彻，探究异同之处。计谋有与自己不相同的和相同的，一定要有主见，并分别对待，也需要注意跟踪对方的思想活动。

如果想要运用开启之术，那么贵在考虑周详；如果要运用闭藏之术，那么贵在隐藏和保密。周详和保密的关键，在于精微地合乎自然规律。开启是为了侦察他的真实情况，闭藏是为了结交对方的诚意。这样的做法都是为了衡量对方的实力权谋，用来探察对方谋略的性质和谋划的程度，圣人就会因此用心思考。如果权衡失误，谋略失策，圣人就会自我忧虑。所以说，所谓的开启，或者是通过开启展示出去，或者是通过开启而收纳闭藏。所谓的闭藏，或者是通过闭藏获取，或者是通过闭藏抛弃。开启跟闭合，是天地万物运行的规律。开启与闭合，都是通过阴阳运行、四季轮替，促进了万物的发展变化。世间万物的纵横交错、反复出入、相互抵触，都必须通过开启或闭合来实现。

开启和闭合是万物运行规律的一种体现，也是游说之术变化的法则，游说者必须慎重地审察对方的变化。心灵的门户是嘴巴，精神的主宰是心。志向意愿、爱好

欲望、思维活动、智慧计谋都要由这个门户来表露。所以，用开启和闭合来把守这个关口，以控制语言的出入。开启之术，就是开启、发言，属于阳的方面；闭合之术，就是封闭、缄默，属于阴的方面。阴阳两方相互协调，开放与封闭才会有节度，才能善始善终。所以说，长生、安乐、富贵、尊荣、显名、嗜好、财货、得意、欲望等，属于“阳”的一类事物，叫做“开始”。而死亡、忧患、贫贱、羞辱、毁弃、损伤、失意、灾害、刑戮、诛罚等，属于“阴”的一类事物，叫做“终止”。只要是那些遵循“阳道”运行的事物，都可以称之为“始”，是指常以“善”的行为来开始；只要是那些遵循“阴道”运行的事物，都可以称之为“终”，是指常以“恶”的行为来终止。

捭阖术运用的法则，就需要从阴阳两个方面来施行。所以，与循阳道的人言谈，要依托崇高的原则引导对方；与循阴道的人言谈，要依托卑下的原则引导对方。用卑下来求取微小，以崇高来求取博大。这样说来，没有什么不能抽身出来，也没有什么不能深入进去，没有什么不可以说服。用这个道理，可以游说一个人，游说一个家，游说一个国，可以游说整个天下。要做小事情的时候没有“内”的限制，要做大事情的时候也没有“外”的限制。所有的损害和补益、离开和接近、背叛和归附等行为，实行起来都是运用阴阳的变化来处置的。活动、前进属于阳的方面，静止、隐藏属于阴的方面。阳通过运动显示出来，阴通过静止隐藏起来。阳发展到极点就变成了阴，阴积累到极点就变成了阳。循阳道运行者，德就会与之相胜；循阴道止者，形就会凝聚。用阳来探求阴，就需要用德来包容；用阴来探求阳，就需要用力量来施行。阴阳两方面相互寻求，就是依据开启和闭合。这就是天地间阴阳运行的总规律，也是游说他人的基本方法，是各种事物的先导，因而常被称做“天地万物运行的门户”。

前沿诠释

捭阖是一种很有用的谈判术，通过挑动打开别人的心扉，使对方说出实情，或者通过各种方法使对方显露真情。鬼谷子深知语言的重要性，“一言兴邦，一言丧邦”对此作出了诠释。当然，作为游说者，也不能一味地盲目说话，要根据各人的特点，掌握说话技巧，有针对性地游说，才能取得巨大成功。

捭阖之术多用于军事，主张“谋之于阴，成之于阳”，靠言辞纵横天下。翻开历史传记就会发现，古今中外有很多著名的游说家，他们凭着自己的智慧，在暗中说服了对手，让对手心服口服。诸侯割据的春秋时期，游说家非常多，鬼谷子的高徒苏秦在当时就曾名噪一时。

苏秦是东周洛阳人，曾经师从鬼谷子学习纵横之术。学成之后，他想不负平生所学游说各国国君。开始的时候，家里人都不同意，但他还是倔犟地坚持。一次，他去求见周天子，因为是平民出身，周天子以及其他贵族都看不起他，他的第一次游说便以失败告终。他又去秦国游说，同样遭到了拒绝。出师不利对苏秦打击非常大，他狠下心来，潜心研究一本叫做《阴符》的书，累了用锥子扎自己的大腿，困了把头发吊在房梁上，在一年内揣摩出了许多道理。之后他再次去游说，又被周王和秦王拒绝了。

苏秦（前337—前284），字季子，战国时期韩国人，是与张仪齐名的纵横家。

这时，正好燕昭王广招天下贤士，苏秦便去了燕国。他在燕国受到了礼遇，并且深受燕昭王的信任。苏秦对燕昭王坦言，燕国想要报强齐之仇，必须先向齐表示屈服顺从，掩饰复仇的欲望，让齐国不注意燕，以使燕国赢得振兴所需的时间。再者，要鼓动齐国不断进攻其他国家，消耗齐国的国力，并且防止其攻打燕国。为此，他去劝说齐王伐宋，合纵攻秦。公元前285年，苏秦到达齐国，不断地挑拨齐、赵之间的关系，取得了齐愍王的信任，官居齐相，可暗地里他仍然在为燕国效力。齐愍王不明真相，任命苏秦率兵抗御燕军。齐、燕两军交战时，燕国轻易地取得了胜利，而齐国则损失了五万兵士。苏秦挑拨齐国君臣的关系，使齐国君臣不和睦，百姓离心，为乐毅联合五国攻破齐国奠定了基础。

随后，苏秦又说服赵国联合韩、魏、齐、楚、燕一起攻打秦。赵国国君很高兴，封他为武安君，还赏给他豪华车辆、白璧百双、黄金万镒跟数不清的绫罗绸缎，让他带着这些东西去向其他的国家宣扬"合纵术"，齐心协力抗击秦国。苏秦得到赵国的帮助，又往韩国而去，游说韩宣王；往魏，游说魏襄王；往齐，游说齐宣王；又往楚，游说楚威王。他马不停蹄地到各国周游，"以三寸之舌为帝王师"。诸侯都赞成苏秦的计划，于是六国达成联合的盟约，苏秦为合纵长，并任六国相。盟誓约定"秦攻一国，五国共救；一国叛盟，五国共讨"。秦国知道这个消息后大吃一惊。此后十五年，秦国不敢图谋向函谷关内进攻。

苏秦靠着一张嘴巴没有耗费一兵一卒就震慑了秦国，由此可见合纵术的厉害。我们知道，春秋时期，战乱纷纷，在那种环境下，每个人的心思都是难以揣度

的。要想说动各国的君王，必须动之以情、晓之以理，把利害关系明确地说出来，有针对性地和游说对象“谈判”，不断地探察对方的实情，运用各种说话技巧，从游说对象的弱点下手，静观其变，方能找到说服对方的突破口。

上面的故事可能有点笼统，下面会举一个详细的例子阐述捭阖之术的厉害。

燕王晚年，让位给大臣子之，这个做法引发了太子平和将军市被的叛乱。齐国也来趁火打劫，借机派兵攻燕。燕国本来就弱小，再加上内外战乱，仅五十余天就被齐国占领全境。赵武灵王护送燕公子职回国，立其为燕昭王。

燕昭王继位之后，为了振兴燕国，广纳贤士，积极准备对齐国进行大规模的军事报复。苏秦在这时来到燕国，燕昭王派他到齐国交涉拿回仍被齐占领的燕国土地。苏秦到齐，对齐宣王说：“燕昭王是秦穆公的女婿，从亲戚方面来说，秦国就是燕国的后盾。齐国占领燕国的土地，一定会让秦国和燕国不满。如果您将占有的土地归还给燕国，那么燕国和秦国会对您非常感激。大王即可以秦、燕为支持，号令天下。天下也莫敢不从，成就霸业指日可待。”齐宣王大喜，归还了燕国旧地。苏秦归燕，燕昭王即开始重用苏秦。在一般情况下，只有发动战争才能夺回旧地，而苏秦仅仅凭几句话，就把燕国的旧地给夺了回来，这就是“三寸之舌”的威力。

古代某些时期战争频繁，能人谋士辈出，游说者更是不计其数，“一言兴邦，一言丧邦”表现得淋漓尽致。捭阖之术在古代得到了重视，很多人学习和使用。这种一开一合的 “捭阖”之术在外交家的身上体现得尤为明显。而且，在历史进程中，大开大合是经常现象。所谓“捭阖者，天地之道”，历史的巨变也常在开合中。具体而言，合宜的“捭阖”之术常于应“闭”时必自守，以韬光养晦渡过难关而闻名于天下。在我国历史上，东汉刘秀、三国刘备都曾经以“闭”为自守之策而夺取天下。北齐开国皇帝高洋也曾经运用这样的方法登上了皇帝的宝座。

北齐开国皇帝高洋，是东魏大丞相、齐王高欢的次子。高欢死后，长子高澄继任大丞相，统率中外诸军，坐镇晋阳；高洋被封为京畿大都督，在邺都辅佐朝政。高澄凶横暴烈，狂放不羁，处处锋芒毕露，总揽朝政，不可一世。但是高洋的表现恰恰相反，温文尔雅，愚钝憨直，讷言少语，对国家大事总是睁一只眼闭一只眼，得过且过。这样对比，文武群臣都非常看不起他，他自己在兄长高澄面前也从来都是百依百顺。他曾经为夫人购置了一些比较好的服饰，高澄看上了，非要据为己有，高洋也不气恼，还劝夫人不要气恼。而且，自己的美妾多次被高澄调戏，他也佯装不知。在这种情况下，高澄对这个弟弟更是瞧不上眼，曾经对别人说：“如果我的这个弟弟能够富贵，那么预言吉凶贵贱的相面书就无法解释了。”更有甚

者，高洋退朝回家，常常是闭门静坐，对妻妾也不说几句话，有时还脱光了鞋，光着脊梁在院子里奔跑。

谁都想不到，就是这个高洋，在局势突变时好像变成了另外一个人，令人刮目相看。高澄对当时的皇帝元善非常不满，就赶到邺都与几个心腹密谋废立之事，不料却被家奴兰京聚众刺杀身亡。

高洋得知这一消息后，并未惊慌失措，而是神色冷静，从容率兵赶到，将兰京等凶手一一捕杀，而且对外宣布大丞相只是在家奴造反时受了点伤。与此同时，他又向皇帝元善请求护送高澄回晋阳去养伤。元善立即准行，心里暗喜，认为高澄已经受伤了，而高洋懦弱，难成大器，已经不可能威胁到自己的皇位了。

高洋回到晋阳后，当即召集群臣布置政事，推行新法，革除弊政。在不到一年的时间里，他将晋阳治理得井井有条，百官惊叹不已。此时，高洋看到国家内外安定，这才宣布高澄去世，为其兄发丧。同时，元善觉得他这个人丝毫没有野心，便封他为大丞相，都督中外诸军，袭封齐王。

几个月后，高洋率兵抵达邺都，逼元善禅位。元善听到这一消息后，惊得目瞪口呆，无奈之下只好同意。高洋建立新朝，改国号为齐。

韬光养晦，是一种隐藏才能，不露真心，收敛锋芒，待时而动的极佳谋略。高洋正是采用了这种谋略，最后成就了帝王大业。在历史上，与他有相同经历的帝王还有不少。北魏的节闵帝元恭，也是凭韬晦之术登上皇位的。即位前，他为了保命，竟然当了八年哑巴。

孝明帝时，元恭虽然担任常侍、给事黄门侍郎，但总担心有一天大祸临头，于是装病不起。过了一段时间，又对外说得了喉疾，连话都说不出来了。就这样，元恭装哑巴装了将近八年。孝庄帝永安末年，有人告发他不能说话是假，心怀叵测是真，而且，老百姓传说他住的那个地方有天子之气。元恭听到这个消息，急忙逃到上洛躲起来。没过几天，他就被抓获了，但由于没有什么证据，不得已又放了他。

永安三年（530），尔朱兆立长广王元晔为帝，杀了孝庄帝。那时，坐镇洛阳的尔朱世隆打算另立元恭为帝，但又担心他真的是哑巴，于是便派尔朱彦伯前去见元恭，摸清他的真实情况。元恭知道形势发生了重大变化，见到尔朱彦伯开口便说："天何言哉！""哑巴"说了话，彦伯大喜。不久，元恭即位当了皇帝。

"天何言哉"是《论语》中的一句话。元恭引用这句话就是表明：自己并不是真哑。韬光养晦的方法有很多，装聋作哑也不失为其中一种，这就是一种以"闭"为术的求生之法。

从外交方略上言，“开合”有度才能获得成功。在北宋时期，外交关系复杂，除了宋辽对峙外，西夏国也颇有实力。西夏皇帝元昊，就是用开合之术周旋于大国中间才安然生存的。

元昊建立夏国后，兵寡势微，与其相邻的是幅员辽阔、兵多将广的辽宋两国。为了在西北占住地盘，他采取了灵活多变的外交政策，即根据宋辽实力的强弱，不断修正自己与两国的亲疏关系，利用大国间的矛盾，使自己始终处于安然无恙的地位。

元昊即位的时候，正是宋朝接受屈辱的城下之盟，向辽国纳币议和之时。元昊采取了“联辽抗宋”的方针，同辽国联姻，娶兴平公主耶律氏为妻，并且亲自到边境迎亲，同时虽然也接受宋朝封号，却受诏书不跪，对待宋朝使节也并不恭敬。当时，宋朝与西夏的边境关系紧张，小规模冲突不断。元昊采纳了张元的建议，“据陕东争，更结契丹”，不时出兵袭扰宋朝，使宋朝“一身二疾”，无法应对。同时，他还对辽国有时打，有时交，成功地使自己得以在各方势力之间立足。

元昊以军事手段辅助外交，多次在打了胜仗后议和，说明他在制定外交政策时能够把握时机，利用矛盾，采用灵活多变的方针，这也是西夏能安处于大国之间的一个重要原因。这其中就体现了他对开合之术的灵活运用。

其实，本篇中所言的那种开合之术，也可以运用到当代经济发展中。比如说，在耕种土地方面，为了使土地得到合理的利用，就需要使用开合之术，“开术”为“用”，“合术”为“养”，“养”与“用”相结合，就可以扩大生产，增加效益。

语言的魅力是无穷的，说话是有技巧的，如果能在谈判中加以巧妙运用，优会收到意想不到的效果。若想游说成功，就需要试探出对方的意向，然后针对其意进行游说，事情就会在不知不觉中完成。在生活中，俗语所谓“见什么人说什么话”和“谈判有术，针对游说”，与之有异曲同工之妙。

反应第二：反复刺探，随机应变

反应术是用于刺探实情的，主张通过以静测动，反复观察，以探知对方的实情。如果想得知对方的实情，在谈话中可以利用各种手段，或者用某种言辞引诱对方开口，或者采用缄默的方式诱导对方吐露实情，或者通过对方的言谈举止分析其目的和意图，或者反复探求自己不知道的东西。这样就如同给对方撒下了一张大网，对方一旦落入网中就很难逃脱。

当然，要想了解对方，先要了解自己，这样才能将自己尽量少地暴露给对方，进而能迅速地获得对方更多的信息。

在与对方的交谈中，还要随机应变，以便控制局势，不至于不可收拾，同时也会令对方暗自佩服。所以说，语言是非常灵活的东西，巧妙的语言往往能发挥巨大的力量。

最后，本卷还提出要善于见微知著，以小见大，以便未雨绸缪，不给对方任何空子可钻。

人言者，动也；己默者，静也。因其言，听其辞。言有不合者，反而求之，其应必出。

经典再现

古之大化者[1]，乃与无形俱生。反以观往，覆以验来；反以知古，覆以知今；反以知彼，覆以知己。动静虚实之理，不合来今，反古而求之。事有反而得覆者，圣人之意也，不可不察。

人言者，动也；己默者，静也。因其言，听其辞。言有不合者，反而求之，其应必出。

言有象，事有比。其有象比[2]，以观其次。象者象其事，比者比其辞也。以无形求有声，其钓语合事，得人实也。若张置[3]网而取兽也，多张其会而司之。道合其事，彼自出之，此钓人之网也。常持其网驱之，其言无比，乃为之变，以象动之，以报其心，见其情，随而牧之。己反往，彼覆来，言有象比，因而定基。重之袭之，反之复之，万事不失其辞，圣人所诱愚智，事皆不疑。

古善反听[4]者，乃变鬼神以得其情。其变当也，而牧之审也。牧之不审，得情不明；得情不明，定基不审。变象比，必有反辞，以还听之。欲闻其声反默，欲张反敛，欲高反下，欲取反与。欲开情者，象而比之，以牧其辞。同声相呼，实理同归。[5]或因此，或因彼，或以事上，或以牧下，此听真伪、知同异，得其情诈也。动作言默，与此出入，喜怒由此以见其式[6]，皆以先定为之法则。以反求复，观其所托。故用此者，己欲平静，以听其辞，察其事，论万物，别雄雌。虽非其事，见微知类。若探人而居其内，量其能射其意也。符应不失[7]，如螣蛇之所指，若羿之引矢。

故知之始己，自知而后知人也。其相知也，若比目之鱼。其伺言也，若声之与响；见其形也，若光之与影也；其察言也，不失若磁石之取针，舌之取燔骨[8]。其与人也微，其见情也疾。如阴与阳，如阳与阴；如圆与方，如方与圆。未见形圆以道之，既见形方以事之。进退左右，以是司之。己不先定，牧人不正，事用不巧[9]，是谓"忘情失道"；己审先定以牧入，策而无形容，莫见其门，是谓"天神"。

迷津指点

①大化者：指古代圣人。化，教化，指导。

②象比：按照形象来进行比较。

③罝（jū）：捕野兽的网。

④反听：反复详审之意。

⑤同声相呼，实理同归：与对方心理契合发生呼应，就能得到真实情况。

⑥式：规格模式。

⑦符应不失：像合乎符契一般地应验，无一差池。

⑧燔（fán）骨：烧过的骨头。

⑨事用不巧：处理事情不灵活。

古文译读

在古代可以教化芸芸众生的圣人，是同无形的大道共生的。他们反顾以追溯历史，再回首以察验将来；反顾以考察历史，再回首以了解现在；反顾以洞察对方，再回首以认识自我。动静、虚实的道理，如果与将来和现在都不符合，那就需要到过去的历史中去考察前人的经验。有些事情是需要经过反复探索才能把握的，这是圣人的见解，不能不仔细研究。

人家说话，是活动；自己缄默，是静止。所以，要根据别人说的话来了解他想表达的意思。假如对方说的话有不合理的地方，就要提出诘难，对方必然会有所应对。

语言有表象，事物可比拟。因为有表象和比拟存在，所以要观察其藏在言辞下的含义。所谓“象”，就是实质的外在表现；所谓“比”，就是比拟言辞。然后用无形的象征比喻来探索有声的言辞意图，诱导对方说出我们想要知道的事，从而得到真实的情况。这就像张开捕兽之网捕野兽一样，多张一些网，等待野兽落入网中。只要方法得当，符合情理，对方自然会流露实情，这是钓人的“网”。但是，假如经常拿着“网”追逐对方，其言辞就不再有平时的规范，这时就要更换一种方法，用言语的形象来感动对方，迎合他的心态，窥探到他的真实感情，进而控制他。自己再反推过去，对方回应过来，双方言辞自然有表象有比拟，这样心中就有了底。经过反复的反推回应，没有任何事情不从言辞中表现出来。圣人以此诱导感化愚者或智者，都会确定无疑地成功。

古代善于从反面听取言论的人，可以透过隐秘玄奇的手段获得实情。他们随机应变得很恰当，对对方的控制也非常到位。如果对对方的控制不到位，得到的情况就不明确；得到的情况不明确，奠定的基础就不周密。灵活运用“象”和“比”，对方必然有回应的言辞，再通过言辞了解对方的真实意图。想说话，反而保持缄默；想要敞开，反而先收敛；想要升高，反而先下降；想要获取，反而先给予。要想了解对方的实际情况，就要善于通过表象和类比，以便掌握对方言辞的含义。这时，同类的声音就会相互呼应，道理相同的会走在一起。或者因为这个原因，或者因为那个原因，或者用来侍奉上级，或者用来管理下属，这就是辨别真假，了解异同，分清对方的真诚或欺骗的根本法则。行为举止、言语或缄默，都与此有关，情绪的喜怒都可以从这里看见一些端倪，都以预先的决断作为准则。通过反推得到对方的回应，追索对方实情的依托。因此用这种方法，要首先使自己平静，以便听取对方的言辞，目的是考察事理，讨论万物，分辨雌雄。虽然有时对方所说的与实情不符，但从表现出来的细微之处就可以了解到整体的变化。了解一个人就要深入他的内心，估量他的能力，了解他的意图，像合乎符契一样可靠，像螣蛇指示祸福一样准确，更像后羿拉弓射箭一样百发百中。

所以想要掌握对方的情况就要先了解自己，只有了解自己才能了解别人。人与人之间的了解，可以像比目鱼一样没有距离，两两相随相爱。了解对方的言辞，就如同回声一样准确相知；掌握对方的形迹，如同光与影一样清晰明白；侦察对方的言辞，就如同用磁石吸取钢针，用舌头吸取烧过的骨头上的肉一样。把

自己暴露给对方的东西少之又少，却能十分迅速地侦察对方的行动，就好像阴变阳，又好像阳转阴；好像圆变方，又好像方变圆一样自如。在情况没有明确以前，用周密的方法引诱对手；明确情况以后，就要用具体的措施来战胜对方。不管是前进还是后退，不管是向左还是向右，都可以用这个方法来对待。如果自己做事不先定下主意，那么管理任用人员的步调就不一致。假如做事情对事情运用的技巧了解不深刻，就叫做“不顾真实情况，违背客观规律”。首先自己要确定斗争策略，再以此来统领众人，策略意图不要暴露，让别人看不到其门道所在，这样才可称为“天神”。

前沿诠释

老子说过：“将欲歙之，必固张之；将欲弱之，必固强之；将欲废之，必固兴之；将欲取之，必固与之。是谓微明，柔弱胜刚强。”意思是要想关闭它，就先要打开它；想要削弱它，就先要强化它；想要废止它，就先要兴旺它；想要获得它，就先要给予它。这就是所谓的在对比之中以弱胜强的方法。这段话跟《鬼谷子》第二卷中的“欲闻其声反默，欲张反敛，欲高反下，欲取反与。欲开情者，象而比之，以牧其辞”的意思基本相同，都是利用事物相反相成的规律，从反面试探，求得正面实情。

《鬼谷子》第二卷讲的是“反应术”，是为得到对方的实情采取的各种方法，或者对别人表现出来的某些状况作出的相应的应对。

要探察对方的实情，必须通过反复的观察、推敲，以小见大，对对方加以测探和推测。对自己不清楚的地方，要反复探求，直到弄明白为止。这样就如同给对方撒下一张大网，等待对方主动落入网中，或者直接用网将对方罩住。

另外，在和别人说话的时候，要随机应变，巧妙地运用类比、推理的方法，让对方无孔可入，把自己的言辞变得无懈可击。这样在谈话中就能够化被动为主动，让对方心服口服。很多人都知道晏子使楚的故事。楚王凌厉的语言攻势和侮辱都被晏子一一反驳以致无话可说，不得不折服。更重要的是，晏子通过这次出使刺探到了楚国的情况，这是楚国很多人都没有想到的。

齐国的重臣晏子一直都以雄辩的口才、敏捷的思维而闻名。有一次，齐王派晏子出使楚国。楚王得到了这个消息后，就召集了楚国所有的大臣，商量着怎样给晏子一个下马威，顺便扬扬楚国的国威。

楚王知道晏子个子矮小，就特地在城门旁开了一扇小门，准备迎接晏子。晏子

来到楚国的城门下，然而楚国的城门紧紧地关着。守门的侍卫打开了那扇小门，让晏子从小门进城。

晏子知道楚王有心侮辱自己，便对守门的侍卫说：“请你去禀报楚王，问他这里是什么地方。如果我出使的是狗国，那我自然应该从这个小门洞里进去；如果我出使的不是狗国，那我还得从大门走进去。”

侍卫们被他的这一番话说得无地自容，而站在城墙上的楚国大臣也都面面相觑。侍卫急忙传话到内宫，楚王一听，十分无奈，只好让晏子从大门进城。

晏婴（前578—前500），字仲，谥平，又称晏子，夷维（今山东莱州）人，春秋后期的政治家、思想家、外交家。

晏子来参见楚王，楚王还在为刚才的事情耿耿于怀，便想借机羞辱晏子一番。于是，他淡淡一笑，看着晏子矮小的身材说道：“你们齐国一定是没人了。”

晏子反问道：“大王何出此言？我们齐国的都城有成千上万户人家，要是大家都把衣袖撑起来，就可以遮天蔽日；如果大家都挥洒一下汗水，就像下了一场大雨。人多的时候都是肩膀挨着肩膀，需要侧着身子才能过去。”

楚王听完哈哈大笑：“既然如此，齐国怎么会派你这样的人来当使者呢？”

晏子不动声色地回答道：“大王有所不知，我们齐国有自己的规矩：派遣使者要根据出使国家的情况来定。如果出使的是贤明的国家，就派德才兼备的人做使者；如果出使的是无能的国家，就派碌碌无为的人做使者。所以，我就被派到您这里来了。”

楚王吃了哑巴亏，觉得非常尴尬，心想：这个小矮子果然不好对付，以后说话一定要小心。

作为使者，晏子得到了应有的款待。但是楚王不死心，还想乘机捉弄晏子一下。酒兴正酣的时候，大堂上突然走来了两个武士，他们正押着一个犯人。

楚王问犯人犯的是什么罪。一个武士回答说，犯的是偷盗罪。

楚王问犯人是哪个国家的。另一个武士说是齐国人，在楚国偷东西，被他们抓个正着。

楚王不怀好意地笑了，对晏子说：“难道齐国人很善于偷盗吗？”话音刚落，在场的楚国大臣就哄堂大笑。

晏子没有笑，很镇定地离开自己的座位，来到楚王面前，作揖说道：“大王难道不知道吗？橘树生长在淮南，结出的橘子就又大又甜；可是同样的橘树，如果生

长在淮北，结出来的就是又涩又小的枳。这是因为两地水土不同的缘故。同样，我们齐国人在齐国生活得好好的，个个讲礼仪，识大体，一到了楚国就成了小偷，这也是水土不同的结果吧！”

楚王听了无言以对，几个回合的交锋丢尽了面子。晏子出色地完成了出使楚国的任务。

晏子回到齐国后，对齐王说：“楚王胆大妄为，而且多数大臣都是乌合之众，如果在这个时候攻打楚国，他们一定会溃不成军。”他的看法得到了齐王的赞同，于是齐王发兵征讨楚国。结果齐军连连大胜，获得了楚国的许多城池。

在和楚王的几次交锋中，晏子都能够化被动为主动，并且通过自己的观察和推测探知了楚国的实情，抓住了攻打楚国的大好时机。在谈话中，晏子没有让楚王占上风，反而让楚国的君臣觉得非常丢人，不敢再轻视他。所以说，在和别人谈话时，要学会随机应变，这样自己才能把握事态的发展，不至于有出格的语言或举动，并且会使对方哑口无言，诚心诚意地佩服你。而在谈话中，也要注意试探对方，以便了解实情。晏子不光在言语上更胜一筹，而且通过自己在出使楚国遇到的种种刁难情况，推测出了楚国的实力。

反应术讲究灵活运用语言，主张以静制动，可以说是以不变应万变。不论对方如何刁难与苛求，镇定地对待才是上策。

谈话和打仗一样，也是有技术的，尤其是探求别人实情的谈话，更要有技术含量。要想做到这一点，就要在语言上结一张大网，网罗对方谈话的任何方面；同时，要善于观察，从对方的话中知道其下一步要做什么；最后，谈话的时候尽量少暴露自己，要尽可能多而且迅速地获得别人的信息。

反应术讲究灵活运用语言，主张以静制动，可以说是以不变应万变，不论对方如何刁难与苛求，镇定地对待才是上策。除此之外，本篇还说“古之大化者，乃与无形俱生。反以观往，覆以验来；反以知古，覆以知今；反以知彼，覆以知己。动静虚实之理，不合来今，反古而求之。事有反而得复者，圣人之意也，不可不察。”这里阐述了观此知彼、观古知今这种推理、类比的哲学，这种哲学思想有着重要的指导意义。

春秋时代的郑国国王郑庄公，因为母亲姜氏策划弟弟造反，在平定了弟弟的造反后，诅咒发誓：“不及黄泉，无相见也！”再也不想见母亲了。

可是，庄公回到国都以后，久而不见母亲，渐渐地开始后悔，不觉自言自语道：“我杀了弟弟，又赶走了母亲，实在是罪过啊！”

有一个叫颍考叔的人，为人正直无私，以孝敬父母、诚信交友而小有名气。他看到庄公的情况后，对人说："母亲不像母亲，但是，儿子不能不像儿子，庄公今天的举动有伤风化。"于是，颍考叔带了数只头鸮鸟，以献野味为名来见庄公。

庄公问："这是什么鸟？"

颍考叔说："这种鸟叫'鸮'，白天看不见泰山，晚上可以明察秋毫。小的时候靠母亲抚养，长大以后就把母亲吃了。这是一种不孝之鸟，所以要把它吃掉。"

庄公面有愧色，沉默不语。

此时正好厨师献上一只蒸羊，庄公就给颍考叔一条羊腿。颍考叔拣好肉，用纸包裹起来，然后收到怀里。庄公看到他的举动，感到很奇怪，就问他为什么这样做。

颍考叔说："臣家中有老母，但由于家贫，我只能用普通饭菜来孝敬她，因而她老人家从未享用过如此美味。所以，我要把好肉收藏起来带回家中，孝敬老母亲。"

庄公感叹："你真是孝子啊！"说到此，庄公不觉长叹一声。

颍考叔问："主公为何长叹？"

庄公说："你有母亲可以奉养，得尽人子之心。寡人贵为诸侯，反不如你。"

颍考叔佯为不知，又问："姜夫人不是好好的吗？何为无母？"

庄公就将姜氏与太叔（庄公弟弟）共谋造反的事情细细地讲述了一遍，最后说："寡人已发下'黄泉'之誓，如今追悔莫及。"

颍考叔说："太叔已死，姜夫人只有您一个儿子，如果您不奉养她，与鸮鸟有什么区别呢？如果您觉得因为当初发下的誓言为难，我有一计，可以解决问题。"

庄公问："是什么计策呢？"

颍考叔说："掘地直至能涌出泉水，建一地下室，先迎姜夫人在地下宫室居住，告诉她主公想念母亲之情，她是会答应的。主公在地下宫室中见母亲，没有违背'黄泉'之誓，这样岂不是一举两得吗？"

庄公大喜，命令颍考叔招募壮士五百人，掘地深十余丈，泉水涌出，修建了一座地下颍室。

地下颍室修好以后，颍考叔来见姜夫人，告诉他庄公思念母亲的心情，请她前往地下颍室相见。郑庄公与母亲和好如初，留下了一个流芳千古的孝子美名。

颍考叔极其巧妙地运用类推之法，化解了郑庄公心里的难题，他的这一做法可以说是运用鬼谷子纵横学说的极佳范例，令人不得不佩服。

内揵第三：拉近关系，意气相投

内揵就是在内心谋划让对方心服口服的策略。游说他人的时候，要先知道对方的性情，寻求与他见解一致的地方加以劝说，从而实现自己的目的，与其共谋大事。

要想让自己的说辞和谋略得到赞同，就需要先拉近自己与游说对象的关系，只有双方熟悉以后才好办事。拉近关系可以用道德、党友、财货等手段，这些都可以将自己跟游说对象联系在一起，让游说对象跟自己意气相投。一旦双方意气相投，自己的说辞和谋略就会得到赞同。

但是做事要懂得分寸，进退有度，也就是所谓的固守谋略。做事情要让自己处在灵活的境地，可以进，可以退，可以坚持，也可以放弃，这样才能明哲保身。身居要职的时候，及时隐退才是上策。“功高盖主”对于某些统治者往往是一种威胁，如果“退”得不及时，就会落得个悲惨的下场。

故远而亲者，有阴德也；近而疏者，志不合也；就而不用者，策不得也；去而反求者，事中来也；日进前而不御者，施不合也。遥闻声而相思者，合于谋待决事也。

经典再现

君臣上下之事，有远而亲，近而疏；就[①]之不用，去之反求；日进前而不御，遥闻声而相思。事皆有内[②]揵[③]，素结本始。或结以道德，或结以党友，或结以财货，或结以采色。用其意，欲入则入，欲出则出；欲亲则亲，欲疏则疏；欲就则就，欲去则去；欲求则求，欲思则思。若蚨母之从子也；出无间，入无朕。独往独来，莫之能止。

内者，进说辞也。揵者，揵所谋也。故远而亲者，有阴德也；近而疏者，志不合也；就而不用者，策不得也；去而反求者，事中来也[④]；日进前而不御者，施不合也。遥闻声而相思者，合于谋待决事也。故曰：不见其类而为之者，见逆。不得其情而说之者，见非。得其情乃制其术，此用可出可入，可揵可开。

故圣人立事[⑤]，以此先知而揵万物。由夫道德、仁义、礼乐、忠信、计谋，先取《诗》《书》，混说损益，议论去就。欲合者，用内；欲去者，用外。外内者，

必明道数。揣策来事，见疑决之。

策无失计，立功建德，治名入产业，曰楗而内合。上暗不治，下乱不寤，楗而反之。内自得[6]而外不留说，而飞之。若命自来，己迎而御之。若欲去之，因危[7]与之。环转因化，莫知所为，退为大仪[8]。

迷津指点

①就：接近、靠近。

②内：内心，内情。

③楗（jiàn）：坚持，束缚。

④事中来也：谋略后来得到印证。

⑤立事：立身处事。

⑥内自得：君主自以为自己贤明。

⑦危：直言。

⑧大仪：大法则、秘诀。

古文译读

君和臣上下之间的关系，有的距离很远却很亲密，有的距离近关系却很疏远；有的在身边却得不到重用，有的离任了反而还要被到处寻找；有的人每天都去觐见君主却不受欢迎，有的虽距离君主遥远，却让君主闻其名而思慕他的到来。凡事都有建议和采纳两方面，平常的东西都与本源相连接。有的靠道德的方式连接，有的靠朋党的方式来连接，有的要用财货的方式来连接，有的要用艺术和娱乐的方式来连接。如果想要推行自己的主张，就要做到想进来就能进来，想出去就能出去；想亲近就能亲近，想疏远就能疏远；想投奔就能投奔，想离去就能离去；想求取就能求取，想要被思念就能被思念。就如同母蜘蛛率领着小蜘蛛，出来的时候不留洞痕，进去的时候不留标记，独自前往，独自返回，谁也没有办法阻止它的行动。

所谓“内”，就是要进献说辞。所谓“楗”，就是要固守谋略。所以说，和君主距离远反而被亲近的人，是因为双方有着相契合而未显露出来的东西；与君主距离近却被疏远的人，是因为和君主志向不合；虽然就职上任却得不到重用，是因为他提出的计谋没取得相应的效果；在去职后被再次寻求的人，是因为他的谋略被后来的事实证明了可行；每天在君主面前出入，却没有得到君主信任的人，是因为他们的措施不恰当。距离遥远只要听到其名就会被君主思慕的人，是因为他的谋略正

好和决策者的要求相符合，正在等他参加以决定大事。所以说，还没有摸清对方情况就去游说的人，做的事情一定会背道而驰，南辕北辙；不掌握实情就进行游说的人，会被认为是胡作非为。只有了解情况，再根据实际情况确定方法，用这样的方法去推行自己的主张，才能够做到既可以出去，又可以进来；既可以向君主进谏，坚持己见，又可以改变自己的主张，随机应变。

所以说，圣人立身处事，就是依据这种方法来了解事物真相，进而把握万事万物的。由道德、仁义、礼乐、忠信、计谋开始，先引用《诗经》《尚书》验证自己的学说，然后综合研究有害还是有益，最后才能讨论用于世还是不用于世。要想跟人合作，就把力量用在内部，内情相合；要想分离，就把力量用在外面，外情相离。处理内外大事的时候，必须明确理论和方法。要预测未来的事情，就必须在各种疑难面前临机决断。

在运用策略时不失算，建立功勋，累积德政，治理百姓安居乐业，这就是君臣上下之情相互契合。君主昏庸不理朝政，臣下纷乱不明事理，就是上下之情不相契合。君主对内自鸣得意，对外不注意新思想，那就用恭维的话使他有所改变。如果朝廷任命自己，就应该迎上去接受任命。如果想要离开就趁乱离开，来保证自己不受伤害。就如同循环往复一样，使别人看不出你在做什么，在这种情况下，急流勇退不失为一个好的方法。

前沿诠释

“内楗”之术里，鬼谷子认为要想使自己的说辞和谋略成功，就必须首先拉近自己与游说对象的关系，让他事事先想着自己。要拉近跟游说者的关系，就需要依靠拉帮结派、道德和钱财等手段，拉拢对方，让自己的言辞和游说者的想法暗合，让对方觉得意气相投。这样就能做到“遥闻声而相思”。

当然，“内楗”之术也讲究从内心下工夫。人与人的性情不一样，内心想法也不同。游说他人之前，要了解这个人的性情以及内心想法，尽量寻求和其一致的见解，然后再去游说，这样事情才容易成功。拉近和对方关系的时候要注意分寸，不要因为对方接纳了你，就过度放纵自己的言行，进退有度更容易获得事情的主动权，最后才能可进可退，否则后果不堪设想。

对游说者来说，要根据游说对象的特点进行游说，要采取符合他内心意向的游说策略，和他产生共鸣，这就是文中所说的“远而亲者，有阴德也”的映照。与精明的人交谈，要做到思路开阔，从多方面进行论证，避免纠缠住一点不放；

与知识广博的人交谈，要善于抓住谈话的重点，辨析事理；与地位高的人交谈，不要表现出一种自卑的情绪；与自觉富裕的人交谈，要从人生意义、社会价值等方面发挥；与自觉贫穷的人交谈，要能够从如何获取利益的角度来探讨；与地位比较低下的人交谈，要对他表现出充分的尊重；与有魄力的人交谈，要表现出果敢的一面来；与愚蠢的人交谈，要从最有说服力的几个方面反复阐述。总之，针对不同的人，要有不同的策略与之亲近。

古时候，很多能人谋士为了推行自己的主张，就去寻找各国君主，寻找他们打算推行的政策跟自己的思想相契合的部分，借此拉近和君主的关系，然后借助君主的力量推行自己的思想。商鞅变法就是一个很好的例子。

战国初期，秦国经济发展落后，国内的井田制瓦解、土地私有制产生和赋税改革等社会现象出现的时间，和各国相比，都要晚很多。当时，鲁国“初税亩”是在公元前594年推行的，而秦国的“初租禾”是在公元前408年推行的，比前者要落后186年。齐国称霸以后，燕、赵、韩、卫等国都对齐国有所惧怕，纷纷前去朝贡，只有在西方的秦国没有来。齐国也没有在意。那样一个落后的国家，来不来朝贡无所谓。其他国家也因为秦国经济发展落后而看不起它，齐国还时不时派兵侵占秦国的土地。

商鞅（约前395—前338），卫国（今河南安阳）人，战国时期政治家、思想家，先秦法家代表人物之一。

公元前361年，秦孝公即位，他对秦国受到强国的欺压感触颇深。他更担心的是国内还有权贵横行，这样的状况早晚会威胁到他的地位。于是秦孝公决定奋发图强，改变秦国落后的面貌。要想改革就需要一些可用之才，为了寻求贤才，秦孝公下了一道命令：“不论是本国人还是外国人，谁能让秦国富强起来，寡人就赏他绫罗绸缎，封他做大官。”命令发出去不久，一个叫卫鞅的人就来应征了。

卫鞅本来是卫国一个没落的贵族。由于觉得卫国太小，不足以施展自己的才华，卫鞅就跑到魏国当起了魏相公叔痤的门客。卫鞅做了很久的门客也没有受到重用，非常失望。恰逢秦孝公向天下征召人才，不得志的卫鞅就决定到秦国去施展自己的才华。

到了秦国，卫鞅将其富国强兵的道理和办法给秦孝公讲了一遍。他说：“一

个国家要想富强起来，就必须非常重视农业生产，这样，老百姓才能有吃有穿，军队才能配备充足的粮草。此外，还要训练好军队，保证兵强马壮；做到赏罚分明，种地收成好的农民、英勇善战的将士，都应该受到鼓励和奖赏，而对那些不努力进行农业生产、打仗贪生怕死的人，则要加以惩罚。如果真能做到这些方面，那么国家就没有不富强的道理。”秦孝公觉得卫鞅这一席话说得有理，就把自己想富国强兵、打击内部权贵的想法跟他说了一遍。两人谈了好几天，谈得十分投机。最后，秦孝公听从卫鞅的建议，下定决心变革旧的制度，推行卫鞅提出的新法令。

卫鞅很快制订出了变法的新法案。卫鞅怕没有威信，在老百姓中推行不开，就想了一个办法。他命人在秦国都城的南门立了一根三丈来长的木杆，在旁边贴了一张告示，上面说：“谁能把这根木杆扛到北门去，就赏他十两黄金。”一会儿工夫，木杆周围就围满了看热闹的人。

大家虽然感到好奇，但没有人上去扛木杆。人们都在想：“这根木杆虽然重，但是青年人扛上几里地也没有问题。给这么多金子不会是圈套吧？哪有天上掉馅饼的好事？”卫鞅看没人扛，于是把赏金提高到了五十两黄金。一会儿，人群中走出来一个壮汉，按照告示上面说的做了。卫鞅立刻赏了他五十两黄金。大家觉得卫鞅言而有信，在心里信服了他。

之后，卫鞅开始大刀阔斧地推行变法。公元前356年，新法令公布。主要内容是：

第一，加强社会治安，实行连坐法。把老百姓都组织起来，五家“一伍”，十家“一什”，互相监督，互相担保。如果其中有一家犯了罪，其他监督担保的家庭要检举，否则所有人一起判罪，而且检举者有赏。不许窝藏犯罪的人，否则发现了要和犯罪的人一同处置。外出必须携带身份凭证，没有凭证，各地均不可留宿。

第二，重农抑商，奖励耕织。努力生产，生产粮食布帛多的人家可以免去一家的劳役。凡是懒惰的、不务农的、偷奸取巧的，连同其妻子儿女一起充为官奴。一户人家如果有两个以上的儿子，成人以后就要分家，要各自交税，否则的话，一个人就要交两份税。

第三，奖励军功，废除世卿世禄制。官位的大小以军功而立，军功大的官位就高，赏赐金银、封地、奴隶；没有军功的，就没有官位，即使有钱也不能过豪华的生活，就算是贵族也只能享受平民的待遇。

第四，统一度量衡。卫鞅变法前，秦国各地度量衡不统一。为了保证国家的赋税收入，卫鞅制造了标准的度量衡器。此外，他还统一了斗、桶、权、衡、丈、尺等度量衡，要求秦国的百姓必须严格执行新的标准，不得违反。

新法令颁布以后，秦国很快就强大起来。因为新的法令使老百姓一心务农，生产得到很大发展。又因为实施军功制度，秦国的军事力量也变得十分强大。秦孝公看到秦国变化如此之大，非常高兴，提拔了卫鞅，以后又陆续实施了卫鞅提出的一些措施，秦国因而变得更加强大。为了嘉奖卫鞅，秦孝公把商、于一带十五座城镇封给了卫鞅。从此以后，人们就把卫鞅称做商鞅了。

商鞅的才华在秦国得到了施展，他的想法也通过秦孝公的推行得以实施。商鞅变法之所以能够成功，是因为他的想法跟秦孝公的想法有一致的地方。他通过跟秦孝公畅谈，将两人的想法有机地结合在一起，更显得意气相投，关系也拉得更近了。商鞅变法为秦国统一六国奠定了坚实的基础，但是商鞅最终被处以车裂之刑，原因就是他推行的某些政策触犯了很多贵族的利益，其中还包括太子。秦孝公死后，商鞅失去了靠山，落得一个悲惨的结局。

这里不得不说，人们在做事的时候要注意分寸，在该隐退的时候隐退，不能过度放纵自己，否则就会失去退路，不能在处事的时候来去自如。商鞅是一个例子，为越王勾践奋斗了一辈子却没有落个好下场的老臣文种是另一个例子。

范蠡，字少伯，生卒年不详，楚国宛（今河南南阳）人，春秋末期著名的政治家、军事家和实业家。

很多人都知道春秋时期的吴越之争。越王勾践平定吴国以后，在江淮一带纵横驰骋，号称霸王。勾践手下有一位大臣，名叫范蠡，此人能文能武，足智多谋，还精通外交，是个不可多得的人才。越王成就霸业少不了他的功劳。

平定吴国后，范蠡又率军北上，立下大功，被拜为上将军。

然而，范蠡并没有贪恋权位，他写了一封信给越王，表达自己想隐退的心意。越王勾践不肯，说要分给范蠡半壁江山。范蠡没有接受，在半夜的时候悄悄地去了齐国。

范蠡到达齐国后，给自己的老朋友文种写了一封信，信的内容是：“我曾经听说，天空中的飞鸟如果被射杀干净，良弓就会被收藏起来；兔子被抓尽了，猎狗没有用就会被煮着吃。现在也是这个情况。越王完成大业，不需要我们了，我劝你还是早点离开，不然就会大祸临头。”文种也是勾践手下的一位大臣，当初勾践在吴

国受辱的时候，就把越国的政事托付给了文种。在文种的带领下，越国的农业生产和军事力量渐渐发展起来，他也是一个大功臣。

文种收到范蠡的信后，觉得他说得有道理，就天天称病不上朝。这样过了几天，有人在勾践面前进谗言，说文种意图谋反，他称病不上朝就是在暗地里准备集结兵力。

勾践觉得这些话有道理，而且现在越国霸业已成，留着文种也是祸患。为了防止夜长梦多，勾践就假装去看望文种。他问文种："你交给我消灭吴国的计策有七条，我只用了三条就消灭了吴国，不知道其他四条是什么？"文种说："我不知道其他四条是什么。"勾践冷笑："那你就去地下问问夫差，看他愿不愿意用你剩下的四条计谋。"说完就赐给了文种一把剑，让他自裁。可怜这位功勋卓著的老臣就这样死了。范蠡悄悄卸甲归田反而保全了自己的性命，成为一代富商"陶朱公"，他的后半生也过得很不错。

人与人的关系是很微妙的，亲近和疏远之间是有度的，进献说辞的时候要记得固守谋略，而《鬼谷子》第三章说的就是进献说辞和固守谋略的方法。做臣子的，既要让君王采纳他的建议，又要进退有度，掌握分寸。

游说君王的谋士们大多灵活机警，毫不自傲，避免危言、直言，注重以情动人，以理动人，以义动人，这样才能取得好的效果。发生在战国时期的著名的触龙说赵太后的故事，就是对"内楗"之术最好的应用之一。

战国时，赵国的国君赵惠文王去世，赵太后临时管理国政。第二年，秦国派兵大举进攻赵国，形势很危急。赵国派人向齐国请求救兵。齐国同意了，但提出"必须让赵太后的幼子长安君到我国来当人质"的条件。赵太后心疼自己的小儿子，不答应这个条件。大臣们纷纷劝谏，但赵太后就是不听，她还下令说："如果有谁再来劝谏，我就朝他脸上吐唾沫。"这样一来，谁都不敢去劝谏了。

左师触龙见国情紧急，想到了一个计策，便前去见赵太后。赵太后见了触龙，显得很生气。触龙故意走得很慢，说自己腿脚不好。他先东拉西扯地和赵太后说了些闲话，使赵太后的怒气稍微消了一些。接着，触龙又说起自己的儿子，意思是想为儿子谋个差事。赵太后高兴地答应了，触龙以此为契机，谈起了长辈该如何爱护孩子的道理。赵太后因为已经消了气，所以对这些道理也听得入耳了。触龙说，为儿子着想，不能光看眼前，还应当考虑他的将来，让他建功，他才能立业。赵太后终于被触龙说服了，同意派长安君到齐国去做人质。长安君到了齐国后，齐国果然出兵，解除了赵国的危机。

这一故事很好地体现了进献计谋的方法，主张要拉近与游说对象的关系，从而得自己的意见更容易被采纳。与此同时，需要掌握被游说者的想法，不能草率行动。只有完全掌握情况以后，才能很好地控制对方。

楚汉争霸时期，刘邦曾封张敖为赵王。西汉建立后，丞相赵午、贯高撺掇赵王谋杀汉高祖，篡汉登基。汉高祖惊闻此讯后，马上下令搜捕赵王及其党羽，并颁下诏书："追随赵王反叛者，罪及三族"赵王一看势头不对，携大臣田叔、孟舒至长安请罪。刘邦一见赵王，气得七窍生烟，把赵王骂了个狗血喷头，最后废赵王为宣平侯。接下来是审讯田叔、孟舒。经过一番"审讯"，刘邦惊叹于他们二人的才干。他万万没想到，小小的赵国还藏有这样的人才！于是，擢田叔为汉中守，孟舒为云中守。

汉文帝即位后，曾问田叔："你可知道当今天下德高望重的长者是谁吗？""愚臣以为云中守孟舒是德高望重的长者。"文帝摇摇头："匈奴进攻云中，孟舒不能坚守，损兵折将数百人，这也算得上德高望重的长者吗？"

田叔跪下叩头辩解道："贯高谋反时，高祖曾诏谕全国，凡追随赵王者罪及三族，孟舒自知罪过难免，便追随赵王到长安请罪，本来抱着必死的决心，他也不知道日后要去云中，更不会料到战事失利。"他又说："做了云中守以后，孟舒能尽心尽责。他爱兵如子，兵也敬他为父，上下拧成一股绳。匈奴每次进攻，孟舒都身先士卒，士兵们也争先恐后地猛打猛冲，觉得为郡守而战，死也值得，这难道是孟舒瞎指挥、逼士兵去送死吗？事实上，他心里很清楚，将士们连日征战，疲惫不堪，但望着奋力争杀的士卒，他能说什么呢？"文帝听了田叔这一番辩解，恍然大悟，心想："孟舒果真是一位贤臣。"此时，孟舒因战事失利，已被撤职查办，听候处理。不久，汉文帝发了一道诏书，又把孟舒召回云中，继续做太守。

田叔在文帝面前直抒己见解救孟舒，使汉文帝茅塞顿开，重新任用孟舒，不可谓不智。

其实，这个故事中蕴涵了本篇的核心内容，那就是游说者用言辞、智谋与国君说话前，要作好充分准备，正确处理好"投其所好"和政治道德标准之间的关系。

今天，处理人际关系也是一样的方法。一定要记得：在拉近关系的同时使自己的行为得体，让自己的策略跟决策者的想法统一。这样不但能施展自己的谋略，而且还可以使自己可进可退，可攻可守。

抵巇第四：见微知著，及时补救

“千里之堤，溃于蚁穴”说的就是小的东西可以引发大的危机。任何事物的发展都会有裂隙，而这种裂隙会由小变大，造成严重的后果。所以做事情要仔细，发现了不好的事情要从源头上遏制其发展；如果开始没有发现，后来发现了，就要及时补救，俗话说“亡羊补牢，未为晚矣”，就是这个道理。另外，对于细小的事情要有长远的眼光，要预知其对以后的影响，未雨绸缪，防止发生大的祸患。鬼谷子认为万事万物都是起于秋毫之末，一旦发展起来就会像泰山一样根基宏大，错过时机就无法补救了。如果事情真的发展到了无法遏制的地步才发现，那么干脆就不要遏制，加一把力，让其彻底毁坏，然后重塑。

当然，事情能补救还是得补救，毕竟重塑一个新的东西，一切都需要重新建立。

巇者，罅也。罅者，涧也。涧者，成大隙也。巇始有朕，可抵而塞，可抵而却，可抵而息，可抵而匿，可抵而得，此谓抵巇之理也。

经典再现

物有自然，事有合离。有近而不可见，有远而可知。近而不可见者，不察其辞也；远而可知者，反往以验来也。巇者，罅[①]也。罅者，涧也。涧者，成大隙也。巇始有朕，可抵而塞，可抵而却，可抵而息，可抵而匿，可抵而得，此谓抵巇之理也。

事之危也，圣人知之，独保其身。因化[②]说事，通达计谋，以识细微，经起秋毫之末[③]，挥之于太山之本。其施外[④]，兆萌芽蘖之谋，皆由抵巇。抵巇之隙，为道术用。

天下分错[⑤]，上无明主；公侯无道德，则小人谗贼；贤人不用，圣人窜匿；贪利诈伪者作[⑥]，君臣相惑，土崩瓦解，而相伐射[⑦]。父子离散，乖乱反目，是谓“萌芽巇罅”。圣人见萌芽巇罅，则抵之以法。世可以治则抵而塞之；不可治则抵而得之；或抵如此，或抵如彼；或抵反之，或抵覆之。五帝之政，抵而塞之，三王之事，抵而得之。诸侯相抵，不可胜数。当此之时，能抵为右[⑧]。

自天地之合离、终始，必有巇隙，不可不察也。察之以捭阖，能用此道，圣人也，圣人者，天地之使也。世无可抵，则深隐而待时；时有可抵，则为之谋。可以上合，可以检下。能因能循，为天地守神。

迷津指点

①罅（xià）：裂缝。

②因化：顺应变化。

③秋毫之末：指秋天动物所生出的细毛，形容细小。

④施外：施教于人。

⑤分错：分裂，离析。

⑥作：兴起。

⑦伐射：相互射杀。

⑧右：上位。

古文译读

世间万物都有自身发展的规律，万事万物也有聚合分离的法则。虽然距离近却不曾发现，距离远却会相互了解。距离近的却看不见，是因为没有认真观察对方的言辞；距离远反而可以通晓，是因为经常走动，相互体察的结果。所谓的“巇”，就是指“罅”。“罅”是小的裂缝，慢慢发展就会变大，变成“涧”。“涧”慢慢发展就会变成大裂缝。在裂痕刚刚出现的时候，都是有征兆可寻的，可以通过“抵”的方法使其弥合，通过“抵”的方法使其停止，通过“抵”的方法使其减小，通过“抵”的方法使其消失。如果裂痕太大无法消除，就彻底消除，弃旧取新。这就是“抵巇”的原理。

当事物出现危险的征兆时，只有圣人才会有所察觉，而且能妥善处理，保全其功用。圣人按着事物的自然变化分析事物，说明事理，通过各种计谋，来观察细微现象而采取措施。事物刚刚开始发展的时候，就像秋天动物所生出的细毛一样微小，一旦发展起来就像泰山的根基一样雄厚。当圣人的德政推行到天下以后，奸佞小人的一切阴谋诡计，都可以用“抵巇”的方法排斥。“抵巇”塞闭缝隙，是一种有用的方法。

天下分崩离析，上面没有贤明的君主，官吏们的道德沦丧，那么进谗言干坏事的小人就会出现，而真正贤良的人却躲藏起来，贪图利益弄虚作假的人趁机兴风作浪，君主和臣子之间相互猜忌，朝廷上下的关系土崩瓦解，诸侯之间相互征

战射杀。父子之间关系离散，甚至反目成仇，这就是国家动乱前的征兆（国家动乱前的细微变化）。当圣人看到这些轻微的征兆时，就会采取“抵巇”之术治理。当世道能够治理时，就应当采取弥补的“抵”法，使其“巇”能够得到弥合，从而保持其完整性，并且使它能继续存在下去；如果世道已经坏到不可治理的地步，就要用“抵”法，彻底把它打破，并且重新塑造它。或者这样的“抵”，或者那样的“抵”；或者通过“抵”让它恢复原状，或者通过“抵”将它重新塑造。传说中上古五帝时，就是以“抵巇”之术治理天下；上古三王时，就是以“抵巇”之术得到天下。诸侯之间相互运用“抵巇”之术的例子不胜枚举。那个时候，善于运用“抵巇”之术，才是上策。

自从天与地有了“离合”“始终”，万事万物就存在着裂隙，不能不对此有所察觉。要想对此察觉并且有所研究，就需要用“捭阖”的方法。能用捭阖的方法驾驭这些裂隙的，只有圣人，圣人是天地的使者。当世间不需要使用“抵”的时候，他们就深深地隐居起来，等待时机复出；当世道需要用“抵”的方法时，他们就不再隐匿，出来为“抵”裂隙出谋划策。这样，可以跟上面合作，可以对下面督查，既能有所依据，又能有所遵循，掌握着天地间的神妙变化。

前沿诠释

战国时代，楚国有一位大臣，名叫庄辛。有一天，他对楚襄王说：“在宫里的时候，您的左边是州侯，右边是夏侯；您出宫的时候，鄢陵君和寿陵君又总是跟随着您。您和这四个人走得太近，却不管国家大事，国家再这样下去就危险了！”

楚襄王听了很生气，骂道：“你老糊涂了吧！说出这些话惑乱人心吗？”庄辛答道：“我感觉到事情已经到了危险的地步才会说的，绝对不敢故意乱说楚国会有什么不幸。如果您还是继续宠信这些人，楚国到最后一定会灭亡的。您既然不相信我说的话，那么就请准许我到赵国去躲一躲，看事情最后究竟会怎么样。”

果然，庄辛走了还不到五个月，楚国就遭到了秦国的侵犯。楚襄王这才意识到了事情的严重性，立刻派人把庄辛找了回来，问他有什么办法可以补救。庄辛说：“我听说过这样的事，看见兔子就想起猎犬，这还不晚；等到羊跑掉了去补羊圈，也还不算晚……”

看完这个故事，很多人会不约而同地想到一个词语——亡羊补牢。这个词就是根据庄辛最后说的那两句话得来的，表达的意思是处理事情发生错误后，如果赶紧

去挽救，还不为迟。最可怕的事情是发现了错误却不去补救，造成不可收拾的大错。“千里之堤，溃于蚁穴”，说的就是这个道理。《鬼谷子》第四章讲的是弥补裂隙的方法，其实就是告诫人们要善于发现，见微知著，及时补救已经发生的错误。

“抵巇”之术的运用讲究从细微处下手，平时要注意观察，懂得未雨绸缪，把不好的事情扼杀在摇篮里，要有长远的眼光，预见到事情以后的发展。如果犯下了错误，要及时补救，不要一错再错，否则事情发展到最坏的地步时，就无力回天了。

项羽和刘邦两个人最终的不同结局可以说是前文最好的阐述。他们一起攻打秦朝，都是农民起义的领袖，最终是刘邦当上了皇帝，建立了汉朝，成为汉高祖。本来皇帝很可能是由项羽来做的，但是为什么最后刘邦会后来者居上当上皇帝呢？这要从“鸿门宴”的故事说起。

在秦末农民起义各路人马中，刘邦和项羽的军队逐渐成为其中的主力。论兵力，刘邦的兵力不及项羽。刘邦、项羽二人曾经约定，谁先攻破咸阳谁就当皇帝。结果是刘邦先攻破了咸阳。项羽得知这个消息后大怒，派兵攻击函谷关，也进入了咸阳。当时刘邦的军队在霸上驻军。刘邦麾下的左司马曹无伤派人在项羽面前说刘邦的坏话，说他打算在关中称王。项羽听到后更加愤怒，决定第二天一早让兵士饱餐一顿，然后出发去攻打刘邦的军队。一场恶战即将爆发。刘邦从项羽的叔父项伯口中得知了此事后，十分惊讶、惶恐。他不但立刻恭恭敬敬地给项伯奉上一杯酒，而且还与项伯结为亲家。就这样，刘邦用拉拢感情的方法说服了项伯，项伯答应为他在项羽面前说情，并让刘邦第二天就去向项羽谢罪。

第二天，刘邦带着一百多人到鸿门来见项羽。他对项羽说：“我和将军合力攻秦，将军在黄河以北作战，我在黄河以南作战，我没有想到自己会先入关，攻破咸阳。现在却有小人在将军面前进谗言，挑拨离间我们之间的关系。”项羽回答：“我也不想这样，这些都是你的左司马曹无伤说的。”当天，项羽留下了刘邦，还摆宴席招待他。范增是项羽的谋士，当时也在宴席上，他知道刘邦日后一定会成为项羽的心腹大患，便在宴席上多次示意项羽乘机杀掉刘邦。但是项羽优柔寡断，下不了决心。于是范增起身，出去招来项庄，对他说：“项羽为人心地仁慈，不忍心杀了刘邦。你进去假装敬酒，敬酒后，请求舞剑助兴，趁机把刘邦击杀在座位上。如果不这样，以后你我都将成为他的阶下囚。”于是项庄就进去敬酒，敬酒完毕后以娱乐为由舞剑。项伯看出了其中的苗头，也拔剑起舞，时不时张开双臂为刘邦挡剑，以至于项庄无法刺杀刘邦。

刘邦的手下张良也看出了其中的苗头，立刻到军营门口找刘邦带来的一个

叫樊哙的人。他对樊哙说："项庄拔剑起舞，意在沛公啊。"樊哙一听觉得不得了，立刻拿着剑，手持盾牌，冲进了军帐。营帐外的士兵想阻挡他，都被他用盾牌推倒了。樊哙闯帐之后就站在军帐中，瞪着项羽，眼眶都快瞪裂了，头发竖起来，样子极其威严。项羽问："你是做什么的？"张良答道："他是沛公的参乘樊哙。"项羽说："果然是壮士。赏他一杯酒。"樊哙站着就把酒喝了。项羽又道："赏他肉食。"樊哙把他的盾牌扣在地上，把肉放在盾牌上，用刀切着吃。项羽说："壮士！你还能喝酒吗？"樊哙说："我死都不怕，一杯酒有什么可推辞的呢？秦王怀有虎狼一样的心肠，杀人担心不能杀尽，惩罚人担心不能用尽酷刑，所以天下的人都背叛了他。怀王曾和诸位将士约定：'先打败秦军进入咸阳的人封做王。'现在沛公率先打败秦军进驻了咸阳，却什么东西都不敢动用，并且还封闭了宫室，将军队退回到霸上，一直等待大王到来。至于说特意派遣将领把守函谷关的原因，则是为了防备盗贼的出入和其他意外的变故。沛公这样劳苦功高，不但没有得到封侯的赏赐，您反而听信小人谗言，想诛杀像他这样有功的人，这只是灭亡了的秦朝的继续罢了。我认为大王不应该采取这种做法。"项羽没有办法反驳，只能说："坐。"樊哙挨着张良坐下。一会儿，刘邦趁上厕所的机会，把张良和樊哙也叫了出来。

鸿门宴。公元前206年于秦朝都城咸阳郊外的鸿门举行的一次宴会。这次宴会，间接促成了项羽败亡以及刘邦后来建立汉朝。

张良、樊哙让刘邦快走，以免再生变故，刘邦觉得为难。樊哙说："做大事不拘小节，现在人家是刀俎，我们是鱼肉，告什么辞呢？"于是，刘邦悄悄溜走了，让张良留下道歉。张良估计刘邦差不多快到霸上军营了，就进入军帐中，跟项羽道歉："沛公不胜酒力，不能当面告辞。他让我奉上白璧一双，献给大王；玉斗一双，献给大将军。"项羽说："刘邦在哪里？"张良说："他觉得回来大王会责备他，所以已经离开，回军营了。"项羽就接受了玉璧，把它放在座位上。亚父接过玉斗，拔出剑就敲碎了它，说："唉！项羽这小子不值得和他共谋大事！夺项王天下的人一定是刘邦。我们都要被他俘虏了！"

项羽和刘邦在随后的四年里进行了大规模的战争(史称楚汉战争)，最后项羽败北，在乌江自刎而死；刘邦建立汉朝，就是汉高祖。

项羽之所以最后败北，落得个自刎乌江的下场，后世不少人认为是由于项羽在鸿门宴上缺乏当机立断的能力，间接导致了范增的计划失败，亦埋下了自己日后兵败的伏线。当时，刘邦已经有了称王的兆头，项羽却未加防范，没有意识到事情的严重后果。如果项羽听范增的话，在鸿门宴上杀了刘邦，日后称帝的必定是项羽。

要避免不利的小趋势发展成不可掌握的大趋势，就要在有苗头的时候及时制止，或者在苗头发展的时候及时补救，不让其继续扩大。要做到这一点，就要通过“抵”的方式补救，防患于未然；对事情的发展要有预见性，扬长避短，对事物有利的方面加以利用，阻止其对自己不利的方面；要注意平常的细节，很多事物的细节就透露出日后的发展趋势，注意细节就要“见微知著”。《鬼谷子》第四章中的“巇”指的就是事变、奸计等。明察“巇”可以看见奸人，可以知道某件事的好坏程度及发展，能尽快作出决定，补救已经出现的变故。

鬼谷子在本篇讲道：“世无可抵，则深隐而待时；时有可抵，则为之谋。”意为解决问题的原则是抓住“时机”，实施谋略。按事物的发展法则去做，就“可以上合，可以检下”。而且“能因能循，为天地守神”。由此可以知道，审时度势是抵术的重要原则。矛盾是客观的，解决矛盾的方法是必须抓住时机，使之迎刃而解。

我国历史上的诸多大事件，都是通过用“抵”术来掌握对方心理，防患于未然的。南北朝时，魏孝文帝在迁都洛阳这件大事上费尽了周折，其中就暗含了本篇所讲的内容。

当时，北魏的国都是平城（今山西大同市东北），地处偏远，地瘠民贫。孝文帝要实行一系列改革措施，迁都势在必行。但鲜卑族世世代代住在这里，迁都谈何容易，于是孝文帝便想出了一个“外示南讨，意在谋迁”的谋略。因为迁都会遭到反对，但南征是没有人敢反对的。

公元493年夏季的一天，孝文帝把大臣们集中到明堂进行斋戒，命令太常卿王堪进行占卜，预测南伐之事是否可行。占卜的结果，得一“革”卦。孝文帝十分高兴，当即宣布南下伐齐。群臣一听，谁也不敢反对。于是，孝文帝发布檄文，征召兵士，声势造得轰轰烈烈，不明真相的人还真以为他要大举南征呢。

八月，大军从平城出发。从平城到洛阳，一路上阴雨连绵，道路泥泞不堪。

九月到达洛阳，士兵个个精疲力竭，不少人还染上了可怕的瘟疫。在洛阳休息几天之后，孝文帝下令军队继续南进。然而此时淫雨不止，人马疲惫，再往前走，路途遥远，积水更厉害了。孝文帝想趁此时机，告谕天下人要迁都洛阳。孝文帝在众位王公大臣面前宣布了自己的决定。众朝臣明白，孝文帝的决定一旦作出，就不能再改变了。朝廷议策时，孝文帝要求同意迁都的人站在左边，不同意迁都的人站在右边。这时，南安王拓跋桢站出来说：“如今陛下要停止南征，迁都中土，这是千秋不朽的大业，也是我们群臣的心愿。”他这样一说，大家齐呼“万岁”。迁都洛阳一事就这样决定了。

孝文帝导演的这场迁都戏，终于降下帷幕。当初，他虽然谋划着要迁都，但他明白臣子们安土重迁，上上下下都眷恋旧土，阻力太大，于是他打出了南征的旗号（这在当时是谁也不敢反对的理由），以行南迁之实，终于获得成功。

事实上，“抵术”仅仅是鬼谷子纵横八术中的一术。但这一术的重要性是不能忽视的，尤其是在政治斗争中。因为万事万物都起于秋毫之末，一发展就像泰山的根基一样大。圣人的事业在很多时候会遇到小人的破坏，因此需要“抵”。另外，生活中的一些裂痕，如父子分离、夫妻反目等，也可以通过“抵”的方法来解决。

纵观本篇，“抵巇”在告诉我们要未雨绸缪，防患于未然的时候，也告诉我们碰到有障碍的事情时，就要想办法加大力度促进事情的发展，使之最终转化为有利于自己的因素。

飞箝第五：激励挟制，控制言论

飞箝术是《鬼谷子》论辩术中的一个重要方法，讲究既褒奖又挟制。使用飞箝术要先诱导对方发言，当对方说的话正好对自己想要说的、想要做的有利的时候，就立刻大加褒奖，以这种手段抓住他，让他不能收回说出的话。然后再用对方说的话来钳制他，让他顺着自己的意思说。

使用飞箝术的时候，要让对方摸不着头脑，看似褒奖，实则是为了最后对其进行钳制。如果遇到比较谨慎的人，无法诱导其说出自己想听到的话，就需要对其使用威胁、利诱的手段以达到自己的目的，当然也可以通过分析各个方面的情况向对方晓以利害，进而控制对方。飞箝术使用得好的话，有时候会让对方有“搬起石头砸自己的脚”的感觉。

审其意，知其所好恶，乃就说其所重，以飞箝之辞钩其所好，以箝求之。

经典再现

凡度权[①]量能，所以征远来近。立势[②]而制事，必先察同异之党，别是非之语，见内外之辞，知有无之数，决安危之计，定亲疏之事，然后乃权量之。其有隐括，乃可征，乃可求，乃可用。引钩箝之辞，飞[③]而箝[④]之。

钩箝之语，其说辞也，乍同乍异。其不可善者：或先征之，而后重累[⑤]；或先重以累，而后毁之；或以重累为毁，或以毁为重累。其用，或称财货、琦玮珠玉、璧白、采色以事之。或量能立势以钩之，或伺候见涧而箝之，其事用抵巇。

将欲用之于天下，必度权量能，见天时之盛衰，制地形之广狭，阻险之难易，人民货财之多少，诸侯之交孰亲孰疏、孰爱孰憎，心意之虑怀[⑥]。审其意，知其所好恶，乃就说其所重，以飞箝之辞钩其所好，以箝求之。

用之于人，则量智能、权材力、料气势，为之枢机[⑦]以迎之、随之，以箝和之，以意宜之；此飞箝之缀也。

用之于人，则空往而实来，缀而不失，以究其辞。可箝而从，可箝而横；可引而东，可引而西；可引而南，可引而北，可引而反，可引而覆，虽覆能复，不失其度。

迷津指点

①权：揣度，估量。

②立势：建立形势。

③飞：制造声誉，褒奖。

④箝：箝制。

⑤重累：反复试验。

⑥虑怀：思量和希望。

⑦枢机：指关键之处。

古文译读

凡是揣度人的权变能力，考查人的才干，都是为了吸引远近的人才，使其归附投奔。建立制度，管理事务，一定要先考虑所招徕的人才派别的异同，以便区分他们言论的是非，发现言辞的表面意思和实际内涵，了解他们技艺的有无，让他们决断国家的安危大计，确定和谁亲近和谁疏远的问题，之后再对这些关系加以权衡。如果他们可以矫正时弊，就要加以征求，加以聘请，加以任用。借用引诱对方说话的言辞，引诱他人的言论归顺自己，通过恭维来钳制住对方。

引诱对方说顺从自己的话，是一种游说的辞令，时而相同时而不同。对于那些以钩钳之术无法控制的人，首先对他进行威胁利诱，然后再对他们进行反复试探。或者先对他们进行反复试探；然后再对他们发动攻击加以诋毁；或者用诋毁的方法反复试探，或者用反复试探的方法不断诋毁。打算要重用某些人的时候，或者先赏赐给他们财物、珠宝、玉石、白璧和美丽的东西，对他们进行试探；或者暗中考查，通过寻找行为漏洞来控制对方，在这个过程中要动用抵巇之术。

想要将飞箝术用于治国上，一定要考核君主的权谋和才能，识别天道的兴盛与衰落，知晓地理形势的宽广与狭窄，山川的险峻与平坦，以及人民财富的多少。要知道诸侯间的交往，谁跟谁亲近，谁跟谁疏远，谁跟谁友好，谁跟谁敌对。要想详细地知道国君心中的想法，首先要知道他们喜欢什么厌恶什么，然后再针对他们所重视的东西进行游说，再用“飞”的方法诱出对方的爱好所在，最后用“钳”的方法把对方控制住。

把飞箝术用在其他人身上，就要注意观察对方的智慧跟才能，估量他的势力，估量对方的气势，通过种种方法把握对方的关键之处，以迎合对方或者顺从对方，以箝制之术达到与对方和谐的状态，以友善的态度跟对方建立邦交，这就是

“飞箝术”的运用与推广。

如果把飞箝术用于人际交往，就需要用空洞的赞美之辞套取对方的实情，把握住好的时机，探究对方下一步会说什么，并且跟对方保持紧密的关系，以便借机探究对方的言辞，进而加以控制，使对方服从。这样做的话，可以合纵就合纵，可以连横就连横；既可以引而向东，同时也可以引而向西；既可以引而向南，同时也可以引而向北；既可以引而返还，同样也可以引而复去。即使复去，也可以恢复，关键还是不要丧失节度。

前沿诠释

通过前面的“古文译读”，可以知道“飞箝术”的主要意思是：游说他人，要用各种方式让对方透露实情，但是又要控制其发言，让对方顺着自己的意思说。

语言作为交流的工具，可以说是最重要的。语言的使用，直接影响到自己给对方的印象，有时候甚至可以左右一个人的情感及思想。

运用飞箝术说服人，需要先“飞”而后“箝”。就是跟对方交谈的时候，听到跟自己的目的相关的内容时，立刻对对方说的话大加褒奖，让对方喋喋不休，没有收回去的机会。等对方说得差不多的时候，实行“箝”的战术，用忽同忽异的方法引诱对方说出跟自己内心想法一致的话，如果说的内容跟自己内心想法不一致，可以对对方威胁利诱，反复试探，最终让对方顺着自己的话说。

可以在很多地方运用飞箝术，可以运用于人际交往中，也可以运用于分析各国情况，最终决定是合纵还是连横。其主要目的是考查人的智慧、权变能力，辨别世间的是与非。对对方既要推崇又要控制，引诱对方落入自己的圈套，最后达到自己的目的，这就是飞箝术的精妙所在。这里有个小故事，可以很好地阐述一下“飞”“箝”二字的意思。

甲是百发百中的神枪手。

乙问他：“听说你百发百中？”

甲点头。

“那你能射中无物吗？如果射不中，就表示你不是百发百中。”

甲听完后，直接朝着空气放了一枪，就说：“我射中无物了。”

乙立刻说：“哈哈，你射中无物就是没有射中任何东西，你仍然不是百发百中。”

甲沉默不语，不知道如何说。

无物就是没有物品，这个问题属于进退两难的问题，如何回答都是不对的。乙的话巧妙地让甲落入了自己的圈套，先引诱甲，然后让甲无话可说，不得不承认乙说得很有道理。其实，飞箝术在古代运用得非常广，古代的某些人为了达到自己的目的，经常会通过飞箝术达到自己的目的。比如诸葛亮智激周瑜攻打曹操，就是用的飞箝术。

当时，曹操即将进军东吴，在鄱阳湖训练水师的东吴都督周瑜闻讯连夜赶往柴桑郡，与其他文武大臣一起商议应对之策。

周瑜一到，文官武官纷至沓来，有主战的，也有主和的，而周瑜并没有明确表态，对战跟和都表示赞同。晚上，孙权的参谋鲁肃带着刘备的使者诸葛亮前来见他。谈起曹操进攻东吴的事情，鲁肃问周瑜："曹操南侵东吴，是战还是降，主公就听都督的了。不知都督是什么意思？"周瑜回答："曹操权大势大，挟天子以令诸侯，不可以轻敌。如果跟他对抗的话，一定会输。我拿定了主意，明天见了主公，便当遣使纳降。"鲁肃一听这话，立刻加以劝阻，而周瑜则说："如果发动战争，江东六郡必然会生灵涂炭，那时候他们一定会怪罪于我，所以我决定向曹操请降，这样还可以减少很多伤亡。"二人为是战是和争论不休，旁边的诸葛亮只是轻轻一笑，不参与他们的争辩。

一会儿，周瑜发现旁边的诸葛亮一直没有说话，就问诸葛亮的意见如何，为何笑。诸葛亮说："我不是笑别人，只是笑鲁肃不识时务。"鲁肃急了："先生为什么笑我不识时务？"诸葛亮不慌不忙地回答："周公谨主张投降曹操，甚是合理。"周瑜说："孔明是识时务的人，定和我同心投降曹操。"鲁肃更着急了："孔明，这个时候了，你怎么这么说啊？"诸葛亮回答："曹操非常善于用兵，天下无人能及。过去与他为敌的只有吕布、袁绍、袁术、刘表，现在这几人都已被曹操消灭，天下已经没有人能够抵挡他啦！只有个刘豫州不识时务，还跟曹操抗衡，弄得现在孤身在江夏，生死都不知道。周将军决计投降，能保住荣华富贵、妻子儿女。至于什么国家安危、江山易主，爱怎么样怎么样，有什么可惜的！"

周瑜（175—210），字公瑾，庐江舒县（今安徽省庐江县）人，东汉末年东吴名将，因其相貌英俊而有"周郎"之称。

鲁肃之所以把诸葛亮请到江东，就是为了让他劝服周瑜攻打曹操，结果诸葛亮的话和他的意思完全相悖，鲁肃立刻大怒："难道你是让我屈膝受国贼之辱吗？”

诸葛亮坦然自若地说：“鲁肃兄不要动怒，我这里有个好计，既不用将土地和大印交给曹操，又不用渡江作战。只需要派个使者和一叶扁舟，送两个人到曹操那里就可以了。”周瑜和鲁肃都觉得很惊奇，周瑜问：“这是两个什么人？有这么大的作用吗？能让曹操大军撤退？”诸葛亮回答：“也不是什么重要人物，东吴少了这两个人也没有什么损失，跟粮仓里少了一粒谷子、大树上掉了一片叶子一样。而且曹操得到了这两个人，一定会大喜离去。”“那这两个人是谁呢？请先生赐教。”周瑜连忙问。

“不知道两位听说过没有，曹操在邺城造了一座铜雀台。他早就听说江东乔公有两个女儿，分别唤做大乔跟小乔，都有沉鱼落雁之姿、闭月羞花之貌。曹操曾经发过誓：‘我今生一愿是荡平四海，成就统一霸业；一愿是得到江东美女二乔，将她们安置在铜雀台上，让她们伴我欢度晚年。这样的话，我一生就死而无憾了。’现在他率领大军对江东虎视眈眈，周将军何不寻到乔公，给他许多金银珠宝，把这两个女子买来，送给曹操，这样曹操大军便会不战自退。”

周瑜听了有点不高兴，也对此有点不相信，问诸葛亮以何为证。诸葛亮说：“曹操的小儿子曹植聪慧异常，曹操曾经命他作过一篇《铜雀台赋》，赋中就表现出了这种意思。”周瑜的脸黑了下来：“先生可会背？”诸葛亮声情并茂地背了出来。

“从明后以嬉游兮，登层台以娱情。见太府之广开兮，观圣德之所营。建高门之嵯峨兮，浮双阙乎太清。立中天之华观兮，连飞阁乎西城。临漳水之长流兮，望园果之滋荣。立双台于左右兮，有玉龙与金凤。揽二乔于东西兮，若长空之蝃蝀。俯皇都之宏丽兮，瞰云霞之浮动。……”

“曹贼真是欺人太甚！”周瑜听后便勃然大怒，跳起来破口大骂。诸葛亮立刻劝阻：“两个女子值得将军这么大动肝火吗？将军还是将她们速速送到曹营，免得夜长梦多。”“不可！”周瑜大叫，“先生你有所不知啊！这大乔是孙策将军的妻子，而小乔就是我的妻子啊！怎么能让她们深入虎口侍奉曹贼呢？这曹贼，欺负到我头上来了。”诸葛亮装出一副惶恐的样子：“在下实在是不知道实情，请将军切莫怪罪。”周瑜说：“先生无罪，我与曹操那老贼势不两立。”诸葛亮又敲边鼓说：“三思而后行，免得后悔。”周瑜表示不会后悔：“承蒙孙策将军临终嘱托，哪有不战而降的道理。其实我早就有北伐的意思，开始所说的话是在试探你们的态度，现在就是赴汤蹈火，我也不改变讨伐曹操的决心。希望先生助我一臂之力，共

破曹贼。”诸葛亮点头表示赞同。

其实，诸葛亮反对鲁肃是假，激怒周瑜才是真。这番谈话，周瑜开始是掌握着主动权的，他的态度决定了是战还是降。最初周瑜对于战和降都表示赞同，但是言语间已经流露出降的意愿。周瑜同鲁肃的争辩，诸葛亮对鲁肃的揶揄，都是在演戏。他们通过鲁肃互相探底，想看看对方的意思是什么。但鲁肃是个老实人，当然琢磨不出另外两个人的意图，只会实话实说。诸葛亮在整个对话中，甚至一直到最后，都一直“支持”周瑜，让周瑜说出的话不能收回。但诸葛亮的真正目的是让周瑜发兵攻打曹操，所以他后面的话看似支持，实际上是“挟制”周瑜顺着自己的意思说。随着话题的深入，诸葛亮把周瑜引入了自己的圈套，即曹操攻打东吴是为了虏获二乔。这是多么可笑的理由，但是周瑜相信了。诸葛亮在这里利用了传统道德伦理观念，控制了周瑜的思想。这就是诸葛亮谈话中最狠的一招。他先知悉了孙策、周瑜的妻子分别是江东美女大、小乔，然后便篡改曹植文中的句子，将“览二桥”改成“揽二乔”，再将其写作缘由歪曲成是曹操命令曹植按自己的意思写的，这样就加大了曹操为二乔攻打东吴的可信度。

诸葛亮的飞箝术用得十分巧妙，暗中控制了周瑜，不得不说这个例子算得上是飞箝术的一个经典应用。不过，在战国时期，很多人就已经将飞箝术运用得非常好了，比如魏国的范雎，就用飞箝术使秦昭王重视他，最终拜他为客卿，让他参与军国大政，主谋兵事。

范雎刚进入秦国的时候是不被重用的，后来因为一封上书被秦昭王召入宫中。

他与秦昭王在密室中相见，单独交谈。范雎颇善虚实之道，在谈话中张弛有度，秦昭王越是急切地请教高见，范雎越是慢条斯理地故弄玄虚。反复几次，秦昭王忍不住了，对他行了个大礼，道：“先生难道不愿意赐教于寡人吗？”

范雎觉得时机到了，才不慌不忙地回答：“我怎么敢对您这样呢？当年姜尚见周文王的时候，先扮做钓鱼的人，在渭水之滨垂钓。他为什么这么做呢？原因就是他深知自己跟周文王的交情浅。等到他跟周文王一起回去，周文王立他为太师的时候，他才开始和周文王说有深度的话。后来，因为姜尚的辅佐，周文王得以在天下称王。如果周文王对姜尚疏远，不跟他作深入的交谈，那就是他没有当天子的资格，姜尚跟着周文王和周武王也成就不了大业。”接着范雎又说，“我是魏国的人，四海为家，跟大王您交情不深，也许您会认为我所说的话都是欺骗您的。虽然现在你我面对面地说话，我愿意表示我的忠心，把心里话跟您说出来，但是不知道大王您是怎么考虑的，所以大王再三问我，我都不肯作答。我不是因为怕死而不敢说出实话，就算今天跟您直言进谏，明天就被您杀了，我也不当回事。如果您信任我，把我的话付诸实践，一定会对秦国有用。我死了没有什么，但是我怕天下人看见我这样的忠臣因为直言而死，以后不敢说话，也不敢做出有利于秦国的行动，这样大家的心就不向会着秦国了。”

范雎这一席话让人拍案叫绝。他在前面的话中提到了周文王，而且有意把贤明的君主跟秦昭王联系起来，暗中满足了秦昭王的虚荣心，也提醒他应该像周文王一样礼贤下士。至于提到姜尚，范雎也是故意的。他拿姜尚来自比，把自己放在贤相的位置上。如果秦昭王不接受他，就等于把自己置于昏君的行列，所以谈话就会顺着范雎的意思进行下去。而下面的话更有震慑作用，先是用自己的披肝沥胆、鞠躬尽瘁感动秦昭王，然后再晓以利害，用杀贤臣对国家有害使秦昭王没有后退的空间，也为自己的安全增加了几分保证。

作了这么多铺垫，范雎才开始跟秦昭王进行实质性的讨论，取得了秦昭王的信任。没几天，范雎又去觐见秦昭王，分析了当前的形势，提出了“远交近攻”（和位于远方的国家结成同盟，而和相邻近的国家互为敌人。这样做，既能防止邻国发生肘腋之变，又可以使敌国两面受敌，从而无法与自己抗衡）的战略思想，为秦国以后兼并六国打下了坚实的战略基础。秦昭王觉得范雎说得有理，就拜他为客卿，加以重用。

忤合第六：具体问题，具体分析

世界上的事物不是一成不变的，而是不断发展变化的，所以要用发展的眼光看待它们，具体问题具体分析。

文中说，“趋合”跟“倍反”是普遍存在的，运用到不同的事物上有不同的方法，而且两者的状态又是相互转化的，就如同圆环一样没有裂痕。所以在分析同一事物的不同阶段时，也应该用不同的方法，这就强调了“具体问题，具体分析”八个字。

在为人处世方面，要灵活多变；在作决定的时候，应该选择最合理的一项。任何事情都有顺有逆、有正有反，不论是顺还是逆，是正还是反，都需要去面对。只要灵活应对，具体问题具体分析，就可以变不利为有利。

怎样做到具体问题具体分析呢？要坚持矛盾观点；具体分析矛盾的特殊性（对不同事物的矛盾作具体分析，对同一事物的不同阶段的矛盾作具体分析，对同一矛盾的不同方面作具体分析）；在运动中把握规律。只有掌握了这些，才能真正做到具体问题具体分析。

化转环属，各有形势。反覆相求，因事为制。

经典再现

凡趋合[①]倍反[②]，计有适合。化转环属，各有形势。反覆相求，因事为制。是以圣人居天地之间，立身、御世、施教、扬声、明名也；必因事物之会，观天时之宜，因知所多所少，以此先知之，与之转化。

世无常贵，事无常师[③]；圣人常为无不为，所听无不听。成于事而合于计谋，与之为主。合于彼而离于此，计谋不两忠，必有反忤；反于是，忤于彼；忤于此，反于彼。其术也，用之于天下，必量天下而与之，用之于国，必量国而与之；用之于家，必量家而与之；用之于身[④]，必量身材能气势而与之。大小进退，其用一也[⑤]。必先谋虑计定，而后行之以飞箝之术。

古之善背向者，乃协四海，包诸侯忤合之地而化转之，然后求合。故伊尹五就汤、五就桀，而不能所明，然后合于汤。吕尚三就文王、三入殷，而不能有所明，然后合于文王。此知天命之箝[6]，故归之不疑也。

非至圣达奥[7]，不能御世；非劳心苦思，不能原事；不悉心见情，不能成名；材质[8]不惠，不能用兵；忠实无实，不能知人。故忤合之道，己必自度材能知睿，量长短远近孰不知，乃可以进，乃可以退，乃可以纵，乃可以横。

迷津指点

①趋合：趋向合一。

②倍反：背逆。

③师：模式。

④身：个人。

⑤其用一也：它的功用是一致的。

⑥天命之箝：天命的制约。

⑦至圣达奥：达到圣人高深的境界。

⑧材质：才能素质。

古文译读

不论是要趋向合一还是背叛分离的，都要给予相应的计策去应对。变化和转移就如同圆环一样连接没有缝隙，往复不止。应反复寻求内在的原因，根据实际情况作出处理。所以，圣人生活在天地间，立身处世、治理天下、说教众人、弘扬美好名声，确定事物的名分，必定根据事物的变化和联系考察天时，观察适当的时机，国家哪些方面有余，哪些方面还很不足，都能够由此出发去衡量，并且设法促进事物向比较有利的方面转化。

世界上没有永远居于高贵地位的东西，万事万物也没有永远固定不变的。圣人经常无所不做，无所不听。事情成功，跟实现它的计谋相契合，就把它作为自己的君主。计谋合乎一方的利益，必然要违背另一方的利益，不可能同时忠于两个对立的君主，必然会违背一方的利益而满足另一方的利益；合乎这一方的利益，就会忤逆另一方的利益；忤逆这一方的利益，就会符合另一方的利益。这就是所谓的忤合之术，如果把它运用到天下，一定要根据天下的实际情况来运用；用于治理国家，要根据国家的实际情况运用；用于治理家族，要根据家族的实际情况运用；用于管理自身，一定要根据自己的才能和气概来运用。总之，不论把忤合之术用在大的方面还是小的方面，进的方面还是退的方面、它的作用效果是

一样的。因此，无论在何时何地都要进行谋划、分析，计算准确了以后再实行飞箝之术。

古代那种擅长通过背离一方而趋向另一方而纵横天下的人，常常掌握四海之内的各种力量，控制各个诸侯，将他们驱置到“忤合”的境地，促使其转化，使其与自己联合。过去的贤相伊尹五次臣服商汤，又五次臣服夏桀，其行动目的还未被世人所知，就下定决心臣服商汤；姜太公吕尚三次臣服周文王，三次臣服殷纣王，他的行动目的也不被世人所理解，最终与文王相合。这是因为他懂得归附周文王是天命的制约，所以他最终归附周文王的时候毫不犹豫。

如果没有高尚的品德、超常的智慧，不能了解深层的规律，就不可能驾驭天下；如果不肯用心去苦苦思索，就不能搞明白事物本来的面目；如果不能全神贯注地观察事物的实际情况，就不可能功成名就；如果才能、胆量都不足，就不能进行军事运筹；如果只是愚忠而无真知灼见，就不可能知人善用。所以说忤合之道，要首先估量一下自己的才能智慧，看看自己能力的大小，比较自己和周围人的优劣短长。只有这样知己知彼以后，才能随心所欲，既可以前进，也可以后退；既可以合纵，也可以连横。

前沿诠释

“忤合”是基于“反”“合”可以相互转化的道理而出现的。事物都具有两面性，“趋合”跟“背反”是同时存在的，需要具体问题具体分析。而且“趋合”跟“背反”这两种状态不是一成不变的，可以相互转化，如同铁环一样没有终点没有起点，循环往复。所以在处理事情的时候要注意不同的阶段要有不同的处理方法，为人处世时灵活多变才是上策。《鬼谷子》中的“世无常贵，事无常师”，说明了事物是一定会变化的，往往是有正有反，有顺有逆，有利有弊，有曲有直。所以处理事情的时候要有长远的眼光，曲中见直，根据实际情况制定相应的策略。

忤合之术提倡处事灵活多变，根据实际情况作出最终决定，就如同文中提到的伊尹和姜太公，几次选择辅佐的君主，最终还是根据实际情况作出了正确的选择。一定要看到事物不断的发展变化和其两面性，才可以作出最有利、最正确的决定。

作为医者，神医华佗的决定更需要具有前瞻性，并且要根据实际情况对症下药。下面的几个小故事就表现了华佗身为医者，是如何具体问题具体分析的。

郡吏中有两个官吏儿寻、李延都有头痛发热的症状，他们一起去找华佗看病。华佗给他们开了不同的药。有人对此提出疑问：为什么相同的病却使用不同的药？华佗说：“儿寻的身体外实内虚，所以应当下泄；李延的身体内实外虚，所以应当发汗。”两人吃了药之后，第二天就好了。

李将军的妻子得了重病，请华佗来看病。华佗诊完脉后对李将军说：“夫人的情况怕是伤了胎，而胎儿还在母体中。”将军觉得华佗说的一定不对，因为前阵子他的妻子刚生完孩子。将军觉得华佗信口胡言，八成是个庸医，就打发他走了。华佗也没多说什么，转身离去。

一百多天后，李将军的妻子旧病复发，李将军想起华佗的话，于是请华佗来复诊。华佗号脉完毕后，说：“看脉象，夫人肚子里有未产下的胎儿。夫人的肚子里应该是怀有两个孩子，一个胎儿出生了，而后面一个孩子还在肚子里。可是夫人自己没有感觉，别人对此事也不了解，所以没有接生。现在夫人肚子中的胎儿已死，母亲的气血不再输给孩子营养，胎儿必定干枯而附在母亲的脊上，因此夫人的脊背经常疼痛。想让这个死胎出来，就需要先喝汤药，然后配合针灸。”说完吩咐别人去煎药，然后给李将军的夫人扎针。一会儿，李将军的夫人的肚子剧痛难忍，华佗一看情况，立刻让人请稳婆进来。他说：“这个死胎死去太久，自己产出困难，需要有人帮助夫人掏出来。”果然，一会儿，稳婆就掏出了一个死去的男婴，手足俱全，全身发黑。大家欷歔了半天，李将军终于相信了华佗果然是神医。

华佗（约145—208），东汉末年的医学家，字元化，沛国谯（今安徽省亳州市）人。华佗与董奉、张仲景（张机）并称为“建安三神医”。

一天早晨，有两个人用车推着一个人来华佗这里看病。病人捂着腹部，面色苍白，两腿弯曲，精神委靡。华佗给他号过脉后，解开病人的衣服，用手按按病人的肚子。听到病人大叫一声后，他对周围的人说：“他得的是急性肠痈（阑尾炎），需要立刻开刀。”于是大家合力把病人抬到手术台上。华佗先给病人服下了“麻沸散”。过了一会儿，病人失去了知觉。华佗又让徒弟给病人的腹部涂药消毒。他用消了毒的刀子剖开病人的肚子，然后割去阑尾，再用药制的桑皮纸线缝好刀口，敷上特制的消炎药膏。做完手术，他叮嘱病人的家属，说病人一个月以后就可以下地劳动了。事实证明果然。之后，人们对华佗更加敬

佩了。

上面的三个小故事表现了华佗的医术精湛，也表现了华佗对病人的情况了如指掌，根据实际情况作出了最正确的决定，解除了病人的痛苦。第二个故事突出了事物的发展变化性，而华佗把握住了这一点，及时采取了有效的措施。事物是不断发展变化的，所以处事也要灵活，根据实际情况作出相应的决策才是上策。

鬼谷子说："凡趋合倍反，计有适合。化转环属，各有形势，反覆相求，因事为制。"官渡之战后，曹操为挽回败局，采纳了谋士程昱所献的"十面埋伏"之计。表面上看是在效法楚汉相争的事例，实际上是根据袁绍报仇心切必然麻痹大意这一事实而设立的计谋，是典型的"从实际出发，实事求是"的著名战例。

曹操在官渡大败袁绍后，整顿军马，北渡黄河，直追袁绍。袁绍不甘心失败，为报仇雪耻，又纠集河北四州之兵，至仓亭扎寨，准备与曹操决一死战。袁、曹两军对峙，各布阵势。第一次交锋，曹军徐晃部将史涣就死于袁绍第三子袁尚的利箭之下。

曹操失去一将，心中烦闷，说："似这样对阵相互厮杀，何时是个了局？"

谋士程昱献计道："秦末楚汉相争，高祖皇帝运用'十面埋伏'之计，使项羽自刎身亡。我们何不效法？"

曹操说："请你详细讲一讲。"

程昱说："我军退至黄河边上，背水为阵，伏兵十队，引诱袁绍逼赶我军。"

左右大惊道："如此，我军岂不太危险了？"

程昱笑道："兵法说：'置之死地而后生。'我军无退路，必须死战，如此即可稳胜袁绍。"

曹操采纳了程昱的计谋，将全军分列左右各五队。左列，一队夏侯惇，二队张辽，三队李典，四队乐进，五队夏侯渊；右列：一队曹洪，二队张郃，三队徐晃，四队于禁，五队高览，许褚为中军先锋。第二天，十队人马先行，埋伏在两侧。到了半夜，曹操同许褚率军前进，装出偷袭袁寨的样子。

袁绍见状，笑道："曹操这下子要喂鱼了。"尽发五寨人马，迎战许褚。许褚拨马撤退，袁绍驱军赶来，喊杀之声不绝。等到天亮，袁绍将许褚逼到河边。曹军已无退路，曹操大喊："前有追兵，后是绝境，大家何不决一死战？"曹军听了，一齐奋力向前冲杀。许褚一马当先，挥刀斩杀了袁军十来名将领。

袁军大乱，只好撤退。退了一段路，几声"咚咚"战鼓响，左边夏侯渊、右边高览两支兵马冲出。袁绍带领三个儿子一个外甥，死命地杀出一条血路。

袁绍跑了十来里，左边乐进、右边于禁杀出，杀得袁军尸横遍野。又跑了数里，左边李典、右边徐晃两支人马截杀过来，袁绍父子胆战心惊。好不容易奔入寨门，袁绍急忙令军队埋锅造饭。正要吃时，左边张辽、右边张郃，径直前来冲寨。袁绍慌忙上马，率部奔向仓亭。人困马乏，正要休息时，不料曹操率大军又从后面赶来，袁绍拼命逃离。正走间，右边曹洪、左边夏侯惇挡住去路。袁绍大叫："如果不拼死一战，我们都要被活捉了！"奋力冲杀一阵，侥幸逃出重围。

终于脱险之后，袁绍抱住儿子们大哭一场，长叹道："我经历战事数十次，从没有像今天这样狼狈！"说完，他命令部将回各地整顿军务，自己带着袁尚到冀州养病去了。

从实际出发这一原理，在现代社会中也有较好的运用。人们往往注重分析实际情况，进而作出各种决策，从而保证决策的正确性。

揣篇第七：因势利导，揣度实情

要想尽快了解实情，就要在对方高兴的时候让他狂热，让他无法掩饰内心的想法，从而揣度出他的实情；或者在对方恐惧的时候，加重他的恐惧，让他不能自持，于是暴露自己的实情。揣摩术就是通过别人表现出来的情况得知他们想要掩饰的实情。运用揣摩术一定要把握好时机，因势利导。

治理国家的时候，首先要度量天下的各个方面，如国家财富的多少，百姓生活的贫富，诸侯国之间的亲疏，百姓的人心向背，等等。根据这些实际情况制定出相应的政策。揣摩出大众所想，才能治国安邦。

实行揣摩术的时候，如果对方虽有所触动但还是固执不变的话，就要避开这个话题，谈论他感兴趣的东西，从而知道他内心所想。或者通过跟他身边的人谈话，得知他的真实意图。

古之善用天下者，必量天下之权，而揣诸侯之情。量权不审，不知强弱轻重之称；揣情不审，不知隐匿变化之动静。

经典再现

古之善用天下者，必量天下之权，而揣诸侯之情。量权不审[①]，不知强弱轻重之称；揣情不审，不知隐匿变化之动静。

何谓量权？曰：度于大小，谋于众寡；称货财有无之数，料人民多少、饶乏，有余不足几何？辨地形之险易，孰利孰害？谋虑孰长孰短？揆君臣之亲疏，孰贤孰不肖？与宾客之智慧，孰多孰少？观天时之祸福，孰吉孰凶？诸侯之交，孰用孰不用？百姓之心，孰安孰危？孰好孰憎？反侧[②]孰辨？能知此者，是谓量权。

揣情者，必以其甚喜之时，往而极其欲也；其有欲也，不能隐其情。必以其甚惧之时，往而极其恶也；其有恶也，不能隐其情。情欲必出其变。感动而不知其变者，乃且错[③]其人勿与语，而更问所亲，知其所安。夫情变于内者，形见于外。[④]故常必以其者而知其隐者，此所谓测深揣情。

故计国事者，则当审量权；说人主，则当审揣情。谋虑情欲，必出于此，乃可贵，乃可贱，乃可重，乃可轻，乃可利，乃可害，乃可成，乃可败；其数一也。

故虽有先王之道、圣智[⑤]之谋，非揣情隐匿，无所索之。此谋之大本也，而说之法也。常有事于人，人莫能先，先事而生，此最难为。故曰：揣情最难守司，言必时其[⑥]谋虑。故观蜎飞蠕动，无不有利害，可以生事变。生事者，几之势也[⑦]。此揣情饰言[⑧]，成文章而后论之也。

迷津指点

①审：详细，周密。

②反侧：反复和倾斜，这里指百姓的反叛。

③错：通“挫”，安放。

④情变于内者，形见于外：情感在内心发生变化，就会有外在的表现。

⑤圣智：极其高明的智慧。

⑥时其：选择良机。

⑦生事者，几之势也：事物变化往往表现出一种微弱的趋势。

⑧饰言：修饰言辞。

古文译读

古代善于治理天下的人，一定会度量天下的形势，揣摩诸侯的实情。如果度量天下形势不够周密、详细，就不知道诸侯势力的强弱虚实。如果揣摩实情不够细致，就不知道天下的时局变化。

什么叫做衡量权势？答案是：测量尺寸大小，谋划数量多少，称量有多少钱财货物，估测有多少百姓，是富足还是困乏，富足和困乏到了什么程度？分辨地形险峻平坦，以及哪里安全，哪里危险？判断各方的谋虑谁优，谁劣？分析君臣亲疏关系，哪个贤明，哪个不足与谋？考核谋士的智慧，看谁更加聪慧一些？观察天时祸福，什么时候吉，什么时候凶？比较与诸侯之间的联系，谁能任用，谁不能任用？民心所向如何，哪里安定，哪里危险？爱好什么，憎恶什么？预测反叛事，在哪里更容易发生，哪些人能知道内情？能够了解这些，就是所谓的量权。

所谓的揣摩实情，必须是在对方高兴的时候，去加大他们的欲望；他们既然有欲望，就难以隐瞒实情。或者是在对方恐惧的时候，去加大他们的恐惧；他们既然有害怕的心理，就难以隐瞒实情。情感欲望必然随着事态的发展流露出来。对于那些情感受到了触动却仍然看不出有什么异常的人，就要改变游说对象，把他暂且搁置，不与他深谈，而应该秘密地询问跟他关系亲密的人，了解他情感的依托。对于

那些情绪在内心变化的人，必然要通过形态显现于外表。所以我们经常需要通过显露出来的表面现象，去深入了解那些隐藏在内部的真情。这就是测深揣情。

谋划国家大事的人，必须详细考察本国各方面的力量；游说君主的人，就应该全面揣测君主的想法。探知人们的谋划、想法、情绪和欲望都用这种策略，他们可能富贵，也可能贫贱；可能受尊敬，也可能被轻视；可能获利，也可能遭到损害；可能成全别人，也可能去破坏，这其中使用的办法都是一样的。所以虽然有古代贤王的治国之道，有圣人智者高深的智慧谋略，不采用揣情的方法，那些隐藏的东西也无法获得。这是谋略的基础，也是游说的基本法则。人们常常觉得某些事情比较突然，那是因为不能事先预见它，要能在事情发生之前就预见，这是最难的。因此才说：揣情，很难把握，游说进言必须深谋远虑。所以看到昆虫飞动的时候，知道都有它自己的利害关系存在，因此才发生变化。而任何事情发生的时候，都会有细微的变化预示着未来的发展。这就是揣情的时候需要先修饰言辞，使之富有文采，而后才能进行游说的道理。

前沿诠释

这一章中，鬼谷子认为，揣摩他人要抓住有利时机，事情才更容易办成。要趁对方高兴的时候，对他褒奖，让他更高兴，让他狂热，让他最终无法掩饰内心的想法，从而揣度出他的实情。或者趁对方恐惧的时候，再对其进行压迫威逼，加大他的恐惧，让他难以自持，最终流露实情。也就是所谓的因势利导，根据对方的变化制定相应的策略，揣测出对方的真实意图。作为君主或者圣贤，在治理天下的时候，就需要作全面的揣测，要度量好天下各个诸侯的势力、国家的财富、地势的险要、人们的生活水平、人心向背等，才能调整或者出台相应的政策，更好地治理国家。不论是游说他人还是治理国家，都是需要揣摩的。

此外，如果面对比较固执的人或者虽然面对游说有所触动却不加改变的人，就要暂且搁置话题，询问他身边亲密的人或者跟他谈论其他的事情，用这种“曲线救国”的方式也能知道他心中所想。

揣摩时，需要根据对方的情况适当调整策略，摸清对方所想，才能一下子抓住对方的心意，从而达到自己的目的。古代很多军事家就是利用“揣摩”的方法赢得战争的胜利，做到不战而屈人之兵。

公元前666年，楚国的公子元率兵浩浩荡荡地发动了对郑国的战争。楚国大军一路所向披靡，攻下了郑国的好几座城池，直逼郑国国都。郑国是个小国，兵力自然不及楚国，都城内兵力空虚，有亡国的危险。

郑国群臣十分慌乱，有的人主张拼死一战，有的人主张赔款请和，有的人主张固守城池等待救援。但是，这几种主张都难以解决郑国危急的局面。这时走出来一个人，就是上卿叔詹，他对众人说："请和与决战都不是上策，在国中等待救援才是上上策。"众人不解，他又接着说："郑国和齐国订立了盟约，如今郑国有难，齐国不会坐视不管，一定会出兵相助。可是我们固守在这里，恐怕也是不怎么容易的。我有一个方法，可以使楚国退兵。"

众人立刻问他该怎么办，于是叔詹说出了他的计策。对此计，有的人赞同，有的人反对。但是因为楚军逐渐逼近，没有其他方法，只好采用了他的办法。

按照叔詹的计策，郑国在城内作了如下安排：命令士兵全部埋伏起来，不让楚国军队看到一兵一卒；让店铺照常开业，百姓正常生活，不要流露出一点慌乱的表情；城门大开，放下吊桥，摆出一副完全不设防的样子。

不久，楚军的前锋到达了郑国的国都。看到这里一片安之若素的情景，领军的将领不由得心中起疑：为什么楚国大军都逼近了，郑国还是一片太平盛世的样子呢？难道是有埋伏，想让我军中计？他不敢妄动，等着公子元的到来。没几天，公子元就到了郑国的都城，看到前锋未动，觉得好生奇怪。接着，公子元又发现，城内空虚，百姓安居乐业，根本没有战争前的恐慌，但是祥和中隐隐透着一股不安。公子元认为其中可能有诈，于是命令军队不可贸然进攻，要先派人进城探听虚实。

这个时候，齐国已经接到郑国的求援信，并且联合鲁、宋两国，共同发兵救郑。公子元得到战报，知道三国的援兵已到，如果再战下去，楚军肯定不能取胜。他想着自己已经打了几个胜仗，还是赶快撤退为妙。但是，他害怕在自己撤退的时候，郑国军队会出城追击，于是就暗暗命令全军连夜撤走，撤退的时候人衔枚、马裹蹄，不许发出一点声响。另外，所有营寨都留下不拆走，旌旗也照旧飘扬。

次日清晨，叔詹登上城楼远望，说道："楚军已经撤走了。"其他人见楚军的营帐里依旧是旌旗招展，都表示不相信楚国已经撤军。叔詹说："如果这个时候营帐中还有人，怎么会有那么多飞鸟在那里盘旋呢？楚军也用空城计欺骗了我们，悄悄撤兵了。"这就是中国历史上第一次使用空城计的战例。

在战例中，大叔詹跟公子元都用了空城计，而叔詹的空城计更为高明。他让一路所向披靡的公子元看到城内祥和的气氛有所忌惮而不敢出兵。在楚国探听实情的时候，郑国的求救信又到达了齐国，齐国联合了鲁、宋发兵救郑。这个消息让公子元由忌惮变成了害怕，急忙连夜撤军，又怕郑国军队出城追击，也使了一

招空城计。

叔詹的空城计就是利用大众疑惑跟惧怕的心理取得成功的。他知道公子元急于求成，但是不敢冒进，所以利用空城计拖延时间，等待齐国的救援。等齐国真的来救援的时候，楚国自知不敌，自然会撤兵。楚国开始是疑虑加一些小的惧怕，后来又演变成比较大的恐惧。叔詹的做法就是在恐惧上加重了恐惧，让敌人不寒而栗。公子元撤走的时候，也考虑到三国军队声势浩大，不能抵挡，贸然撤兵必然会遭到追击，干脆留下“阵势”，悄悄撤走，给对方一个假象，自己也可以不伤一兵一卒，可谓两全其美。叔詹跟公子元的做法都是因势利导，揣度出对方的实情，作出最有利于自己的选择。类似这样的例子还有很多，西汉的大将军李广也曾成功地运用过“空城计”。

西汉时期，北方匈奴的势力不断扩大，屡次进犯中原。飞将军李广任上郡太守，抵挡匈奴南进。

有一天，汉景帝派人外出打猎，遭到三个匈奴兵的袭击。领头的随从宦官被打伤了，狼狈地跑回来后，将这事告诉了李广。李广决定给匈奴兵一个教训，一直追了十几里地，杀死了两个匈奴兵，活捉了一个匈奴兵。李广率众打算回去，却发现身后有数千名匈奴骑兵正向这边靠近。匈奴部队的前锋也发现了李广，想趁机活捉他，但是看见他身边只有百余骑兵，匈奴兵误认为他们是大部队诱敌的前锋，不敢贸然攻击，怕遭受意想不到的损失，于是在山上摆开阵势，按兵不动。

李广身边的人看到匈奴的大部队非常恐慌，李广却处变不惊，显得非常沉着。他对众人说：“我们现在只有百余骑，敌人人多势众，我们离自己的大营有几十里路远。如果我们掉头逃跑，匈奴兵肯定会追杀我们。如果我们按兵不动，敌人肯定会疑心我们是不是有大部队在接应，他们就不敢轻易进攻。所以，我们继续前进。”到了离匈奴兵二里左右的地方，李广下令全体将士下马休息。

所有的将士听令卸下马鞍，悠闲地躺在草地上休息，看着自己的坐骑在旁边津津有味地吃着野草。

匈奴部将看到这样的情况，感到十分奇怪，派了一名军官出阵观察形势。那个军官跑到离李广不远的地方，李广立即上马，冲杀过去，一箭射死了他，然后又回到原地，继续休息，对前面的匈奴大军显得毫不在意。

匈奴部将见此情形，更加恐慌，料定附近定有伏兵。等到天黑的时候，李广率领的人马仍然没有动静。而匈奴部将更加害怕，担心遭到汉军大部队的突袭，于是就慌慌张张地引兵逃跑了。李广得以率领百余骑兵安全返回大营。

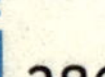

李广的计策和前文叔詹的计策是一样的，都是揣摩到敌人的实情，利用其多疑跟害怕的心理，赢得了生存的机会。对方的兵多而我寡不敌众，就需要揣测如何面对敌人，让他们有所顾忌。看见敌人害怕，就要因势利导，做出一副更加不惧敌的样子加重他们的恐惧，使其不敢妄动。其实，不仅军事中会用到“因势利导，揣度实情”的方法，现代很多商家也会利用这一招提高自己的知名度，宣传自己的产品，从而大获其利。

李广（？—前119），陇西成纪（今甘肃静宁）人，西汉名将。因其骁勇善战，匈奴人对其畏服，称之为“飞将军”。

美国宝丽来远东有限公司在其百采系统上市之前，公司的公关策划部策划了一系列轰轰烈烈的公关活动。

什么是百采系统呢？就是即拍即有的相机。宝丽来公司的目的是通过对百采系统的宣传，向公众树立一个与众不同的形象——它是少数上层人士手中的宠儿，不是大众化的商品，将新的产品作为突破口，引导一股“即拍即有”的摄影新潮流，从而引起大众的兴趣。公司知道，如果想引起上层人士的注意，就必须有吸引他们眼球的东西。上层人士的收入是可观的，所以，如果想把产品推入上流社会，就要付出不菲的代价。

那么公关部又是如何针对这些上层人士作宣传的呢？他们又安排了什么样的活动吸引上层人士的眼光呢？公关部设计的公关活动主要有：全世界最大的相机模型展览、新产品发布会、名人的私生活写真集、电影电视节目宣传、新闻特辑与新闻稿、新闻录像带同步宣传，并且所有这些活动都设计在美国和中国香港两地举行。

在百采系统计划推出的前一年，公司的公关人员就聚集在一起相互交流世界各地的宣传经验，商讨可以产生震撼性效果的宣传活动。最终意见统一，他们决定做一个全世界最大的相机模型进行展示。巨大而罕见的事物一定会是新闻的热点，何况又是个前所未有的大型事物，公关部的任务就是制造新闻，让新闻界对此高度关注。有了新闻的传播，百采系统的知名度肯定会直线上升。

百采系统的模型着实符合“巨大”二字，高约6.4米，长22米，宽9.2米，看起来和一幢二层小楼一样。当然，这个相机模型除了让人震撼外，还可以进入内部参观，并有专业人员讲解和示范各种技术。该模型一经展出，立刻引起了人们的注意，尤其是一些上层人士的注意。

宝丽来公司邀请世界各地的新闻界代表会聚洛杉矶，举行新闻界新产品发布会。另外，宝丽来还把当地的世纪大酒店包了下来，招待新闻界的人物，并举行世

界性市场推广人员会议，以及全美市场销售会议。参加会议的人达上千。活动为期三天，每天的活动都不同，使与会者不会感觉厌烦。几次隆重的晚宴让与会者感到非常满足。同时，因为参观了百采系统的相机及胶卷制造厂，与会者打心眼儿里佩服宝丽来的高科技产品，并加深了对百采系统的认识。宝丽来这次不惜血本举办的新闻发布会，掀起了该产品的销售高潮。

观察到大家都对百采系统兴致很高，公司的公关部同时运作了另一项重大活动，就是上面提到的名人私生活写真集。他们猜测，此举一定会在人群中引起巨大的反响。其实，这一活动就是利用各种渠道将百采系统套装分别免费送给一些名人，尤其是上流社会和娱乐界的人士。然后鼓励他们用这种相机为自己拍摄生活照片，展现明星和上层人物生活中最真实的一面，并且将这些珍贵的照片刊登在畅销的杂志上，以此吸引全国读者的目光。很多杂志在刊登“名人写真集”的同时，都专门介绍了这款新的相机。这一活动形式，除了能够利用名人效应提高产品的知名度外，还利用他们拍出的优美照片，肯定了新产品的高级形象——百采系统，社会名流和娱乐明星手中的宠儿。

此外，还有全美电影电视节目宣传、新闻录像带宣传、新闻特辑等活动，每一项活动都需要大量投资，也具有强大的宣传力度。这些活动越来越吸引了人们的眼球，尤其是上层人士的眼球。

除了上述活动外，公司还因势利导，不断采用新闻稿的形式，在新品推出前、推出期间和推出后作辅助性宣传。公司预计，这些大大小小的活动一定会让目标人士注意，并且舍得掏腰包拥有一台百采照相机。果然不出他们所料，宝丽来轰轰烈烈的宣传起了非常重要的作用，百采相机的销售量直线上升。

摩篇第八：谋之于阴，成之于阳

本卷中，鬼谷子运用的摩术，和第七卷中的揣术相对。运用摩术是有技巧的，顺应别人的时候不能太直白，不要就事论事，不要露出任何蛛丝马迹。要想做到这一点，就要使用“声东击西”的方法。在附和别人这件事的时候，其实在揣摩那件事；附和别人那件事的时候，实际上是在揣摩这件事。这样就永远不会露出马脚，永远不会让人怀疑。神不知，鬼不觉，事情就办成了，而且没有留下后患。

善于揣摩的人就如同临渊钓鱼一样，只要投下鱼饵就必定会钓上鱼来。运用摩术的方法有很多，可以用和平进攻，可以用正义责难，可以用奉承讨好，可以用愤怒刺激，可以用名声威吓，可以用行动逼迫，可以用廉洁感化，可以用信义说服，可以用利益诱惑，可以用谦卑欺骗等。有这么多的方法，如果还收不到预期的效果，那只能说是因为运用不当了。

古之善摩者，如操钓而临深渊，饵而投之，必得鱼焉。故曰：“主事日成而人不知，主兵日胜而人不畏也。”圣人谋之于阴，故曰“神”；成之于阳，故曰“明”。所谓“主事日成”者，积德也，而民安之，不知其所以利；积善也，而民道之，不知其所以然；而天下比之神明也。

经典再现

摩[①]者，符也；内符者，揣之主也。用之有道，其道必隐。微摩之以其所欲，测而探之，内符必应。其应也，必有为之。故微而去之，是谓塞窖[②]、匿端、隐貌、逃情，而人不知，故成其事而无患。摩之在此，符之在彼，从而应之，事无不可。

古之善摩者，如操钓而临深渊，饵而投之，必得鱼焉。故曰：“主事日成而人不知，主兵日胜而人不畏也。”圣人谋之于阴，故曰“神”；成之于阳，故曰“明”。所谓“主事日成”者，积德也，而民安之，不知其所以利；积善也，而民道之[③]，不知其所以然；而天下比之神明也。“主兵日胜”者，常战于不争不费[④]，而民不知所以服，不知所以畏[⑤]，而天下比之神明。

其摩者：有以平，有以正，有以喜，有以怒，有以名，有以行，有以廉，有以信，有以利，有以卑。平者，静也；正者，直也；喜者，悦也；怒者，动也；名

者，发也；行者，成也；廉者，洁也；信者，明也；利者，求也；卑者，谄也。故圣人所独用者，众人皆有之，然无成功者，其用之非⑥也。

故谋莫难于周密，说莫难于悉听，事莫难于必成；此三者，唯圣人然后能任。故谋必欲周密，必择其所与通者说也。故曰或结而无隙也。夫事成必合于数，故曰道数与时相偶者⑦也。说者听必合于情，故曰情合者听。故物归类：抱薪趋火，燥者先燃；平地注水，湿者先濡。此物类相应，于势譬犹是也。此言内符之应外摩也如是。故曰摩之以其类，焉有不相应者？乃摩之以其欲，焉有不听者，故曰独行之道。夫几者不晚，成而不抱⑧，久而化成⑨。

迷津指点

①摩：揣测，切磋，体会。

②窖(jiào)：窖藏，引申为隐藏之义。

③道之：顺之以圣人之道。

④不争不费：不使用武力，不消耗军费，要防患于未然。

⑤不知所以畏：不知道为什么服从。

⑥用之非：使用不得当。

⑦道数与时相偶者：指道理、术数、天时三者相配合。

⑧成而不抱：成功了，也不停止。

⑨久而化成：历久就能化育天下。

古文译读

所谓“摩”，就是通过外在表现揣摩内心的一种方法；所谓“内符”，就是揣摩的对象。运用摩术有一定的法则，而这个法则是在隐秘中进行的。进行初步揣摩的时候，必然有一定的目的，然后进行侦察刺探，其内情必然暗合呼应。内心的感情要表现于外，必然有一定的行为表现。达到揣摩的目的后，就要在适当的时候离开对方，把自己的动机隐藏起来，消除痕迹，伪装外表，回避实情，使人无法知道是谁办成的这件事，这样就能达到了目的，办成了事，而不留祸患。摩对方是在这个时候，而对方表现出来是在那个时候，只要我们能够采取一定措施，让对方按照我们的安排行事，就没有什么事情是办不成的。

古代善于摩意的人，就如同拿着钓钩去水潭边钓鱼一样，只要他把带有鱼饵的钓钩投进水潭里，就一定能钓到鱼。所以说：“所进行的事情一天天成功而别人却没有察觉，率领的军队日益压倒敌军，人们却没有恐惧。”那些有很高修养和智慧的人谋划行动总是在暗中进行，所以被人们称为“神”；而这些行动的成功都将呈现在光天化日之下，所以被人们称为“明”。所谓“主事日成”的秘诀，在于积有暗德，老百姓安居乐业，却不明白为什么自己会享受到这些利益；暗中积累善行，老百姓生活在善政中，却不知晓为什么会有这样的局面。于是，全天下的人都把这样的“谋之于阴，成之于阳”的政治策略称为“神明”。那些领导军队并且日益压倒敌人的统帅，他们坚持不懈地与敌军对抗，却不主动去攻城略地，不大量消耗人力物力，因此老百姓并不知道为何邦国会来臣服，也不知道有什么恐惧。因此，全天下的人都将这种“谋之于阴，成之于阳”的军事策略称为“神明”。

在施行摩意之术的时候，可以使用下列方法：有用平和交流的，有用正义责难的，有用喜欢来讨好的，有用愤怒来激将的，有用名誉来引诱的，有用行为来逼迫的，有用廉洁来感化的，有用信义来说服的，有用利益来诱惑的，还有用谦卑来争取的。平，就是平静；正，就是正直；喜，就是喜悦；怒，就是鼓动；名，就是发扬；行，贵在付诸行动；廉，就是廉洁清明；信，就是明了；利，就是求取；卑，就是谄媚。所以圣人独用的摩意之术，众人也都可以明了，然而无法取得成功，就是因为他们运用得不恰当。

因此，谋划策略，最困难的就是思维缜密；游说对方，最困难的是让别人全部听从自己的话；主办的事情，最困难的就是一定要让事情办成功。这三个难题只有圣人才能胜任。所以说，谋划必须周到、秘密，进行游说想要让对方听信，必须选择兴趣相投的人进行游说，并且使自己的言辞合情合理。所以说，结交亲密无间而没有裂痕。事情要取得成功，一定要遵循合适的法则，所以说，规律、方法和时机三者要结合。说辞要被听从，一定要与对方合情。所以说，合情才会有人听从。世间万事万物都有自己的属性，比如抱着干柴向烈火走去，干燥的部分会先烧着；往平地上倒水，湿润的地方会先湿透。这些现象都是和各类事物的属性相适应的，在那种情势下是必然的结果。依此类推，其他事物也是这样的。这就是文中所说的内心反应与外在表现相适应的道理。所以说，按照事物的不同属性实施摩意之术，哪有不呼应的？根据被游说者的欲望而施行摩意，怎么会有人不听从游说呢？所以说，揣摩之术是唯一通行的方法。那些能够注意事物的细微变化，并且立刻采取行动的人，不会错失最佳时机，有成绩的时候也不停止，这样天长日久就一定能够化育天下，最终取得成功。

前沿诠释

看完《鬼谷子》第八章，会觉得它跟第七章有些相似，都是揣摩实情，但是两章是有区别的。第七章要求根据对方的情况，从外部施加“压力”，调整策略，揣摩人心，最终获得实情。而第八章主要讲要根据事物的性质，做出符合事物性质的行动，在不知不觉中成功，是“内部”的隐秘活动。所以说，第七章跟第八章既有区别又有联系，一个讲究“外”，一个讲究“内”。

摩意之术，强调的是从内心情感的变化揣测出实际情况的具体方法。摩意之术，要在隐秘中进行，内心的感情要表现出来，必然跟外部的行动相符合，这时就需要运用摩意之术进行探究。使用摩术的方法有很多，如同文中所说，可以用和平进攻，可以用正义责难，可以用奉承讨好，可以用愤怒激励，可以用名声威吓，可以用行为逼迫，可以用廉洁感化，可以用信义说服，可以用利害诱惑，可以用谦卑夺取，方式多种多样。很多人其实对这些方法都明了，但是用得不恰当，所以收不到想要的效果。而智慧极为高深的人，之所以可以运用成功，就是因为方法得当。另外，因为摩意之术的隐蔽性，所以有“主事日成”“主兵日胜”之类的现象，老百姓不明白情况，就将运用摩意之术用得好的人奉若“神明”，而且，能很好地运用摩意之术的人还会在适当的时候隐退，不被他人所知，所以做成了事情也没有后顾之忧。

《鬼谷子》第八章还主张“谋之于阴，成之于阳”，意思是暗中谋划行动，而行动成功再示之天下。人们看到的是结果，但过程是很隐秘的。鬼谷子崇尚阴道阳取，他认为古代善于摩意的人，就如同在水潭边钓鱼一样，投饵藏钩，顺其自然，必定能钓到大鱼。智慧高的人谋事都是非常隐蔽的，一般人难以识破他们的谋略，所以平时他们也是隐藏在大众当中，显得平平常常，跟普通人没什么两样，没有什么出彩的地方，而他们成功的时候，又显得坦荡和透明，展现给世人光明磊落的一面，使人衷心佩服他们的才干。东晋的著名丞相谢安就是这样一个人，他率领自己的八万人马对抗前秦的百万大军而面不改色，被世人传为佳话。

东晋孝武帝太元八年，前秦皇帝苻坚率领八十万大军，浩浩荡荡地向东南方向进发，并号称有百万之众。

这个消息很快就传到了东晋的国都建康。那时的东晋统治集团为争夺权力，内部非常混乱。大敌当前，他们停止了内斗，一起商议对策。有人主战，有人主和，宰相谢安极力主战。最终东晋决定抵抗前秦，并由谢安进行军事部署。

谢安立刻对手下的官兵进行了周密的部署：谢石指挥全军，谢玄担任先锋，先率领八万人马去阻击秦军；胡彬带领五千名水兵到淝水河边的寿阳城，帮助当地的官兵抵抗苻坚；他自己则担任征讨大都督，坐镇营中。

大敌当前，东晋朝廷上下一片恐慌，谢安却表现得若无其事，照旧游山玩水，还跟先锋谢玄下棋娱乐，好不惬意。大家看到他这样，也都安定下来。其实，谢安是把计谋和忧虑都深藏于心中，大家根本不知道。苻坚的一举一动，他都看在眼中，早就作安排好了来对付苻坚。

苻坚手下的将领苻融为了占领东晋的重镇寿阳，率领先锋部队日夜兼程，一个月左右就到达了淮河北岸。不等后面苻坚的大部队到来，他就带领手下抢占了寿阳。此时，谢安派来的大将胡彬还带兵在赶往寿阳的路上，一听到寿阳失守，他无法再继续前进，只好退守硖石。而另一边，前秦将领梁成占领了东晋的要地洛涧，使得谢玄带领的八万晋军全被阻挡在了洛阳的东边。这种形势对东晋极为不利，但事情到了这个时候，居然出现了转机。

前秦的军队中有个叫朱序的大将，他本来是东晋的将领，后来在和前秦的战争中被俘虏，就留在了前秦。虽然人在前秦，但是朱序从来不把自己当做前秦的人，他一直惦记着东晋。现在前秦跟东晋作战，朱序觉得自己为东晋出力的机会来了，他一直暗中谋划着该如何帮助东晋。恰巧，苻坚派他到晋军大营中劝降。

朱序不但没有劝降，反而向谢石说出了自己的想法，为其出谋划策，商讨如何攻打前秦的军队。他建议东晋军队趁着前秦的大部队还没有完全到来，迅速出击，打他个措手不及。而他会回到前秦的军队中做内应，到时里应外合，一起打败前秦的军队。

谢石觉得这个方法可行，于是答应了。他们商议后，最终决定对前秦军队采取各个击破的方法，先去袭击洛涧的前秦军。

东晋军队行动非常隐秘，他们悄悄地潜入了洛涧，在夜间向前秦军发起了突袭。前秦将领梁成还在睡梦中，听到外面乱成一片，连忙起身迎敌，结果刚走出去没多远，就被人一刀砍死。主将一死，前秦军大乱，将士们纷纷逃散。东晋军乘胜追击，收回了洛涧，并且在寿阳城附近的八公山安营，驻扎下来。

这个消息很快传到了苻坚的耳朵里。当时苻坚正在寿阳城内，他站在城墙上，看见八公山上全是密密麻麻的旌旗，他的冷汗立刻流了下来，他以为那里驻扎着很多东晋的军队。于是，他立刻下令不要轻易出击。其实，苻坚由于太过慌乱，把山上的草木都当成了东晋的军队，“草木皆兵”的典故就是由此而来。

按照朱序的计谋，谢石派使者到寿阳城，说是会和苻坚的弟弟苻融定期决

战，但是有一个条件，那就是秦军要退后一步，让出一块地方作为战场，让东晋军渡河作战。苻融向苻坚请示，苻坚表示同意。其实苻坚心里是有自己的打算的，他打算在晋军渡河的时候进行袭击。他认为天气寒冷，晋军人又少，到时候突袭，他们肯定会溃不成军。

按照双方的约定，前秦军后退，让东晋军渡江，结果前秦军刚一后退阵脚大乱。在谢玄、谢琰、桓伊的带领下，东晋军强渡淝水，向前秦军冲去。苻坚一看情况不妙，立刻命令军队杀回来，可是军队中的士兵只顾逃命，根本没把苻坚的话当回事。在这个时候，大将朱序又火上浇油地大喊："秦军败了！"这下，前秦军彻底乱了，慌乱中死伤无数。苻坚一看这种情况，也只好逃跑。晋军乘胜追击，一口气收复了寿阳，而前秦军在这次战役中损失了近三分之二人马。谢安得知这个消息非常高兴。大家都夸奖谢安在大敌当前时能镇定自若，他的名字在东晋更加响亮了。

谢安，汉族，浙江绍兴人。东晋时期的政治家、军事家，世称谢安石、谢太傅、谢相。

谢安是个很了不起的人，他早已将事情谋划好了，却没有说出来，而是在暗中默默实施自己的行动，让人们看到了他成功的一面，这就是所说的"主兵日胜"。其实，要想这样做就要摸清事物的属性，在外部作出与其相符合的安排，让其内外呼应，顺其自然，事情最终自然会成功。

这样说似乎还不是很清楚，再举个很简单的例子。比如我们看见很多知名人士生活得很好，可以喝咖啡，打高尔夫球，享受高级生活，但他们背后的很多努力是不为人知的。大多数人只知道他们外表很光鲜，却不知道他们背后所做的事情。"我们只看到了成功，却看不到成功背后的辛苦。"他们暗中的辛苦奠定了他们高级生活的基础。他们把下一步要做的早已谋划好，但是不会说出来，只是根据事情的发展或多或少地调整计划。最终，事情成功，他们也得到了相应的赞赏。

无论如何，使用摩意之术要暗中谋划，根据事物的属性作出正确的选择，使其内外相合，在于不知不觉中成功，不被他人察觉，而他人看到的只是结果。当然，在完成某些特殊事情的时候，使用摩意之术达到目的后要记得适时离开，避免以后可能遗留的祸患。这样就既达到了目的又没有了后顾之忧，这就是摩意之术的高明之处。

权篇第九：审度情势，巧用语言

本卷论述的是审情度势以进游说之辞。说话是有技巧的，技巧可以改变说话的真实性。文中说，说着奸佞话的人，由于会谄媚，反而让人觉得他是个忠厚的人；说着奉承话的人，因为会吹捧，反而变得有智慧；说话平庸但因为果决，就演变成了勇敢；懂得替别人说话的，因为善权衡而变成守信；说平静话的人，由于习惯逆向思维，反而变成胜利。这些正是突出了说话的技巧。

说话的时候，要看情况，说到对方长处的时候就大加褒奖，说到对方短处的时候就要加以避讳。另外，还要看人说话，见什么样的人说什么样的话，这样才能应对自如。文中详细列出了与“智者言”“拙者言”“辩者言”“贵者言”“富者言”“贫者言”“贱者言”“勇者言”“过者言”的应对方式，从而让人们更容易应对各种人物。

是故智者不用其所短，而用愚人之所长；不用其所拙，而用愚人之所工，故不困也。言其有利者，从其所长也；言其有害者，避其所短也。故介虫之捍也，必以坚厚；螫虫之动也，必以毒螫。故禽兽知用其所长，而谈者知用其所用也。

经典再现

说者，说之也；说之者，资①之也。饰言者，假之也；假之者，益损也。应对者，利辞②也；利辞者，轻论也。成义者，明之也；明之者，符验也。难言者，却论也；却论者，钓几③也。佞言者，谄而于忠；谀言者，博而于智④；平言者，决而于勇；戚言者，权而于信；静言者，反而于胜。先意承欲者，谄也；繁种文辞者，博也；策选进谋者，权也；纵舍不疑者，决也；先分不足而窒非者，反也。

故口者，机关也，所以关闭情意也。耳目者，心之佐助也，所以窥覸奸邪。故曰：参调而应，利道而动。故繁言而不乱，翱翔而不迷，变易而不危者，观要得理。故无目者，不可示以五色；无耳者，不可告以五音。故不可以往者，无所开之也；不可以来者，无所受之也。物有不通者，故不事也。古人有言曰：“口可以食，不可以言。”言有讳忌也。“众口铄金⑤”，言有曲故也。

人之情，出言则欲听，举事则欲成。是故智者不用其所短，而用愚人之所长；不用其所拙，而用愚人之所工，故不困也。言其有利者，从其所长也；言其有害

者，避其所短也。故介虫之捍[⑥]也，必以坚厚；螫虫之动也，必以毒螫。故禽兽知用其所长，而谈者知用其所用也。

故曰：辞言五，曰病、曰怨、曰忧、曰怒、曰喜。故曰：病者，感衰气而不神也；怨者，肠绝而无主也；忧者，闭塞而不泄也；怒者，妄动而不治[⑦]也；喜者，宣散而无要也。此五者，精则用之，利则行之。故与智者言，依于博；与拙者言，依于辩；与辩者言，依于要；与贵者言，依于势；与富者言，依于高；与贫者言，依于利；与贱者言，依于谦；与勇者言，依于敢；与过者言，依于锐。此其术也，而人常反之。是故与智者言，将此以明之；与不智者言，将此以教之，而甚难为也。故言多类，事多变。故终日言，不失其类，故事不乱。终日变，而不失其主，故智贵不妄。听贵聪，智贵明，辞贵奇。[⑧]

迷津指点

①资：资益。给人利益或者贡献。

②利辞：权宜之计或暂时敷衍的言论。

③钓几：诱出对方心中所隐藏的机微之事。

④博而于智：以貌似广博的虚浮之辞求取智慧之名。

⑤众口铄金：众人的言论可以熔化金属。

⑥捍：抵御。

⑦不治：语言没有条理。

⑧听贵聪，智贵明，辞贵奇：听力要好，智慧要高明，言辞要巧妙。

古文译读

所谓的游说，就是对别人进行劝说；说服别人，正是凭借对方的力量做事情。凡是经过修饰的言辞，都是被假借用来达到某种目的的。凡是被借用的东西，既有好处，又有坏处。应辩对答，要掌握伶俐的外交辞令；所谓伶俐的外交辞令，是一种轻巧灵便的言辞。言论合于义理的，就必须阐明清楚；阐明清楚，就是要通过事实来验证。凡是责难对方的话语，都是反对对方的论调，持有这种论调的时候，是想诱导出对方心中的机密。说着奸佞话的人，由于会谄媚，反而让人觉得他是个忠厚的人；说着奉承话的人，因为会吹捧，反而显得有智慧；说着平庸话的人，由于果决，反而显得勇敢；说着忧伤话的人，由于善权衡而显得守信；说着平静话的人，用反诘求取胜利。为了实现自己的意图而去迎合他人需求的，就是谄媚；反复

引用华美的辞藻，就是广博；根据他人的喜好，精选好策略进献计策的人，就是权变。即使牺牲所有也不动摇的，就是果决；自己不对而又去指责他人过错的，就是反诘。

一般来说，口是人发出言辞的机关，是用来打开和闭锁情意的。耳朵和眼睛，是用来辅佐心灵的器官，可以发现和观察奸诈邪恶。所以说，只要心、眼、耳三者协调呼应，就会向有利的轨迹走去。所以说，使用烦琐的语言不能使人紊乱，纵横自如的言辞不能使人迷乱，改变谈论的主题也不会有失利的危险，这就是因为看清了事物的要领，掌握了事物的规律。所以没有视力的人，没有必要向他展示各种美丽的色彩；没有听力的人，没有必要和他谈音乐上的感受。所以不能前去说服的，是由于对方蒙昧无法开导；不能征召来的，是因为对方浅薄无法接受。事物不通达，就不能成就大事。古人说过："嘴巴是用来吃饭的，不是用来讲话的。"因为说话容易触犯忌讳。众人说的话可以将金属熔化，正是言语偏颇的缘故呀。

说出的话希望别人接受采纳，做事情希望能成功，这是人之常情。所以，作为一个聪明的人，不会用自己的短处，而是用愚笨的人的长处；不用自己笨拙的地方，而是用愚笨的人的技巧，这样做就不会使自己陷入困境。游说时，说到对方的长处时，就要发挥对方的长处，顺着他的长处说；说到对方的短处时，就要回避对方的短处。所以甲虫自卫的时候，一定会充分利用自己坚硬的甲壳；有毒刺的虫子攻击的时候，一定会使用自己的毒刺。可见，动物都知道使用自己的长处，所以游说者就应该知道用其所该用的方法了。

所以说，游说的辞令有五种，即病言、怨言、忧言、怒言、喜言。病言，是指底气不足、没有精神的言辞；怨言，是指极度伤心、没有主见的言辞；忧言，是指闭塞压抑、无法宣泄的言辞；怒言，是指草率行动、没有条理的语言；喜言，是指言语松散、抓不住重点的语言。以上五种游说辞令，精通后才可以使用，对自己有利才可以推行。所以跟有智慧的人交谈，要依靠广博的知识；跟笨拙的人交谈，要依靠善于雄辩；跟善于答辩的人交谈，要依靠说话简明扼要；跟地位显赫的人交谈，要依靠雄浑的气势；跟富有的人交谈，要依靠高屋建瓴；跟贫穷的人交谈，要依靠利益相诱惑；跟地位卑贱的人交谈，要依靠谦虚；跟勇敢的人交谈，要依靠果敢的决断；跟过激的人交谈，要依靠敏锐的言辞。所有的这些都是游说中待人接物的方法，但是事实上，人们的做法总是与此相反。因此和聪明的人交谈，就要用这些方法使他们明了，和不聪明的人交谈，就要用这些方法来引导他，而这样做是十分困难的。游说的辞令多种多样，所说的事情又复杂多变，如果终日都在游说，而

能不脱离原则，事情基本上就不会出乱子。事情不断变化，也不会失其变化的根本，所以智慧的最可贵之处在于有条不紊。所以，最重要的是不妄加评论。听力要好，智慧要高明，言辞要巧妙。

前沿诠释

鬼谷子是先秦纵横家的先驱，非常精通游说之道。纵横家以审时度势，游说他人为己任。先秦时期所说的“权”就是权衡的意思，也是本章中“权”的意思。讲究审时度势，然后进献游说之辞。说话是有技巧的，运用好了就会有反客为主的效果，如同文中所说的：说着奸佞话的人，由于会谄媚，反而让人觉得他是个忠厚的人；说着奉承话的人，由于会吹捧，反而显得有智慧；说话平庸的人，由于果决，反而显得勇敢；说忧伤话的人，由于善于权衡反而显得守信；说平静话的人，用反诘求取胜利。这就是熟练运用语言技巧达到的效果。古代很多能人谋士就是因为能够熟练运用语言，从而反客为主，为自己的国家争得了一线生机。

战国时期，秦国强大，安陵国非常弱小。有一天，秦王派使者对安陵的国君说：“我想用方圆五百里的地方换取安陵，你可要答应我。”这是赤裸裸的威胁，安陵君显然不会同意。秦王听说后非常不高兴。为了给秦王一个交代，安陵君派唐雎出使秦国。

秦王见到了唐雎，很不满地说：“我想用五百里的土地换取安陵，安陵君居然不愿意，这是为什么？大秦败韩、灭魏，而安陵国能以五十里的地方生存下来，不是我害怕他的力量有多大，而是觉得他讲义气罢了。现在我用多十倍的土地来交换小小的安陵，为他扩大领土，他不接受，分明是不把我放在眼里，这太不像话了！”唐雎解释道：“不，不是这样的，我想大王您是误会安陵君了。安陵君从先人那里继承了土地，只是想继续守护它。即使别人用方圆千里的土地去交换，安陵君也不会交换的，更何况是区区的五百里呢？”

秦王听完这番话后，立刻勃然大怒：“先生，你听说过天子发怒吗？”唐雎回答说：“我未曾听说过。”秦王说：“天子一旦发怒，就会有上百万的人为此丧命，血流成河，绵延千里。”唐雎说：“那大王听说过平民发怒吗？”秦王轻蔑地说：“平民发怒，不过是摘掉帽子光着脚，把头往墙上撞罢了。”唐雎回答：“你说的是庸人发怒而已，不是真正有才有胆识的人发怒。专诸刺杀吴王僚的时候，彗星的尾巴扫过月亮；聂政刺杀韩傀的时候，一道白光直上太阳；要离刺杀庆忌的时候，苍鹰突然扑到宫殿上。他们三个都是平民，但却是平民中非常有胆识的人，他们心里的怒气还没有发散出来，老天爷就显现出了征兆。他们三个人加上我，就是四个平民发怒了。如果我现在发怒，也不能怎么样，就是杀死两个人，血溅也只不过五步远，天下的人都披麻戴孝，今天这情形估计就是这样了。”说完，唐雎扶剑而起，双目怒视秦王。秦王听出了唐雎话中的意思，立刻吓得面无血色，直起身子跪坐着，向唐雎道歉：“先生何必这样呢？快快请坐，有话好说。寡人现在算是明白了，赵国、魏国都灭亡了，但是安陵能以五十里地存在，都是因为有像先生这样的人啊！”

从此以后，秦王再也没有提起和安陵换地的事情了。

本来面对秦国这样强大的国家，安陵国是被动的，但是唐雎的一席话为安陵争得了生机。唐雎用几句简单的话就反客为主，抓住了谈话的主动权，使秦王不得不作出让步。可见在外交活动中，语言的巧妙运用是十分重要，不仅可以化险为夷，还可以变被动为主动。

唐雎不辱使命。唐雎对曰：“若士必怒，伏尸二人，流血五步，天下缟素，今日是也。”

上面的故事中提到的就是说话的一种技巧。在游说过程中，除了要求语言要有技巧外，还要求游说者要审时度势，看什么人说什么话，这也是本文讲述的另一个突出要点。文中所说的九大说话原则从古至今一直都在沿用着，闪烁着智慧的光芒。另外，游说者运用这九大原则时，还要做到扬长避短，拣自己擅长的说，对游说对象也是这样，说到对方的长处要加以推崇，说到对方的短处要有所忌讳。只有这样做，才能为自己带来意想不到的利益。

蒯通，本名蒯彻，因为避汉武帝之讳，改名通。他是西汉初期一位著名的政客，《史记·田儋列传》记载：“从蒯通者，善为长短说，论战国之权变，为八十一首。”可见他的辩才是多么厉害。他曾经是韩信的谋士，曾劝韩信自立为王，与项羽、刘邦三分天下。

在项羽与刘邦大战的时候，刘邦任命韩信为大将军，率军攻打项羽。韩信是个擅长用兵打仗的人，一路所向披靡，势如破竹，打败了齐国军队，灭掉了魏、赵两国。这个时候，蒯通劝韩信对刘邦不要过于信任，应该自立为王，跟刘邦、项羽三分天下，以后有了机会，再图大业。但是韩信没有听从他的建议，而是继续在刘邦麾下为其拼死效力。刘邦称帝后，韩信兵权在握，刘邦害怕韩信会拥兵造反，就

找理由剥夺了他的兵权，然后又将他软禁在长安。为了除掉这个心头之患，吕后跟萧何设计杀死了韩信。韩信临死时，才后悔没有听从蒯通的建议。

韩信死后，刘邦抓住了蒯通，亲自审问他。

刘邦问蒯通是否鼓动过韩信叛汉自立，蒯通供认不讳，而且还说了句让刘邦非常生气的话："可惜韩信这个家伙没有听从我的计策。要是他当初听了我的话，就不会落个身首异处的下场，皇上您也未必杀得了他。"此话一出，刘邦勃然大怒，立刻下令把他处死。蒯通大喊："冤枉！"刘邦说："你教唆韩信谋反，还这样藐视朕，还有什么冤枉的？"蒯通回答说："当初秦朝施行暴政的时候，天下的有识之士都起来反对。这就好比是一只鹿，天下英雄都抢着捕捉它，谁比它跑得快，谁就能抓住它。那个时候，天下战乱，谁也不知道陛下您会当皇帝，都是各为其主，我也是一样。我在韩信手下办事，当然要为他着想。难道这也要责怪我吗？况且，天下想当皇帝的人多了，皇上您难道要把他们一一处死吗？如果我就是因为对自己的主人忠诚而被杀死，天下的人会怎么看待陛下您呢？"刘邦一听，觉得这话说得有理，于是就赦免了蒯通的死罪。

蒯通，西汉初期著名政客，《史记·田儋列传》记载："从蒯通者，善为长短说，论战国之权变，为八十一首。"

蒯通之所以能够死里逃生，就是运用了看什么人说什么话的原则，审时度势，根据实际情况和具体的人说不同的话，显示自己的忠心，为自己的行为辩解。他也给刘邦下了一个套，如果刘邦杀了他，就是杀了一个忠诚的人，作为皇帝，要容纳天下，就不会杀尽忠之士，这使得刘邦为了声名必然不会下杀手，所以蒯通才有了生存下去的机会。

这一章的内容不但在古代应用得很广泛，现在很多商家也会根据形势，在不同的阶段对消费者"说不同的话"，从而在各个时段赢得商机。新康泰克的诞生便是如此。

提起康泰克，大家都很熟悉，这是一种治疗感冒的药品。2001年9月，新康泰克亮相药品市场，而康泰克却消失不见了，这到底是怎么回事呢？

2000年，美国发表了一项最新研究报告，称很多药物中含苯丙醇胺（PPA），这种成分会增加服药者患中风的概率，而且有可能导致脑麻痹。尤其让人不安的是，这种含苯的丙醇胺类药物在当时的很多药品里都存在，其中就包括治疗感冒效果非常好的康泰克。

同年11月6日，美国食品药品监督管理局下令，要求美国各大药品公司停止销售含PPA的药物。十天以后，中国国家食品药品监督管理局也回应这一决定，出台了《关于暂停使用和销售含苯丙醇胺药品制剂的通知》。康泰克的制造厂家中美史克天津制药有限公司立刻被禁止生产这种药品，同时停产的还有一种叫做康德的药品，也是因为药品中含有PPA。

消息传到了大众的耳朵里，很多人都为中美史克有限公司担心。因为当时是11月份，天气寒冷，正是感冒发生的高峰期，用药量特别大，如果停产康泰克，中美史克有限公司的损失会非常大。康泰克是该公司的支柱产品，而且因为疗效显著，品牌形象已经在人们的心中扎根。此时，中美史克有限公司对中国药监局发布的这一决定的态度引起了新闻媒体的高度关注。如果把握不好，就很有可能诱发更深层的危机，甚至被迫退出中国的医药市场。

面对生死存亡的考验，中美史克有限公司立刻成立了危机处理小组，专门应对发生的情况。公司召开了媒体恳谈会，向公众宣布事实真相，表示康泰克会为群众身体健康着想，积极响应国家药监局的政策，并表示会加紧生产疗效跟康泰克类似的新产品。这样，中美史克有限公司就在公众面前树立了一个良好的形象。

经过一段时间的市场调查，中美史克有限公司发现消费者对康泰克还有深刻的依恋情节，所以决定让康泰克重返市场。但是加了一个“新”字，并且其中不含有PPA这种物质。由于之前中美史克有限公司面对媒体与大众时，保持了诚恳、负责的态度，新药上市后在媒体面前进一步表明了为消费者利益和为人民健康负责的态度，阐明药物中没有PPA这种物质，所以大家都比较放心地接受了这一产品。于是，新康泰克陆续在全国各个城市上市，取得了不亚于康泰克的销售成绩。

中美史克有限公司的做法及时挽救了一场危机，他们面对不同情况做出了不同的决策，在不同阶段对消费者说出了不同的话，并且做到了扬长避短，宣扬药品的优势，回避药品的劣势。他们向公众解释为了公众的健康，收回康泰克，并且新康泰克不含PPA，就在公众心中树立起良好的形象，从而使得新药品的销售额直线上升。

总之，作为决策者或团队的领袖，不但要有精明的头脑、渊博的学识、审时度势的能力，还要拥有善辩的口才和口若悬河的表达力，即雄辩家的才华。只有这样进行游说，才能纵横天下。

谋篇第十：运筹帷幄，决胜千里

“谋”就是施展谋略、计策。俗话说“运筹帷幄之中，决胜千里之外”，讲的就是谋。凡事在做之前都是需要谋略的。有了谋略，做起来才会变得更加容易。谋的运用，也是分等级的，即上、中、下三种谋略。上谋可以说是最高明的谋略，中谋次之，下谋是不得已才使用的谋略。三种谋略相互配合，相互辅助，就会产生奇谋。

奇谋一般都是在暗中进行的，如果谋略成功了，要在公诸天下后夺取胜利的果实，也称为“阴道而阳取”。鬼谷子认为，计谋的运用，公开的不如秘密的，秘密的计谋才会让大家感觉是奇谋。

如果将这篇中的谋略内容与其他篇中的谋略技巧加以归纳，就是说谋略要因人而异，不同的人用不同的谋略。比如对于轻视钱财的人，就不要拿钱财利诱他。

智用于众人之所不能知，用于众人之所不能见。既用见可，择事而为之，所以自为也；见不可，择事而为之，所以为人也。

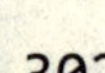

经典再现

为人凡谋有道，必得其所因，以求其情。审得其情，乃立三仪[①]。三仪者曰上、曰中、曰下。参以立焉，以生奇。奇不知其所拥[②]，始于古之所从。故郑人之取玉也，必载司南之车，为其不惑也。夫度材、量能、揣情者，亦事之司南也。故同情而俱相亲者，其俱成者也；同欲而相疏者，其偏成者也；同恶而相亲者，其俱害者也；同恶而相疏者，其偏害者也。故相益则亲，相损则疏，其数行也。此所以察同异之分，其类一也。故墙坏于其隙，木毁于其节，斯盖其分也。故变生事，事生谋，谋生计，计生议，议生说，说生进，进生退，退生制，因以制于事。故万事一道，而百度[③]一数也。

夫仁人轻货，不可诱以利，可使出费；勇士轻难，不可惧以患，可使据危[④]；智者达于数，明于理[⑤]，不可欺以诚，可示以道理，可使立功；是三才也。故愚者易蔽也，不肖者易惧也，贪者易诱也，是因事而裁之。故为强者积于弱也，有余者积于不足也：此其道术行也。

故外亲而内疏者说内，内亲而外疏者说外。故因其疑以变之，因其见以然之，因其说以要之，因其势以成之，因其恶以权之，因其患以斥之。摩而恐之[6]，高而动之，微而证之，符而应之，拥而塞之，乱而惑之，是谓计谋。计谋之用，公不如私，私不如结，结而无隙者也。正不如奇，奇流而不止者也。故说人主者，必与之言奇；说人臣者，必与之言私。

其身内、其言外者疏；其身外、其言深者危。无以人之所不欲，而强之于人；无以人之所不知，而教之于人。人之有好也，学而顺之；人之有恶也，避而讳之，故阴道而阳取之也。故去之者纵之，纵之者乘之。貌者不美，又不恶，故至情托焉。可知者可用也，不可知者谋者所不用也，故曰："事贵制人，而不贵见制于人。"制人者握权也，见制于人者制命[7]也。故圣人之道阴[8]，愚人之道阳；智者事易，而不智者事难。以此观之，亡不可以为存，而危不可以为安，然而无为而贵智矣。智用于众人之所不能知，用于众人之所不能见。既用见可，择事而为之，所以自为也；见不可，择事而为之，所以为人也。故先王之道阴，言有之曰："天地之化，在高与深；圣人之道，在隐与匿。非独忠、信、仁、义也，中正[9]而已矣。"道理达于此义者，则可与语。由能得此，则可与毂远近之义。

迷津指点

①三仪：指对上智、中才、下愚而言。

②拥：堵塞、遮掩。

③百度：指各种法度。

④据危：据守危险之地。

⑤达于数，明于理：通达数目，明白事理。

⑥摩而恐之：经过揣摩研究予以恐吓。

⑦制命：命运被人控制。

⑧圣人之道阴：圣人的行事原则隐秘。

⑨中正：正直。

古文译读

凡是给别人筹划计谋都会有一定的法则，一定要弄清事情的原委，以便探究实情。弄明白真相，就可以确立"三仪"的标准。所谓的三仪就是"上智""中才""下愚"，三者相互渗透，相辅相成，才能生出奇谋。这样制订出的奇谋是没

有阻塞，顺从事理，不被遮盖，所向无敌的，这是自古以来就被遵循的。所以郑国人上山采玉的时候，都会带着司南出去，就是为了不迷失方向。度量才干、测定能力、揣测实情也是行事的指南。凡是观念相同、感情亲密的人一起谋事，大家都可以成功；兴趣相投但是感情疏远的人一起做事，只有部分人能从中得到好处（而另一部分人得不到利益）；凡是恶习相同而感情亲密的人一起办事，一定会同时得到恶果；凡是恶习相同感情却疏远的人一起谋事，部分人会受到损害。所以说，能够相互带来利益的话，关系就非常亲密；反过来，如果相互牵连受到伤害，关系就疏远。这是有一定规律的事情。同时，这也是判断异同、进行分类的一种方法。所以，墙壁倒塌是因为有了细小的裂缝，树木折断是因为有了小的疤痕，这便是墙和树干的分界之处。由于事端是自身渐渐变化引起的，而且事端又会生出谋略，谋略需要计划，计划需要议论，议论导致游说，游说就有进取，进取就生退却，退却就形成制度，由此事端得以控制。可见，各种事物的道理是一致的，各种制度也都有一定的规则。

一个道德仁义的君子是不会重视钱财的，所以不能用金钱去诱惑他们，反而可以让他们捐出财资；一个勇敢而果断的壮士，是轻视困难的，所以不能用困难去恐吓他们，反而可以让他们镇守危险的地方；一个非常有智慧的人，通达礼教，明于事理，不能用诡计去欺骗他们，反而要跟他们讲道理，让他们去建功立业。这就是所谓的仁德、勇士、才者的“三才”。因此，愚笨的人容易被蒙蔽，品行不好的人容易被恐吓，贪婪的人容易被引诱，所有这些事情都要根据具体情况作出判断。因此，由微弱积累而成的是强大，由不足积累而成的是有余：这就是道术得以实行的原因。

针对那些表面亲近内心却十分疏远的人进行游说，要从内心下手；而对那些表面疏远内心亲近的人游说，要从外部下手。因此，要根据对方疑惑的地方随机改变游说的内容，根据对方的表现来顺应他的意愿，根据对方的说辞确定游说的重点，根据对方的形势适时征服对方，根据对方可能造成的危害权衡利弊，根据对方可能造成的祸患设法排除。揣摩之后加以威胁，抬高之后加以策动，削弱之后加以扶正，符验之后加以响应，拥堵之后加以阻塞，搅乱之后加以迷惑，这就叫做计谋。运用计谋，公开不如保密，保密不如结党，结成亲密的朋党就会没有间隙。正规的策略不如出其不意的计策，出其不意的计策往往不能阻止，直到胜利。所以向君主游说的人，一定要先跟他谈论奇策。同理，对人臣进行游说时，一定要用得隐蔽。

关系很亲密但是说话见外的人，就会被疏远；关系疏远但说话密切的人，自身就会有危险。不要拿别人不乐意接受的东西强行地让别人接受；不要拿别人不熟悉的事情去说教别人。他人有自己的爱好，可以学习他感兴趣的东西迎合他；如果对方讨厌什么，就要加以避讳，避免引起对方的反感。所以要用暗地讨好的办法换取公开的回报。要想除掉某一个人，就要先放纵他，让他胡作非为，自己却不去提醒，以便寻找把柄，日后找机会一下子除去他。无论遇到什么事情，既不把内心的喜悦表现于脸上，也不怒目相视的人，可以托付机密大事。对于了解透彻的人，可以重用；对于了解不够透彻的人，深谋远虑的人是一定不会用他的。所以说："办事最重要的是控制别人，而不是被别人控制。"控制别人的人是手握大权的控制者，被人控制的人是唯命是从的被统治者。因此，圣人运用谋略的原则是隐藏不露，而愚钝的人运用谋略的原则是大肆张扬。有智慧的人办事比较容易成功，没有智慧的人办事则比较难成功。由此看来，国家一旦灭亡了就非常难复兴了，国家一旦骚乱就非常难安定了，所以顺应规律、看重智慧是很重要的。智慧是用在大多数人所不知道的地方，用在大多数人所看不到的地方。在智谋施展之后，如果证明是可行的，就要自己去实行；如果发现是不可行的，也要选择一些事情，让别人去做。古代先王推行的治国之道贵在隐秘。古语说："天地的造化在于高与深，圣人的法则在于隐与匿，并不是仅仅简单地讲求忠诚、信守、仁慈、义理，还得合乎不偏不倚的正道。"假如能够彻底认清这种道理的真意，就可以跟人谈谋略。如果能体悟到这些，就可以懂得驱使天下的道理了。

前沿诠释

本章主要阐述了"谋"的各个方面，对于谋略的产生、运用、效果都加以详细解说。鬼谷子认为，谋略也是有等级的，可以分为上谋、中谋、下谋。上谋是最成功的谋略，事情成功但是不为人所知；中谋成事后会留下痕迹，但是用得很巧妙，会受到世人的称赞；下谋在迫不得已的时候才会使用，虽然也有一定的效果，但是费力伤财，一般还是不推荐使用的。这三种计谋，相互渗透，相互结合，就能产生出所向无敌的奇谋，也就是做事的最佳方案。另外，本篇还强调高明的计谋通常是秘密进行的，但是可以公开夺取胜利的果实，也就是所谓的"以阴取阳"，所以圣人的谋略都是隐藏不露的，只有愚笨的人在运用谋略的时候才会大肆宣扬。

谋略是助人达成自己意愿的，所以做事情之前需要先筹划好谋略，事情才更容易成功，也就是本章所提到的"运筹帷幄，决胜千里"这八个字。好的谋略是在隐秘中进行的。策划谋事隐而不露并不是意味着谋划者内心的阴暗，而是意味着谋

划者本人有丰富的智慧。谋略高深的人，会发现常人难以发现的问题，作出英明决策。他们在把握全局、预测未来、推动历史前进等方面，写下了光辉的诗篇。从古至今，很多能人谋士的谋略一直为人所传颂。

契丹族的耶律楚材是一位杰出的政治家。他三岁的时候父亲就去世了。他的母亲杨氏是名士杨昙之女，出身于书香门第，教儿子刻苦读书。

耶律楚材十五岁的时候，寄居在闾山中的一座庙里，攻读史册和百家名著，钻研兵书战策。他每天都帮助老和尚栽树种田，早上和晚上则读书写作。

那年闾山一带灾荒肆虐，百姓挨饿受冻。耶律楚材看在眼里，急在心上，努力思考帮助百姓的办法。闾山下住着一户财主，非常有钱，家里囤积着很多粮食，但这个财主偏偏是个吝啬鬼，一担粮食也不肯拿出来救济灾民。耶律楚材清楚，要想解决目前的困难就必须让这个财主解囊相助。于是，他向庙里的老和尚打听了财主的情况，得知财主信佛，还经常到庙里烧香拜佛，于是就对老和尚说："大师，出家人慈悲为怀，这一带的百姓都快饿死了，需要想想办法啊！"老和尚叹息道："不是不想办法，是实在没有办法啊！""办法我倒是有，不过需要大师和我配合一下。"老和尚表示很愿意。耶律楚材便对他耳语了一会儿，老和尚露出了满意的微笑。

不久，吝啬鬼财主带着人来庙里烧香求佛了，却运气很不好地抽讨了个下下签，他气得直骂自己晦气。老和尚在一旁借机说："听说桃花洞那里出现了圣水，佛祖在那里显灵，施主何不前往探听一下虚实，看看是否真的灵验。"财主一听，对着周围的家丁说："你们谁能进去？"家丁们面面相觑，没有一个敢吱声，因为大家都听说桃花洞阴森可怕，有孤魂野鬼，没人敢冒这个险。这个时候，耶律楚材挺身而出，自告奋勇要到洞里看个究竟。老和尚也在一边趁热打铁地说："他是童子，更合适进入洞中。"财主点头，耶律楚材一下子钻进洞里。大约半个时辰后，他从洞里出来了，手上托着一块青石板。他将石板交给财主。财主一看，青石板上用朱笔写了四句话：舍粮千石，免除灾难；为人造福，上天降善。旁边的老和尚也看见了，立刻口中直念："阿弥陀佛！这是佛祖的旨意，施主可替天行道，救这一方灾难。日后施主一家人便可升天界。"财主对佛祖非常虔诚，为了积德升天，虽然心有不舍，但还是打开粮仓放粮，几天内就放完了一千石粮食。耶律楚材据此事写了一道表章，上奏皇帝，说闾山桃花洞和大石棚出圣水，降甘霖，是上天的祥瑞，应免去本年钱粮。皇帝听从了他的建议，便饬令地方官免了当地的一年钱粮。这件事情后，耶律楚材就出了名。

在这个故事中，耶律楚材的“谋”就是先探听到吝啬鬼财主信佛，然后加以利用，最终获得成功。正如上文中所说：“揣摩之后加以威胁，抬高之后加以策动，削弱之后加以扶正，符验之后加以响应，拥堵之后加以阻塞，搅乱之后加以迷惑。”所以，“谋”需要先研究分析对方，然后做出决策，这样才能为成功奠定基础，也就是所说的“运筹帷幄，决胜千里”。

“二战”期间，英美联军准备在欧洲登陆，联军司令部急需了解欧洲大陆沿海一带地形的情况，但是当时这方面的资料非常匮乏。

联军司令部正为此头疼的时候，一个偶然的机会，他们发现一名军官不久前曾经在拟订的登陆地点度过假。这位军官曾在那里拍过些照片，在他的影集里，有三张照片清晰地显示了那里的地形情况。这个偶然的发现使联军司令部大为惊喜，立时想到可以利用照片和明信片来了解沿海的地形情况。

不久，英国广播电台便得到通知，说军部需要照片，希望国民把自己手头所有在沿海地带拍摄的照片和明信片，不论是在美国的檀香山还是在法国的马赛拍摄的（英国的除外），统统寄给军部。为了事出有因，又不暴露征集照片的目的，广播电台便笼统地对大众说：“对你们来说，照片上只有可爱的女人，其余的什么也没有，但是对我们来说，专家们能发现除了女人之外更让人意想不到的东西。”

其实用这种方法收集的照片很多是多余的，情报人员也不会仔细看其中的每一张照片，但他们还是扩大了收集范围，一方面是为了更全面地得到信息，另一方面也可以更好地掩饰要收集的情报。短短几天，司令部就收到了上千张照片和明信片。

在一位妇女的影集里，专家发现了有用的东西。在一张照片上，有一个小男孩在海水里摆动着手脚，号啕大哭，因为他的姐姐就在离他不远的地方，但是不论他如何努力，就是游不到他的姐姐身边。而他的姐姐站在水中，水只到她的腰际。他们的爸爸在距离他们大约十五米远的地方，海水到他的胸部。这张照片基本确定了沿海一带的地形是倾斜的，而且也能据此估算出倾斜的度数。

在另一张照片上，则是海滨浴场的公路。公路上停着一辆大型客车，车旁站着许多人。这意味着，公路上可以停坦克。因为一辆大型客车和一辆坦克的重量相差无几。

联军派遣的打算在西西里岛登陆的部队，有一部分是空军。为了便于士兵跳伞以及轻型飞机顺利着陆，必须找到一块平坦的地方。联军司令部找遍了所有的照片和明信片，都没有发现有关的消息。最后，在一位考古学家寄来的一张导游图上，

他们找到了理想的地点。此时联军司令部已经获悉德军司令部设在西西里岛的一家旅馆里，他们通过这张导游图，找到了那家旅馆及其交通要道，最终确定了投弹袭击的准确方位。

没有人想到，所谓的“意想不到的东西”会成为联军司令部的重要情报，可见联军司令部的这一谋略是极为隐秘的。普通的照片和明信片成为联军司令部的工具，他们制订出的一系列计划都是以从这些东西里面得到的情报为基础的。这个谋略巧妙地让英美联军在欧洲沿海一带顺利登陆，可以说是谋略中的上上策。

其实不光是在军事上，谋略可以应用的地方还有很多。比如在企业里，运用谋略的事例更是不胜枚举，其中一例便是阿托搬家中心，它“谋”在了奇策上，运用企业的名字赢得了不菲的利润。

阿托搬家中心是日本著名的搬家公司，它在1977年6月创立，迄今为止已经有30多年的历史了。开始创立时，为了在搬家行业中有个响亮的名号，阿托中心的创办人在企业的名称上下了一番工夫。

寺田千代是阿托搬家中心的总经理，她创办这家公司的时候，已经有很多人在从事搬家这一行业了。于是，她决定想个方法可以让自己创办的公司比其他搬家公司更胜一筹。作为一个家庭主妇，她想到如果自己要搬家，肯定会通过电话簿来查找搬家公司的号码。于是，她首先决定在电话局注册号码，把公司电话登载在电话簿上。然后她发现，日本的电话簿是按行业分类的，在同一行业的电话号码一栏里，企业的排列顺序是按照日语字母的顺序来的。第一个日语字母发音是“阿”，第二个日语字母是“托”。假如企业的第一个日语发音字母为“阿”，则是最前；而同为“阿”字打头的企业中，“托”字为第二个字母顺序排列。这时，寺田千代就在想，假如把自己的搬家公司取名为“阿托”，那么一定会被排在首位，就很容易引起大家的关注了。用户查阅电话号码的时候，就会首先发现“阿托搬家中心”。

待公司名字敲定后，寺田千代再次发现了一个小惊喜，电话局还剩下一个醒目的空白号码——0123。于是，她迅速申请了这个号码，将其设为公司的专用电话号码。就这样“阿托搬家中心”以及联系电话“0123”，借助电话簿的推广，很快红遍了日本的大街小巷，被千家万户所熟知。在日本，只要想到搬家就会想到“阿托搬家中心”，然后想起它简单的电话号码——0123。

谋，要谋得巧，谋得奇，才能出奇制胜。只有在做事情以前谋划好了，才能在进行的时候感到顺利。

决篇十一：根据实情，速作决定

决断是事情成功的关键，所以作决断的时候要顺应人之常情，趋利避害。本篇讨论的就是关于决断方法的问题。古人说过："当断不断，反受其乱。"所以作决断的时候要看准时机，快刀斩乱麻，不受其他因素的干扰。

为他人决断，一定要为他人解决疑难，尽量让多数人满意。因为决断对一方有利，肯定会对另一方有害，所以就要考虑利益的平衡问题。本篇有六个"可决策"，可谓是概括了所有可以决策的情况。另外，文中又说了五种决策方案。这五种决策方案分别是：以正大光明的德行感化人、以深藏不露的机关惩罚人、以信义道德教导人、让人民蒙蔽无知、让人们朴素无欲。这五种方案都可以达到利益的平衡，得到大多数人的支持。

公王大人之事也，危而美名者，可则决之；不用费力而易成者，可则决之；用力犯勤苦，然而不得已而为之者，可则决之；去患者，可则决之；从福者，可则决之。

经典再现

为人凡决[1]物，必托[2]于疑者。善其用福，恶其有患，害，至于诱也，终无惑。偏有利焉，去其利则不受也，奇之所托。若有利于善者，隐托于恶，则不受矣，致疏远。故其有使失利，其有使离害者[3]，此事之失。

圣人所以能成其事者有五：有以阳德之者，有以阴贼之者，有以信诚之者，有以蔽匿之者，有以平素[4]之者。阳[5]励于一言，阴[6]励于二言，平素枢机以用四者，微而施之。于是度以往事，验之来事[7]，参之平素，可则决之。公王大人之事也，危而美名者，可则决之；不用费力而易成者，可则决之；用力犯勤苦，然而不得已而为之者，可则决之；去患者，可则决之；从福者，可则决之。故夫决情定疑万事之机，以正乱治[8]、决成败，难为者。故先王乃用蓍龟[9]者，以自决也。

迷津指点

①决：决断。

②托：依托。

③使离害者：作出决断却使人遭致损害。

④平素：往昔，平常。

⑤阳：阳道，指公开的道德。

⑥阴：阴道，指谋略。

⑦验之来事：运用讲来的事情进行判断。

⑧乱治：世间的动荡。

⑨蓍（shī）龟：意为卜筮（shì），占卜的意思。

古文译读

凡是为他人判断决定一件事情，都是接受了有疑难人的委托。一般来说，人们都希望碰到对自己有利的事情，而不希望碰到祸患或者让人忧患的事情。对于那些有害的事情就算有什么条件加以引诱，也不要陷入迷惑。作决断的时候，如果只对一方有利，那么没有利益的一方就不会接受，这就需要依托谋略去平衡利益。如果有的人的决策表面是在做善事，但暗地里做的却是坏事，我们就可以选择不接受他的言行，这样，我们和他的关系就会疏远。如果容忍那些人损害他人的利益，容忍他们去制造灾祸，就是决断上的失误。

圣人之所以能成就事业，主要有五个原因：教化百姓是用公开的道德，惩罚坏人是用隐蔽的谋略，取信于人民是用信义，庇护大众是用爱心，以平常待人来净化社会。实施公开的道德，要坚持守常如一；运用隐蔽的谋略来控制百姓，就要掌握事物的对立面，掌握矛盾的法则，还要注意巧妙地应用平常和关键这两个时刻，这四个方面要小心谨慎地运用。对以往的事情加以推断，对未来的事情加以验证，再参考一些日常的事情，如果可以的话，就能够作出决定和判断了。王公大臣们的事，能提高名声，如果可以就作出决定；不用费力轻易就可获得成功的事，如果可以就作出决定；费力气并且又辛苦，但是不得不做的，如果可以就作出决定；能够消除忧患的话，如果可以也作出决定；能实现幸福的，如果可以就作出决定。所以说，决断事情、解决疑难是各种事物的关键，澄清动乱，预知成败，这是很难做到的一件事。所以古代先王在决定一些大事时，就会借助蓍草和龟甲，来帮助自己作出决定。

前沿诠释

古人说过：“当断不断，反受其乱。”意思是，犹豫不决地办事，反会遭受祸害而受牵累，这八个字就说明了决断的重要性。鬼谷子在这章中讲述了决断事物的方式方法。一切事物的决策都离不开存在的事物的凶吉背景和各种事物错综复杂的联系，所以，考究事物依存的背景以及各种事物的联系是进行决策的前提，要同时防止认识的偏见与迷惑性，来确保决断没有错。本章开篇即说，凡是为他人决断事情，都是受托于有疑难的人，所以作出的决断要顺应人之常情。人人都希望做有利的事情，避免不利的事情，所以决断也要趋利避害。

另外，作决断的时候，一定要注意时间，时间是事物成败的重要因素。鬼谷子在文章最后提出，在一定条件下，要速下决断，以免贻误了良好的时机。东汉光武帝刘秀就是因为决策做得及时，才增调来了军队，大败王莽大军。

王莽（前45—23），字巨君，新朝的建立者，8—23年在位。

王莽执政四年五月，派大司徒王寻、大司空王邑率百万人马，进兵颍川，直逼昆阳。昆阳位于昆水北岸，故而得名，历来是兵家必争之地。当时，刘秀只带领几千兵马守在昆阳，而且也没有多少粮食。王莽的大军兵临城下，刘秀果断地提出守住城池，聚集援兵的战略方案，让大将王凤、王常留在昆阳防守，自己同大将宗佻、李铁等十三人从昆阳南方趁夜突围，到郾城、定陵一带调集人马增援昆阳，准备对敌人进行前后夹击。

刘秀等人等成功突围后，便顺着昆水向东疾奔而去。他们行至保和境内的一家小客店时，已经是人困马乏，有些跑不动了。可是后面随时可能出现王莽的大军，如果大军追到的话，一切就完了。正当他们愁眉苦脸地没有计策的时候，一个路过的老翁过来跟他们说话："将军等人英姿勃发，威风凛凛，怎么一副束手无策的样子？莫不是遇到什么事情了？"刘秀下马施礼，然后把事情的前因后果说了一遍，问道："您老人家如果有好的办法能救我们，我们会感激您的。"话音刚落，老人就转身离去了。众人不解，以为老头就是没事来添乱的，不由得有些气愤。没过多久，前面来了一个背着粪筐的老翁。刘秀等人对老翁视而不见，老翁冷笑道："我换身衣服你们就不认识了，真是无礼。"刘秀立刻醒悟，明白了其中的道理，立刻下令，让众人将身上的重武器和盔甲脱下来投到店里的井里，轻装前进。

少了重武器和盔甲的拖累，马儿撒开蹄子跑得飞快，路上遇到的人也没能猜出他们的身份。他们日夜兼程赶到郾城、定陵搬来救兵，大败了王莽军队。后来，刘

秀的军队越来越强大，而王莽建立的政权土崩瓦解，最终刘秀登基做了皇帝。

一个小小的决策不光救了刘秀等人的性命，解除了昆阳的危机，也算是刘秀建立东汉王朝一块不可或缺的基石。在当时的情况下，正是因为刘秀明智而及时地作出决策，才迅速搬来了救兵。所以，作出决策要及时，抓住时机。“机不可失，失不再来”说的就是这个意思。

其实，鬼谷子在此篇中重点向我们论述了在哪些情况下可以作出判断。要决定一件事情，必须准确地判断其基础。这并不是一件简单的事情，要用正义战胜邪恶，要想准确地判断成败得失，是非常困难的，或许百里奚的这个故事能让你有所启发。

公元前655年，秦穆公派公子絷到晋国代自己去求婚。晋献公把大女儿许配给秦穆公，还送了一些奴仆作为陪嫁，其中有一个奴仆叫百里奚。

原来，百里奚是虞国的亡国大夫，很有才能。晋献公本想重用他，但百里奚宁死不从。这次晋献公嫁女，有个大臣就对晋献公说：“百里奚不愿做官，就让他做个陪嫁的奴仆吧。”结果，公子絷带着百里奚等人回国时，百里奚半路上偷偷逃走了。

秦穆公和晋献公的大女儿结婚后，发现陪嫁奴仆中少了百里奚，就追问公子絷。公子絷说：“不过是一个奴仆逃走了，没什么了不起。”

其实公子絷不知道，朝中有个从晋国投奔过来的武士叫公孙枝，他曾对秦穆公介绍过百里奚，认为他是个了不起的贤才。于是，秦穆公一心想找到百里奚。

百里奚在慌乱中逃到了楚国的边境线上，被楚兵当做奸细抓了起来。

百里奚说：“我是虞国人，给有钱人家看牛的，国家灭亡了，只好出来逃难。”

楚兵见这个老头子一副老实相，不像个奸细，就把他留下来看牛。

别看百里奚曾是虞国的大夫，他还有一套牧牛的本领，他把牛养得都很肥壮，大家给他送了个雅号——“放牛大王”。楚国的君主楚成王知道后，就叫他到南海去放马。

后来，秦穆公总算打听到百里奚的下落，就备了一份厚礼，想派人去请求楚成王把百里奚送到秦国来。

公孙枝说：“这可万万使不得。楚国让百里奚放马，是因为不知道他是个贤能之士。如果您用这么贵重的礼物去换他回来，不就等于告诉楚王，您想重用百里奚吗？那楚王还肯放他走吗？”

秦穆公问："那你说应该怎么办。"

公孙枝答道："应该按照现在一般奴仆的价钱，花五张羊皮把他赎回来。"

于是，秦穆公派了一个使者去楚国。使者对楚王说："我们有个奴隶叫百里奚，他犯了法，躲到贵国来了，请让我们把他赎回去治罪。"说着献上五张黑色的上等羊皮。

楚成王想都没想，就令人把百里奚装上囚车，让秦国使者带回去。

百里奚拜见秦穆公后，秦穆公想请他当相国。百里奚推荐了自己的朋友蹇叔。秦穆公拜蹇叔为右相，拜百里奚为左相。

没多久，百里奚的儿子也投奔到秦国来，被秦穆公拜为将军。

鬼谷子说："公王大人之事也，危而美名者，可则决之；不用费力而易成者，可则决之；用力犯勤苦，然而不得已而为之者，可则决之；去患者，可则决之；从福者，可则决之。"百里奚用五张羊皮换来一位贤人的事，成为千古佳话。

时机要等，但是决断绝对不能等。作出一个决断要借鉴往事，研究现状，预测未来，此三者缺一不可。所以，决策者必须慎重。一个成功的决策中往往包含着上述三者，坦普尔大学的创造者R·康惠尔作出的建校决策便和这三者都有联系。

一百多年前，美国费城六个高中生向一位博学多才的牧师恳求："尊敬的先生，您可以教我们读书吗？我们没有钱，但真的很渴望上大学。我们中学即将毕业，有一定的基础知识，您肯教我们吗？"

这位牧师看他们很可怜，又诚心求学，就答应了他们。这位牧师就是R·康惠尔。收下这六个高中学生后，他想："一定还会有很多孩子像他们一样因为没钱而上不了大学，我应该为这些年轻的孩子办一所大学。"

有了这个想法后，他开始付诸实践，四处筹集建立大学所需要的资金。在那个时候，建立一所大学大约需要150万美元。

康惠尔四处奔走，筹集钱财，希望人们慷慨解囊，帮助这些需要上学的年轻人。但是五年以后，他非常沮丧，因为这几年来，他辛苦地到各处演讲，筹集到的钱还不到1000美元，只能算是创办一所大学所需资金的九牛一毛。

有一天，当他走进一座教堂准备下周的演讲的时候，发现这座教堂周围的草都枯黄了，而且还东倒西歪的，一看就是很久没有打理了。他把园丁叫过来，问道："为什么这座教堂周围的草长得不如别的教堂的好呢？"园丁笑着回答："牧师先生，我猜您觉得这里的草长得不好，是您拿这里的草和其他地方的草作比较的缘故。看来，我们常常看到别人美丽的草地，希望别人的草地就是自己的，却很少去

注意自己家的草地。”

这一席话让康惠尔茅塞顿开。他跑进教堂开始撰写演讲稿。他在演讲稿中指出：我们大家往往是在等待观望中让时间白白流逝，而没有努力工作让事情顺着我们希望的方向发展。

他决定静下心来认真演讲，本来他是想放弃这个想法的。他想起曾经那些等待求学的孩子，想起他们现在的等待，想起他们以后的迷茫，他决定坚持下去。

坦普尔大学。该大学建于1884年，位于宾夕法尼亚费城，是一所历史悠久、师资力量雄厚的公立高等学府。

康惠尔深深地意识到：财富不是仅凭奔走四方就能去发现的，它属于自己去挖掘的人，属于依靠自己的土地的人，属于相信自己创造奇迹的人。于是，在这种信心的激励下，康惠尔继续投入自己的募捐事业中去。七年后，他募集到了800万美元，这早已超过了他当初的估计。

后来，在宾夕法尼亚州的费城，一所大学拔地而起，这就是当年康惠尔集资建成的著名的坦普尔大学，它的建成是康惠尔分析过去、现在、未来局势而作出的决断。这是一个好的决断，它让很多有才却读不起大学的年轻人完成了深造的愿望，为美国教育作出了不可磨灭的贡献。

作决断的时候不仅要把握时机，还要顺应人情。决断前要联系周围的事物，研究它们之间复杂的关系，明了历史，预测未来，参考现在，最终结合实情，才能作出一个最正确的决断。

符言篇十二：身居要位，信守准则

作为统治者，治理天下的时候必须做到：安、徐、正、静；高瞻远瞩，耳聪目明，心灵有智慧；善于听取各种各样的言辞，并从中提取有用的信息；赏罚必信；善于统领百官，遵循为政之理；思考周密，观察细致，做到“秀才不出门，便知天下事”。本篇讲的就是统治者在天下太平的时候治理国家的方法。天下太平的时候治理天下更需要一套法则，俗话说“打江山容易，坐江山难”，顺应自然，让天下归附，才是处世之道，掌握了处世之道才能使国家稳固，长治久安。

作为统治者，要集结天下人的力量为自己服务。如果用天下人的眼睛去看，那么就没有看不清的事物；如果用天下人的耳朵去听，那么就没有听不到的消息；如果能以天下人的心灵去思考，那么就没有考虑不周的事情。

心为九方之治，君为五官之长。为善者君与之赏，为非者君与之罚。君因其政所以求，因而与之，则不劳。圣人用之，故能掌之。因之循理，故能久长。

经典再现

安、徐、正、静[①]，柔节先定。善与而不静，虚心平意，以待倾损。右主位[②]。

目贵明，耳贵聪，心贵智。以天下之目视者，则无不见；以天下之耳听者，则无不闻；以天下之心虑者，则无不知。辐凑[③]并进，则明不可塞。右主明。

听之术曰：“勿坚而拒之。”许之则防守，拒之则闭塞。高山仰之可极，深渊度之可测；神明之位术，正静其莫之极欤！右主听。

用赏贵信，用刑贵正。刑赏信正，必验耳目之所见闻，其所不见闻者，莫不暗化[④]矣。诚畅于天下神明，而况奸者干君？右主赏。

一曰天之，二曰地之，三曰人之。四方、上下、左右、前后，荧惑[⑤]之处安在？右主问。

心为九方[⑥]之治，君为五官之长。为善者君与之赏，为非者君与之罚。君因其政所以求，因而与之，则不劳。圣人用之，故能掌之。因之循理，故能久长。右主因。

人主不可不周。人主不周，则群臣生乱。寂乎其无常也，内外不通，安知所

开？开闭不善，不见原也⑦。右主周。

一曰长目，二曰飞耳，三曰树明。千里之外，隐微之中，是谓洞。天下奸，莫不暗变更。右主参。

循名而为，实安而完；名实相生，反相为情。故曰：名当则生于实，实生于理，理生于名实之德，德生于和，和生于当。右主名。

迷津指点

①安、徐、正、静：安详、从容、正派、沉静。

②右主位："右"通"有"，善守其位。

③辐凑：车的辐条集于中心，这里指人或物聚集到一处。

④暗化：潜移默化。

⑤荧惑：指火星，若隐若现，迷惑不清。

⑥九方：就是指口、两耳、两眼、两鼻孔、两便孔。

⑦不见原也：不能发现事物的开始。原，源头。

古文译读

安详、从容、正派、沉静，这是合乎了宽容的节度。与人友善，与世无争，内心谦虚，心意虚静，平和地处理天下的事变。这些说的是在位者的修养。

对于眼睛来说，最主要的是明亮；对于耳朵来说，最主要的是敏锐；对于心灵来说，最重要的是智慧。人君假如用天下人的眼睛去看，那就没有什么看不见的；假如用天下人的耳朵去听，那就没有什么听不到的；假如用天下人的心去思考，那就没有什么不知道的。如果全天下的人齐心协力，像车轮一样将辐条集中在车轴上一起前进，就可以明察一切，没有什么可以阻塞、蒙蔽。以上讲的是明察。

听取意见的方法是："不要固执己见而拒绝别人。轻率许诺对方，就会自满保守；闭塞了别人的进言，就是让自己自我封闭。仰望高山是可以看到山顶的，测量深渊是可以测到底的；神明的听术，公正沉着，高深莫测。以上讲的是善听。

使用奖赏的法则时，重在守信用；使用惩罚的法则时，重在公平。处罚和赏赐的信守与公正，让臣民必须亲身所闻，这样对于那些没有亲眼看到和亲耳听到的人也有潜移默化的作用。如果君主的诚信能够畅达天下，连神明也会来佑护，又何惧那些奸邪之徒冒犯君主呢？以上所讲的就是赏罚的原则。

一叫做天时，二叫做地利，三叫做人和。四方、上下、左右、前后，以及火星的方位在何处呢？以上所讲的就是多方咨询。

九窍的统治者是心，五官的首长是君主。做好事的臣民君主会给以赏赐，做坏事的臣民君主会给以惩罚。君主是根据臣民的行为给予赏罚，这样治国就不会费力。圣人使用这个道理，就能很好地掌握这个道理。遵循客观规律，这样才能长久。以上所讲的就是统治的依据。

身为人君一定要广泛知道世间的一切道理，如果不通人情道理，那么群臣内部就会发生骚乱。朝廷鸦雀无声是不正常的，对内对外都没有交往，怎么会知道世间的变化呢？言论的开放和封闭不适当，无法就此发现事物的根源。以上所讲的就是周全的事理。

能用天下人的眼睛去看，叫做长目；能用天下人的耳朵去听，叫做飞耳；能用天下人的心去思考，叫做树明。千里之外，隐蔽的事情看得清清楚楚，这叫做洞察。天下奸邪的事情都会在暗中慢慢发生改变。以上说的就是参用。

按照名分去做，就会既安全又完美；名分和实际相互依存，相互对立，这就构成客观事实。所以说：名分从实践中产生，实践从道理中产生，而事理则产生于名分与实践相结合的特性，这特性产生于协调，而这些协调则在于恰如其分。以上所说的就是名分。

前沿诠释

“符言”写的是统治者在位，必须信守诺言，言必信，行必果。如何做到“言必信，行必果”呢？就要做到“安、徐、正、静”四个字。这四个字是执政者、决策者需要达到的一种境界，要求统治者既能做到怀柔又能做到节制，心平气和地对待下属的纷争，懂得善守其位，以静制动，驾驭群臣，统率天下。

天下太平的时候，为人君者要懂得集合天下人的智慧来治理世间，天下人的智慧也是从“耳、目、心”三者获取的。文中写“目贵明，耳贵聪，心贵智”，如果能运用天下人的“耳、目、心”观察天下万物，就可以达到“没有什么看不见，没有什么听不到，没有什么不知道”的效果。

作为执政者，必须信守九个准则，这九个准则是相互联系、相互制约的。

第一，主位。执政者须善守其位，以“安、徐、正、静”面对天下纷争。

第二，主明。人君要心明眼亮，明察秋毫，鼓励大家踊跃发言，防治闭塞耳目。

第三，主听。善于听取人言，拒绝封闭自己，善于搜集外界信息，这些会使决策者在判断事物的时候减少失误，从而顺利推行合宜的政令。在控制全局后，实施政令要做到奖罚分明，这是启动公众力量、形成领导者权威的最佳手段。

第四，主赏。执政者施行奖赏原则的时候要守信，施行惩罚原则的时候要公平。赏罚要分明，让大众看见。奖惩是团结大众、凝聚人心的重要手段，也是扶正祛邪的重要手段。

第五，主问。研究赏罚与决策时，要去探究天时、地利、人和的关系，全方位地研究事物的多方面，用以发现事物的规律。

第六，主因。赏罚的标准在于决策者的需要，如果人们所做的符合决策者的需要，就要奖励；如果所做的违背了决策者的需要，就要惩罚。“为善者君与之赏，为非者君与之罚”。“善”与“非”的客观标准是决策者“因其政之所以求”。决策者决定奖罚的时候一定要考虑周密，防止出现赏罚失误这种情况。

第七，主周。人君一定要广泛知道世间的道理，要通达人情，让人畅所欲言。

第八，主参。要熟悉身边事物，做到眼观六路，耳听八方，切忌不可只听一家之言便妄下结论。要有“千里眼”“顺风耳”。要审时度势，明察秋毫，用“天下”之心思虑万物，即所谓的“树明”。做到胸有全局、心有城府，这样才可于幽微之中玄览万物之隐。

第九，主名。执政者要做到名副其实，根据实情决定事物的名称辈分。当然，这里还强调了做事要有度，才能做到协调和控制。

这九个准则组成了《鬼谷子》的第十二章，告诉了执政者应该如何治世，如何做到更好。所以，执政者、决策者一定要坚守这九个准则，从而让天下归心。在古代，执政者所做的一切都会产生巨大的影响，当他们的做法遵循了这九个准则中的任何一个或者几个的时候，就会在某些方面取得成功。

春秋时期，晋献公被奸人蛊惑杀了太子申生，又命人捉拿太子的兄弟重耳和夷吾。两人闻讯后，先后逃出晋国。十二年后，晋献公死去，夷吾先回国即位做了国君。他害怕重耳会回来抢夺他的位置，于是派人刺杀重耳。重耳一直逃难，到过许多国家，那些国家的国君都不接待他，最终他逃到了楚国。

当时，楚国的国君是楚成王。楚成王觉得重耳可能会成为国君，就以国君的礼节接待他，重耳对楚成王非常感激。在一次宴会上，楚成王说：“你流落到楚国，在落魄的情况下，是我接待了你。如果你日后当了国君，该如何报答我呢？”重耳回答说：“你的国家强大，美女、宝石、丝绸这些东西你有的是，我献上这些也无

法表达我的心意，雀翎、象牙又是楚国的特产，我国境内实在没有多少好东西了，我真的不知道该如何报答你了。”楚成王笑着说：“话是这么说，但是报答的事情你也该好好考虑一下。”重耳明白，有称霸之心的楚成王不贪图钱财这些身外之物，要的是其他东西，于是他回答：“如果我能回国且当上国君，将来楚晋两国发生战争，那我一定会退避三舍，报答你现在对我的恩惠。如果退避三舍还是不能得到你的谅解，那我只好跟你战斗了。”重耳的回答尽显其诚，又遵循了维护个人和国家尊严的原则。

晋文公（前697—前628），名重耳，春秋时期著名的政治家，晋国的国君，与齐桓公齐名，春秋五霸之一。

后来，重耳逃到了秦国，秦穆公要扶植一个亲秦的晋国国君，于是大力支持他。在秦穆公的帮助下，重耳回国，并且当上了晋国国君，即晋文公。晋文公即位后，整顿内政，发展生产，晋国在他的治理下渐渐强盛起来。晋文公希望能像齐桓公一样，做个中原的霸主。

晋文公早就看出了楚国想称霸诸侯国的野心，所以要想当上中原的霸主，就必须先打败楚国，但是苦于没有一个合适的理由。正在这个时候，宋襄公的儿子宋成公来晋国搬救兵，说楚国派大将成得臣率领楚、陈、蔡、郑、许五国兵马攻打宋国。大臣进谏说：“楚国平日总是飞扬跋扈欺辱诸国，主公宅心仁厚，此时不建功立业，更待何时？”于是，晋文公率领大队人马浩浩荡荡地去帮助宋国。

公元前632年，晋军攻袭了附属楚国的曹国和卫国，生擒其国君。

楚成王不想跟晋军开战，因为此时晋国已经十分强大，如果两军开战一定会有大的伤亡。听到晋国出兵帮助宋国，他立刻下令撤兵。可是大将成得臣觉得宋国迟早可以拿下来，不愿意停止战争。他遣将报信说：“末将不敢妄自夸大一定势在必得，但绝对会破釜沉舟。”一听这话，楚成王不乐意了，但是将在外，君命有所不受，他就派了少量人马归成得臣指挥。

楚军告知晋军，要求放还卫、曹两国的国君。晋文公私下款待两位国君，将他们奉为座上宾，并且承诺恢复他们的君位，但是要求他们先同楚国断交。曹、卫两国国君不敢和晋国抵抗，就都按晋文公的意思办了。

成得臣得知这个消息后大怒，他本来是想救这两个国君的，没想到这两个国君倒先和楚国绝交了。他立刻下令，全军准备，马上攻打晋军的大营。

楚、晋两国间的战争终于爆发了。晋文公见是楚国的军队，立刻下令后撤，一直后撤了九十里地才停下。晋军中很多将士对晋文公的做法不满，说：“对方来的

城濮之战，晋楚在城濮之战时，晋文公重耳遵守诺言，让军队后撤九十里，以报答当年楚王相救之恩。

是臣子，我们来的是国君，跟他们打仗我们还退，莫不是我们怕了他们？”

晋文公的手下狐偃说道：“两军开战，讲究名正言顺。当初楚王曾帮过主公，主公在楚王面前答应过：‘要是两国交战，晋国情愿退避三舍。’如今后撤，就是应诺，这样就不会理亏了。如果退兵他们还不罢休，继续得寸进尺，那就是他们无理，我们再还手也不迟。”全军将士释然，暗自佩服晋文公信守承诺。

楚国诸将军见晋军后撤，便也想退兵。但主将成得臣不同意，他率军紧随晋军一路追到城濮，并且给晋文公下了战书。晋文公回道：“贵国曾有恩于我，我铭心谨记，今已兑现。倘若还步步紧逼，下回就在战场一决高下。”

大战开始，按照原定的计划，晋军显现出节节败退的样子。成得臣大喜，率军急追，不料中了晋军的埋伏。随着成得臣率军深入，晋军也不再后退，而是反过来用精锐部队攻击楚军，把楚军打得大败。

随后晋文公下令，吩咐将士们只要把楚军赶跑就行了，不再追杀。成得臣带领残兵败将走在回营的路上，觉得自己回去没办法向楚成王交代，于是就自杀了。

“退避三舍”体现了晋文公言而有信。这一做法不仅信守了当日的承诺，报答了楚成王的恩情，而且避开了楚军的锋芒，骄纵了楚军，激励了晋军士气，赢得了将士们的理解和支持。另外，晋文公选择了有利于己而不利于敌的战场，也是一种在政治上争取主动，军事上诱敌深入、后发制人的谋略。

身为执政者或者决策者，要信守承诺，言必信，行必果，才能得到大众的支持，晋文公的做法就验证了上面的话。

其实，这只是执政者要遵循的一个准则。另外，执政者在赏罚时也要遵循一定的原则。前文说过，执政者施行奖赏原则的时候要守信，施行惩罚原则的时候要公平。赏罚要分明，是扶正祛邪的一个手段。关于赏罚问题，诸葛亮曾经说过：“赏罚之政，谓赏善罚恶也。赏以兴功，罚以禁奸，赏不可不平，罚不可不均。赏赐知其所施，则勇士知其所死；刑罚知其所加，则邪恶知其所畏。故赏不可虚施，罚不可妄加，赏虚施则劳臣怨，罚妄加则直士恨。”意思是，奖赏与惩罚的政策，说的就是善的予以奖励和恶的予以惩罚。奖励是用来鼓励立功的，惩罚是用来杜绝奸邪行为的。既不能奖励不公平，也不能惩罚不平等。通过赏赐，

他们知道要给予好处的原因，勇士就会为了正义而奋不顾身；通过惩罚，他们知道被惩罚的原因，做坏事的人就知道要有所畏惧了。奖励不能无根据地实施，惩罚也不能随便地乱用。如果没有根据地奖励，有功劳的人就会有怨言；随便地惩罚，正直的人就会忌恨。关于奖惩方面，很多执政者处理得还是非常好的。

南宋的时候，某个地区的一些人觉得自己生活得不是很好，便决定落草为寇，并且定好了抢劫的日子和地点。有个人负责传递消息，不料半路却被官府的人抓住了。他说出了实情，希望得到官府的宽大处理。知州陈埙详细地询问了那个人，对那些人有了初步的了解，然后心里就有了打算。他没有大张旗鼓地去抓捕他们，而是按兵不动，派人悄悄给这些人送去牛和酒，然后附带了一句话："你们不做农民而去当草寇，不去耕田而去弄兵器，这样做有什么好处？现在给你们送来牛和酒，希望你们认真考虑一下。如果你们的行为过分了，杀无赦！"

众人见势不妙，觉得事情有些严重，决定前去自首，但是还是有很多人犹豫不决。这个时候，陈埙又下令，凡是献出兵器的人一律重赏，既往不咎。这个命令一下，投靠官府的人越来越多，而且全部缴械。陈埙也真如他所说，给了这些人重赏。这样，知州陈埙未发一兵一卒，就将这件事平息了。而且，当地的治安也有所改善。可见，奖惩的威力有多大。

本篇中还提到："心为九方之治，君为五官之长。为善者君与之赏，为非者君与之罚。君因其政所以求，因而与之，则不劳。圣人用之，故能掌之。因之循理，故能长久。右主因。"

这其实是指人们在面对纷繁复杂的世界时，要用心分析，了解万事万物之间的必然联系，了解他们的规律，并遵循这些规律，就可以心想事成。因此，心是处理各种问题的主宰。古代的许多名臣都非常明白这个道理，能经常满足别人的心理需求，更善于辅助君主运用各种赏赐手段来笼络人心。张良在刘邦建汉封侯时给他想出的一个计策，就体现了这一点。

一天，刘邦在洛阳附近看见许多将军围在一起发牢骚，可走近他们的时候又听不到什么，只见将军们面有愠色，看样子对他挺有意见。刘邦就去问张良，张良如实汇报说："将军们在谈论造反的事情！"

这句话把刚登上皇位的刘邦吓了一大跳，天下刚刚平定，就有人出来造反，什么时候才能过上安定的日子呢？他赶忙向张良询问具体情况，张良分析说："陛下斩蛇起义，是靠这些将士出生入死夺取了天下。现在，秦朝被推翻了，项羽也被陛下打败了，您当上了皇帝，将军们最关心的就是分封土地和授予官位的事情。可

是，陛下分封的二十多人中，都是萧何、曹参等陛下最亲近的人，处分的都是和陛下有怨恨的人。现在，将军们一边盼着陛下赶快分封他们，一边又担心土地有限轮不到自己。还有一些人平时得罪过陛下，害怕会受到陛下的惩罚。所以，他们聚集在一起密谋发难。如果处置不当，国家就会出现内乱。”

刘邦忙问：“事到如今，该怎么办呢？”

张良接着说道：“我有一计，可以应对这个局面。请陛下告诉我，平时您最恨的而且将军们都知道的人是谁？”

事到如今，刘邦只得说了实话：“雍齿，此人作战勇猛，立过许多战功，在将士们中也有威望。可是他居功自傲，几次让我在大臣面前难堪。我真想杀了此人，痛痛快快地出口气。但那时正是用人之际，只好忍了。”

张良拍手笑道：“这就好了。陛下您封雍齿为侯，那些有战功而担心陛下会为难他们的人，一看陛下最恨的人都分封了，所有顾虑就会不存在了。”

第二天，刘邦按张良定的计策设下酒宴，当着大臣和将军们的面，封雍齿为什邡侯，又让丞相、御史加快了按功封赏的进度。

几天前还准备闹事的将军们吃过酒宴，高高兴兴地说：“现在好了，什么都不用愁了，我们就等着陛下的分封奖赏吧！”

事实上，张良的这一小计谋，充分运用了心的力量，安定了汉初的局面。

上面所说的三个故事都是与九个准则内容有关的，总之，执政者或者决策者治理国家的时候，一定要信守“符言”的九个准则，这样才能掌握治世之道，使国家长治久安。

附录：《三略》智谋赏析

上略：礼赏双加，人道用“兵”

中略：区分德行，明察权变

下略：陈述道德，考察安危

上略：礼赏双加，人道用“兵”

夫用兵之要，在崇礼而重禄。礼崇，则智士至；禄重，则义士轻死。故禄贤不爱财，赏功不逾时，则下力并而敌国削。夫用人之道，尊以爵，赡以财，则士自来；接以礼，励以义，则士死之。

经典再现

夫主将之法，务揽英雄之心，赏禄有功，通志于众。故与众同好，靡[①]不成；与众同恶，靡不倾。治国安家，得人也；亡国破家，失人也。

含气之类，咸愿得其志。

《军谶[②]》曰：“柔能制刚，弱能制强。”柔者，德也；刚者，贼[③]也。弱者人之所助，强者怨之所攻。柔有所设，刚有所施；弱有所用，强有所加；兼此四者，而制其宜。端[④]末[⑤]未见，人莫能知；天地神明，与物推移；变动无常，因敌转化；不为事先，动而辄随。故能图制无疆，扶成天威，匡正八极，密定九夷。如此谋者，为帝王师。故曰：莫不贪强，鲜能守微；若能守微，乃保其生。圣人存之，动应事机。舒之弥四海，卷之不盈怀；居之不以室宅，守之不以城郭；藏之胸臆，而敌国服。《军谶》曰：“能柔能刚，其国弥[⑥]光；能弱能强，其国弥彰；纯柔纯弱，其国必削；纯刚纯强，其国必亡。”

夫为国之道，恃贤与民。信贤如腹心，使民如四肢，则策无遗。所适如支体相随，骨节相救；天道自然，其巧无间。军国之要，察众心，施百务。危者安之，惧者欢之，叛者还之，怨者原之，诉者察之，卑者贵之，强者抑之，敌者残之，贪者丰之，欲者使之，畏者隐之，谋者近之，谗者覆之，毁者复之，反者废之，横者挫之，满者损之，归者招之，服者居之，降者脱之。获固守之，获阨塞之，获难屯之，获城割之，获地裂之，获财散之。敌动伺之，敌近备之，敌强下之，敌佚去之，敌陵待之，敌暴绥[⑦]之，敌悖义之，敌睦携之。顺举挫之，因势破之，放言过之，四网罗之。得而勿有，居而勿守，拔而勿久，立而勿取。为者则己，有者则士。焉知利之所在！彼为诸侯，己为天子，使城自保，令士自处。

世能祖祖，鲜能下下；祖祖为亲，下下为君。下下者，务耕桑，不夺其时；薄赋敛，不匮其财；罕徭役，不使其劳；则国富而家娭[⑧]，然后选士以司牧之。夫所谓士者，英雄也。故曰：罗其英雄则敌国穷。英雄者，国之干；庶民者，国之本。

得其干，收其本，则政行而无怨。

夫用兵之要，在崇礼而重禄。礼崇，则智士至；禄重，则义士轻死。故禄贤不爱财，赏功不逾时，则下力并而敌国削。夫用人之道，尊以爵，赡以财，则士自来；接以礼，励以义，则士死之。

夫将帅者，必与士卒同滋味而共安危，敌乃可加。故兵有全胜，敌有全囚。昔者良将之用兵，有馈箪醪[9]者，使投诸河，与士卒同流而饮。夫一箪之醪，不能味一河之水，而三军之士思为致死者，以滋味之及已也。《军谶》曰：“军井未达，将不言渴；军幕未办，将不言倦；军灶未炊，将不言饥。冬不服裘，夏不操扇，雨不张盖。”是谓将礼。与之安，与之危，故其众可合而不可离，可用而不可疲；以其恩素蓄，谋素合也。故蓄恩不倦，以一取万。

《军谶》曰：“将之所以为威者，号令也；战之所以全胜者，军政也；士之所以轻战者，用命也。”故将无还令，赏罚必信；如天如地，乃可御人；士卒用命，乃可越境。

夫统军持势者，将也；制胜破敌者，众也。故乱将不可使保军，乖众不可使伐人。攻城则不拔，图邑则不废；二者无功，则士力疲弊。士力疲弊，则将孤众悖[10]；以守则不固，以战则奔北。是谓老兵。兵老，则将威不行；将无威，则士卒轻刑；士卒轻刑，则军失伍；军失伍，则士卒逃亡；士卒逃亡，则敌乘利；敌乘利，则军必丧。

《军谶》曰：“良将之统军也，恕己而治人，推惠施恩，士力日新，战如风发，攻如河决。”故其众可望而不可当，可下而不可胜。以身先人，故其兵为天下雄。

《军谶》曰：“军以赏为表，以罚为里。”赏罚明，则将威行；官人得，则士卒服；所任贤，则敌国震。

《军谶》曰：“贤者所适，其前无敌。”故士可下而不可骄，将可乐而不可忧，谋可深而不可疑。士骄，则下不顺；将忧，则内外不相信；谋疑，则敌国奋。以此攻伐则致乱。夫将者，国之命也。将能制胜，则国家安定。

《军谶》曰：“将能清，能净；能平，能整；能受谏，能听讼；能纳人，能采言；能知国俗，能图山川；能表险难，能制军权。”故曰，仁贤之智，圣明之虑，负薪之言，廊庙之语，兴衰之事，将所宜闻。将者，能思士如渴，则策从焉。夫将，拒谏，则英雄散；策不从，则谋士叛；善恶同，则功臣倦；专己，则下归咎；自伐，则下少功；信谗，则众离心；贪财，则奸不禁；内顾，则士卒淫。将有一，

则众不服；有二，则军无式；有三，则下奔北；有四，则祸及国。

《军谶》曰："将谋欲密，士众欲一，攻敌欲疾。"将谋密，则奸心闭；士众一，则军心结；攻敌疾，则备不及设。军有此三者，则计不夺。将谋泄，则军无势；外窥内，则祸不制；财入营，则众奸会。将有此三者，军必败。

将无虑，则谋士去；将无勇，则吏士恐；将妄动，则军不重；将迁怒，则一军惧。《军谶》曰："虑也，勇也，将之所重；动也，怒也，将之所用。"此四者，将之明诫也。

《军谶》曰："军无财，士不来；军无赏，士不往。"

《军谶》曰："香饵之下，必有悬鱼；重赏之下，必有死夫。"故礼者，士之所归；赏者，士之所死。招其所归，示其所死，则求者至。故礼而后悔者，士不止；赏而后悔者，士不使。礼赏不倦，则士争死。

《军谶》曰："兴师之国，务先隆恩；攻取之国，务先养民。"以寡胜众者，恩也；以弱胜强者，民也。故良将之养士，不易于身；故能使三军如一心，则其胜可全。

《军谶》曰："用兵之要，必先察敌情：视其仓库，度其粮食，卜其强弱，察其天地，伺其空隙。"故国无军旅之难而运粮者，虚也；民菜色者，穷也。千里馈粮，民有饥色；樵苏后爨[11]，师不宿饱。夫运粮千里，无一年之食；二千里，无二年之食；三千里，无三年之食，是谓国虚。国虚，则民贫；民贫，则上下不亲。敌攻其外，民盗其内，是谓必溃。

《军谶》曰："上行虐，则下急刻；赋敛重数，刑罚无极，民相残贼；是谓亡国。"

《军谶》曰："内贪外廉，诈誉取名；窃公为恩，令上下昏；饰躬正颜，以获高官；是谓盗端。"

《军谶》曰："群吏朋党，各进所亲；招举奸枉，抑挫仁贤；背公立私，同位相讪[12]；是谓乱源。"

《军谶》曰："强宗聚奸，无位而尊，威无不震；葛藟[13]相连，种德立恩，夺在位权；侵侮下民，国内哗喧，臣蔽不言；是谓乱根。"

《军谶》曰："世世作奸，侵盗县官，进退求便，委曲弄文，以危其君；是谓国奸。"

《军谶》曰："吏多民寡，尊卑相若，强弱相虏；莫适禁御，延及君子，国受其咎。"

《军谶》曰："善善不进，恶恶不退；贤者隐蔽，不肖在位；国受其害。"

《军谶》曰："枝叶强大，比周居势；卑贱陵贵，久而益大；上不忍废，国受其败。"

《军谶》曰："佞臣在上，一军皆讼；引威自与，动违于众；无进无退，苟然取容；专任自己，举措伐功；诽谤盛德，诬述庸庸；无善无恶，皆与己同；稽留行事，命令不通；造作其政，变古易常；君用佞人，必受祸殃。"

《军谶》曰："奸雄相称，障蔽主明；毁誉并兴，壅塞主聪；各阿所私，令主失忠。"

故主察异言，乃睹其萌；主聘儒贤，奸雄乃遁；主任旧齿，万事乃理；主聘岩穴，士乃得实；谋及负薪，功乃可述；不失人心，德乃洋溢。

迷津指点

①靡：否定词，相当于"无"。

②谶（chèn）：迷信的人指即将应验的预言和预兆。

③贼：祸害。

④端：缘由，来由。

⑤末：末尾，树梢。

⑥弥：更加。

⑦绥：安抚。

⑧娭（xī）：通"嬉"，玩乐，玩耍。

⑨箪（dān）醪（láo）：箪，竹制或者苇制的圆形盛器。醪，醪糟，带渣滓的米酒。

⑩悖：叛乱。

⑪爨（cuàn）：烧火做饭。

⑫讪：诽谤，讽刺。

⑬葛藟（lěi）：葛藤。

古文译读

担任军队主帅的要诀，在于务必笼络英雄豪杰的心，给有功的人施以重赏，让部下明白自己心中的想法。因此，与众人目标一致，就不会有不成功的事业；与众人反对的目标一致，就没有无坚不摧的敌人。国治家安，是在于任用了有才干的

人；国亡家破，是在于失去了有才干的人。

茫茫人海，芸芸众生，每一个人都想实现自己的理想。

《军谶》上说："柔的能制伏刚的，弱的能战胜强的。"柔而得当，是一种美德；刚而不当，是一种祸害。弱小的人，通常是他人帮助的对象；强暴的人，一定会遭遇他人的攻击。"柔"有所应运用的对象，"刚"也是有它所应施用的对象；"弱"有它的用处，"强"也有它被施用的时候；对"柔""刚""弱""强"这四者，关键要因时制宜，适当地予以运用。事物还没显露出头尾的时候，人们对它是无所知晓的；天地间的一切事物，都是根据时间的运转和事物自身的发展规律而不断变化的；与敌作战，要根据敌人的变化随时改变自己的策略；不要事先制定僵死刻板的作战模式，要根据敌方的变化而变化。只有这样，才能制伏敌方，立于不败之地，从而树立君主的权威，安定天下，宾服四海。能够这样谋划的人，真可以称为帝王的老师了。所以说：人没有不贪图强大的，却很少有人能够掌握微小之处的道理；如果能掌握微小之处的道理，就可以保全自己的生命。圣人将这个道理保存在心里，并且能够巧妙地应用它，以适应事物的千变万化。将它施用起来，可以放之四海而皆准；将它收藏起来，又不会充塞整个胸怀；不需要用房宇安置它，也不需要用城池来守护它；将它只藏于一胸之间，定然会使敌国俯首称臣。《军谶》上说："能够刚柔并济，国家就会更加广大；能弱能强，国家就会愈益彰显，繁荣昌盛；如果一味柔弱，国家就会削弱衰败；如果纯然刚强，国家一定会灭亡。"

治理国家的方法，在于依靠贤人与民众。信赖贤士要把他们当做自己的心腹，使用民众要如同使用自己的四肢，这样就不会失策。凡是君主有所行动，贤士、民众就紧相随从，好像不可分割的肢体一样，就像每个骨节一样相互辅助。自然界的一切，都有它运行的规律，工巧奥妙，无懈可击。统军治国的关键在于体察众人的心思，并采取各种相应的措施。处境危险的，要扶持他使他感到安心；心怀恐惧的，要让他感觉到愉快；反叛的，要加以招抚，让他们安心回来归顺；含冤受屈的，要给予昭雪平反；来上诉的，要为其详审细查；地位卑贱的，要让他逐渐变得尊贵；态度强横的，要对他加以制约；与己为敌的，坚决予以消灭；生性贪婪的，就让他得到满足；有欲望的，就对其加以利用；怕人揭短的，就把他担忧的事隐藏起来；有计谋的，要亲近他，使他最终为我所用；受到谗言陷害的，给他洗雪纠正；遭到诽谤的，给他恢复名誉；有叛逆之心的，废弃不可用；骄横无理的，要挫败他的锐气；志得意满的，要让他有所损害，并且加以抑制；愿意归顺的，就要将他招抚；已经服从的，要对他加以安置；愿意投降的，就该赦免他的罪过。获得坚固的城池加以守备，获得险恶的地方

加以阻塞，获得难攻的地方加以屯守，获得的城池加以封赏，获得的土地加以分封，获得的财物加以赏赐。敌人行动时要密切注意它，敌人接近时要严加防备它，敌人强大时要示弱麻痹它，敌人休整良好时就避开它，敌人盛气凌人时要等待它锐气衰竭，敌人暴虐无道时要安抚它的民众，敌人背逆无道时要用道义降伏它，敌人团结和睦时要离间它。根据敌人的军情采取挫败敌人的行动，根据敌人的态势作出打败敌人的部署，要散布假情报迷惑敌人，要网设四围包围孤立无援的敌人。把敌人四面包围，就能一举歼灭它。获得的战利品，不要自己一人独吞。占领敌国后，只能稍稍停留，不能长期据守，要迅速地攻打城池，不能拖延。如果敌方已经立了君主，就不要再去攻取它了。运筹谋划在于自己，有了功劳就归士兵。怎么知道好处在哪里呢？无非是封赏有功的人为诸侯，而自己当君主，让他们各自去保卫城池，使天下之士各自得以安居。

世上的君主大多数能以礼来祭祀祖先，却很少爱护自己的民众。能够以礼来祭祀祖先是为亲之道，能够爱护自己的民众是为君之道。爱护民众的君主，非常重视农业，不会在农忙的时候征召人民做事；少征收赋税，不夺民财；很少有徭役，不让人民太过辛苦；这样就使国家富裕，民众安乐，然后再选取贤人来管理他们。所谓的“士”，指的就是英雄。所以说：网罗了敌方的英雄人物，敌国就缺少了谋划、管理的人，自然而然要走向衰败。英雄豪杰，属于国家的主干；平民百姓，属于国家的根本。笼络了“主干”，取得了“根本”，政令自然会畅行无阻，而且民众也无怨言。

用兵的关键，在于崇尚礼节和给予厚禄。崇尚礼节，那些能人谋士就会归附；给予厚禄，那些忠义之人就会视死如归。所以给予俸禄的时候不吝惜钱财，奖赏有功之臣的时候不拖延时日，下属就会齐心协力从而削弱敌国的势力。用人的道理，在于封赏爵位来尊敬他，给予厚禄来赡养他，这样做，贤士自然而然就会来到。对其以礼相待，晓以大义，义气之士一定就会以死相报。

做将帅的，一定要与士兵同甘共苦、同生共死，这样才可与敌作战。只有这样，作战才能大获全胜，敌人才会全军覆没。从前，有一个良将带兵打仗，有人送给他一壶酒，他叫人把酒倒进河里，与士兵一起就河痛饮。一壶酒当然不能使一河的水都变得有酒味，但是全军将士因此愿意效死力战，这就是因为将帅士兵能够同甘共苦的缘故。《军谶》上说：“军井还没有挖好，将帅绝不可说口渴；幕帐还没有搭成，将帅绝不可说困倦；军灶还没有做饭，将帅绝不可说饥饿。将帅在寒冬时节不要穿皮服，在炎夏不要操扇子，大雨中也不要张雨盖。”这就是将帅所要遵循的礼法。将帅与众位将士同甘苦、共患难，因此军队才会上下一心，不可分离，南征北战而不感觉疲劳。这是将帅平时注重积累恩惠、想法向来一致的缘故。所以说，不断施予恩惠给士卒，就能得到千万人的拥护。

《军谶》上说："将帅之所以能够树立威信，就因为其有严明的纪律；作战之所以能够大获全胜，就因为军政整饬；士卒之所以能够勇于作战，就因为能听从指挥、服从命令。"所以，将帅发出命令不可反悔，赏有功、罚有罪必须讲信用；能够像天地运行一样做到不失期，就可以统御众人；士兵能够听从将令，才能出境作战。

统率军队、把握态势的是将帅；夺取胜利、击破敌人的是士卒。因此不能让治军无方的将领统率三军，不能用离心离德的士卒来攻打敌国。这样的军队，就是攻打城池也不会取得胜利，图谋占领市镇更是难上加难；两件事情都劳而无功，反而让军队中的士兵备感疲惫。军队中的士卒疲惫，就会使将领更加孤立。用这样的军队守卫阵地，阵地则不保；用来作战，则士卒溃散。这就叫帅老兵疲。如果帅老兵疲的话，将领就没有威信存在；如果将领没有威信，士卒就不怕刑罚；士卒如果不怕刑罚，军队就必然混乱；军队如果混乱，士卒必然逃亡；士卒如果逃亡了，敌人必然乘虚而入；敌人如果乘虚而入，军队就必然会大败。

《军谶》上说："好的将领去统率军队，以爱己之心爱护士卒、管理士卒，并且给他们恩惠，军队的力量就会一天比一天强大，作战时就如同暴风骤雨一般迅疾，进攻时就如同黄河决口般猛烈。"所以，敌人只能对你远远观望而不能正面抵挡，只能乖乖投降而不能战胜你。将帅如果能够做到身先士卒，军队就会所向无敌。

《军谶》上说："军队以奖赏为其表象，以惩罚为其本质。"赏罚如果分明，将领的威信就会得以树立；授官如果得当，士卒就会心服口服；如果任用的都是有才德的人，就会让敌国感到害怕。

《军谶》上说："贤士归附的国家，一定会所向无敌。"所以对贤士要以礼相待，而不能怠慢；对将士要令其愉快，而不能使其担忧；谋划可以深邃，而不能犹豫。将士骄横，下属就不会服从；将帅担忧，内外就不能互相信任；谋划犹豫，敌国就会趁机得势。用这样的军队去打仗，一定会导致祸乱。为将帅的，是国家的命脉。将帅能够控制、战胜敌人，国家就安定平静。

《军谶》上说："要能使将帅清正廉洁，宠辱不惊；要能够公平无私，严于律己；要能够接受谏言，裁决是非；要能够容纳人才，采纳建议；要能够了解一国

的风俗礼仪，描述出一国的山川地形；能够掌握一国的险要之地，能执掌全军的统率大权。”因此说，才德之人的智慧，圣哲之人的谋略，下层人民的言论，上层统治者的建议，历史上成败兴亡的大事，都是做将帅的应该了解的。将帅如果思贤若渴，有谋略的人就会归附他。将帅不听从属下的意见，杰出的人才就会流失；良言不被采纳，谋士就会离开；善恶不分，功臣就会灰心；一意孤行，属下就会归咎于上；自我炫耀，属下就不愿意多建立战功；听信谗言，众人的心就不会团结在一起；贪图钱财，奸佞的人就会难以禁止；贪图美色，士卒就会陷入淫欲放纵不休。做将帅的，如果符合了其中一条，士卒就不会信服他；如果符合了其中的两条，军队就没有了法纪；如果符合了其中的三条，就会全军覆没；如果符合了其中的四条，则灾祸就会殃及国家了。

《军谶》上说：“将帅的谋略要高度保密，官兵之心要团结如一，攻击敌人要勇猛迅疾。”将帅的策略如果保密，刺探军情的敌人奸细就无从下手；官兵如果团结一致，全军就会拧成一股绳；如果迅猛攻击敌人，敌人就根本来不及设防。如果军队能够做到这三条，就不会让敌人破坏自己的作战计划。将帅的谋略泄露，军队就会失去威势；敌人刺探到我军的机密，祸患就无法控制；财物贿赂进入军营，各种邪恶的事情就会聚集。将帅如果有了这三条，军队就一定会失败。

做将帅的没有深谋远虑，谋士就会离开；做将帅的胆怯无勇，下面的士卒就会感觉到恐惧；做将帅的轻举妄动，军心就不稳；将帅随便迁怒于人，全军上下都会畏惧。《军谶》上说：“深谋远虑的人，是勇士，是将帅的高贵品质；适当而动，发怒有一定的限度，这是将帅用兵的技术。”这四个方面，都是做将帅的应该作为训诫的。

《军谶》上说：“军队中没有财货，勇士就不会前来归附；军队中没有重赏，勇士就不会奋勇杀敌。”

《军谶》上说：“钩上挂香饵，一定有愿意上钩的鱼；军队中悬重赏，一定有乐于效死的人。”因此，重礼，是人才前来归附的原因；重赏，是士卒拼死效命的原因。如果真诚以礼相待招人归附，如果悬以重赏招人效死，想得到的人自然会前来归附或者拼死效命。因此，待之以礼而又反悔，就不能留住归附的勇士；给以重赏又反悔，招来的勇士就不会受驱使。坚持以礼相待、有功必赏，勇士就会竞相拼死效命。

《军谶》上说：“打算打仗的国家，在打仗之前一定要施以恩惠；打算攻打其他的国家，一定要先休养生息。”能以少胜多的，一定是施以很多恩惠的结果；能

以弱胜强的，一定是人民先休养生息的结果。所以说，良将安定人心，对待兵士，就像爱护自己一样；可以使军队上下一心，在战争中一定会所向披靡。

《军谶》上说：“用兵的要诀是，务必先侦察敌方的情况：探明其储藏物资的虚实，估算其粮食储存的多少，预测其兵力的强弱，察明其天时地利的优劣，摸清其兵力薄弱的地方。”所以，国家没有战事，却在忙于运粮，肯定是内部空虚；老百姓面有饥色，肯定是国家穷困。从千里之外转运粮食，老百姓一定会挨饿；打柴割草之后再做饭，一定不能使军队顿顿吃饱。一千里以外运粮，说明国家缺少一年的粮食；两千里之外运粮，说明国家缺少两年的粮食；三千里之外运粮，说明国家缺少三年的粮食。这是国家空虚的表现。国内空虚，百姓就会贫穷；百姓贫穷，全国上下就不会和睦。敌人在外面虎视眈眈，内乱又不断，必然会使国家崩溃。

《军谶》上说：“君主如果施行暴政，就会使下级官吏跟着施行苛政；赋税沉重，苛捐繁复，严刑酷罚滥用无止，因而民众就会相互残杀。这就是人们所说的亡国之兆。”

《军谶》上说：“内心贪婪而外表装得廉洁，用欺骗的手段获得名声；假公济私，使得君臣上下是非不分；乔装打扮，假作正经，以猎取高官，获得重用。这就是人们所说的窃国之始。”

《军谶》上说：“官吏结党营私，各自引进自己的亲信，把奸邪之人网罗进来，压制仁人志士；背弃公德，谋取私利，同僚之间，相互攻击。这就是人们所说的祸乱之源。”

《军谶》上说：“豪门大族如果拉帮结伙，虽无官位却妄自尊大，擅立威势，人人都会怕他；培植的党羽像藤缠葛绕一样盘根错节，积蓄私德，给人以小恩小惠，意图夺取当政者的大权；欺压侵害平民百姓，必会引起一国之内议论纷纷，做臣子的却视而不见、听而不闻。这就是人们所说的祸乱之根。”

《军谶》上说：“世代相沿，作恶为奸，欺骗官员，凡事只求为自己谋取便利，变换花招，玩弄法令，危害君主。这就是人们所说的国之奸贼。”

《军谶》上说：“官多民少，尊卑不分，恃强凌弱；没有办法制止，君子也受到牵连，国家一定会蒙难。”

《军谶》上说：“喜欢好人却不任用，憎恨坏人却不将他予以清退；有才德的人隐居而不出，无能的人在位当权，国家将会遭受祸害。”

《军谶》上说：“宗族势力庞大，互相勾结，窃取要位，欺上瞒下，日益壮大，君主又不忍心铲除，国家必定受到败坏。”

《军谶》上说："巧言谄媚之臣如果当权，全军就会愤愤不平；倚仗权势，自夸其能，行动就会违背众人的意志；不选用贤人，不去除庸人，苟且为政，只求取悦君主；态度专横，只相信自己，凡事都炫耀自己的功劳和才能；以恶言去伤害品德高尚的人，以虚妄去诬蔑有功的人；不区分善恶，与自己的意见只求相合；遇事拖延，不能及时使政令得到推行；任意发布不合常规的政令，完全变更了古制，改易了常道。如果君主任用了这样的奸佞之臣，国家一定会遭受灾祸。"

《军谶》上说："奸雄之间相互吹捧，使君主受到蒙蔽，导致其是非不分；诽谤和吹捧同时兴起，阻塞君主的视听，使其善恶难辨；臣下各人庇护各人的手下，导致君主身边的忠诚之臣日益流失。"

所以君主能够明察不同的说法，就可以看到事物的萌芽；君主任用仁人贤才，作奸称雄的人就会离开；君主任用德高望重的人，纷繁的政事就能得到有条不紊的处理；君主能招请隐士出山从政，隐士才能真正发挥自己的才干，而不是徒有虚名；在处理军国大事时，能征询平民百姓的意见，君主的功绩才能被称道；君主的举动不失去民心，他的恩德才能在天下传播。

前沿诠释

《三略》是一部专讲战略的兵书，原名是《黄石公三略》，侧重于从政治策略上阐明治国用兵的道理，与《六韬》齐名。宋人戴少望在《将鉴论断》中曾说过这样一句话："兵法传于今世者七家，唯《三略》最通于道而适于用，可以立功而保身。"这个"道"用我们今天的话来说，就是人生的智慧与成功之道。《三略》中糅合了诸子百家的智慧。该书自问世以来，受到了历代哲学家、政治家、军事家的重视。

本篇是《三略》中的最上篇，简称"上略"，详细阐述了身为将领应该做的事情，还有其用兵打仗的关键和一些方法。文中多次引用《军谶》上的话来增强行文的说服性，表明作者的观点和立场。文中提到最多的莫过于"礼""赏"二字，从这两个方面来激励士兵作战和任用人才，体现了古人强烈的人文主义精神。

将帅统率的士卒也是人，而不仅仅是一个与敌人作战的工具，要给予良好的待遇才能使其勇于杀敌，拼死效力。

古代用兵打仗的时候很多，如何对待手下的士卒对于一支军队的战斗力影响非常大。将领带兵打仗时，诚心对待自己的下属，才能使得军心一致，共同抗敌。

北宋末年，金兵入侵，北宋朝廷内部混乱，在内忧外患下，北宋王朝最终灭亡。宋徽宗、宋钦宗父子都被金人俘虏。宋徽宗第九子康王赵构在杭州建立南宋小朝廷，偏安一隅，史称宋高宗。一代名将岳飞就是在这样的环境下成长的。他幼年丧父，母亲含辛茹苦地将他拉扯大，他对母亲非常孝顺，对母亲的话言听计从。岳飞的母亲从小教育岳飞要精忠报国，最后干脆将这四个字刺在了他的背上。

长大后，岳飞始终不忘背上刺的四个字，自参军以后就不断立下赫赫战功，为南宋王朝立下汗马功劳。

有一次，岳飞带了一百多名士兵在黄河边练兵，突然，上游的岸边出现了一队金兵，而且来势汹汹。士兵们立刻慌乱起来，此时，岳飞镇定如常，对大家说："敌人虽然多，但是不清楚我们有多少兵马，大家一定要振作，不要在士气上输给金兵。"说完，他就带头勇敢地冲向敌军，斩杀了一名金军将领。士兵们都受到了鼓舞，纷纷冲上去厮杀，把金军杀得片甲不留。这件事奠定了岳飞在士兵心中的威望，大家此后更加信服他。

岳家军。岳飞带领下的岳家军，纪律严明，以"冻死不拆屋，饿死不掳掠"作为军队的训诫。

面对山河破碎、生灵涂炭的惨状，从小就受母亲熏陶的岳飞一心想收复失地，所以他对自己要求十分严格。高宗曾经想为他建造一座豪宅，但却被他婉言谢绝。他对高宗说："敌人未灭，怎么可以先建设我的小家呢？天下太平的时候再说吧。"有人问他天下什么时候才会太平，他回答说："文官不贪财，武将不怕死，天下才会有太平的希望。"

在练兵的时候，岳飞对众将士人人平等，连自己的儿子也一样。他的儿子岳云有一次骑马冲下山坡的时候，不幸马失前蹄，摔倒在地，摔得鼻青脸肿。岳飞得知此事后，不但没有安慰自己的儿子，反而狠狠地责罚了他。士兵们看到岳飞对待属下这样一视同仁，更是对他从内心产生了敬意，都一心一意地投入了训练。

岳飞对士兵非常关心。有的士兵生病了，他会亲自去照顾，告诉他们好好养病；他的部下出征，他会让夫人去部下的家里慰问，并且带去很多慰问品；如果他的军队里有将士不幸阵亡了，有儿女的，他会抚养其儿女，有老人的，他会赡养老人。朝廷因为他的赫赫战功赏赐给他很多财物，他也全部分给了将士们。

当然，关心是关心，手下犯了错误，他也不会姑息。一次，他看见自己手下的一个士兵擅自用一束麻来捆绑柴草，立刻按军法惩办。"冻死不拆屋，饿死不掳掠"成为每个岳家军士兵都必须遵守的训诫。

公元1140年，金国撕毁了宋金和约，以金兀术为统帅，向南宋王朝发起全面进攻。金兀术为了对付宋朝军队，研究出了一种叫做“铁拐马”的战术。所谓的“铁拐马”战术，就是用铁链将很多马连上，在马的后面跟着许多用铁甲包着的车，有些像现代的装甲部队，横冲直撞，令敌难以克制，所以在战场上屡战屡胜。

为了对付金兀术的“铁拐马”，岳飞好几天没有睡觉，终于想出了破敌方法。他命令士兵在打仗的时候，用竹竿缠上镰刀去钩敌军马匹的小腿，这下子“铁拐马”就变成了“拐马”。几天内，岳飞的军队连连告捷。受挫的金兀术大怒，他率大军来到郾城，双方摆开战场。岳飞先派儿子岳云领着一支精锐骑兵打先锋，他对岳云说：“这次出战，只能胜，不能败。如果败了，你就提头来见。”

岳云领命，带头冲过去，奋勇杀敌。宋军在岳云的带领下，把金兵杀得大败。

金兀术不甘心就这么失败，调整战略，又运用一种叫“铁浮屠”的战术。这是一支他专门训练过的骑兵，人马都披上厚厚的铁甲，以三个骑兵编成一队，居中者冲锋，又用两支骑兵从左右两翼进行包抄。

岳飞又开始研究对付“铁浮屠”的办法。他发现了“铁浮屠”的致命弱点，就是马膝盖和马蹄没有包裹铁皮。于是，他命令将士上阵的时候带着刀斧，一旦“铁浮屠”冲来，岳家军将士就弯着身子，专砍对方马的马蹄或者马膝盖。马被砍倒了，金兵跌下马来，岳飞就命令兵士出击，把金兵打得落花流水。

铁浮屠。岳家军在岳飞的率领下，大破金兀术的铁浮屠战阵。

岳飞一生可谓是功勋卓著，他的岳家军也是家喻户晓，人人都知道岳家军军纪严明、骁勇无比。军队中的人都心甘情愿为他誓死效力。这一切都与岳飞平时和将士们同甘苦、共患难是分不开的。

作为将领，对待手下就要视如己出般亲厚，这样军队才能上下一致，才能团结一心共同抗敌。另外，要适当给予下属一定的恩惠，也就是所谓的“礼”“赏”，这样下属才有动力。岳飞在这一点上就做得很好，朝廷赏给他的东西，他从来不独享，而是全部分发给下面的将士们，这对将士们来说就是一种恩惠。历史上还有很多名将也是如此，他们和将士们团结一心，打了很多胜仗，因而被人广为传颂。

中略：区分德行，明察权变

人臣深晓“中略”，则能全功保身。夫高鸟死，良弓藏；敌国灭，谋臣亡。

经典再现

夫三皇无言而化流四海，故天下无所归功。帝者，体天则地，有言有令，而天下太平。君臣让功，四海化行，百姓不知其所以然。故使臣不待礼赏有功，美而无害。王者，制人以道，降心服志，设矩[①]备衰，四海会同，王职不废。虽有甲兵之备，而无斗战之患。君无疑于臣，臣无疑于主，国定主安，臣以义退，亦能美而无害。霸者，制士以权，结士以信，使士以赏；信衰则士疏，赏亏则士不用命。

《军势》曰：“出军行师，将在自专；进退内御，则功难成。”

《军势》曰：“使智、使勇、使贪、使愚：智者乐立其功，勇者好行其志，贪者邀趋其利，愚者不顾其死；因其至情而用之，此军之微权也。”

《军势》曰：“无[②]使辩士谈说敌美，为其惑众；无使仁者主财，为其多施而附于下。”

《军势》曰：“禁巫祝，不得为吏士卜问军之吉凶。”

《军势》曰：“使义士不以财。故义者，不为不仁者死；智者，不为暗主谋。”

主不可以无德，无德则臣叛；不可以无威，无威则失权。臣不可以无德，无德则无以事君；不可以无威，无威则国弱，威多则身蹶[③]。

故圣王御世，观盛衰，度得失，而为之制；故诸侯二师，方伯三师，天子六师。世乱则叛逆生；王泽竭，则盟誓相诛伐。德同势敌，无以相倾，乃揽英雄之心，与众同好恶，然后加之以权变。故非计策，无以决嫌定疑；非谲奇，无以破奸息寇；非阴谋，无以成功。

圣人体天，贤者法地，智者师古[④]。是故《三略》为衰世作：“上略”设礼赏，别奸雄，著成败；“中略”差[⑤]德行，审权变；“下略”陈道德，察安危，明贼贤之咎。故人主深晓“上略”，则能任贤擒敌；深晓“中略”，则能御将统众；深晓“下略”，则能明盛衰之源，审治国之纪。

人臣深晓“中略”，则能全功保身。夫高鸟死，良弓藏；敌国灭，谋臣亡。亡

者，非丧其身也，谓夺其威，废其权也。封之于朝，极人臣之位，以显其功；中州善国，以富其家；美色珍玩，以说其心。

夫人众一合而不可卒离，威权一与而不可卒移。还师罢军，存亡之阶。故弱之以位，夺之以国，是谓霸者之略。故霸者之作，其论驳也。存社稷罗英雄者，“中略”之势也；故世主秘焉。

迷津指点

①矩：规矩，法制。

②无：通“毋”。

③蹶（jué）：跌倒，摔倒。

④师古：以古为师。

⑤差：比较。

古文译读

远古三皇为政的时候，没有任何言论，他们的教化却能四海流传，所以，天下的人也不知道将功劳归给谁。上古五帝，效法自然，既有说教，又立法令，使天下太平无事。君臣相互谦让，没有人争夺功劳，四海之内教化风行，平民百姓却不知道为什么天下会如此统一。所以，在当时驱使臣下不必礼请，也不必赏赐有功之人，君臣相处，完美和谐，没有丝毫利害关系。到了三王时代，管理天下百姓是用人与人之间相亲的常道，人们心悦诚服地受法律的约束，服从统一的管理。建立法规以防止世衰民乱，天下诸侯都来朝见天子，各项政务从不废弛。所以，虽然军队设有武装，但是并没有战争之患。君主信任大臣，大臣对君主也没有疑心，国家稳定，君主安全，大臣以国家利益为重，到时候功成身退，这也是一种完美无缺的政治。到了诸侯争霸的时代，主要以权术来驾驭士人，用信誉来团结士人，用赏赐来驱使士人。君主如果不守信用，士人就会疏远他；如果缺少了赏赐，士人就不会听从命令了。

《军势》上说：“军队出兵作战，关键在于将帅有专断的指挥能力；军队的进退如果都受到君主的干预，事情就难以成功。”

《军势》上说：“任用智者、勇者、贪者、勇者的方法：有智谋的人喜欢建功立业，勇敢的人喜欢实现自己的志向，贪财的人喜欢追求俸禄，愚钝的人会不顾惜性命。根据他们的性情来使用，这就是用人的微妙之术。”

《军势》上说："不要让能说会道的人谈论敌方的长处，因为那样会迷惑军心；不要让仁慈的人主管财物，因为他会过多地施予财物而且渐渐靠近下边的人。"

《军势》上说："要严禁巫祝，不能让他们为官吏、士人卜卦，占问军事上的祸福吉凶。"

《军势》上说："任用侠义之士不能靠钱财。侠义之士是不会给不仁不义的人卖命的，明智的人也不会为昏庸无道的君主出谋划策。"

做君主的不能没有道德，没有道德，他手下的大臣就会背叛他；不能没有威严，没有威严，就会丧失权力。做臣下的不能没有道德，没有道德就无法侍奉君主；不能没有威严，没有威严国家就会衰弱，但太威严了自己又会身遭败亡。

因此，圣明的君主统御天下，观察世道人心的盛衰好坏，审度施政用人的得失成败，从而制定相应的规章。所以，规定诸侯建有二军，方伯建有三军，天子建有六军。在天下大乱的时候，会相继发生叛离君主、逆行天道的事情；一旦君主的统治衰弱，连订立了盟约的诸侯国之间也会相互征伐。诸侯之间势均力敌，没有办法战胜对手，于是就延揽、笼络英雄豪杰，与民众同心同德，除此以外，还要运用机谋权变。因此，不精心筹谋策划，就无法决断嫌隙、判定猜疑；不运用奸诈出奇的手段，就无法破除奸贼、消灭敌寇；不采取隐秘的谋略，就不能获得战争的胜利。

圣人能够体察天道，后世贤人能够效法地道，今世智者能够以古为师。因此，《三略》这本书是为衰微时代作的：其中"上略"是阐明礼、赏的作用，分析奸诈之人与英雄豪杰的区别，阐述成败的道理；"中略"是比较德行的好坏，审度权谋的变化；"下略"是陈述道德大义，来详细察看安危之境，显示贼臣与贤士各自可能遭受的灾祸。所以，如果君主通晓"上略"，就能任用贤人、打败敌人；如果通晓"中略"，就能驾驭将帅、统率士众；如果通晓"下略"，就能明白世道盛衰的根源，审察治国的纲纪。

如果大臣通晓了"中略"，就可以明哲保身。高空的鸟被射死了，好的弓箭就会被收藏起来；敌对的国家灭亡了，谋臣也就快消失了。所谓的消失，不是杀掉他，而是夺取他的权威，废掉他的权力。在朝堂之上给他封赏，让他位极人臣，从而显示出他的功劳；在中原之地分封给他肥沃的土地，让他的家庭富有；把美女珍玩赐给他，让他心情愉悦。军队一旦编成，就不能仓促地解散；兵权一旦授予，就不能马上收回来。战争结束，将帅班师回朝，这正是君主权位面临危险的时候。所

以要削弱他的地位，剥夺他的兵权，这是称霸的人控制将帅的方略。因此，称霸的人的行为是众说不一的。保存社稷，网罗天下英雄，这是“中略”所陈述的内容，历代君主对此都是秘而不宣的。

前沿诠释

文中说《三略》中的“上略”是阐明礼、赏的作用，分析奸佞之人与英雄豪杰的区别，阐述成败的道理；“下略”是陈述道德大义，来详细察看安危之境，显示贼臣与贤士各自可能遭受的灾祸。而本篇所解析的“中略”则是分别阐述德行的好坏，审度权谋的变化，简而言之就是“区分德行，明察权变”八个字。这八个字对君、对臣而言都是十分重要的。为人君主通晓“中略”，可以管理好江山社稷；为人臣者通晓“中略”，可以明哲保身，不遭到君主的残害。俗话说：“飞鸟尽，良弓藏；狡兔死，走狗烹；敌国破，谋士亡。”就是提醒身为人臣者要明察权变，在身居要职的时候适时隐退，不要贪恋权位。古时候很多名臣良将就是因为隐退不及时，最终落得个家破人亡的下场。刘禹锡有诗云：“将略兵机命世雄，苍皇钟室叹良弓。遂令后代登坛者，每一寻思怕立功。”说的就是上面的意思。臣子可以身居要职，但是千万不要触动君主的利益，功高盖主往往会给自己带来无妄之灾。

作为君主，在统治江山的时候要注意适当地放权，也要适当地收权。“中略”中说，战争结束，将帅班师回朝，这正是君主权位面临危险的时候。所以要找个恰当的时机削弱主帅的地位，逐渐夺取他的兵权，这是称霸的人控制将帅的方略。为了防止出现分裂割据局面，宋太祖赵匡胤便采取这种策略加强中央集权，以高官厚禄为条件解除了将领们的兵权，这就是历史上的“杯酒释兵权”。通过此计，赵匡胤很好地集中了自己手中的权力，将士们也得到了高官厚禄。在此之前，类似的事情还发生过很多起，汉景帝削藩便是其中一件。

汉景帝即位后，继续推行汉初“与民生息”的政策，改田赋十五税一为三十税一。此外，他在位期间还做了一件大事，便是“削藩”，平定了吴楚“七国之乱”。

杯酒释兵权。宋太祖赵匡胤借酒宴之机，让石守信等大将心甘情愿地交出兵权。

汉景帝身边有一个叫晁错的大臣，为人刚正，敢于直言进谏，为汉朝政权的巩固和经济的发展制定并且主持实施了许多积极的政策，很受景帝的宠信，被景帝称为“智囊”。景帝前元三年，晁错为了巩固大汉王朝的千秋大业，向汉景帝上书《削藩策》，极力主张削弱地方王国的势力，以此来维护汉王朝的统一。

晁错之所以提出这一建议，是有历史渊源的。这还要从西汉王朝的历史说起。

楚汉相争期间，刘邦为了能够尽快实现统一，分封了许多异姓王。后来，刘邦称帝，即汉高祖。他想方设法铲除了这些异姓王，又在这些异姓王的土地上分封自己的兄弟子侄等为王。刘邦认为，秦朝之所以速亡是因为秦始皇没有分封土地给他的子弟，所以他吸取教训，大封刘氏宗亲为藩王。汉高祖还立誓：非刘氏子弟不王。

汉景帝刘启（前188—前141），是汉文帝刘恒长子，母亲为窦漪（窦太后），他与父亲一起开创了“文景之治”。

汉初的时候，土地辽阔，人口众多，而且分封的同姓王跟刘邦的血缘关系很近，所以他们都能效忠朝廷。此时，诸侯王的分封确实起到了拱卫中央的作用。

高祖去世后，他的妻子吕后开始独霸朝政。她违背高祖当初的誓言，封吕家的子弟为诸侯王，而对于刘姓诸侯则控制甚严，甚至杀掉了其中某些诸侯王。

刘氏子弟对吕后的专权严重不满，他们觉得汉朝天下是刘家的，不是吕家的，容不得这个女人胡来。吕后死后，吕氏诸侯怕失去地位，于是聚兵准备发动政变。此时，刘家子弟对吕后多年专制统治的不满开始爆发。当时刘肥（刘邦长子）的二儿子朱虚侯刘章、三儿子刘兴居宿卫长安，他们暗约兄长刘襄起兵，灭掉吕氏子弟，事成之后，由刘襄继承皇帝之位。刘襄答应起兵。同时，大将军灌婴负责出击吕氏子弟。他们认为这样里应外合，时机一到肯定能将吕氏一举剿灭。后来形势发生了变化，刘章与太尉周勃、大将军陈平协力消灭了吕氏势力。

按功劳，本来该立刘章为皇帝，但因为他的妻子是吕后的侄女吕鱼，群臣怕再次出现吕氏专权的情况，便立代王刘恒为王。刘恒家的外戚是薄氏，大家觉得比较安全。于是刘恒即位，就是以后的汉文帝。

汉文帝即位的时候，地位并不稳定，因为刘氏诸王跟他的血缘关系很远，很容易发生叛乱。后来景帝即位，也存在着同样的隐患。所以，晁错在给景帝上书的时候写道：“汉高祖一统天下的时候，兄弟不多，几个儿子也比较年轻，分封的异姓王，血缘关系都是比较近的。他的大儿子齐肥王分到了七十二座城池；他的弟弟楚王刘交分封到四十座城池；他的侄子吴王刘濞（bì），拥有吴地五十多座城池。

这三个王所拥有的土地就是天下的一半。算上后来分封的其他诸侯王，天下的土地就被占去了一大半。如今吴王刘濞因为他的儿子被陛下误杀一直称病不上朝，按法律这是要被处死的。您没有处死他，反而允许他可以不上朝。他不但没有悔过，反而更加骄横，甚至私自煮盐铸币，招兵买马阴谋叛乱。现在的局势是，削他的地，他要反；不削，他还是反。”

景帝采纳了晁错的建议，开始推行削藩政策。此事严重影响了诸侯王的利益，诸侯王强烈不满，于是爆发了历史上著名的“七国之乱”。景帝只用了三个月的时间就平定了“七国之乱”，使刘姓诸侯王的势力受到严重打击。景帝还乘机收回各个诸侯国的支郡，规定这些支郡最终都归朝廷所有。同时，他又取消了一些王国的特权，比如自行任命官吏、自行征收赋税等。自景帝之后，中央设立国相，国相可以监察诸侯王，诸侯王只享有“衣食租税”的权力，就是按朝廷规定的数额收取该国的租税作为俸禄，不得治理民政。从此以后，藩国的势力被严重削弱。景帝的削藩政策巩固了中央集权，维护了国家的和平统一。

要治国平天下，懂得收权和放权是很有必要的。只有自如地收放权力，才能稳坐统治者的地位。“中略”详细解说了关于权力的施放与收回的问题。作为统治者，做到“区分德行，明察权变”极为重要。君主要有道德，有品行，有威严，要根据形势拿捏手中的权力，对“功高盖主”的人要“消灭”，夺取他的威严，废掉他的权力，并且赐予他丰厚的东西，让他心情愉快地接受这样的安排，这就是身为人君控制将帅的方略。当然，《三略》中也说到身为人臣要记得“明哲保身”这四个字，及时隐退才是上策，免得招来杀身之祸。

下略：陈述道德，考察安危

夫圣人君子，明盛衰之源，通成败之端，审治乱之机，知去就之节。虽穷，不处亡国之位；虽贫，不食乱邦之禄。潜名抱道者，时至而动，则极人臣之位；德合于己，则建殊绝之功。故其道高，而名扬于后世。

经典再现

夫能扶天下之危者，则据天下之安；能除天下之忧者，则享天下之乐；能救天下之祸者，则获天下之福。故泽及于民，则贤人归之；泽及昆虫，则圣人归之。贤人所归，则其国强；圣人所归，则六合同。求贤以德，致圣以道。贤去，则国微[①]；圣去，则国乖[②]。微者危之阶，乖者亡之征。

贤人之政，降[③]人以体；圣人之政，降人以心。体降可以图始，心降可以保终。降体以礼，降心以乐。所谓乐者，非金石丝竹也；谓人乐其家，谓人乐其族，谓人乐其业，谓人乐其都邑，谓人乐其政令，谓人乐其道德。如此，君人者乃作乐以节之，使不失其和。故有德之君，以乐乐人；无德之君，以乐乐身。乐人者，久而长；乐身者，不久而亡。

释[④]近谋远者，劳而无功；释远谋近者，佚[⑤]而有终。佚政多忠臣，劳政多怨民。故曰：务广地者荒，务广德者强，能有其有者安，贪人之有者残。残灭之政，累世受患；造作过制，虽成必败。

舍己而教人者逆，正己而化人者顺；逆者乱之招，顺者治之要。

道、德、仁、义、礼，五者一体也。道者人之所蹈[⑥]，德者人之所得，仁者人之所亲，义者人之所宜，礼者人之所体；不可无一焉。故夙兴夜寐，礼之制也；讨贼报仇，义之决也；恻隐之心，仁之发也；得己得人，德之路也；使人均平，不失其所，道之化也。

出君下臣，名曰命[⑦]；施于竹帛，名曰令；奉而行之，名曰政。夫命失，则令不行；令不行，则政不正；政不正，则道不通；道不通，则邪臣胜；邪臣胜，则主威伤。

千里迎贤，其路远；致不肖，其路近。是以明王舍近而取远，故能全功尚人，而下尽力。

废一善，则众善衰。赏一恶，则众恶归。善者得其祐[⑧]，恶者受其诛，则国安

而众善至。

众疑，无定国；众惑，无治民。疑定惑还，国乃可安。

一令逆，则百令失；一恶施，则百恶结。故善施于顺民，恶加于凶民，则令行而无怨。使怨治怨，是谓逆天；使仇治仇，其祸不救。治民使平，致平以清，则民得其所，而天下宁。

犯上者尊，贪鄙者富，虽有圣王，不能致[9]其治。犯上者诛，贪鄙者拘，则化行而众恶消。清白之士，不可以爵禄得；节义之士，不可以威刑胁。故明君求贤，必观其所以而致焉。致清白之士，修其礼；致节义之士，修其道。而后士可致，而名可保。

夫圣人君子，明盛衰之源，通成败之端[10]，审治乱之机，知去就之节。虽穷，不处亡国之位；虽贫，不食乱邦之禄。潜名抱道者，时至而动，则极人臣之位；德合于己，则建殊绝之功。故其道高，而名扬于后世。

圣王之用兵，非乐之也，将以诛暴讨乱也。夫以义诛不义，若决江河而溉爝火[11]，临不测而挤欲堕，其克必矣。所以优游恬淡而不进者，重伤人物也。夫兵者，不祥之器，天道恶之，不得已而用之，是天道也。夫人之在道，若鱼之在水；得水而生，失水而死。故君子者常畏惧而不敢失道。豪杰秉职，国威乃弱；杀生在豪杰，国势乃竭；豪杰低首，国乃可久；杀生在君，国乃可安。四民用虚，国乃无储；四民用足，国乃安乐。

贤臣内，则邪臣外；邪臣内，则贤臣毙。内外失宜，祸乱传世。

大臣疑主，众奸集聚；臣当君尊，上下乃昏；君当臣处，上下失序。

伤贤者，殃及三世；蔽贤者，身受其害；嫉贤者，其名不全；进贤者，福流子孙。故君子急于进贤，而美名彰焉。

利一害百，民去城郭；利一害万，国乃思散。去一利百，人乃慕泽；去一利万，政乃不乱。

迷津指点

①微：衰微。

②乖：不顺利。

③降：使……服从。

④释：放下。

⑤佚：通“逸”，安逸。

⑥蹈：遵循，实行。

⑦命：命令。

⑧祐：庇佑。

⑨致：达到。

⑩端：端倪，开始。

⑪爝（jué）火：小火把。

古文译读

能够拯救天下于危难之中的人，就会享有天下的安宁；能够消除天下忧患的人，就会享受天下的祥和与欢乐；能够解除天下灾祸的人，就会获得天下的福佑。因此，把恩泽施予民众，贤人自然就会前来归附；把恩泽施及万物，圣人自然就会向往。贤人所归附的国家，一定会强盛；圣人所向往的国家，一定会和平统一。君主要凭德行求得贤人，要凭大道招致圣人。贤人如果纷纷离开，国家自然就会衰微；圣人陆续离去，国家就会为此陷入混乱。国家衰微就是危急的第一步，而国家混乱就是灭亡的征兆。

贤人执政，主要使人能够在行为上服从；圣人执政，能使人从心灵上服从。从行为上服从可以开始创业，从心灵上服从可以让人善始善终。让人从行动上服从靠的是礼，让人从心灵上服从靠的是乐。所谓的乐，不是指的金石丝竹，而是让人们喜爱自己的家庭，让人们爱自己的家族，让人们爱自己的职业，让人们爱自己的城池，让人们拥护国家的政令，让人们乐于讲究道德。这样君王就是用乐来治理人民，使人民不至于迷失理智。所以，有德行的君主依靠音乐来使人快乐；无道的君主用音乐让自己快乐。能使人快乐的君主，才能长久居于君位；只知道自己快乐的君主，很快就会灭亡。

放弃自己的土地不治理而去谋害别的国家，尽管劳累，但无所建树；放弃图谋他国，致力于治理好本国的土地，民众既能安逸又能富足。宽松、闲逸的政治就会得到许多忠臣的拥护，兴师动众、劳民伤财就会让民众产生怨恨。所以说，贪图扩张土地，土地就会荒芜；如果大力推行德政，国家自然就会富强；对自己所拥有的能够满足，国家就会安宁；贪图别人的所有而发动侵略战争的，自己也会遭到惨败。统治残酷暴虐，势必会使子孙也遭受祸患；所作所为超过了一定的限度，纵然是暂时地获得一定成功，但终究是要失败的。

不自我教育而去教导别人，这是违背常理而且是难以施行的；先端正自己的品

行再去感化别人，这是符合常规而且容易施行的。违背常理是招致祸乱的原因，顺理而教才是治国的要道。

道、德、仁、义、礼，这五者是一个整体。道，是人所遵循的法则；德，是人该拥有的情操；仁，是人所亲近的事情；义，是人该做的合理的事情；礼，是人该遵循的行为规范；这五个方面缺一不可。所以早起晚睡，勤于公务，这是“礼”的制度；讨伐逆贼报仇，是“义”所决定的；恻隐之心，是“仁”在发挥它的作用；自己得到修养，又使人心所归，是“德”实现的途径；人人公平，各有所得，是“道”的教化。

君主发出下达给下臣的指示就叫做“命”；把它刻在竹子上，写在宣纸上，就叫做“令”；遵照君主所说的、所写的就叫做“政”。如果君主的旨意不切合实际，是错误的，那么命令就不能很好地得以施行；命令不能推行，则政治制度就不正确；政治制度不正确，推行政令的渠道就不能通畅；推行政令的渠道不通畅，奸佞之臣就会得势；一旦奸佞之臣得势，就会使君主的权威受到损伤。

在千里之外迎接贤人，路途是十分遥远的；招引品德不好的人，路途却是非常近的。所以英明的君主会舍近求远，保全自己的功业，崇尚贤士，臣下才会尽心竭力。

废弃一个好人不用，很多好人就会丧气。赏赐一个坏人，很多坏人就会纷纷来归附。如果好人得到庇佑，坏人得到惩治，那么国家就会安定，众多好人也会竞相归附。

众人如果都起猜忌之心，国家就不会有安宁的日子；众人如果都感到迷惑，就没有人能服从国家的管理。众人的疑心被消除，众人的迷惑被解除，国家就会太平无事。

一项法令违背了民众的利益，那么其他法令也就无法实行；一项恶政实施了，也就等于跟百姓结下了很多冤仇。因此，对顺从的民众就要施行善政，对顽固凶残的刁民就要严加惩处，这样国家的法令才能得以顺利地推行，而民众也不会有怨恨之言了。如果用民众怨恨的法令去治理怨恨的民众，就会违背常规；如果用民众仇视的法规去约束仇视的民众，其所引发的灾祸是无法制止的。治理国家，管理民众，就要让他们心平气和；要做到心平气和，政治就必须清明。民众各得其所，国家就会太平无事。

犯上作乱的人受到尊重，贪婪卑鄙的人富有，这样的情况就算有一个贤明的君主，也不能很好地治理天下。犯上作乱的人被诛杀，贪婪卑鄙的人被关押，只有这样，教化才能得以施行，而种种坏事就会悄然消去。廉洁、淡泊名利的人，不能以官位、俸禄相诱而求得；有节操、讲义气的人，不能以严威、重刑相要挟。所以，英明的君主要想得到贤才，一定要了解他的品性而施以不同的方式。想要招致高尚清廉的人，一定要重修礼节；想要网罗重气节大义的人，一定要重修道义。这样不仅可以招致贤士，君主英明的声名也可以保全。

圣人和君子都知道国家强盛和衰弱的根本，通晓国家成功和失败的端倪，审查明确治理乱世的时机，能够把握好进退的分寸。即使是贫困，也不会贪图亡国的高官；即使是困苦，也绝不贪图乱世的俸禄。隐姓埋名却有治理天下邦国之道的人，会在时机到来的时候出山，所以一出山就会身居要职；君主的志向跟自己的志向相投，就可以建立不朽的功勋。所以他们的谋略高深，并且能名扬后世。

圣明的君主发动战争，并不是因为他喜欢打仗，而是要用战争去诛灭强暴、讨伐乱贼。而以正义之师去讨伐不义之师，就好像挖掘开长江、黄河的水去浇灭一个小小的火把一样，也好像是在深渊边推挤摇摇欲坠的人一样，肯定能够夺取胜利。圣明的君主之所以悠闲恬淡而不急于进攻，是不愿意造成过多的人员和物质损耗。兵器，是不祥之物，天道厌恶它，不得已的时候才会使用它，这是符合“天道”的。人生活在“道”中，就像鱼生活在水中，得到水才能生存，没有水就要死亡。所以，君子常常感到恐惧，而不敢违背“道”。朝政被豪强把持，国家的威望就会衰弱；生杀大权掌握在喜欢杀戮的人手里，国家的威望就衰竭了；豪强如果俯首听命，那么国家就可以长久维持；生杀大权掌握在君主的手里，国家才会变得安定。人民生活穷困，国家就没有可以储备的东西；百姓生活富足，国家才会安乐。

贤臣被重用，奸佞的人就会被排斥在外；奸臣被重用，贤能的人就会被置于死地。如果内外失去了应有的次序，国家就会祸乱无穷。

大臣自比君主，众多奸邪就会乘机聚集；大臣享有君主那样的尊崇，上下就会名分不分；君主沦为臣下的地位，上下的秩序就会被颠倒了。

伤害贤才的人，祸乱就要殃及他的子孙三代；埋没贤才的人，他的自身就要受到祸害；嫉妒贤才的人，他的名声就不能予以保全；积极引进贤才的人，福泽会流布于子孙后代。因此，君子急切推举贤才，这样他美好的名声才会被广为传颂。

让一个人得到利益而使一百个人遭到损害，民众就会离开城郭；让一个人得到利益而使一万个人遭到损害，全国人民的心就不会团结。除掉一个人能让一百个人得利，人民就会感激他的恩泽；除掉一个人而让一万个人得利，政局就不会发生动乱。

前沿诠释

“下略”主要讲的是国家盛衰的原因。为人君主者看了“下略”就能明白如何从源头上治理国家，从而审查治理国家的纲纪。身为君主要视天下为己任，明白广大百姓的心声，制定出符合广大人民利益的政令。在人才的选用上要亲贤远佞，使贤人归附，而让奸佞之徒远离。君主所做的事情要为百姓考虑，即使出兵打仗，也是为了铲除暴乱获得更多和平的空间。文中说：“夫能扶天下之危者，则据天下之安；能除天下之忧者，则享天下之乐；能救天下之祸者，则获天下之福。”这样的人才是众望所归的君主。君主要保持和大众的利益一致，才能国家太平，国富民强。

自东汉后，中国大地战乱不休达三百多年，国家纷乱，诸侯割据。北朝的杨坚利用外戚的权势夺得朝柄，登基称帝，建立了隋朝。

杨坚（541—604），弘农郡华阴(今陕西省华阴市)人，鲜卑赐姓是普六茹，小字那罗延，隋朝开国皇帝。

为了实现国家统一，杨坚登基后，在开皇七年先灭梁，然后下诏书伐陈。开皇九年，杨坚大军挥师南下，灭亡了割据南方的陈，统一中国，终结了东汉末年以来三百年的分裂局面。当时琉球群岛俯首称臣，归降隋朝，突厥可汗更是顶礼膜拜，称杨坚为“圣人可汗”，表示愿为藩属，永世归顺。长期的混战局面终于结束，各地的蛮夷部落也被隋文帝征服，中国又回到和平的年代。

隋朝建立后，隋文帝精心治理，使隋朝迅速强大起来。虽然国家富裕了，但隋文帝没有和其他人一样开始奢华享乐。他告诫太子杨勇：“自古帝王，奢侈便不久矣，尔要厉行节俭。”杨坚在前朝做辅政大臣时便力主打击奢淫，并且成效极为明显，以至于当时大众的服装多为布帛，从不用绫罗绸缎，饰带也只用铜铁骨角，没有用金玉的。他称帝后，更是表示“犬马服玩，不得献上”。比如布袋送干姜，绸袋装香料，都被斥为糟蹋之举。隋文帝始终秉承“常节俭，重民心”的原则，立志于治理政事，杜绝奢侈，平时饮食也不过一荤，所乘、所穿、所住极尽简陋。他的妃子也衣着朴素，身上没有很多华丽的配饰。《资治通鉴》中曾评价杨坚：“其自奉养，务为俭素，乘舆御物，故弊者随宜补用；自非享宴，所食不过一肉；后宫皆服浣濯之衣。”有一次宫内有人患痢疾，需配制止痢药，药方中有胡椒粉一两，宫中竟然都找不到。还有一次，隋文帝要用一条编织成的衣领，宫中竟然也没有。

此外，隋文帝还整顿吏治，制定官吏的考核制度，对廉官良吏赐帛赠田，晋级加官，布告天下，实行奖励；对贪官污吏则严加惩处。隋文帝秘密派人监视百官的行为，有时甚至暗中派人向一些官吏行贿试探他们，这些官吏一旦受贿就立即被处死。隋文帝执法严明，有一次，他发现儿子杨俊生活奢侈，大造宫室，大怒，立即下令将杨俊关了起来。大臣杨素进谏说处罚太重了，文帝却说："皇子与百姓同罪同罚，如果不这样的话，岂不是要再立一个皇子律了吗？"杨坚的这一举措，使豪强官吏不敢过分作恶，官吏贪污行为也大大减少，有利于百姓休养生息。

隋文帝也非常关心他的百姓。他听说灾民没有饭吃，就三个月不再吃荤，表示要和灾民同甘共苦。他将北方饥民迁移到较为富庶的洛阳就食，命令侍卫不准驱赶、威吓百姓。有一次，他在迁移的路上看到一群老人、妇孺，便主动牵马让路，善言抚慰。在道路崎岖的地方，他还命身旁人帮助灾民挑担。

在政治方面，隋文帝进行了一系列的改革，他创立了三省六部制（中国古代封建社会一套组织严密的中央官制），巩固了中央集权。

在经济方面，隋文帝下令开通漕渠，著名的广通渠至此开通，漕运得到了辉煌发展。

隋文帝在位期间，突厥和契丹不断侵扰中原。为了让国内人民休养生息，隋文帝曾经三次修筑长城，巩固北边的防御线。隋文帝对突厥进行分化和打击，导致突厥最后分裂为东西两部。东突厥因为无法和隋朝抗衡，渐渐地采取了和缓政策，后来接受了隋朝的管辖；而西突厥由于已经无法对抗隋朝，选择了向西发展。

身为人君，就要为自己的百姓考虑，维持天下太平，解决纷争，任用贤才，杜绝奸佞，这样才会受到百姓的拥护，国家才能强盛。

图书在版编目（CIP）数据

六韬·鬼谷子谋略全本／（西周）姜尚，（春秋）鬼谷子著；海华编译. —长沙：湖南文艺出版社，2011.7
ISBN 978-7-5404-4915-5

Ⅰ.①六… Ⅱ.①姜… ②鬼… ③海… Ⅲ.①兵法-中国-西周时代 ②六韬-注释 ③纵横家 ④鬼谷子-注释 Ⅳ.①E892.24 ②B228

中国版本图书馆 CIP 数据核字（2011）第 068602 号

上架建议：文化经典

六韬·鬼谷子谋略全本

作　　者：姜　尚　鬼谷子
编　　译：海　华
出 版 人：刘清华
责任编辑：丁丽丹　刘诗哲
监　　制：伍　志
特约编辑：于向勇
封面设计：久品轩工作室
出版发行：湖南文艺出版社
（长沙市雨花区东二环一段 508 号　邮编：410014）
网　　址：www.hnwy.net
印　　刷：北京鹏润伟业印刷有限公司
经　　销：新华书店
开　　本：787mm×1092mm　1/16
字　　数：400 千字
印　　张：22.5
版　　次：2011 年 7 月第 1 版
印　　次：2012 年 5 月第 2 次印刷
书　　号：ISBN 978-7-5404-4915-5
定　　价：32.80 元
（若有质量问题，请致电质量监督电话：010-84409925）